Wilhelm Gräb

Lebensgeschichten Lebensentwürfe Sinndeutungen

Eine Praktische Theologie gelebter Religion

Chr. Kaiser
Gütersloher
Verlagshaus

Die Deutsche Bibliothek – CIP-Einheitsaufnahme

Gräb, Wilhelm:
Lebensgeschichten – Lebensentwürfe – Sinndeutungen :
eine Praktische Theologie gelebter Religion / Wilhelm Gräb. – 2. durchges. Aufl.
Gütersloh : Kaiser, Gütersloher Verl.-Haus, 2000
ISBN 3-579-00399-2

ISBN 3-579-00399-2
2., durchgesehene Auflage, 2000
© Chr. Kaiser/Gütersloher Verlagshaus, Gütersloh 1998

Umschlag: INIT, Bielefeld
Satz: SatzWeise, Trier
Druck und Bindung: WB-Druck, Rieden am Forggensee
Printed in Germany

Meinen Eltern

Inhalt

Erster Teil
Religion als lebensgeschichtliche Sinndeutung

Zweiter Teil
Kirche für die Religion der Menschen

Dritter Teil
Kirche in der Praxis lebensgeschichtlicher
Sinndeutung

Abschnitt A: Gottesdienst und Predigt

Abschnitt C: Bildung und Unterricht

Abschnitt D: Person und Beruf

Vorwort

Menschen suchen Sinn – und gerade in der Unübersichtlichkeit unseres Heute mehr als vielleicht jemals zuvor. Der Zwang zum ›eigenen Leben‹, die Vielfalt zu erfüllender Rollen und das gleichzeitige Wegbrechen herkömmlicher Wertorientierungen machen es dem einzelnen zusehends schwer, für sich zu beantworten, was denn der Sinn seines Lebens sei.

Sinn ist Beziehung, ist Verbundenheit. Das gilt ganz allgemein. Für das Verstehen von Texten, von wissenschaftlichen Theorien, von Alltagserfahrungen. Ich lese einen Roman. Einzelne Wörter oder auch ganze Sätze darin kann ich zunächst nicht verstehen. Sie bleiben mir in ihrer Bedeutung, in dem, was sie sagen wollen über Sachverhalte unserer äußeren oder inneren Welt, verschlossen. Ich lese trotzdem weiter. Ich finde Sätze, die ich verstehe, weil sie sich mit anderen verknüpfen. Ich merke, da baut sich die Geschichte eines Menschenlebens auf, die der Autor des Romans erzählen möchte. Vom Zusammenhang der erzählten Geschichte her, der mir nach und nach erkennbar wird, kann ich schließlich auch mit den mir zunächst unverständlichen Sätzen etwas anfangen. Ich kann sie in die Geschichte einbauen und ich verstehe vielleicht sogar, weshalb sie mir zunächst unverständlich bleiben mußten. Sie beziehen sich auf Ereignisse im Leben dieses Menschen, die ihren Sinn erst im Rückblick bekommen, vielleicht erst vom Ende her, im Lichte des Ganzen dieses so gelebten und erinnerten Lebens.

Sinn ist Beziehung, ist Zusammenhang, ist Verbundenheit. Das gilt in all unserem Verstehen. Wenn wir vom Sinn des Lebens sprechen, somit auch von unseren Sinnerwartungen und Sinnkrisen, dann ist ebenfalls Beziehung, Zusammenhang, Verbundenheit oder eben deren Verlust, Verdunkelung und Zusammenbruch gemeint: die Beziehung zu uns selbst und zu den anderen; der Zusammenhang zwischen den Phasen und Einschnitten unserer Lebensgeschichte; die Verbundenheit mit Perspektiven und Zielen, an denen wir uns orientieren und die wir zu erreichen streben. Es ist, wo es um den Sinn unseres Lebens geht, freilich immer auch gemeint, daß wir dieser Beziehung, diesem Zusammenhang, dieser Verbundenheit einen positiven Wert zumessen können.

In theoretischer Hinsicht, so könnte man sagen, verstehen wir etwas in seinem Sinn schon hinreichend, wenn wir es überhaupt in einen größeren Zusammenhang einbeziehen können: einen Satz in den Gesamtzusammenhang einer Rede, ein Werkzeug in den Gesamtzusammenhang eines Fertigungsablaufs. Ob das, was wir so in seinem Sinn, in seinem Verwendungssinn, verstehen, gut oder schlecht ist, ob wir uns zustimmend diesem

Verwendungssinn gegenüber verhalten können oder nicht, interessiert auf der Ebene unserer theoretisch-instrumentellen Einstellung zu den Dingen der Welt und des Lebens nicht. In moralisch-praktischer Hinsicht jedoch, dort, wo es um die Fragen unserer Lebensführung und unseres Lebensgeschicks geht, ist das Verstehen des Sinns immer auch mit Wertungen verknüpft. Unsere Lebenssinnerwartungen zielen auf einen positiven Sinn, darauf also, daß unser Leben, das jedes einzelnen, nicht nur in einem größeren Zusammenhang steht, sondern wir zudem diesem Zusammenhang insgesamt und uns in ihm eine positive Wertschätzung geben können.

Freilich, die moderne Welt und der Verlauf unseres Lebens in ihr sind unübersichtlich geworden. Ein Zusammenhang ist da zumeist nicht mehr erkennbar. Und wo er behauptet wird, etwa unter dem Vorzeichen des wissenschaftlich-technischen Fortschritts, wissen wir angesichts der Risiken, die mit diesem Fortschritt unleugbar verbunden sind, oft nicht, ob wir ihn positiv oder negativ bewerten sollen. Die Bestände verfügbaren Wissens über die Welt, über die Natur und die Geschichte der Menschheit haben sich zwar in einem für frühere Generationen unvorstellbaren Maß ausgeweitet. Zugleich aber veraltet unser Weltwissen schneller als es gewonnen wurde. Vor allem jedoch ist es zu einer Sache jeweils bereichsspezifisch kundiger und zuständiger Fachleute geworden. So stehen wir zwar in Zusammenhängen, die unser Leben organisieren. Aber diese Zusammenhänge haben sich in einer Weise vervielfacht, daß wir den Zusammenhang zwischen den Zusammenhängen nicht mehr fassen können. Und in bezug auf nahezu alle Lebensbereiche sehen wir uns auf das Fachwissen der Experten verwiesen. Der umgreifende Zusammenhang, von dem her unserem Leben sein Sinn zuwachsen könnte, hat sich in sich selber jedenfalls dergestalt vervielfältigt, daß wir ihn als *einen* Zusammenhang nicht mehr zu erkennen vermögen. Darin liegt dann auch der Grund, daß die umfassenden religiösen Lebens- und Weltdeutungen, die uns aus früheren Zeiten überkommen sind, so auch die des christlichen Glaubens, vielfach nicht mehr einleuchten, jedenfalls nicht als Generalschlüssel für unsere Frage nach dem Sinn des Lebens.

Die Zusammenhänge, in denen wir unser Leben führen, haben sich vervielfältigt. Und jeder von uns erfährt es an sich selber, daß es nicht gelingen kann, sich nur in einem dieser doch immer nur partikularen Zusammenhänge zu bewegen. Wir sind in jeweils verschiedene Zusammenhänge gestellt, die jeweils auch Sinnzusammenhänge sind. Wir bewegen uns in ihnen manchmal sogar gleichzeitig. Wir folgen der Logik, die in ihnen gilt und teilen zumeist auch, aber nicht immer, die Werte und Normen, an denen sie sich orientieren. So füllen wir unsere Rollen aus im Beruf, als Steuerzahler, Konsumenten, Wähler, Schüler, Verkehrsteilnehmer, Familienväter, Familienmütter, Kirchgänger, Urlauber, Kinobesucher, Fernsehzuschauer. Wir wissen, die Regieanweisungen für die meisten dieser Rollen, die wir zu spielen haben, sind uns vorgegeben. Wir haben sie nicht selbst entworfen. Sie werden von den großen Institutionen und Organisationen unserer Gesellschaft bereitgehalten und gegebenenfalls auch weiterentwickelt.

Stellt sich angesichts der so beschaffenen Welt die Sinnfrage sinnvollerweise überhaupt noch? Die meisten haben das Spiel in wechselnden Rollen gelernt oder sind dabei, es zu lernen. Sie haben sich damit abgefunden, daß die Logik, nach der es in den verschiedenen Funktionsbereichen der Gesellschaft zugeht, zumindest nicht durchgängig zu verstehen ist. Sie machen von ihren Leistungen, denen der Technik und der Ökonomie vor allem, dennoch Gebrauch. Es ist ihnen auch klar, daß die Werte und Normen, die in den verschiedenen Bereichen unseres gesellschaftlichen Lebens gelten, voneinander sehr verschiedenen sind. Sie folgen ihnen zumeist dennoch, bereichsspezifisch freilich mit zunehmender Skepsis, aufgestört durch enttäuschte Sinnerwartungen.

Wo etwa Arbeitsplätze massenhaft verlorengehen, da kommt es für Menschen in unserem Land nicht nur zu ökonomischen Einbußen und Benachteiligungen, sondern oft auch zu schweren Sinnkrisen. Gerade weil Arbeit in Verbindung mit ökonomischem Erfolg in unserer Gesellschaft eine dominante Stellung unter den verschiedenen Lebensbereichen einnimmt, hängt es wesentlich an der Sicherheit der Erwerbstätigkeit, daß für uns das eigene Leben in einer es sinnvoll machenden Beziehung steht. Dann hat es eine Perspektive. Für viele, die arbeitslos geworden sind, hat es oft keine mehr. Der Verlust des Arbeitsplatzes läßt sie zugleich aus einer starken Beziehung herausfallen, von der her sie ihr Leben in einen sinnvollen Zusammenhang hineingenommen sehen konnten. Er war mit materieller Sicherheit, mit Anerkennung, mit Kontakten zu Freunden und zumeist auch mit dem Gefühl verbunden, eine für das Gemeinwohl, somit für das Ganze der Gesellschaft wichtige Aufgabe zu erfüllen.

Wir wissen zwar, daß nicht nur berufliche bzw. bezahlte Arbeit für das Gemeinwohl wichtige Leistungen erbringt. Wir wissen, wie wichtig auch die Arbeit in Haus und Familie, das Engagement in Vereinen, karitativen Einrichtungen, Selbsthilfegruppen, Bürgerinitiativen, politischen Parteien und Kirchengemeinden ist. Solange jedoch die Erwerbsarbeit in den gesellschaftlich etablierten Wertorientierungen weiten Vorrang vor allen anderen Tätigkeiten und Lebensbezügen genießt, solange dürfte der Weg in die Arbeitslosigkeit für viele Menschen in unserem Land unweigerlich mit der Gefahr schwerer Sinnkrisen auch weiterhin einhergehen.

Dennoch zeigen die genannten Möglichkeiten die Richtung an, in die wir auf der Suche nach Sinn denken müssen. Es gibt eine Alternative zur Arbeitsgesellschaft. Und die liegt in der Umbestimmung unserer Wertorientierungen, im Wandel, so könnte man auch sagen, unserer kulturellen und damit auch religiösen Selbstauffassungen.

Man wird jedenfalls den Sachverhalt gesteigerter Zeitgewährung für eine selbstbestimmte, nicht durch äußere Notwendigkeiten gesteuerte Lebensführung mit in Betracht ziehen müssen, wenn es um das Dahinschwinden der bislang dominanten Sinnressource beruflicher Arbeit geht. An die Stelle vorgegebener sozialer Zusammenhänge und Beziehungen, in die wir uns eingebunden fühlen können, aus denen uns Anerkennung zuteil wird, die uns ein positives Selbstwertgefühl vermitteln, muß der selbstgewählte und selbstmitgestaltete Aufbau von sozialen Beziehungen treten. Das geschieht auch, wie angedeutet, und nicht erst seit heute: in einem blühenden Vereinswesen, durch Nachbarschaftspflege und freiwillige soziale Leistungen, in Selbsthilfegruppen und Bürgerinitiativen, durch die ehrenamtliche Mitarbeit in Kirchengemeinden und diakonischen Einrichtungen. Es geschieht aber auch durch den lebenssinngenerierenden Gebrauch, den die einzelnen von dem immer breiter ausgebauten Angebot der Kulturindustrie und der massenmedialen Unterhaltung machen.

Es dürfte uns allen klar sein, daß ohne freiwillige, selbstbestimmte Lebenszeitgestaltung, daß vor allem ohne den Aufbau von sozialen Netzen und unterhaltungsmedialen Angeboten, welche die sogenannte Freizeit strukturieren, die Sinnkrise längst zu einem gesellschaftlich sehr viel gravierenderen Problem geworden wäre. Auf die Sinnfragen, die aus dem Abbau der mit Notwendigkeit verplanten Arbeitszeit erwachsen, sind eben längst kulturell produktive Antworten entwickelt worden. Mit dieser Entwicklung hat jedoch der gesellschaftliche Diskurs über unsere Sinn- und Wertorientierungen keineswegs Schritt gehalten. Der Politik, vor allem aber den Kirchen, ist mit dieser Aufgabe der kulturellen Umbestimmung im Selbstverständnis unserer zunehmend selbstbestimmten Lebenszeit im Grunde eine große Aufgabe zugewachsen. Bislang gewinnt man freilich kaum den Eindruck, daß sie dies hinlänglich schon erkannt hätten. Die Politik nicht, weil sie sich zu sehr mit dem Staat und seinen obrigkeitlichen Belangen identifiziert, mit Regelungen von oben, durch Bürokratie und Verwaltung. Das läßt oft zu wenig Raum für die Selbstorganisation der das Gemeinwohl stützenden Lebensbelange. Zu schnell werden außerparlamentarische Initiativen als gefährliche Konkurrenz zu den offiziellen politischen Organisationen, den Parteien und Verbänden empfunden. Zu wenig Achtsamkeit liegt oft auch auf dem eigenständigen Wert, den die alltagsweltliche Lebenskultur der Menschen hat, dem Lebenssinn somit auch, den sie sich unabhängig von staatlichen Arbeitsförderungs- und Wohlfahrtsprogrammen schaffen, eben durch ihre Mitarbeit in Vereinen, Nachbarschaftshilfen und Selbsthilfegruppen, durch sportliche und vor allem auch kulturelle Betätigungen.

Es gibt allerdings auch gute Gründe zu sagen, daß dies gar nicht die Aufgabe der Politik, jedenfalls nicht ihrer staatlichen oder auch nur halbstaatlichen Institutionen und Organisationen sei, für den Sinn des Lebens zu sorgen. Im Blick auf die Kirche gibt es solche Gründe nicht. Aufgabe der Kirchen, so sagen wir zu Recht, ist die cura animarum, die Sorge um den Sinn für den Sinn, die Sinn- und Wertvermittlung. Aber nehmen sie diese Aufgabe in einer unserer Zeit gemäßen Weise wahr? Abgesehen davon, daß auch die Kirchen sich hierzulande viel zu sehr von oben nach unten, somit bürokratisch organisieren, ist vor allem zu fragen, ob die Kirchen (auch die protestantischen) es schon hinreichend gemerkt haben, daß sie sich bei der Wahrnehmung ihrer seelsorgerlichen Aufgabe der Sinn- und Wertvermittlung umstellen müssen auf kulturell erheblich veränderte Bedingungen, gerade angesichts offensichtlich verbrauchter Sinn- und Wertorientierungsmuster, an denen unsere Arbeits- und Leistungsgesellschaft krankt.

Welche Hilfe ist von den Kirchen und von der christlichen Religion zu erwarten? Die religiösen Sinnerwartungen sind groß. Die Kirchen reagieren jedoch bislang nur unzulänglich darauf. Entweder begnügen sie sich mit der Kundgabe trivialmoralischer Grundsätze oder sie versteifen sich auf ihren überkommenen Wahrheitsabsolutismus. Zu zaghaft jedenfalls fällt bislang ihre Umstellung aus auf die konkreten Lebenslagen der Menschen und die Plausibilitätshorizonte gegenwärtigen Bewußtseins. Die Zeitgenossen sind eben nur noch selten bereit, einen durch Bibel, Lehre, kirchliches Bekenntnis gleichsam objektiv vorgegebenen Sinnzusammenhang für unsere Welt und das eigene Leben anzuerkennen, auch keine absolut gültigen moralischen Werte. Zu tief sitzen die Entzauberungen, welche die Naturwissenschaften, aber auch die Wissenschaften vom Menschen, hinsichtlich unserer Wirklichkeitsauffassungen ausgelöst haben. In der Folge der wissenschaftlichen, dann aber auch der technischen und ökonomischen Revolutionen des 18. und 19. Jahrhunderts hat das symbolische Weltbild der christlichen Religion im Sinne der Kundgabe einer objektiv festgefügten Wahrheit seine Geltung verloren. Der christliche Glaube gibt uns keine Auskunft mehr hinsichtlich dessen, was mit der Welt im ganzen und der Geschichte der Menschheit auf der winzig kleinen Erde am Rande des unermeßlichen Universums in einem objektiv gültigen Sinne der Fall ist. Die symbolische Welt- und Lebensdeutung der christlichen Religion hat genau damit auch die Funktion eines kollektiv verbindlichen Sinn-Daches für unsere Lebensführung eingebüßt.

Das muß jedoch keineswegs heißen, daß der christlich-religiöse Deutungshorizont bedeutungslos geworden wäre und keine sinnorientierende Kraft mehr von ihm ausgehen könnte. Es ist inzwischen nur so, daß die Sätze des Glaubens über die Welt, über die Geschichte der Menschen und die unseres eigenen Lebens von uns explizit in ihrem *symbolischen* Sinn verstanden sein wollen. Sie haben für uns nur Sinn und sie geben uns in unserem Leben nur Sinn, wenn wir sie nicht als objektive Wirklichkeitsbehauptungen nehmen, sondern bewußt als *Deutungen*, vermöge deren wir die Welt, die Natur und die Geschichte, die *an sich* keinen Sinn haben, in einen solchen *für uns* überführen können. Religiöse Deutungen der Welt und unseres menschlichen Lebens schaffen Zusammenhänge, wo wir sonst keine entdecken. Sie stellen Beziehungen her, wo wir ohne sie in die absolute Beziehungslosigkeit geraten. Sie vermitteln uns eine letzte Verbundenheit, von der wir uns gehalten wissen können, auch auf unwegsamem Lebensgelände.

Den symbolischen Deutungssinn religiöser Aussagen über Gott und die Welt hervorzuheben, heißt in keiner Weise, sie abzuwerten bzw. die Möglichkeit ihrer Wahrheit von vornherein zu bestreiten. Es ist damit vielmehr zum einen gesagt, daß die Wahrheit des Glaubens nicht mit einer Tatsachenwahrheit verwechselt werden darf. Und es ist damit zum anderen gesagt, daß sie keine Verbindlichkeit beansprucht unabhängig von dem kommunikativen Geschehen, in dem sie sich in ihrer sinneröffnenden Kraft erschließt. Die religiöse Wahrheit ist eine Sinn- und Beziehungswahrheit. Und d. h., ich erkenne sie nur, sofern ich mich geistlich und leiblich in den Vorgang, durch den sie mir einen bestimmten Sinn für mein Leben in dieser Welt zeigt – was die Wissenschaft mit ihren Tatsachenwahrheiten nicht kann – einbezogen finde.

Wenn das so ist, so sind damit einschneidende Konsequenzen verbunden hinsichtlich der Weise, in der die Kirchen, als die religiösen Institutionen in der Gesellschaft, heute ihre Aufgabe der Sinnvermittlung und Wertorientierung wahrzunehmen haben oder wahrzunehmen hätten. Es kommt diese Vermittlungsaufgabe dann wesentlich anders zu stehen als es in vormodernen Gesellschaften der Fall war. Die Umstellung, die ich meine, kann allerdings anknüpfen an Transformationen im Verständnis der christlichen Kirche bzw. des christlichen Glaubens, die bereits die Reformation eingeleitet hat.

So hat die Kirche ihre Aufgabe der Sinnvermittlung und Wertorientierung heute so wahrzunehmen, daß sie entschlossen Abschied nimmt von der Vorstellung, als ließe sich Sinn wie eine sakramental gefaßte Heilsgabe verabreichen und als würden Werte dadurch weitergegeben, daß sie von kirchlichen Amtsträgern proklamiert werden. Sinn, Lebenssinn ist nichts objektiv Gegebenes. Wo er als solcher behauptet wird, ist er jedenfalls noch längst nicht der meinige. Sinn, Lebenssinn wächst von innen her. Und Werte, die unser Verhalten wirklich zu orientieren vermögen, lassen sich nicht normativ vorschreiben. Wo dies bloß geschieht, bleiben sie in der Regel jedenfalls wirkungslos. Sinn in meinem Leben erschließt sich über Beziehungen, über Zusammenhänge, dadurch, daß ich eine tiefe Verbundenheit, eine Rückbindung verspüre, die mich hält und trägt auch auf unwegsamem Lebensgelände. Werte, an denen ich mich in meinem praktischen Verhalten orientiere, teilen sich mir ebenfalls mit über die Lebenszusammenhänge, in die ich verwoben bin, über tiefe Verbundenheiten, durch die ich Wertschätzung erfahre, über Beziehungen zu anderen, die mich durch ihr Vor- und Mitleben erkennen lassen, worauf es wirklich ankommt, wenn Leben gelingen soll.

Sinn wächst von innen her. Sinn ist nicht objektivierbar. Insofern haben diejenigen Zeitgenossen so unrecht nicht, die sagen, das Leben habe nur dann einen Sinn, sofern man ihm selber einen solchen gibt. Recht verstanden betrifft dieser Akt des Sich-selber-Gebens von Sinn jedoch nur die Selbstzuschreibung und Aneignung von sinneröffnenden Deutungsmöglichkeiten des eigenen Lebens, die damit keineswegs auch schon von mir selber fabriziert sind. Ich bin vielmehr gerade auf förderliche Lebensbereiche, Institutionen, Worte und Gesten angewiesen, die Bedingungen dafür schaffen, daß ich einen aneignungsfähigen Sinn für mein Leben finden kann. Lebenszusammenhänge, Gemeinschaften von Menschen, Institutionen, auf die ich nicht dann nur, aber eben auch dann zurückkommen kann, wenn im alltäglichen Gefüge meines Lebens, in Arbeit und Beruf, in Familie und Freizeit die Beziehungen, Zusammenhänge, Verbundenheiten brüchig werden, die Orientierungen fraglich, die mir Halt und innere Stabilität zu geben vermochten. Dazu ist die Kirche da, daß es einen solchen Ort in der Gesellschaft gibt, an den ich auf alle Fälle zurückkommen kann, an dem ich ein offenes Ohr finde, an dem ich den Trost des Evangeliums höre: vom Mensch gewordenen Gott, damit von der göttlichen Würde eines jeden Menschenlebens, auch des meinigen – trotz aller Schuld und Verfehlung.

Verunsichert sind wir im Grunde schon genug, vielfach ratlos, angesichts zerbrochener Beziehungen, verlorener Zusammenhänge, des Verlusts einer tiefen Beziehung, der tiefen Beziehung auch zu Gott. Was es braucht, wozu es die Kirche braucht, das ist die Erfahrung von Vergewisserung, eines Gespürs für den *Sinn des Sinnes*. Was wir brauchen, ist die Vergewisserung in einem Lebenssinn, der uns unbedingt gilt, jedem einzelnen, so wie er ist und was es auch immer um die Geschichte seines Lebens, um seine Leistungen oder sein Versagen sein mag: Du bist gewollt, du bist wertgeachtet, dir kommt eine unverlierbare Würde zu, dein Leben war auf keinen Fall umsonst. Das ist der Trost des Evangeliums. Das ist die Antwort des christlichen Glaubens auf die Sinnfrage. Sie lockt uns in eine andere Perspektive der Deutung unseres Lebens. Sie gibt uns zu bedenken, daß wir darüber hinauskommen können, uns lediglich in den, wie wir wissen, immer brüchigen Beziehungen und Zusammenhängen natürlicher und sozialer Gegebenheiten zu betrachten und zu beurteilen. In der religiösen Perspektive, in der des Evangeliums, ist da immer schon ein Mehrwert, den wir uns zuschreiben dürfen: Vorbehaltlose Anerkennung. Eine unverbrüchliche Beziehung, eine tiefe, selbst in der Verhältnislosigkeit des Todes nicht abreißende Verbundenheit, also absoluter Sinn.

So wir diesem absoluten Sinn einen Namen geben, reden wir von Gott, was aber keineswegs heißt, daß wir ihn nun wieder gegenständlich oder personhaft als ein jenseitiges Wesen vorstellen müssen. Das können wir tun, aber wir müssen es nicht. Wir können diese tiefe Verbundenheit, die uns hält und trägt, in der wir uns unseres unendlichen Wertes bewußt werden, auch als den Geist und die schöpferische Energie der Liebe, als die Atmosphäre unendlicher Geborgenheit fühlen und denken. So oder so reden wir symbolisch, also sinndeutend von dem, was sich objektiv nicht feststellen läßt und gleichwohl der Grund des Grundes ist, daß wir in tragenden Beziehungen stehen, zu uns selbst und zur Welt, in der wir leben.

Noch anderes in dieser Welt ist von der Art, wonach zu seiner Existenz eben dies gehört, daß wir uns bewußt zu ihm verhalten. Das Recht, ohne das eine Gesellschaft nicht auskommt – auch von ihm gilt, daß es sich zwar in positiven Gesetzen und Rechtsurteilen festschreiben läßt. Aber zur Wirklichkeit in unserem Zusammenleben kommt es doch nur, wenn es im Geist unseres Rechts*bewußtseins* auch unser Verhalten untereinander bestimmt. So ist es auch mit dem religiösen Glauben. Er läßt sich in Sätze bringen, die verlockende Zusagen festschreiben. Doch auch für die Zusage des Evangeliums gilt: Solange sie nur in Sätzen festgeschrieben ist oder auch in Kanzelreden proklamiert wird, liegt lediglich ein Sinn*angebot* vor (was auch schon viel ist). Prägend für unsere Lebenswirklichkeit wird dieses erst in den vielschichtigen Prozessen seiner Aneignung, indem es unser Sinnbewußtsein zu bestimmen anfängt, dadurch also, daß wir anfangen, unser Leben, unsere Geschichte und unsere Zukunftsentwürfe in seiner Perspektive zu *deuten*.

Von der Kirche ist heute entschlossene Klugheit und neuer theologischer Ernst gefordert, damit sie ihre gesellschaftliche Aufgabe der Darstellung und Vermittlung religiösen Sinns wahrnehmen kann. Dieses Buch will dabei helfen. Es wird im *ersten Teil* die Aufmerksamkeit darauf lenken, daß die Religion heute vor allem dann für die Menschen wichtig wird, wenn es um die Sinndeutung ihrer Lebensgeschichten und Lebensentwürfe geht. Als lebensgeschichtliche Sinndeutung muß die Religion von der Praktischen Theologie aber auch begriffen und in ihren christlichen Deutungsgehalten entfaltet werden. Im *zweiten Teil* geht es darum, daß die Kirche nur dann Kirche für die Menschen und die von ihnen gelebte Religion ist, wenn es ihr gelingt, sich zum ansprechenden Ort für die Sinndeutung ihrer Lebenserfahrungen zu gestalten. Angesichts einer zunehmenden Konkurrenz von Sinnagenturen muß die Kirche auf plausible Weise zur Sprache und auf ästhetisch ansprechende Weise zu symbolischer Darstellung bringen, daß sie ein vorzüglicher Ort religiöser Deutungskultur in der Gesellschaft ist. *Wie* des näheren die Vollzüge der ästhetischen, symbolisch-rituellen, kerygmatisch-explikativen und seelsorgerlich-therapeutischen Gestaltung einer kirchlichen Praxis, die im wesentlichen als lebensgeschichtliche Sinndeutungsarbeit geschieht, aussehen können, will der *dritte Teil* zeigen. Sein Angelpunkt liegt bei der kirchlichen Kasualpraxis. In ihr stimmt am ehesten das (inzwischen allerdings auch bedrohte) Passungsverhältnis zwischen den religiösen Sinnerwartungen der Menschen und der rituell-symbolischen Sinndeutungspraxis der Kirche. Es liegt in der weiteren Absicht der *vier Abschnitte* des dritten Teils, die religiöse Motivlage, die der kirchlichen Kasualpraxis gesellschaftliche Resonanz verschafft, auch für alle anderen Praxisvollzüge der Kirche aufzudecken. Sie alle müssen die lebensgeschichtliche Sinndeutung als ihre wesentliche Aufgabe begreifen. Das wird exemplarisch – also ohne Anspruch auf Vollständigkeit – ausgeführt mit Bezug auf das Zentrum kirchlicher Religionskultur, auf Gottesdienst und Predigt (Abschnitt A), auf die seelsorgerliche Arbeit (Abschnitt B), auf Unterricht und Bildung (Abschnitt C), auf die Kompetenzen schließlich, die der religiöse Beruf, insbesondere die Amtsführung der Pfarrer und Pfarrerinnen (Abschnitt D), in all dem heute verlangt.

Vielfältige Anstöße und Anregungen der Bochumer Studenten und Studentinnen, der praktisch-theologischen Sozietät vor allem, sind in dieses Buch eingegangen. Christoph Ernst hat mir bei den Korrekturen wichtige Hilfe geleistet. Dafür habe ich zu danken. Meinen besonderen Dank sagen möchte ich den Freunden, Ulrich Barth und Dietrich Korsch, sowie meiner Frau, der Aktiven im religiösen Beruf. Ohne die tiefe Verbundenheit mit ihnen, das – oft stille – Zwiegespräch in den Angelegenheiten der »Subjektivität des Glaubens«, wie dann auch die Ermutigung und Kritik aus der Perspektive des Kirchendienstes, hätte ich die Thesen dieses Buches so nicht entwickeln können. Gleichwohl, für die literarische Gestalt, die sie hier angenommen haben, für ihre Tragfähigkeit in der kirchlichen Praxis dann auch, übernehme ich selbstverständlich die alleinige Haftung.

Zu biographischen, auch autobiographischen Reflexionen ist in diesem Buch immer wieder, wenn auch eher zwischen den Zeilen, Anlaß gege-

ben. Seinem Autor waren sie mit dem Gefühl großer Dankbarkeit verbunden. Das will – mit einem solch kleinen Zeichen wenigstens – die Wid-
mung zum Ausdruck bringen.

Bochum, am Weihnachtsfest 1997   *Wilhelm Gräb*

Einleitung:

Religion, Christentum und kultureller Wandel

1. Auf dem Weg zu einer Praktischen Theologie gelebter Religion

Die Praktische Theologie ist die Lehre vom Handeln der Kirche. So hat sie sich seit ihren Anfängen als einer selbständigen theologischen Disziplin verstanden. Sie wird sich im Kontext der theologischen Disziplinen auch heute sinnvollerweise nicht anders verstehen können. Die Frage ist jedoch, wie die Praktische Theologie ihrer Aufgabe, Lehre vom Handeln der Kirche zu sein, angesichts der gegebenen kirchlichen, dann vor allem auch gesellschaftlich-kulturellen Lage, gerecht werden kann. Die in diesem Buch vertretene Auffassung ist: Die Praktische Theologie wird heute ihrer Aufgabe, Lehre vom Handeln der Kirche zu sein, somit Anleitung zu geben zur Wahrnehmung der Grundfunktionen kirchlicher Praxis, die sie in Gottesdienst und Predigt, Kasualpraxis und Seelsorge, Bildung und Unterricht und das alles schließlich insbesondere durch die Arbeit von Pfarrern und Pfarrerinnen zu erfüllen hat, nur dann gerecht, wenn sie sich als eine Praktische Theologie gelebter Religion entfaltet.

Die Zielbestimmungen und die Leitkategorien für die Organisationsformen kirchlichen Handelns lassen sich nicht den reformatorischen oder biblischen Lehrbegriffen abgewinnen. Die Lehrbegriffe des 16. Jahrhunderts der Christentumsgeschichte, in denen Aussagen über das Wesen des christlichen Glaubens und den Auftrag der Kirche gemacht worden sind, gehören für die Praktische Theologie zwar zu den Überlieferungsbeständen, auf die sie immer wieder zurückgreifen muß, wenn sie den Grundsinn kirchlichen Handelns, an dem dieses sich heute in allen seinen Vollzügen orientieren kann, formulieren will. Zu tiefgreifend sind im Leben der Kirche und erst recht außerhalb desselben, in Kultur und Gesellschaft, die religiösen Um- und Abbrüche, als daß die Praktische Theologie zu einer förderlichen Lehre vom Handeln der Kirche schlicht auf der Basis traditioneller dogmatisch-ekklesiologischer Festlegungen kommen könnte – auch dann nicht, wenn deren Formulierung, wie bei Eilert Herms[1] und Reiner

---

1. Vgl. E. Herms, Erfahrbare Kirche. Beiträge zur Ekklesiologie, Tübingen 1990;

Preul[2], durch die Aufnahme soziologischer Theoriestrategien modernisiert worden ist. Zu tiefgreifend sind die mentalen, religiösen, lebensorientierungspraktischen Wandlungen in der neuzeitlichen Geschichte des Christentums und insbesondere des Protestantismus.[3] Von ihnen ist auch die Kirche und ihr (seelsorgerliches) Handeln für die Menschen in einer Weise mitbetroffen, die es der Praktischen Theologie erforderlich machen, genau deren Reflexion in ihre eigene Grundlegung einzuholen.

Im »Grundriß der Praktischen Theologie« von Dietrich Rössler ist dies bereits im Ansatz geschehen.[4] Rösslers »Grundriß« beginnt mit der Frage nach der heute gelebten Religion, um dann in die den Aufbau des Ganzen bestimmende These von der dreifachen Gestalt des Christentums in der Neuzeit einzumünden. Religion, christliche Religion, wird danach nicht nur in der Kirche gelebt. Sie kommt vor auch in Gestalt des individuellen und gesellschaftlichen Christentums. Für Rössler bedeutet dies keineswegs, daß es für ihn nicht mehr die Aufgabe der Praktischen Theologie wäre, Orientierungshilfen für das kirchliche Handeln zu geben. Im Gegenteil. Nach Rössler soll die Praktische Theologie diejenige »wissenschaftliche Theorie« sein, »die die Grundlage der Verantwortung für die geschichtliche Gestalt der Kirche und für das gemeinsame Leben der Christen bildet«.[5] Aber dann liegt die Eigenständigkeit der Praktischen Theologie – im Unterschied zu einer auf Bekenntnisgrundlagen rekurrierenden Dogmatik – doch gerade darin, daß für ihre wissenschaftliche Theoriebildung »die Verbindung von Grundsätzen der christlichen Überlieferung mit Einsichten der gegenwärtigen Erfahrung«[6] charakteristisch ist. Diese »Verbindung« muß konstitutiv in die Theoriebildung der Praktischen Theologie Eingang finden. In dieser »Verbindung« erst, von überkommener kirchlicher Lehre und der Verortung ihres (sie umformenden) Verständnisses in der sozio-kulturellen Lebenswelt, liegen ihre »neuzeitlichen Konstitutionsbedingungen«, wie dann Volker Drehsen – im An-

ders., Kirche für die Welt. Lage und Aufgabe der evangelischen Kirchen im vereinigten Deutschland, Tübingen 1995.
2. Vgl. R. Preul, Kirchentheorie. Wesen, Gestalt und Funktionen der Evangelischen Kirche, Berlin/New York 1997.
3. Vgl. dazu, wie dann auch zu dem Versuch, die Reflexion dieser Wandlungen anschlußfähig zu machen an eine gegenwartspraktische Reformulierung des reformatorischen Kirchenverständnisses D. Korsch, Religion mit Stil. Protestantismus in der Kulturwende, Tübingen 1997, 157-185.
4. D. Rössler, Grundriß der Praktischen Theologie, Berlin/New York 1986.
5. A. a. O., 3.
6. Ebd.

schluß an Rössler – umfassend und überzeugend gezeigt hat.[7] Und d. h. eben, die Praktische Theologie kann das kirchliche Handeln durch ihre wissenschaftliche Theoriearbeit nur dann hilfreich orientieren, wenn sie durchgängig der Unterscheidung von Theologie und gelebter Religion Rechnung trägt, sodann gerade dieser von der Theologie wie von der kirchlichen Lehre unterschiedenen Religion auf die Spur zu kommen sucht, ihres sozio-kulturellen Vorkommens auch außerhalb der Kirche ansichtig wird und schließlich, neue Symbolisierungen und Ritualisierungen, in die sie sichtbar Eingang gefunden hat, bzw. Eingang finden könnte, beschreibt und entwirft.

Die Praktische Theologie muß also in ihrer Grundlegung immer auch Theorie der Religion, darf keineswegs nur »Kirchentheorie« sein: Nicht um ihre Wahrnehmungen gelebter Religion gegen kirchliche Lehre und kirchliches Leben auszuspielen, sondern um zu fragen, wie diese Lehre heute zu formulieren und wie das kirchliche Leben heute zu gestalten wären, wenn die Menschen am Ort der Kirche, in ihren Gottesdiensten, in ihren Amtshandlungen, in ihrer Seelsorge, in ihrem Unterricht finden können, was sie erwarten: Sinndeutungen und Orientierungsangebote in den Krisen ihrer Lebensgeschichten und in den Anforderungen ihrer Lebensentwürfe.

Daß damit das vorrangige Spektrum der Erwartungen umgriffen ist, welche die Menschen an die Kirche haben, zeigt ihr empirisch erhebbares, vor allem auf die sogenannten Kasualien konzentriertes, kirchliches Teilnahmeverhalten. Das wird auch von Reiner Preul bestätigt.[8] Warum das so ist, die Gründe, die dazu geführt haben, daß sich die gelebte Religion vor allem in der die Widerspannung von Individualität und Sozialität zum Austrag bringenden lebensgeschichtlichen Sinnarbeit zeigt, wollen jedoch aus der spezifisch neuzeitlich-modernen Religionsgeschichte des Christentums verstanden sein. Denn nur, wenn die sich im lebensgeschichtlichen Sinndeutungsverlangen artikulierende Religion, als die dominante Form neuzeitlichen Christentums, in ihren religions- und damit auch mentalitäts- und sozialgeschichtlichen Zusammenhängen ansatzweise verstanden ist, kann und wird sich die Praktische Theologie auch daran beteiligen, die überlieferten Lehrgehalte christlichen Glaubens – auf die eigene Zeit bezogen – umzuformulieren. Und dann erst wird sie die kirchlichem Handeln eigentümliche Aufgabe fördern, die christliche Glaubenslehre, die Rechtfertigungslehre vor allem, so zur Darstellung zu brin-

---

7. Vgl. V. Drehsen, Neuzeitliche Konstitutionsbedingungen der Praktischen Theologie. Aspekte der theologischen Wende zur sozialkulturellen Lebenswelt christlicher Religion, Gütersloh 1988.
8. A. a. O., 18-34.

gen, daß diese Lehre den Zeitgenossen auf der Suche nach ihrem eigenen Glauben hilfreich, eine tragfähige Perspektive in der Sinndeutung ihres Daseins werden kann.

In der neuzeitlichen Geschichte des Christentums haben sich die Motive der gelebten Religion jedenfalls gravierend verschoben. Und nur eine Praktische Theologie, die diese Verschiebungen wahrnimmt und in die Bildung der (neuzeitlich umgeformten) Lehre kirchlichen Handelns einbringt, leistet die von Rössler zu Recht geforderte »Verbindung von Grundsätzen der christlichen Überlieferung mit Einsichten der gegenwärtigen Erfahrung«[9]. Welche Motive sind das des näheren, und inwiefern zeigen sie diejenige Umformungskrise des Christentums an, der die Praktische Theologie, um der von ihr geforderten Orientierung kirchlichen Handelns willen, heute Rechnung tragen muß?

Dazu hier einleitend noch einige Bemerkungen mehr.

2. Die Umformungskrise des Christentums

Das Christentum bietet – wie schrecklich auch die Taten seiner Anhänger in der Geschichte zu Buche geschlagen sind – diejenige Sinndeutung unseres Daseins an, welche die zentrale Verheißung der göttlichen Bejahung des Menschlichen enthält. Das »siehe, es war sehr gut« des alttestamentlichen Schöpfungsberichts ist – christlich verstanden – in einer einzelnen Person zur Anschauung gekommen. In den Bildern und Erzählungen der Geschichte Jesu liegen seither die inspirierenden Quellen einer Lebensauffassung, die sich an universaler Gerechtigkeit und dem Wohlwollen jedem und jeder einzelnen gegenüber orientiert. Diese Einsicht, daß das Christentum es ist, das zur Anerkennung der unverletzlichen Würde jedes einzelnen inspiriert, entspringt den biblischen Überlieferungen und drängte doch gleichwohl erst in den geistes- und sozialgeschichtlichen Veränderungen der Moderne danach, pointiert in diesem Sinngehalt, als das für Kultur und Gesellschaft am Christentum Wesentliche, auch artikuliert zu werden.

Es sind die modernen Veränderungen in Wissenschaft, Wirtschaft und Gesellschaft, die dafür gesorgt haben, daß die biblisch-kirchliche Lehre von Gottes Weltschöpfung, seinem versöhnenden und erlösenden Handeln, unmittelbar eben keine Plausibilität und Relevanz mehr hat für die wissenschaftliche, vor allem naturwissenschaftliche Welterklärung und im direkten Sinne auch nicht mehr für die politisch-gesellschaftliche Weltgestaltung. Die wissenschaftliche Welterkenntnis und die aus ihr folgende

---

9. A. a. O., 3.

technische Naturbeherrschung kommen ebenso ohne den biblischen Gott aus wie die politisch-staatlichen Rechtsverhältnisse und die gesellschaftlichen Integrationsmechanismen. Auch sie sind einer theologischen Legitimation nicht mehr bedürftig.[10]

Im Zuge dieser, durch die politischen, wissenschaftlichen und industriellen Revolutionen der Neuzeit ausgelösten Veränderungen, hat sich die christliche Religion, haben sich religiöse Fragen überhaupt, jedoch keineswegs erledigt. Es hat sich die Motivlage für religiöse Fragen verschoben. Die Religion hat ihren Umbau erfahren, hinein in ein neues Relevanzgefüge. Die Motive für das Interesse an der Religion entspringen nun dem Interesse der Menschen an der Sinndeutung ihrer individuellen, durch diese sozio-kulturellen Veränderungen zugleich zur eigenen Gestaltung freigesetzten wie in ihrer Eigenheit bedrohten Individualität.

An der Wende zum 20. Jahrhundert war es der liberale Theologe Adolf von Harnack, der mit seinem Diktum vom – im christlichen Glauben erkannten – »unendlichen Wert der Menschenseele« dieses neue Relevanzgefüge des christlichen Glaubens erkannt hat. Er hat damit, in seinen berühmten Vorlesungen zum »Wesen des Christentums«[11], freilich (implizit) zugleich an einen die neuzeitliche Umformungskrise des Christentums ebenfalls betreffenden Passus aus Hegels Rechtsphilosophie erinnert. Er hat jedenfalls genau dasjenige als das für das Christentum Wesentliche bestimmt, wodurch dieses ebenso zur gelebten Religion der Moderne werden kann, wie es die Moderne der Religion verspricht.

Dergestalt ist der christliche Glaube unter den sozio-kulturellen Bedingungen der Moderne lebendig und will so nun auch in seinem wesentlichen Gehalt verstanden sein, daß er von den Menschen in Gestalt der Artikulation des göttlichen Grundes ihrer Freiheit und der moralisch-praktischen Anerkennung der Unverletzlichkeit der Würde jedes einzelnen gelebt wird. »Das Recht der subjektiven Freiheit«, sagt Hegel in der Rechtsphilosophie, »macht den Wende- und Mittelpunkt in dem Unterschiede des Altertums und der modernen Zeit. Dies Recht in seiner Unendlichkeit ist im Christentum ausgesprochen und zum allgemeinen wirklichen Prinzip einer neuen Form der Welt gemacht worden. Zu dessen näheren Gestaltungen gehören die Liebe, das Romantische, der Zweck der ewigen Seligkeit des Individuums u. s. f.«[12] An dem Punkt, an dem He-

---

10. Vgl. U. Barth, Abschied von der Kosmologie – Befreiung der Religion zu sich selbst, in: W. Gräb (Hg.), Urknall oder Schöpfung. Zum Dialog von Naturwissenschaft und Theologie, Gütersloh 1995, 14-42.
11. A. v. Harnack, Das Wesen des Christentums, München u. a. 1967, 49.
12. G. W. F. Hegel, Grundlinien der Philosophie des Rechts, Berlin 1821, § 124, 112.

gel das Christentum als die Religion der Moderne gefaßt hat, an dem es als die Selbstthematisierung individueller Freiheit, der Personhaftigkeit des einzelnen Menschen im Lichte seiner göttlichen Anerkennung, zu stehen kommt, hat auch Harnack es für das »Vorstellen und Empfinden« seiner Zeitgenossen zugänglich gemacht. Und damit sollte klargestellt sein, daß die christliche Religion in der modernen Welt wesentlich aus der Selbstthematisierung der Individualität des einzelnen Menschen lebt, aus der religiösen Selbstdeutung des göttlichen Grundes wahrer Menschlichkeit, aus der dann auch moralisch-praktisch wirksamen Anerkennung der unverletzlichen Würde jedes einzelnen, dem vorbehaltlosen Wohlwollen dem anderen gegenüber.

So ist das in der Geschichte des Christentums nicht immer gesehen worden. So mußte es auch nicht zu allen Zeiten formuliert werden, daß es für den christlichen Glauben wesentlich ist, von den einzelnen Menschen im Interesse ihrer letztinstanzlichen Selbstvergewisserung vollzogen zu werden – im Sinne der religiösen, in Gott sich begründenden Selbstdeutung ihrer Freiheit, im Sinne der Verarbeitung von Kontinuitäts- und Diskontinuitätserfahrungen, in Gestalt der religiösen, Sinn, also umfassenden Zusammenhang, letzte Bindung gewährenden Verarbeitung unserer fragmentarischen, endlichen Lebensgeschichte. Daß für das Christentum dies wesentlich geworden ist, individuelle, sinnvergewissernde Selbstdeutung im Gottesverhältnis zu sein, hängt mit den wissenschaftlichen, politischen und industriellen Revolutionen zusammen, welche die Gesellschaftsformationen der Moderne geprägt haben. Zur wissenschaftlichen Welterklärung wird der Gott des christlichen Glaubens seither ebenso wenig mehr gebraucht wie zur Legitimation der politischen Ordnung oder der Steuerung der technologischen und ökonomischen Prozesse. Wozu er aber gebraucht wird, das zeigt sich an den durch diese Prozesse keineswegs erfüllten, vielmehr gesteigerten Sinndeutungsinteressen der einzelnen Menschen, der Nötigung zur Artikulation auch der Kraftquellen ihrer Moral. Die religiös inspirierenden Kraftquellen zum moralischen Handeln wollen dann allerdings gerade auch im Blick auf unseren Umgang mit der Natur und die Gestaltung des Politischen, im Blick auf unsere Verantwortung für die Trends der technisch-ökonomischen Entwicklung artikuliert sein. Aber eben, es sind Sinndeutungsinteressen, die am Ort der Individuen anstehen und von diesen auch selber verfolgt und thematisiert werden.

Im Zuge des gesellschaftlichen Modernisierungsprozesses ist für die Menschen anderes am Christentum wesentlich geworden als dies unter den Bedingungen eines religiös symbolisierten Weltbildes und einer theologisch fundierten Ordnung von Staat und Gesellschaft der Fall war. Harnack hat sich (wie auch Ernst Troeltsch und Otto Baumgarten) an der

Wende zum 20. Jahrhundert mit seiner Wesensbestimmung des Christentums auf diese Transformation der christlichen Religion eingestellt. Er hat die (seit der kopernikanischen Wende) für die wissenschaftliche Welterklärung und moralisch-politische Weltgestaltung immer weniger zuständige christliche Religion umgestellt auf die Bearbeitung der lebenspraktischen Sinnvergewisserungsinteressen der einzelnen Menschen. Damit sollte nicht gesagt sein, daß diese Sinndeutungsarbeit für das Weltverhältnis der Menschen in Wissenschaft, Politik und Gesellschaft folgenlos bleiben muß. Sie hat Folgen für die Sinndeutung auch des Naturgeschehens und der Geschichtserfahrung. Aber dieser Einfluß auf die Weltgestaltung wird zu einem indirekten. Er ist nun vermittelt über die religiöse, d. h. über die, an orientierungspraktischen Letztgewißheiten interessierte, Selbstthematisierung der Individuen.

In verschiedenen Spielarten des binnenkirchlichen Milieus hält sich – aus dem Interesse an einer religiösen Gegenwelt zur gesellschaftlichen Moderne – zwar auch der autoritätsfixierte Bibel- und Dogmenglaube bis heute. Man orientiert sich in einer kirchlich-gemeindlichen Sonderwelt an altertümlichen Bekenntnisformeln und den ihnen entsprechenden supranaturalen Gottesvorstellungen, auch wenn man ansonsten in den vom allmächtigen Schöpfergott, Weltregierer und Endvollender unberührten Systemen der Wissenschaft, des Politischen und Ökonomischen funktioniert. Legen sich auch Theologie und Kirche auf diese fundamentalistische Bibel- und Dogmengläubigkeit fest, tragen sie ihrerseits nur zur Zementierung der binnenkirchlichen Sonderwelt bei. Was sie tun, dürfte dann jedenfalls kaum auf jene Resonanz rechnen, der sich Harnack, mit seiner Beschreibung des am christlichen Glauben Wesentlichen, seinerzeit noch bei den »Gebildeten und Halbgebildeten«, um mit Rudolf Bultmann zu reden[13], sicher sein konnte.

Eine Studie im Auftrag der Synode der EKD, die 1991 unter dem Titel »Der Dienst der Evangelischen Kirche an der Hochschule«[14] herausgegeben wurde, hat einen Beleg erbracht, in welch hohem Maß Christentum und Kirche aus der heutigen Bildungswelt herausgetreten sind. Sie gehören kaum noch zu der Welt, in der heute studiert wird und in der die Studierenden mit ihrem Studium, mit der Wissenschaft, mit ihren handlungsorientierenden Einstellungen zurechtkommen sollen. Angesichts der Frage nach der Relevanz der Lebensbereiche für den eigenen, persönlichkeitsprägenden Bildungsgang und die in ihm sich formierenden lebensorientierenden Einstellungen, rangieren Christentum und Kirche jeden-

13. Vgl. Bultmanns Vorwort zur oben angegebenen Ausgabe, 7.
14. Kirchenamt der EKD (Hg.), Der Dienst der Evangelischen Kirche an der Hochschule, Gütersloh 1991.

falls mit Abstand an letzter Stelle. In den narrativen Interviews zeigt sich: wenn nicht direkt nach Religion und Kirche gefragt wird, sind sie kaum im Blick. Dabei ist es keineswegs so, daß die Studierenden nicht über ihre handlungsorientierenden Letztgewißheiten Auskunft zu geben in der Lage wären. Auf der Werteskala der Studierenden rangieren die Selbstbestimmungsfähigkeit, die Entfaltung der eigenen Lebensmöglichkeiten, aber auch das Streben nach sozialer Gerechtigkeit und nach einer ökologischen Politik ganz oben. Mit diesen Werten werden jedoch Christentum und Kirche kaum in einen inneren Zusammenhang gebracht. Das Christentum wird mit der Kirche identifiziert. Und das Bild, das man überwiegend von der Kirche hat, zeigt diese als eine Einrichtung, die im schneidenden Gegensatz steht zu den auf das Menschengerechte zielenden Orientierungen. Sie wird als »alte, verknöcherte, nicht zeitgemäße, bürokratische Hierarchie«[15] gesehen. Sie erscheint im kognitiven Gegensatz zu den persönlichen Optionen individueller Entfaltung und den gesellschaftspolitischen Optionen von Demokratie und Mitbestimmung.[16]

In dieser kritisch-distanzierenden Bewertung der Kirche wird ein Unterschied zum Christentum kaum gemacht. Das Christentum erscheint so, wie es kirchlich repräsentiert und vermittelt wird. Es gilt als ein Ensemble von Lebenseinstellungen und Lebensvorstellungen, von denen man sich zu unterscheiden trachtet.

Vom Christentum zu unterscheiden trachtet man sich jedoch nicht eigentlich in einem religionskritischen oder atheistischen Sinn. Im Gegenteil, die Abgrenzung von Christentum und Kirche wird mit religionsproduktiven Intentionen geltend gemacht. In dem Katalog der Fragen nach dem eigenen Verhältnis zum »Glauben« erhält die »selbstgemachte« Weltanschauung die höchste Zustimmung. Die meisten können sich in dem Satz wiederfinden: »Ich habe meine eigene Weltanschauung, in der auch Elemente des christlichen Glaubens enthalten sind.«[17]

In den narrativen Interviews hört sich das dann so an:

»Zu meinem Glauben, also ich habe schon einen Glauben. Aber den lege ich mir auch so selber zurecht. (Also) der richtet sich nach keinem Buch oder nach irgendwas. Also ich denke schon, daß es irgendwas nach dem Tod gibt. Und vielleicht, daß es auch noch mal ein Leben auf irgendeiner Erde gibt oder so. Aber ich kann es eben nicht ab, daß die Kirche auf später vertröstet und (– ich weiß nicht –) die Leute dann denken, nach dem Tod geht es ihnen besser (oder so). Es ist ja heute auch nicht mehr so kraß. Aber dieses Bild ist irgendwie in meinem Kopf.«[18]

15. A. a. O., 160.
16. A. a. O., 160 f.
17. A. a. O., 120.
18. A. a. O., 117.

Oder:

»Religiöses Bewußtsein, ja, das ist echt schwierig. Also ich glaube, ich habe ein ganz tiefes Bewußtsein. Bloß das hat irgendwie wenig, also mittlerweile wenig mit dem Christentum zu tun, wie es so sich hier repräsentiert. Also ich fühle mich da mit meinem religiösen Bewußtsein überhaupt nicht aufgehoben, (so). (Oder) mit meinen religiösen oder ich (sage mal,) kann es vielleicht auch spirituellen Bedürfnissen nennen.«[19]

Oder:

»Ja, so eine eigene Religion [...] oder so Religion als Eigenes ist für mich total wichtig, ist für mich auch so ein Hauptpunkt, wo ich mich mit auseinandersetze, was mir wichtig ist. [...] Ja, es hat für mich viel mit Philosophie zu tun. Ich sehe das eben immer auf einer Ebene oder in solchen Zusammenhängen vielleicht. (Wobei ich dann) ja, ich finde es interessant, sich viele Glaubenssätze (sich) anzugucken oder viele verschiedene Religionen irgendwie zu betrachten auch, weil, ich versuche irgendwie, so etwas Übergeordnetes als Religion zu begreifen, irgendwie so einen Gesamtkontext, in dem das halt steht. Ja, so etwas Allumfassendes halt irgendwie.«[20]

Diese Äußerungen zeigen: Die Religion, mit der man heute außerhalb der Kreise der Berufstheologen und der kirchlichen Kerngemeinden etwas anfangen kann, wird als individuelle Sinnthematisierung, als Suche nach einem umfassenden Orientierungsrahmen für die eigene Lebensführung verstanden. Betont werden der eigene Glaube, die persönliche Spiritualität, die lebenspraktische Orientierung im Horizont umfassender Sinndeutungsvorgaben. Zu diesen Sinndeutungsvorgaben wird auch die Glaubenslehre des Christentums gerechnet. Aber man weiß, daß es auch andere hochreligiöse Symbolsysteme gibt und behält sich deren Sichtung und Auswahl nach Maßgabe eigener Interessen und Bedürftigkeiten vor. Dabei herrscht deutlich das Bewußtsein von den kognitiven Dissonanzen zwischen der eigenen Sinnwelt und dem Gottes- und Weltbild des kirchlichen Christentums. Und es spricht sich das Empfinden aus, daß auf diesem Wege, auf dem Individuen sich unter Übernahme von tradierten Sinnvorgaben die eigene Sinnwelt selber bilden, kein Eingang ins kirchliche Christentum gefunden werden dürfte. Das kirchliche Christentum erscheint als Größe, in der es die Glaubensgehalte so, wie biblisch und dogmatisch vorgegeben, zu glauben gilt. Man hegt jedenfalls kaum die Erwartung, auf dem Wege eben der eigenen intellektuellen Selbstbildung sich auch an der Bildung der religiösen Gehalte des Christentums beteiligt zu finden.

19. A. a. O., 114.
20. A. a. O., 116.

Es ist deshalb die Studie zum religiösen Verhältnis heutiger Studierender auch als Beleg für die These zu lesen, in welch hohem Maße der lautlose Abschied vom Christentum durch dessen kirchlich-dogmatische Phraseologie zumindest mit verursacht ist. Dem kirchlichen Christentum scheint es heute jedenfalls nicht hinreichend zu gelingen, das Wesen des christlichen Glaubens entschlossen auf die religiösen Sinndeutungsinteressen der Menschen einzustellen und seine überlieferten Gehalte zu persönlich ansprechenden Sinndeutungsangeboten umzuformulieren.

Die Herausforderungen, welche die religiöse Gegenwartslage erkennen läßt, werden teilweise allerdings auch in der Theologie gesehen. So schreibt der katholische Theologe Hans-Joachim Höhn in seinem Buch über »religionsproduktive Tendenzen der Gegenwart«:

»Die neue religiöse Unübersichtlichkeit, das Amalgam aus Esoterik und Mythologie entstand nur zu einem geringen Teil als erklärte Absetzbewegung vom Christentum, sondern führt überwiegend an diesem vorbei. Ungeachtet weitreichender kultureller Säkularisierungsschübe erleben wir eine Renaissance des Religiösen, die gleichwohl die etablierten Kirchen und Konfessionen nicht erfaßt. War für die 70er Jahre noch eine Tendenz der Entkirchlichung des Christseins (»Jesus ja, Kirche nein«) vorherrschend, so wurde sie in den 80er Jahren durch einen Trend zur Entchristlichung der Religiosität (»religiös ja, aber warum christlich?«) abgelöst. Glaubensinhalte und -formen des Christentums sind zu kulturellem Treibgut geworden. Es hängt von rasch wechselnden Moden ab, ob z. B. Fasten oder Schweigeexerzitien wieder aktuell werden. Die ursprüngliche christliche Sinngebung spielt dabei in der Regel keine Rolle mehr. Die ›neue‹ Spiritualität bindet sich nicht an Dogmen und fixe Lehrinhalte. Sie bietet das Bild einer religiösen Mischkultur.«[21]

Wir mögen an der gesellschaftlichen Verbreitung dieser Phänomene eines spirituellen Synkretismus zweifeln. Auch mögen wir darin vor allem Fluchtbewegungen, metaphysische Eskapaden angesichts kultureller Verarmungstendenzen erblicken. Einzugestehen dürfte gleichwohl sein, daß die fortgeschrittene Moderne selber »religionsproduktive Tendenzen« erkennen läßt, diese aber kaum ins Christentum hinein, sondern an diesem, vor allem in seiner kirchlichen Verfassung, vorbeiführen. Diese religionsproduktiven Tendenzen der fortgeschrittenen Moderne dürften ihre Verursachungsgründe eben darin haben, daß es inzwischen die Schattenseiten des wissenschaftlich-technischen sowie ökonomischen Fortschritts sind, welche die gesellschaftlichen Auseinandersetzungen bestimmen. Die industrielle Wohlstandsproduktion wird überlagert von den Risiken und Übelständen, die dem ökonomischen Wachstum selber zuzuschrei-

21. H.-J. Höhn, Gegen Mythen. Religionsproduktive Tendenzen der Gegenwart, Freiburg 1994, 15 f.

ben sind. Die Vernünftigkeit des okzidentalen Rationalismus, dessen Entstehung sich das Christentum mit dem Säkularisierungsparadigma – zumindest teilweise – selber zugeschrieben hat, überzeugt nicht mehr. Es gibt aber auch keine neuen, kollektiv einbindenden Orientierungsmuster für die kulturelle Selbstverständigung der Menschen. Es schlägt vielmehr die Stunde der Subkulturen. Es bilden sich unterschiedliche Verhaltensschemata und Lebensstile aus, die auf ihre Weise auch die Ausbildung unterschiedlicher, handlungsleitender Letztgewißheiten, also religiöse Symbolisierungen von Lebenssinn befördern. Daraus resultiert heute die Aufgeschlossenheit für das Mystische, Esoterische und Übernatürliche. Das alles spielt auf der weichen Oberfläche der nach wie vor harten Prozesse einer durch die wissenschaftlich-technischen und ökonomischen Faktoren vorangetriebenen Gesellschaftsdynamik.

Auf dem harten Untergrund der Wirtschafts- und Arbeitsgesellschaft, die angesichts von Massenarbeitslosigkeit und neuer Armut in ihrer Integrationskraft ebenso erlahmt wie sie in ihren sozialen und ökologischen Risiken offenkundig geworden ist, sehen sich die Individuen mit dem Erfordernis eines sinnvollen Deutungszusammenhangs ihrer Lebensgeschichte und auch mit der von ihnen selbst zu leistenden Arbeit an ihrem Lebensentwurf konfrontiert. Es wird der Imperativ empfunden, ein eigenes Leben gewinnen zu müssen, eine eigene, lebensgeschichtliche Identität auszubilden. Aber zugleich muß die Erfahrung gemacht werden, immer nur auf Teilaspekte des eigenen Lebens angesprochen zu werden, auf die Funktionen wiederum in Wirtschaft und Gesellschaft, die es zu erfüllen, auf die Rollen, die es zu spielen gilt: als Konsumenten, Wähler, Patienten, Studenten, Produzenten, Töchter, Väter, Mütter, Kirchgänger, Autofahrer. Wechselnde Rollen und Beanspruchungen, mit sehr verschiedenen, ja oft widersprüchlichen Verhaltenslogiken.

Was in diesen wechselnden Rollenanforderungen gerade zu zerspringen droht, ist die Einheit und Ganzheit individuellen Lebens, die Erfahrung, ein eigener Mensch zu sein. Diese Erfahrung ist gerade nicht das Gegebene. Sie bezeichnet eher die Leerstelle, die sich mit dem abgründigen Wunsch füllt, eine eigene Identität zu gewinnen, qualitative Unterscheidungen, sich an einem höchsten Gut zu orientieren, von dem her man sich in einen integrativen, individuelle Sinnvergewisserung ermöglichenden Sinnzusammenhang hineingenommen finden kann.

Die Hinwendung zu Mystischem, Esoterischem entspringt diesem integrativen Sinnverlangen. Wem solche Praktiken gleichwohl allzu marginal erscheinen mögen, der sei auf die gesellschaftlich gegenwärtig fraglos dominantere Wiederverzauberung der Menschen mit den Mitteln der Ästhetisierung verwiesen. Es sind die Mittel, deren sich insbesondere das Marketing, die Werbung bedient. Die zeitgenössische Werbung wirbt nicht mehr mit dem Gebrauchswert der Produkte. Sie versucht, die Beziehungsverhältnisse der Menschen zu ihnen zu prägen, überhaupt ihre tiefsten Wünsche und letzten Zwecke zu formieren. Was das tiefste Begehren der Menschen anspricht, was sie unbedingt angeht, »Freundschaft, Liebe, Sicherheit und Selbständigkeit«[22], das versucht die Werbung ins Bild, ins Markenzeichen, also in die Ikonen des Marktes zu bannen. Natürlich, die Absicht dabei entspricht der Logik des Marktes. Die Ware, für die das Markenzeichen steht, soll gekauft werden. Indem die Werbung mit ihrem »Emotional Design« die Ware jedoch zugleich mit einer spirituellen Bedeutungsanreicherung versieht, sie dem Begehren nach Freiheit und Abenteuer, nach Liebe und Sicherheit eine dieses Begehren zugleich wachrufende Sprache gibt, wird die Werbung auch zum Medium einer religiösen Kultur der Selbstdeutung und vor allem Selbststilisierung der Menschen.

Was angesichts der vielfältigen »religionsproduktiven Tendenzen« unserer Gegenwart für die Kirche und somit dann auch für eine diese Kirche in ihrem Handeln orientieren wollende Praktische Theologie auf dem Spiel steht, das ist die relevante Verortung und Resonanzfähigkeit des Christentums im Ensemble kultureller Orientierungen, die Klärung und Präsentation der Sinndeutung, die das Christentum zu machen hat, für die nach Orientierung suchenden Menschen. Es geht um die Bestimmung dessen, was am Christentum, an seinen religiösen Gehalten, heute wesentlich ist für die um ihre Identität bemühten, nach den Quellen ihres Selbst suchenden einzelnen.

Was am Christentum heute als wesentlich erkannt und kommuniziert werden kann, muß – so viel ist hier schon zu sagen – jedenfalls von der Art sein, daß es den einzelnen Menschen hilft, zu sich selbst zu finden, eine orientierungssichere Deutung dessen zu gewinnen, was es um das Vonwoher und Woraufhin des eigenen Daseins ist. Die Antwort auf die Frage, was orientierungspraktisch für die Menschen heute am Christentum wesentlich ist oder sein könnte, darf jedenfalls nicht als eine durch die Bibel oder die tradierte Lehre der Kirche schlicht vorgegebene behauptet werden. Wo in Kirche oder Theologie der Eindruck erweckt wird, als sei von einer substantiellen, biblisch-dogmatisch vorgegebenen christlichen Wahrheit auszugehen, die dann als solche Anerkennung in Gestalt des Glaubensgehorsams verlange, baut sich nur jener schneidende Gegensatz zu den zeitgenössischen Optionen auf, welche die Studie zum Verhältnis heutiger Studierender gegenüber Kirche und Christentum dokumentiert. Diese Optionen zielen auf Selbstbeteiligung, Selbster-

22. Vgl. N. Bolz/D. Bosshart, Kult – Marketing. Die neuen Götter des Marktes, Düsseldorf 1996, 21.

fahrung, Selbstdarstellung, persönliche Resonanz, vernünftige Moral, Plausibilität im Kontext der eigenen Lebensführung. Die Zusage der Rechtfertigung um Christi willen, der vorbehaltlosen Anerkennung meiner Person durch Gottes Liebe, einer mir geschenkten Identität somit, ist – so zentral gerade sie in der evangelischen Kirche auch heute muß erwartet werden können – doch nicht viel wert, wenn mir nicht zugleich erkennbar ist, wie ich sie in einen Deutungszusammenhang meiner Lebensgeschichte hineinnehmen und für meinen Lebensentwurf fruchtbar machen kann. Es darf gerade nicht der Anspruch erhoben werden, daß dem einzelnen die Anstrengung seiner *Selbstvergewisserung* abgenommen sei. Der einzelne merkt dann sehr schnell, daß ihm solche Zusage einer fremden Identität nichts nützt.

Wofür die Kirche inhaltlich steht, was sie zum Glauben anzubieten hat, muß somit im Interesse und in Gestalt der Mitbeteiligung der Menschen gegeben werden, die sich zur Suche nach ihrem eigenen Leben, nach einer letztgewissen Bestimmung der eigenen Identität, ebenso herausgefordert wie darin durch die modern-gesellschaftlichen Verhältnisse bedroht und überfordert finden.

Das Interesse der Menschen an der Kultur der Individualität, an einer sinndeutenden Vergewisserung der eigenen Lebensgeschichte und des eigenen Lebensentwurfs, muß von der Kirche und der Praktischen Theologie heute entschlossen aufgenommen werden. Zeigen müssen sie, daß und vor allem *wie* der christliche (Rechtfertigungs-) Glaube zum tragfähigen Gehalt lebensgeschichtlicher Sinndeutung heute werden kann. Wege hierzu wollen in diesem Buch ausgezeichnet und ein Stück weit begangen werden.

Erster Teil
Religion als lebensgeschichtliche Sinndeutung

1. Kapitel

Verständigung über Religion

Die gelebte Religion, auch die christlich gelebte Religion, findet sich nicht einfach in der Kirche nur. Es gibt sie überhaupt nicht so, wie es die Kirche als gesellschaftliche Institution gibt. Gelebte Religion entsteht in Kommunikation. Sie ist ein kommunikativer Tatbestand.[1] Ihr Begriff fungiert als »geistige Deutungskategorie«[2]. Und ihre historische Realität resultiert aus den kulturell, damit auch – aber nicht nur – kirchlich-institutionell vermittelten Deutungen hinsichtlich dessen, was es mit dieser Welt und unserem Leben in letzter Instanz auf sich hat, von woher wir also kommen und wohin wir gehen.[3] Sie ist gelebte Religion dort, aber dann auch überall dort, wo sozio-kulturell vermittelte Weisen von Lebensdeutung in die eigene Lebensführungspraxis, diese mitbestimmend und orientierend, übergehen.

Will die Praktische Theologie die gelebte Religion beschreibbar machen, so, wie sie innerhalb und außerhalb der Kirche vorkommt, dann muß sie sich somit an der Kommunikation *über* Religion entschlossen beteiligen. Und sie muß zur Beförderung der sich *als* Kommunikation praktisch vollziehenden Religion beitragen. Dergestalt zielt sie schließlich darauf, daß die kirchlich vermittelten Symbole und Rituale zu plausiblen Erschließungsforen für die lebensgeschichtlichen Sinndeutungen und religiösen Weltansichten der Zeitgenossen werden.

1. Praktische Theologie als Religionshermeneutik

Religion ist ein doppeltgestufter kommunikativer Sachverhalt. Und eine die gelebte Religion thematisierende Praktische Theologie muß sich durch die Frage herausgefordert sehen, wie sie sich am Zustandekommen dieses kommunikativen Sachverhalts, somit an der Kommunikation *über*

1. Vgl. J. Matthes, Auf der Suche nach dem »Religiösen«. Reflexionen zu Theorie und Empirie religionssoziologischer Forschung, in: Sociologia Internationalis 2, 1992, 129-142.
2. Vgl. H. Zinser, Der Begriff der Religion, in: ders., Der Markt der Religionen, München 1997, 148-169, 163.
3. Vgl. U. Barth, Was ist Religion?, in: ZThK 93, 1996, 538-560.

Religion wie an der Kommunikation *als* Religion heute maßgeblich beteiligen kann.

In beiderlei Hinsicht gewährleistet der Begriff der Religion, daß sich die Theologie nicht nur als eine Funktion der Kirche begreift. Sowohl Kommunikation über Religion wie Kommunikation als Religion finden auch außerhalb der Kirche statt. An der Wende zum 19. Jahrhundert, als der Begriff der Religion Karriere machte, sollte er dasjenige am Christentum bezeichnen, was über historische, konfessionelle, kulturelle Differenzerfahrungen hinausreicht, das am Christentum human Verbindliche also, die ganzheitliche Lebens- und Weltansicht, die es vermittelt, die moralisch orientierende Selbstgewißheit. Das am Christentum Religiöse waren nicht mehr nur seine theologischen Lehren und kirchlichen Bekenntnisse, sondern es war die – ursprünglich durch die Kirche, aber nun nicht mehr an sie gebundene – in die allgemeine Kultur und Gesellschaft vermittelte humane Selbstauffassung, wonach die einzelnen ohne Angewiesenheit auf die Kirche sich unmittelbar im Gottesverhältnis letztinstanzlich in ihrer Weltansicht und Selbstbeurteilung begründet wissen können. Das Religiöse am Christentum sollte die Evidenz der Freiheitserfahrung sein, die es den einzelnen vermöge seiner Gottverbundenheit der Welt und auch der Kirche gegenüber machen läßt.

In den Begriff der Religion, in die Kommunikation *über* Religion, gingen so um 1800 gerade auch die Erfahrungen ein, welche die Menschen in den Anfängen des bürgerlichen Zeitalters, in der Überwindung ständisch-hierarchischer gesellschaftlicher Verhältnisse, in welche zutiefst auch die Kirche eingebunden war, machen konnten. Den undogmatischen Klang, wonach mit ihm ein Christentum kommuniziert sein möchte, das in den engen und vielfach autoritären Normbegriffen kirchlicher Lehre und kirchlichen Lebens nicht aufgeht, hat der Begriff der Religion bis heute behalten.

Auch Dietrich Bonhoeffer hat diesen Klang noch mitgehört, weshalb er – an die Adresse Karl Barths gerichtet – sagen konnte: »An der Stelle der Religion steht nun die Kirche – das ist an sich biblisch –, aber die Welt ist gewissermaßen auf sich gestellt und sich selbst überlassen, das ist der Fehler.«[4] Bonhoeffer hörte noch mit, daß im Begriff der Religion die gesellschaftliche Allgemeinheit des Christentums kommuniziert sein wollte, dasjenige, was dieses grundlegend zur Daseinsorientierung der Menschen beiträgt, womit es nicht nur mit Bezug auf das kirchliche Leben, sondern in Fragen der Weltgestaltung relevant ist. Statt der Kirche wollte Bonhoeffer die Religion dann allerdings doch nicht als das Thema der Theo-

4. D. Bonhoeffer, Widerstand und Ergebung. Briefe und Aufzeichnungen aus der Haft (hrg. von E. Bethge), München/Hamburg ²1965, 137.

logie anerkennen. Denn er war der Meinung, daß der moderne Mensch nicht mehr religiös sein könne. An die Stelle des religiösen Menschen war in seiner Geschichtssicht der säkulare, mündige, rational autonome Mensch getreten. Bonhoeffer ist damit einer von der Feuerbachschen und Freudschen Religionskritik aufgemachten Kommunikation über Religion gefolgt. Unter einem religiösen Menschen meinte auch Bonhoeffer einen solchen verstehen zu müssen, der sich aus der Welt »forthimmelt«, der an ein allmächtiges, jenseits der Welt hockendes Wesen glaubt, dem er die Erfüllung alles menschlichen Glücks zuschiebt, statt selber für eine bessere Welt zu arbeiten.

Uns Heutigen muß diese Kommunikation über Religion ziemlich abwegig erscheinen. Uns ist die Rede von einem rational mündigen Menschen, der diese Mündigkeit in Wissenschaft und Technik, Politik und Recht, Bildung und Erziehung gewinne und beweise, sie in der Religion jedoch aufgebe, nicht mehr nachvollziehbar.

Sieht man freilich auf die Folgen etwa der religionsfeindlichen Indoktrination in der DDR, kann man leicht auch wieder anderer Meinung sein. Dort hat sich jedenfalls eine Kommunikation *über* Religion durchgehalten, wonach mit dieser zum Obskurantismus neigende Lebenseinstellungen und -vorstellungen verbunden sind, die im schneidenden Gegensatz zu Rationalität und Mündigkeit, Wissenschaft und Freiheit stehen. Angesichts einer solchen Kommunikation *über* Religion, an der sich zu allem Überfluß auch die von Karl Barth und Dietrich Bonhoeffer inspirierte theologische Religionskritik mitbeteiligt hat, ist auch nicht zu einer förderlichen Kommunikation *als* Religion zu kommen, weder in der Kirche noch vor allem außerhalb, wie etwa die Schwierigkeiten einer Einführung des Religionsunterrichts an öffentlichen Schulen in den neuen Bundesländern zeigen.

Religion ist ein doppelt gestufter kommunikativer Tatbestand. Es gibt sie nicht einfach so, wie es die Kirche als sichtbare Organisation in der Gesellschaft gibt. Ihr Vorhandensein ist abhängig von kommunikativen Leistungen, die kulturell und gesellschaftlich erbracht werden. Nicht die Kirche nur, sondern Kultur und Gesellschaft müssen deshalb auch der Rahmen für eine ihre religionshermeneutische Aufgabe wahrnehmende Praktische Theologie sein. Zur Feststellung wie zur Förderung gelebter Religion braucht sie einen Religionsbegriff, der die Veränderbarkeit, den geschichtlichen Wandel, somit die Subjektivierung, Privatisierung und individuelle Neubesetzung gelebter Religion mit zum Ausdruck bringt. Sie muß in der Wahrnehmung ihrer religionshermeneutischen Aufgabe insbesondere die Vorgänge mit erfassen, in denen die Evidenz sich einstellt, mit der kulturell und gesellschaftlich zur Verfügung stehende Lebensdeutungen individuell angeeignet, somit in die Gestalt der eigenen Selbstauffassung und Lebensführung übernommen werden. Will sich die Praktische Theologie an solchen Kommunikationen entscheidend mit beteiligen, dann wird sie heute jedenfalls ein solches Verständnis von Religion mitausarbeiten müssen, wonach diese keineswegs der sogenannten Säkularisierung zum Opfer gefallen ist, sie vielmehr auch in der modernen Welt derjenige soziale Tatbestand bleibt, der überall dort vorliegt, wo es zur individuellen Aneignung der eben nicht nur kirchlich, sondern kulturell und gesellschaftlich kommunizierten und somit bereitgehaltenen, sinnorientierenden Lebensdeutungen kommt.

Die von der neueren Soziologie vorgelegten Selbstbeschreibungen der modernen Gesellschaft kommen der Theologie in der Aufstellung dieses Begriffs der Religion entgegen. Sofern die Soziologie, etwa im Werk Thomas Luckmanns[5] oder Niklas Luhmanns[6], die Religion zum Thema macht, versteht sie darunter grundlegende, ganzheitliche Deutungen von Welt und Leben, wie sie keineswegs nur am Ort der Kirche und von traditionellen religiösen Gruppierungen entworfen und kommuniziert werden. Sie stellt fest, daß die Religion mit der gesellschaftlichen Evolution nicht verschwunden, sondern gerade der Ort geblieben bzw. allererst geworden ist, an dem sich, in einer weithin von verselbständigten Funktionssystemen gesteuerten Welt, das Verlangen der Menschen nach integrativen Sinndeutungen ihres Lebens und nach einer umfassenden Weltansicht artikuliert. Das religiöse Sinndeutungsverlangen der Menschen ist nicht geschwunden. Geschwunden ist allenfalls ihr Zutrauen dazu, daß sich in einer hochkomplexen, nach Funktionssystemen ausdifferenzierten Gesellschaft ein grundlegendes Daseinsverständnis, eine dann auch ethisch orientierende Lebensgewißheit überhaupt noch gewinnen und gesellschaftlich relevant vertreten lassen. Daß dieses Zutrauen geschwunden ist, bedingt den gesellschaftlichen Resonanzverlust der Kirchen und den ebenfalls zu konstatierenden Sachverhalt, daß man von der Theologie kaum noch etwas erwartet, auf das zu hören sich lohnt. Ist das, was dort gesagt wird, nicht alles bloß behauptet und dann in der Regel eben

5. Th. Luckmann, Die unsichtbare Religion, Frankfurt am Main 1991; ders., Privatisierung und Individualisierung. Zur Sozialform der Religion in spätindustriellen Gesellschaften, in: K. Gabriel (Hg.), Religiöse Individualisierung oder Säkularisierung. Biographie und Gruppe als Bezugspunkte moderner Religiosität, Gütersloh 1996, 17-28.
6. N. Luhmann, Funktion der Religion, Frankfurt am Main 1977; ders., Religion als Kultur (Ms.), Bielefeld 1994; ders., Vom Sinn religiöser Kommunikation, in: K. Gabriel/A. Herlth/K. P. Strohmeier, Modernität und Solidarität. Konsequenzen gesellschaftlicher Modernisierung (Für Franz-Xaver Kaufmann), Freiburg/Basel/Wien 1997, 163-174.

so, daß existentiell nicht nachvollziehbar erscheint, wie es im eigenen Leben auf orientierungspraktische Weise wahr sein könnte?

Dennoch, das Verlangen der Menschen nach grundlegender Daseinsorientierung und existentieller Sinnvergewisserung ist da.[7] Und das ist kein Zeichen mangelnder Mündigkeit, der Bedrohung von Autonomie und Rationalität durch Religion. Im Gegenteil, in der religiösen Sinnarbeit liegt der Versuch der Menschen, Mündigkeit in einer verwalteten Welt, die Unmündigkeit massenhaft produziert, zu behaupten. Die Herausforderung an Theologie und Kirche besteht deshalb darin, ob sie dieses lebensgeschichtliche Sinnverlangen in ihre Kommunikation *über* Religion aufzunehmen fähig und in einer die persönliche Lebensgewißheit stärkenden Weise *als* Religion zu kommunizieren in der Lage sind. Theologie und Kirche müssen diese Herausforderung heute gerade angesichts der Tatsache erkennen, daß sie keine Alleinzuständigkeit, weder für die Kommunikation *über* Religion noch für die Kommunikation *als* Religion, mehr haben.

2. Die Pluralisierung der kommunikativen Tatbestände von Religion

Es braucht die Praktische Theologie als Hermeneutik der Religion, die sich in Gestalt von kulturell vermittelten und bereitgehaltenen Lebensdeutungsangeboten auch außerhalb der Kirche kommunikativ realisiert. Es braucht sie zur Einsicht in den Sachverhalt, daß weder sie selbst noch die Kirchen unter modern-gesellschaftlichen Bedingungen die Alleinzuständigkeit für das Zustandekommen der kommunikativen Tatbestände von Religion mehr haben. Es gilt das Gesetz der positiven und negativen Religionsfreiheit. Die Menschen behalten sich das Recht vor, selber zu entscheiden, ob und inwieweit sie sich religiös, also an einem ganzheitlichen, grundlegenden Daseins- und Weltverständnis in ihrer Lebensführungspraxis orientieren wollen. Sie behalten sich das Recht vor, selber zu

---

7. Vgl. A. Hahn, Religion und der Verlust der Sinngebung. Identitätsprobleme in der modernen Gesellschaft, Frankfurt am Main 1974; ders., Sinn und Sinnlosigkeit, in: H. Haferkamp/M. Schmid (Hg.), Sinn, Kommunikation und soziale Differenzierung. Beiträge zu Luhmanns Theorie sozialer Systeme, Frankfurt am Main 1987, 155-164; W. Huber, Die Sinnfrage in der säkularisierten Gesellschaft: Transzendenz, Religion und Identität, in: W. Weidenfeld/D. Rumberg (Hg.), Orientierungsverlust – Zur Bindungskrise der modernen Gesellschaft, Gütersloh 1994, 45-57; P. L. Berger, Sehnsucht nach Sinn. Glauben in einer Zeit der Leichtgläubigkeit, Frankfurt am Main/New York 1995.

entscheiden, ob und wenn ja welchen religiösen Gemeinschaften sie sich anschließen wollen. Theologie und Kirche haben darüber keine Verfügungsmacht mehr. Verschiedene kulturelle Konzepte weltanschaulicher Gewißheiten konkurrieren miteinander. Vom lutherischen Kirchentum bis zum New Age, immer handelt es sich um kulturelle Konstrukte von Weltdeutungen und Selbstbeurteilungen. Auf solche Konstrukte hin jedenfalls wird eine sich als Theorie der Religion begreifende Theologie die unterschiedlichen, sich symbolisch und ritualpraktisch darstellenden Religionsgestalten zu verstehen versuchen.

Als Hermeneutik der gelebten Religion sucht die Praktische Theologie deren kulturelle Ausdrucksgestalten zu verstehen, in ihren Motiven, in der Artikulation ihrer symbolischen Gehalte und rituellen Praktiken, immer am Leitfaden der kritischen Frage nach der lebensorientierenden Evidenz, die sie für die Menschen, ihre Welt und deren Gestaltung erfüllen können.

Das ist nicht immer einfach. Denn es gilt die moderne Religionsfreiheit. Die einzelnen behalten sich das Recht vor zur Auswahl aus einem den christlichen oder auch anderen Überlieferungszusammenhängen entspringenden Set von religiösen Deutungsangeboten. Man kann daher auch sagen, daß das religiöse Verhältnis der Menschen Züge des Ästhetischen angenommen hat.[8] Und des weiteren, daß der soziale Ort der ästhetisch gelebten Religion gar nicht in explizit religiösen Gemeinschaften gefunden werden muß. Er kann von den Menschen auch in der Kunst gefunden werden, in (autobiographischen) Romanen, im Kino, in Musikszenen, im Fußballstadion. Vor allem die moderne Kunst, die Literatur, die Musik und das Kino empfehlen sich als soziale Orte für die Kultpraxis der modernen Religiosität. Denn diese Kunstsphären verdanken sich in ihrem Entstehen – mal mehr, mal weniger – dem freien Zusammenspiel von Ideen und Materialien, von Formen und Farben, von Harmonien und Disharmonien, von Eindruck und Ausdruck, von Sinn und Gestalt. Kunstwerke setzen auf solch freies Zusammenspiel in den Köpfen und Herzen derer, die sie betrachten, hören, lesen. Sie provozieren durch ihre Werke die Auseinandersetzung mit grundlegenden Fragen menschlicher Existenz, gerade dadurch, daß sie eingespielte Erfahrungsmuster aufbrechen, den vertrauen Horizont unserer Alltäglichkeit überschreiten und so die eigene Antwort verlangen auf die Frage nach der Orientierung und Bewährung in ihm.

Eine sich zur Religionshermeneutik erweiternde Theologie wird auch

---

8. Vgl. Th. Lehnerer, Religiöser Synkretismus und moderne Kunst, in: V. Drehsen/W. Sparn (Hg.), Im Schmelztiegel der Religionen. Konturen des modernen Synkretismus, Gütersloh 1996, 313-322.

diese Phänomene außerkirchlicher Religionskultur in den sie konstituie-
renden Vollzügen zu verstehen versuchen. Sie wird das freilich nicht un-
kritisch tun können. Die theologische Religionshermeneutik ist immer
eine kritische Hermeneutik. Begreift sie sich als Theorie der Religion,
wird sie den Maßstab ihrer Kritik aber nicht in offenbarungspositivisti-
scher Manier von außen an die gelebte Religion herantragen. Sie wird
die der gelebten Religion eigenen Kräfte der Selbstkritik vielmehr zu
stärken versuchen. Dadurch etwa, daß sie zur Unterscheidung von Letztem, Letztgültigem und bloß Vorletztem, weltlich Bedingten anhält und
die Einsicht zu verbreiten sucht, daß nur eine zur Selbstkritik fähige, somit aus ideologischen Befangenheiten befreiende Religion gut ist für die
sie lebenden Menschen.

3. Anforderungen an die religiöse Kommunikation in der Kirche

Der praktisch-theologischen Religionshermeneutik ist die Orientierung
des Lebens der Kirche und der Christen in ihr aufgegeben. Sie muß deshalb die gelebte und in ihren pluralen Sinngehalten von ihr aufzuhellende
Religion immer auch auf das tradierte Sinndeutungsangebot des christlichen Glaubens beziehbar machen. D. h., sie muß die Binnensicht der
christlichen Religion ansprechen. Die Binnensicht der christlichen Religion verweist die Praktische Theologie auf die hermeneutische Regel,
daß ihre Auslegung der gelebten Religion sich immer auch als Auslegung
des biblischen Kanons zur Darstellung bringen lassen muß.

In der Binnensicht der christlichen Religion folgt, so könnte man daher
auch sagen, die Praktische Theologie dem Schriftprinzip. Dieses verpflichtet die Theologie jedoch nicht auf die materialen Gehalte einer als
normativ unterstellten Anfangsgestalt des Christentums. Sie verpflichtet
sie auch nicht auf bestimmte Lehrinhalte bzw. Bekenntnisse, wie sie in
den Kirchen oder kirchlichen Gruppierungen zu anderen Zeiten ausgebildet worden sind. Sie sieht solche materialen Gehalte vielmehr immer
erst aus der Befolgung der hermeneutischen Regel, aus der spezifischen
Traditionslogik des Christentums, hervorgehen.[9] Die Theologie, welche
die Religion in ihrer christlichen Binnensicht zum Thema macht, folgt
dem Schriftprinzip als ihrer hermeneutischen Regel so, daß sie darin gerade die Methode der Freiheit erkennt. Nicht vergangene Ausdrucksgestalten des christlichen Daseins- und Wirklichkeitsverständnisses sind für
sie normativ. Sie versucht vielmehr das biblische Offenbarungszeugnis

---

9. Vgl. W. Sparn, ›Religionsmengerei‹. Überlegungen zu einem theologischen
   Synkretismusbegriff, in: V. Drehsen/W. Sparn, a. a. O., 255-284.

dergestalt zur Auslegung zu bringen, daß es seine religiöse Orientierungskraft im gegenwärtigen Bewußtsein der Menschen zu erfüllen vermag. Sie sollen darin eine Wahrheit erkennen, von der Menschen heute evidentermaßen überzeugt sein können, daß sie ihnen eine grundlegende Daseinsorientierung eröffnet.

Dergestalt arbeitet die Praktische Theologie immer auch an einer funktionalen religiösen Interpretation der biblischen Begriffe. D. h., sie arbeitet an einer solchen gegenwartsplausiblen Interpretation der biblischen Begriffe von Schöpfung und Sünde, Rechtfertigung und Erlösung, daß diese für die Menschen die grundlegende Funktion ihrer Lebensorientierung gewinnen können, sich ihnen mitteilt, von woher und woraufhin sie leben, was es um den unbedingten Grund der von ihnen in Anspruch genommenen Freiheit ist, um die Chance ihrer Bewährung in »guten Werken«, um Verfehlung und Schuld und die Zusage der Vergebung, einer vorbehaltlosen Anerkennung der Person, ihres unendlichen Wertes, was es auch immer um ihre Geschichte, die gelungenen oder mißlungenen Taten sein mag.

Dergestalt arbeitet die sich als Religionshermeneutik begreifende Theologie für die »Religionsfähigkeit der Kirche«[10]. Sie expliziert, daß es die Kirche um der Religion der Menschen willen braucht, damit diese einen Ort haben und vor allem auch eine Gemeinschaft finden, in die sie einkehren können zur Rast, zur Besinnung, zur Gewinnung von neuer Orientierung und Kraft. Die Theologie expliziert als Theorie der Religion, daß es die Kirche für die Menschen braucht, als Ort religiöser Kommunikation und Erfahrung. Sie hält die Kirche dazu an, daß sie die Erfahrung von Gemeinschaft machen läßt und zu einer solchen Inszenierung ihrer Symbole und Rituale findet, daß diese den Menschen zu einer Verarbeitung ihrer vielfach abgründigen Lebens- und Welterfahrungen verhelfen.

Mit ihrer religionshermeneutischen Arbeit zeigt die Praktische Theologie somit der Kirche, daß sie vor allem für die Vermittlung religiöser Erfahrung arbeiten muß, für die subjektiv verbindliche Erschlossenheit von Sinn, für ganzheitlich orientierende persönliche Lebensgewißheit. Sie insistiert als Religionshermeneutik darauf, daß die Kirche sich auf keinen Fall in der Proklamation sogenannter Offenbarungswahrheiten, in bloß behauptendem Reden auf der angeblichen Basis von Schrift und Bekenntnis ergehen, sie ebensowenig einen bloßen Ritualismus vollziehen darf, dessen Sinn und Bedeutung sich den beteiligten Menschen nicht erschließt, sie sich aber auch nicht nur auf die transzendenzarme Pflege un-

---

10. Vgl. V. Drehsen, Wie religionsfähig ist die Volkskirche? Sozialisationstheoretische Erkundungen neuzeitlicher Christentumspraxis, Gütersloh 1994.

serer Alltäglichkeiten einrichten sollte. Die Menschen finden dann in der Kirche nicht, wozu diese da ist, daß sie sich in der Verarbeitung riskanter Lebenserfahrungen gestärkt und zur zielgewissen Orientierung ihrer Lebensführung ermutigt sehen: durch eine Gemeinschaft, welche die einzelnen trägt, durch deutungskräftige Zeichen, die aus der Überlieferung des Christentums heraus ebenso sinngesättigt sind, wie sie sich für die mit ihnen und untereinander kommunizierenden Menschen als immer noch sinnoffen erweisen.

Eine sich als Religionshermeneutik begreifende Praktische Theologie lehrt die Kirche also, einen deutungsbewußten, auf gegenwartsbezogene Umformung bedachten Umgang mit ihren, in Schrift und Bekenntnis überlieferten religiösen Deutungspotentialen einzuüben. Sie läßt die Kirche darauf aufmerksam werden, daß sie dann die Konkurrenz der außerkirchlichen Religionskulturen nicht unbedingt zu fürchten braucht. Sie macht auf diese Weise Mut, darauf zu sehen, daß es in ihren Räumen auch zu anregenden, vielleicht sogar aufregenden Konfrontationen und Kombinationen mit Werken der Kunst und Literatur, des Films und der Musik kommt, mit solchen Werken jedenfalls, denen es ebenfalls um die Aufstörung unseres eingeschliffenen Realitäts- und Sinnbewußtseins geht, um die Auseinandersetzung mit grundlegenden Fragen unserer Daseinsorientierung und Weltansicht.

Die Kriterien für die kirchliche Angemessenheit solch gegenwartskultureller Konfrontationen und Kombinationen liegen darin, daß sie sich als gut, als lebensdienlich erweisen für die beteiligten Menschen. Dergestalt sind sie der christlichen Religionslehre entnommen, welche die Welt und die Menschen in ihr als von Gott gerechtfertigte, anerkannte Geschöpfe versteht. Sie zeigt, daß die christliche Religion Gott den Schöpfer als einen solchen glaubt, der in seiner Liebe zu den Menschen diese auch noch in Schuld und Verderben gnädig erhält und zu Visionen des Gelingens, zur Hoffnung auf sein ewiges Reich ermutigt. Orientiert an dieser Lehre und sie auf eigene Weise zur Entfaltung bringend, will die Praktische Theologie dazu verhelfen, daß die Kirche mit ihren Symbolen und Ritualen, mit ihrem Gottesdienst und ihrer Predigt die christliche Religion so zu inszenieren vermag, daß die Menschen in ihr religiösen Deutungsangeboten begegnen, die wahr sind, weil sie zum Leben und zum Sterben helfen.

2. Kapitel

Religiöse Sinndeutungen in der Alltagskultur

Wenn wir von unserem Alltag reden, so meinen wir das Normale, Gewöhnliche, die geltenden Wertorientierungen, wie auch die routinisierten Verhaltensabläufe, in denen wir uns immer schon vorfinden, die wir so oder so lernen und übernehmen. Der Alltag, das ist die uns ebenso vorgegebene wie von uns immer schon mit gestaltete und mit dargestellte soziale Welt.[11]

Auch der Alltag hat seine Kultur. In ihn sind die Deutungsmuster und Interpretationskategorien eingelassen, vermöge deren wir uns in der gewöhnlichen Welt orientieren. Sie erst lassen uns den Alltag so oder so als sinnvoll erleben. Zum Alltag gehören die Sinnstrukturen, die unsere Vorstellungen vom Leben und unsere Einstellungen zum Leben formieren und prägen.

Wenn wir nach der gelebten Religion heute fragen, müssen wir versuchen, diesen Sinnstrukturen bzw. Sinnwelten auf die Spur zu kommen, die unsere alltäglichen Lebensvorstellungen und Lebenseinstellungen prä-

---

11. Vgl. B. Waldenfels, Alltag als Schmelztiegel der Rationalität, in: ders., Der Stachel des Fremden, Frankfurt am Main 1990. Waldenfels wendet sich mit N. Elias gegen die »Vorstellung vom Alltag als einer Sondersphäre«. »Der Alltag ist eins mit der Gesellschaft und der Kultur selber, insofern diese zur festen Einrichtung werden.« (199) Waldenfels weist zu Recht darauf hin, daß der Alltag, versteht man ihn als »Sphäre der Sinnablagerung und Sinnverteilung«, vielfach allzu schnell als »Degradierung« beschrieben wird, als »eine Art von kulturellem Sündenfall« (198). In diesem abschätzigen Sinne bloßer Routinebildung muß man ihn nach Waldenfels gerade dann nicht sehen, wenn man erkennt, daß zum Alltag als dem Gewöhnlichen und Vertrauten immer auch die Kehrseite des Außergewöhnlichen und Unvertrauten gehört. Von ihm als dem anderen seiner selbst hebt sich der Alltag selber ab, indem »er selber mehr ist als Alltag«, indem »er sich selber übersteigt« (203). Er tut dies dergestalt, daß er auch die Schwellensituationen, die riskanten Übergänge kulturell gestaltet, indem er in ihnen als »Stätte der Sinnbildung, der Regelfindung« fungiert (199). Wir werden darauf mit der Frage nach der *Religion* in der Alltagskultur zurückkommen. Auch Waldenfels sieht die Religion in diesen Schwellensituationen und Übergängen alltagsweltlich seit jeher plaziert: »In dem Kontrast zwischen Alltäglichem und Unalltäglichem, zwischen Profanem und Sakralem haben von altersher Mythen und Riten ihren Ort.« (194).

48

gen. Von Sinnwelt*en* ist heute freilich zu sprechen und demnach auch eher von Alltagskultur*en*. Nicht nur die Expertenkultur hat sich unter den Bedingungen der fortgeschrittenen Moderne in weitgehend autonome gesellschaftliche Teilsysteme ausdifferenziert. Wirtschaft, Recht, Wissenschaft, Politik verlangen und erbringen sehr unterschiedliche Orientierungsleistungen im Blick auf die Erschließung und Gestaltung unserer Welt. Unter den Bedingungen der fortgeschrittenen, postindustriellen Moderne haben sich auch die kollektiven Symbolisierungen alltagsweltlicher Orientierungen abgebaut. Sie haben sich pluralisiert und individualisiert. Wir haben es nun jedenfalls mit verschiedenen Deutungsmustern zu tun, welche die alltäglichen Lebensorientierungen codieren und formieren. Und wir müssen auf die Bildung unterschiedlicher soziokultureller Milieus sehen, zu denen sich Menschen mit einander verwandten Lebensorientierungen gruppieren, wobei die Übergänge zwischen diesen Milieus als sehr fließend zu erachten sind. Fließend sind die Übergänge, eben weil die Zugehörigkeit zu den Milieus nicht mehr auf festgeschriebenen Standes- und Klassenzugehörigkeiten basiert, sondern unter Individualisierungsbedingungen eher durch freie Wahl und nach ästhetischen Kriterien zustandekommt. Milieuzugehörigkeit ist zu einer Frage vor allem des Geschmacks geworden.

1. Aspekte einer »Kultursoziologie der Gegenwart«

Gerhard Schulze hat in seiner »Kultursoziologie der Gegenwart« eine Untersuchung zur Alltagskultur vorgelegt.[12] Er versteht darunter die Gestaltung und Darstellung des gewöhnlichen Lebens. Sie hat sich heute differenziert nach Maßgabe verschiedener alltagsästhetischer Schemata. Das gewöhnliche Leben bewegt sich in verschiedenen sozio-kulturellen Milieus, in denen diese ästhetischen Schemata unterschiedliche Lebensstile ermöglichen und prägen.

Im Blick auf die alltagsästhetischen Schemata unterscheidet Schulze zwischen dem Hochkulturschema (z.B. Literatur), dem Trivialschema (z.B. Arztroman) und dem Spannungsschema (z.B. Disko). Sie bestimmen jeweils auf unterschiedliche Weise, was Menschen in ihrer Alltagswelt gesteigerte Erlebnisgehalte vermittelt (Genuß). Sie machen ihnen identitätsverbürgende Abgrenzungen von den Erlebnispräferenzen anderer möglich (Distinktion). Sie repräsentieren vor allem auch normative

---

12. G. Schulze, Die Erlebnisgesellschaft. Kultursoziologie der Gegenwart, Frankfurt am Main/New York ²1992.

Elemente einer bestimmten Lebens- und Weltansicht, symbolische Muster von Lebenssinn (Lebensphilosophie).[13]

Im Blick auf die sozio-kulturellen Milieus, die sich am Leitfaden dieser alltagsästhetischen Schemata und in deren unterschiedlicher Kombination bilden, differenziert Schulze zwischen Niveaumilieu, Harmoniemilieu, Integrationsmilieu, Selbstverwirklichungsmilieu und Unterhaltungsmilieu. Es sind dies soziale Großgruppen, die sich weniger auf der Basis von traditionellen Standesunterschieden, Einkommensverhältnissen und überkommenen Schichtzugehörigkeiten bilden, sondern eher nach Maßgabe unterschiedlicher Lebensstile, der Nähe und Distanz zu den verschiedenen alltagsästhetischen Schematisierungen, nach Maßgabe damit freilich auch des Lebensalters und des formalen Bildungsgrades. Immer jedoch stellen diese sozio-kulturellen Milieus alltagskulturelle Sphären dar, welche die Lebens- und Weltansicht der Menschen formieren, ihre Lebensführung orientieren und ihre Erlebnispräferenzen interpretieren.[14]

2. Die religiöse Dimension der Alltagskultur

Für die Frage nach der Religion in der Alltagskultur bzw. in den Alltagskulturen ist es aufschlußreich, daß Schulze mit einem Kulturbegriff arbeitet, der den praktischen Gebrauch, den die Menschen von den Sinnstrukturen ihrer Lebenswelt machen, mit umfaßt, somit auch die Bedeutung, die diese für ihre Lebensführung gewinnen. Zur Kultur gehören nicht nur die institutionalisierten, alltagsweltlichen Sinnwelten und die Präferenzen, die ihnen milieuspezifisch zuteil werden: Z. B. Konzert, Museum, Theater, E-Musik, Literatur im Niveaumilieu; Fernsehshows, Volkstheater, Volksmusik, Bildzeitung und Goldenes Blatt im Harmoniemilieu; Rockfestival, Kulturladen, Surfen im Selbstverwirklichungsmilieu usw. Zur Kultur gehören auch die Bedeutungen, die diesen objektiven Sinnwelten zugeschrieben werden, bzw. der Lebensgehalt, der ihnen abgewonnen wird. Zur Alltagskultur gehören nach Schulze die Sinnzuschreibungen, welche die sozialen Milieus repräsentieren und die sie denen, die sich in ihnen bewegen, zustellen.

Schulze spricht denn auch von »Lebensphilosophien«, die es machen, daß die sich in den sozialen Milieus jeweils aufbauende Alltagskultur nicht nur die von Menschen gestaltete und dargestellte Alltagswelt, sondern auch die Lebens- und Weltdeutung, die sie darin für sich finden,

13. A. a. O., 125-168.
14. A. a. O., 277-334.

umgreift.[15] Die dominante Lebenssinnorientierung wird für das Niveaumilieu mit dem Stichwort der Perfektion benannt, für das Harmoniemilieu mit dem der Harmonie, für das Integrationsmilieu mit dem der Harmonie und der Perfektion, für das Selbstverwirklichungsmilieu mit dem des Narzißmus und der Perfektion, für das Unterhaltungsmilieu mit dem des Narzißmus.[16]

Zur Alltagskultur gehören die sozial gestalteten und symbolisch sich darstellenden Gebilde der sozialen Welt, in denen wir uns normalerweise bewegen, die Wertsetzungen und Sinnorientierungsgehalte, vermöge deren wir uns in dieser Welt sinnhaft bewegen und orientieren, Präferenzen ausbilden, Lebensstile und -ziele realisieren. Zur Alltagskultur gehören die in den alltagsästhetischen Zeichen beschlossenen Symbolisierungen unserer normativen Lebensorientierungen.

Diese Sicht der Dinge hat Konsequenzen, wenn wir nach der gelebten Religion fragen. Denn, wonach fragen wir, wenn wir nach der gelebten Religion fragen? Doch eben nach solchen Symbolen, die dergestalt zur Alltagswelt gehören, daß sich in ihnen die letzten Zwecke versammeln, auf die hin die Menschen ihr Leben orientieren. Religion in ihrer objektiven, sozial manifesten Gestalt läßt sich definieren als die Kultur der Symbolisierung letztinstanzlicher Sinnhorizonte alltagsweltlicher Lebensorientierung. Sie ist dieser Definition entsprechend selber ein Kulturprodukt, gehört zur gestalteten und dargestellten Welt der Menschen, gerade insofern, als diese Welt alltagskulturell immer mit den Bedeutungen zusammengeht, die sie für die sich in ihr normalerweise bewegenden Menschen hat. Gerade wenn man sagt, daß zur Alltagskultur auch die Sinnwelten gehören, vermöge deren die sich von Menschen gestaltete und dargestellte Welt auch in den Bedeutungen erschließt, die sie für dieselbe hat, wenn sich darin somit immer auch ihre existentielle Sinnorientierung vollzieht, dann ist die Religion nicht etwas anderes als die Alltagskultur. Dann steht sie nicht neben oder über ihr oder gegen sie. Dann ist sie vielmehr einer ihrer Grundbestandteile. Religion gehört dann zur Altagskultur, weil sie nichts anderes ist als diejenige Dimension im sinnhaften Aufbau der Alltagswelt, der die Bedeutungen und Wertgehalte abzugewinnen sind, die diese Welt letzten Endes für die Menschen hat.

Letzten Endes, sage ich, denn damit ist bezeichnet, was das Merkmal des spezifisch Religiösen ausmacht in den Sinnstrukturen, die so oder so

15. A. a. O., 112-123. »Lebensphilosophie bezeichnet im Rahmen dieser Untersuchung eine Bedeutungsebene persönlichen Stils, auf der grundlegende Wertvorstellungen, zentrale Problemdefinitionen, handlungsleitende Wissensmuster über Natur und Jenseits, Mensch und Gesellschaft angesiedelt sind.«(112).
16. A. a. O., 278-330.

Bestandteile der Alltagskultur sind. Religiös sind diese Sinnstrukturen insofern, als sie letztinstanzliche Deutungsgehalte alltagsweltlichen Daseins betreffen, somit immer auch die unbedingten Bindungskräfte und Verpflichtungsgefühle, die von ihnen ausgehen. Diese letztinstanzliche Deutungsmacht führen nicht alle alltagsweltlichen Symbole mit sich. Und auch dort, wo man ihnen mit religionssensiblem Blick eine solche zumessen möchte, werden sie vielfach doch nicht religiös verstanden, weder in der Alltagskultur selber noch in deren Soziologie.

Gerhard Schulze spricht – wie gesagt – von »Lebensphilosophien«, die er unter die Etikettierungen von Perfektion, Harmonie und Narzißmus bringt. Daß er damit durchaus so etwas wie religiöse Sinnorientierungen, also symbolisch mit ihrem Unbedingtheitshorizont vermittelte Selbstdeutungen menschlichen Lebens meint, wird freilich an der näheren Charakterisierung dieser Sinnorientierungen als »existentielle Anschauungsweise« durchaus deutlich: »Implizit enthalten die vielen situationsspezifischen Orientierungen, mit denen wir täglich unserer Arbeit nachgehen, konsumieren, Kontakte pflegen usw., eine übergreifende Auffassung darüber, wozu wir überhaupt leben. Die zahllosen aneinandergereihten und sich überlagernden Einzelaktivitäten des Alltags stehen in einem kaum bewußten, mehr gefühlten Zusammenhang mit der persönlichen Grundeinstellung zum Sinn des Lebens schlechthin. Zwar sind nur wenige Menschen dazu in der Lage, über diese Grundeinstellung spontan auf Befragen Auskunft zu geben, gleichwohl verfügen sie darüber. Leben bedeutet immer den Versuch, sinnvoll zu leben.«[17]

Alltagskulturell manifest sind die »situationsspezifischen Orientierungen«. Was unsere Alltagskultur jeweils ausmacht, zeigt sich daran, wo und wie wir arbeiten, wo und womit wir uns vergnügen, welche Präferenzen, somit auch welche Lebensstile wir angesichts des Angebots alltagsästhetischer Inszenierungen – vom Theater, über bestimmte Fernsehsendungen bis hin zur Rave-Party und der Teilnahme an Selbsterfahrungsgruppen – erkennen lassen, welche Distanzierungen von anderen medialen Angeboten wir zugleich vornehmen und bewußt demonstrieren. In dem allem beteiligen wir uns nicht nur daran, wie sich unsere Alltagswelt gestaltet und zeichenhaft darstellt. In dem allem realisieren wir immer auch die existentielle Bedeutung, die unsere Alltagswelt für uns hat, sowohl im explikativen wie im normativen Sinn. Wir explizieren in symbolischer Vermittlung die Selbstdeutung unseres Daseins. Wir artikulieren die Zwecke, um derentwillen wir leben.

Allerdings, was so die Alltagskultur ausmacht, sind »situationsspezifische Orientierungen«. Sie gestalten sich nach Lebensalter und Bildungs-

17. A. a. O., 232.

grad unterschiedlich. Sie hängen von dem sozialen Milieu ab, zu dem wir wiederum aufgrund vielfältiger externer Randbedingungen und aufgrund internen Entscheidungswillens gehören. Vor allem jedoch stellt Schulze fest, daß die »persönliche Grundeinstellung zum Sinn des Lebens schlechthin«, in deren Zusammenhang die vielfältigen Einzelaktivitäten, ästhetischen Präferenzen und Distanzierungen unseres Alltagslebens stehen, zumeist kaum bewußt sind. Es sind jedenfalls »nur wenige Menschen dazu in der Lage, über diese Grundeinstellung spontan auf Befragen Auskunft zu geben«. D. h. eben, auf der phänomenalen Ebene der Alltagskultur bleibt die Religion, als welche diese »Grundeinstellung« ja zu stehen kommt, weithin unsichtbar. Sie ist vom Kultursoziologen bzw. Kulturtheologen immer erst zu erschließen. Die implizite Religion der Alltagskultur verlangt nach einer religiösen Kulturhermeneutik, die hinreichende Sensibilität besitzt für jene Vorstellungen vom Leben und Einstellungen zum Leben, welche die Präferenzen und Distanzierungen der Individuen und Individuengruppen gegenüber den alltagsästhetischen Symbolisierungen letztinstanzlicher Sinnhorizonte erkennen lassen.

Auffällig bleibt gleichwohl, daß der Kultursoziologe Schulze offensichtlich aus zwei Gründen davon Abstand nimmt, im Blick auf die unserer Alltagskultur inhärenten lebensorientierenden Letztgewißheiten von »Religion« zu sprechen. Statt von »Religion in der Alltagskultur« redet er von »Lebensphilosophien« und der »persönlichen Grundeinstellung«.

Der eine Grund für Schulzes Zurückhaltung, von der »Religion in der Alltagskultur« zu reden, scheint mir in der Reservierung des Religionsbegriffs für die Kategorisierung des kirchlichen Symbol- und Ritualsystems zu liegen. Diesem ist, wie Schulze meint, kein hochgradiger Kollektivitätsgrad mehr zuzuerkennen. Die in ihm enthaltenen Sinngehalte sind alltagskulturell marginalisiert.[18] Der andere Grund für die religionstheoretische Abstinenz des Kultursoziologen hängt mit dem ersten zusammen. Weil er die Religion mit dem kirchlichen Symbol- und Ritualsystem identifiziert, fällt ihm die metaphysische Dimension des Lebenssinns mit der kirchlichen Religionskultur zusammen.[19] Er kann diese metaphysische Dimension, den unbedingten Sinngehalt, in den alltagsweltlich praktizierten Selbst- und Weltdeutungen nicht mehr erkennen, geschweige denn diese Dimension als religiöse qualifizieren – nur weil sie anders (eben außerhalb der Kirche) erscheint als ehedem.

Auffällig ist jedenfalls in beiderlei Hinsicht, daß Schulze der kirchlich organisierten Religion die Leistung zuweist, existentielles Wissen, letzt-

18. A. a. O., 269.
19. A. a. O., 269 f.

gültige Sinnorientierungen hohen Kollektivitätsgrades zu repräsentieren, zugleich aber behauptet, daß das Religionssystem diese Leistung kultur-praktisch eigentlich nur unter den gesellschaftlichen Bedingungen der kirchlich dominierten Einheitskultur des Mittelalters erbracht habe.[20] Die Alltagskultur der Gegenwart zeige demgegenüber nur die Ab- und Randständigkeit der kirchlichen Religion. Zwar seien weit über die Kirchenspaltung des 16. Jahrhunderts hinaus »die normativen Begriffe der christlichen Religion wie Sünde, Schuld, gute Werke, Erlösung, Vergebung im kollektiven Weltbild der Menschen verankert geblieben«[21]. Inzwischen jedoch sei dieses »metaphysisch dimensionierte Weltbild [...] zerfallen«[22]. »Religiosität«, so meint Schulze, sei »zur Privatsache geworden«[23]. Und er folgert daraus: Es »verschwindet die metaphysische Dimension aus dem Leben vieler Menschen gänzlich, und wenn nicht, so begründet sie doch nicht mehr Gemeinsamkeit von Subjektivität auf hohem Allgemeinheitsniveau«[24].

In der Sache diagnostiziert Schulze zweifellos zutreffend, daß dem kirchlichen Symbolsystem kein sehr hoher Kollektivitätsgrad mehr zuerkannt werden kann. Fraglich dürfte gleichwohl sein, ob daraus das Verschwinden der metaphysischen bzw. religiösen Dimension aus den Sinncodierungen unserer Alltagskultur und die völlige Entalltäglichung der kirchlichen Religionskultur gefolgert werden muß. Hier stellen sich heute jedenfalls die Fragen einer Hermeneutik der in der Alltagskultur gelebten Religion.

3. Das Erfordernis einer religiösen Hermeneutik der Alltagskultur

Schulzes Soziologie der Alltagskultur läßt die Erwägung zu, wonach das Versickern der Religion in der sie unsichtbar machenden Privatisierung keineswegs zwangsläufig die Folge des gesellschaftlichen Bedeutungsverlustes der Kirche ist. Die Religion diffundiert vielmehr in vielfältige Symbolwelten. Diese sind in der Tat nicht mehr von hohem Kollektivitätsgrad, aber für die sich jeweils in ihrem Milieu bewegenden Menschen erfüllen sie zumeist doch eine letztgültige Symbolisierung ihres Lebenssinnes. Wenn Schulze in den Bedeutungen, die Menschen bestimmten alltagsästhetischen Schemata zuteil werden lassen, auf die »Lebensphiloso-

20. A.a.O., 269.
21. Ebd.
22. Ebd.
23. Ebd.
24. Ebd.

54

phie« rückschließt, nach der sie sich alltagspraktisch verhalten, dann insistiert er im Grunde darauf, daß Literatur und Kunst, Film und Disko, Fußballstadien und Theater alltagskulturelle Sinncodierungsleistungen für die sich im entsprechenden Milieu bewegenden Menschen erbringen können. Er weist auf Lebenssinngehalte hin, die denen, welche das kirchliche Religionssystem herkömmlicherweise erbracht hat, funktional äquivalent sind.

Was den kulturellen Szenen dabei keineswegs fehlen muß, ist die metaphysische Dimension, die Unbedingtheitsdimension in der Artikulation von Lebenssinn. Es fehlt den funktionalen Äquivalenten nur ebenso wie dem kirchlichen Symbolsystem die gesellschaftsüberspannende, gesellschaftsintegrative Allgemeinheit und Verbindlichkeit. Aber dies gilt unter den Bedingungen fortgeschrittener Modernität eben in jedem Fall. Nicht nur auf der Ebene der Funktionssysteme und ihrer Expertenkulturen ist die Gesellschaft hochgradig ausdifferenziert. Sie ist es auch in ihrer Alltagskultur. Auch in ihr können die Deutungsgehalte existentieller Orientierungen nicht mehr einheitlich sein. Sie differenzieren sich nach individuellen Präferenzen und erfahren ihre Verallgemeinerung allenfalls milieuspezifisch.

Die metaphysische, das alles umfassende Sinnganze ansprechende Dimension muß dabei jedoch keineswegs gänzlich zum Verschwinden kommen. Die Symbolisierung dieser Dimension kann sich vielmehr auf andere Deutungsmuster als die kirchlich organisierten und präsent gehaltenen verlagern, etwa auf solche, die in sogenannten Kultfilmen oder Kultbüchern aufgebaut werden.

Schließlich gilt es jedoch auch darauf zu verweisen, daß die metaphysische Dimension humaner Sinndeutung in Gestalt des kirchlichen Symbol- und Ritualsystems alltagskulturell nach wie vor präsent ist und bei Gelegenheit alltagspraktisch auch lebenssinngenerierend übernommen wird.

4. Aufhellungen der religiösen Grundierung des Alltags

Die religiöse Grundierung des Alltags ist von der Art, daß sie den sich in ihm bewegenden Menschen nicht immer sichtbar werden muß. Darauf hat besonders Thomas Luckmann unter Aufnahme der Phänomenologie der Lebenswelt von Alfred Schütz aufmerksam gemacht.[25] Nicht immer geht es um die sinnverarbeitende Bewältigung alles verwirrender Anomieerfahrungen. Nicht immer stellt sich die Frage von Sein oder Nicht-

---

25. Th. Luckmann, Die unsichtbare Religion, a. a. O.; A. Schütz/Th. Luckmann, Strukturen der Lebenswelt (1952), 2 Bde., Frankfurt am Main 1979/1983.

sein. Nicht immer ist es deshalb auch so, daß alltagsdienliche Sinnorientierungen nur der Symbolisierung eines umfassenden Seins- und Sinnganzen abgewonnen werden könnten. Angesichts kleiner und mittlerer Transzendenzen, vor welche die einzelnen sich alltagsweltlich gestellt finden, angesichts der Erfahrung also ihrer zeitlichen und räumlichen Standortgebundenheit und Begrenztheit, angesichts der Begegnung mit Fremdem, dem Angesicht des anderen, strukturiert sich unsere Alltagswelt sinnhaft auf der Basis zahlreicher Rituale und ihrer symbolischen Codierungen. Sie fangen die Irritationen auf, die ein ungeregelter Tagesablauf, die Konfrontation mit unseren Mitmenschen ansonsten auslösen würden. Immer ist es der symbolisch-rituell vermittelte Deutungssinn, z. B. der Morgenzeitung auf dem Frühstückstisch, der das Sinnverwirrende der Transzendenzerfahrung (des Erwachens) – begrenzt – abfängt bzw. in verhaltensorientierenden Deutungssinn überführt. Immer ist es das Ritual, z. B. einer Begrüßungsgeste, das über eine Verhaltensunsicherheit wirksam hinweghilft. Solche rituell-symbolische Bewältigung kleiner und mittlerer Transzendenzen gelingt, auch ohne daß Gott angerufen wird, obwohl dies keineswegs ausgeschlossen ist und in Bayern z. B., wo man sich ein »Grüß' Gott« zuruft, nach wie vor alltagskulturell praktiziert wird.

Auch die Bewältigung kleiner und mittlerer Transzendenzen – von denen Luckmann redet – läßt heute die metaphysische Dimension in der symbolisch-rituellen Grundierung des Alltags nicht völlig verschwinden. Sie ist zumeist nur kaum explizit. Und die Alltagskultur ist solcher Explikation auch nicht immer bedürftig. Sie ist es um so weniger, je vielfältiger in der »Erlebnisgesellschaft« die alltagsästhetischen Zeichen und Symbole sind, die ähnlich wie die traditionellen Übergangsrituale – nur mit weniger Zwang – ziemlich dauerhafte Stimmungen und Motivationen in den Menschen hervorrufen. Auch Theater und Literatur, Kino und Disko, Musik und Kunst sind so in den Alltag eingelassen, daß sie ihn zugleich unterbrechen, Auszeiten gewähren, in denen sich ein symbolisches Universum aufbaut, das dem Alltag insgesamt seine sinnhafte Grundstruktur, wie unter Umständen eben auch eine neuen Sinn generierende Antistruktur, einzeichnet. Darauf hat Victor Turner mit seiner Ritualtheorie hingewiesen.[26]

Zur religiösen Grundierung des Alltags reichen die alltagsästhetischen Symbolwelten mit ihren milieuspezifischen Präferenzen und Distinktionen immer öfter aus, aber eben doch nicht immer. Sie reichen dann nicht aus, wenn es zu jenen Schwellensituationen, zu den Zwischenfällen des

---

26. V. Turner, Vom Ritual zum Theater. Der Ernst des menschlichen Spiels, Frankfurt am Main/New York 1989.

Alltags kommt, die vor die großen Transzendenzen stellen, angesichts deren sich auch diejenigen Deutungsfragen stellen, die wir als die eigentlich religiösen anzusprechen gewohnt sind. Dann also, wenn es zu Widerfahrnissen kommt, welche die durch die alltagsästhetischen Sinncodierungen auf vielfache Weise vermittelbare Grundannahme radikal in Frage stellen, daß das Leben begreifbar sei und daß wir uns mit Hilfe unserer alltagskulturellen Symbol- und Ritualstrukturen sinnvoll in ihm orientieren und verhalten können.[27] Dann braucht es – zumeist, auch nicht immer – die Symbolisierungs- und Ritualisierungsleistungen explizit des Religionssystems, also der Kirche.

Clifford Geertz sieht, in seinen Überlegungen zur Religion als »kulturellem System«, in der rituell-symbolischen Verarbeitung solcher radikal sinnverwirrender Widerfahrnisse diejenige Leistung, die spezifisch das Religionssystem alltagskulturell repräsentiert und erbringt.[28] Wir mögen zwar auch da an die funktionale Äquivalenz ähnlicher Phänomene, wie etwa die Werke der Kunst denken. Aber sofern auch diese sich, in ihrer ebenso sinnverrückenden wie sinnerschließenden Potenz, nicht unabhängig von unserer ästhetischen Erfahrung zugänglich machen, führt uns diese Beobachtung wiederum nur zu Überlegungen bezüglich der inneren Verwandtschaft, also jener Ähnlichkeitsverhältnisse von ästhetischer und religiöser Erfahrung, die auch den ritualtheoretischen Ausführungen Turners zugrunde liegen.[29]

Geertz jedenfalls sieht alltagspraktisch die Explikation der metaphysischen Dimension, wie sie implizit den alltagskulturellen Symbolen immer innewohnt, dort spezifisch vom Religionssystem gefordert, wo es zu lebensgeschichtlichen Widerfahrnissen kommt, »für die es nicht nur keine Interpretation, sondern auch keine *Interpretationsmöglichkeit* gibt«[30]. Da ist die alltagskulturelle Präsenz des Religionssystems gefordert mit den ihm eigentümlichen Symbolisierungsleistungen und einer Ritualpraxis,

27. Auf diese »Kehrseite von Unalltäglichem«, wie sie sich an den Grenzen des Alltäglichen zeigt, weist auch B. Waldenfels hin: »An den Grenzen der vertrauten Welt lauert Unbekanntes und Unverfügbares, das uns verlockt und bedroht, und beides oft in einer delikaten Mischung aus Überraschendem und Übermächtigem. Dies betrifft in erster Linie die Entstehung, Wandlung und Gefährdung der individuellen und kollektiven Lebensordnungen selber, nämlich Geburt, Geschlechtsreife, Krankheitsfälle, Traumflüge und Tod sowie Stadtgründung, Kriege und Revolutionen, Weltentstehung, Naturkatastrophen« (a.a.O., 193).
28. Vgl. C. Geertz, Religion als kulturelles System, in: ders., Dichte Beschreibung. Beiträge zum Verstehen kultureller Systeme, Frankfurt am Main 1987, 44-95.
29. Vgl. ebd.
30. A.a.O., 61.

die diese Symbolisierungsleistungen in alltagspraktisch tragfähige Stimmungen und Motivationen zu transformieren vermag. Wo ansonsten das in die Alltagswelt einbrechende Chaos nicht mehr zu bewältigen wäre, ist die Symbolisierung der metaphysischen, das Seinsganze umfassenden Dimension alltagsweltlicher Sinnstrukturen gefragt, die Codierung religiösen, im Unbedingten begründeten Lebenssinns. Danach ist dann vom Menschen aus gefragt, mitten in seiner Alltagswelt: »an den Grenzen seiner analytischen Fähigkeiten, an den Grenzen seiner Leidensfähigkeit und an den Grenzen seiner ethischen Sicherheit«[31]. Wie umzugehen sei mit »Verwirrung« und »Leiden«, wie mit dem »Gefühl eines unauflöslichen ethischen Widerspruchs«, darauf eine Antwort zu geben, diesem Anspruch muß »jede, auch die ›primitivste‹ Religion irgendwie genügen«[32].

Dies stellt denn auch zu Recht gleichsam den common sense der neueren Religionssoziologie, zumindest seit Max Weber, dar, nicht, daß das Religionssystem alle alltagskulturellen Sinnwelten mit seinen Symbolen und Ritualen zu überformen hat. Das kann es unter den moderngesellschaftlichen Bedingungen kultureller Differenzierung und funktionaler Verselbständigung gar nicht mehr leisten. Gleichwohl aber gilt, daß das Religionssystem auch »nach der Aufklärung« alltagskulturell am stärksten präsent bleibt und bleiben muß, wo es um die Symbolisierung der großen, lebensgeschichtlichen Kontingenzen geht. Da ist, der implizit metaphysischen Grundierung aller alltagskulturellen Sinnwelten unbeschadet, die explizite Symbolisierung eines Unbedingtheitshorizontes unserer alltagsweltlichen Sinnstrukturen gefordert.

Religion macht, wie Weber meinte, die Sinnganzheit der Welt vorstellig. Sie erbringt die Kosmisierung der sozialen Gefüge bei Peter L. Berger. Sie bietet Formeln für die Bestimmbarkeit des Unbestimmbaren an nach Niklas Luhmann. Sie bewältigt Kontingenzen, die anders nicht in Handlungssinn reintegrierbar sind als durch die symbolisch-rituell ausgearbeitete Kultur einer Praxis ihrer Anerkennung, wie Hermann Lübbe meint. Immer wird das Religiöse in unseren alltagskulturellen Sinncodierungen dort gesehen, wo diese in der Erfahrung von Abbrüchen und Umbrüchen fraglich werden, an den Schnittstellen also auch der verschiedenen Sinnwelten, die einen riskanten Übergang verlangen. Die Leistung spezifisch religiöser Symbolisierungen wird darin gesehen, daß sie durch die Aufbietung eines schlechterdings transzendenten, weltjenseitigen, aber genau darin umfassenden Sinngrundes sowohl die Zufälligkeit sinnwidriger Erfahrungen, des Uneinsichtigen, von Leiden und Ungerechtig-

31. Ebd.
32. Ebd.

58

keit als faktisch unumgängliche anzuerkennen erlauben, wie sie auch vom transzendenten Sinnganzen her den kämpferischen Einspruch gegen diese Erfahrungen artikulierbar machen, christlich formuliert: die Artikulation der Sünde wie die Hoffnung auf Befreiung und Erlösung.

Diese der religiösen Symbolisierung eigentümliche antinomische Struktur ist freilich von den genannten Religionstheoretikern nicht immer hinreichend thematisiert worden. Auf sie aufmerksam zu machen dürfte denn auch eine spezifische Herausforderung für die Theologie sein, also für die christlich-kirchliche Erschließung des alltagskulturellen Phänomens der Religion.[33] Die Theologie kann deutlich machen, wie die christliche Religion Kontingenz in Notwendigkeit überführt, etwa indem sie Krankheit als prinzipielle Störanfälligkeit unserer irdischen Leiblichkeit verstehen läßt, Sterben als Widerfahrnis unserer Endlichkeit, Ungerechtigkeit als Resultat des in die conditio humana fallenden Selbsterhaltungsstrebens. Das ist jedoch nur ihre eine Stoßrichtung. Die Theologie zeigt, wie die christliche Religion in die kontingenzverarbeitenden Deutungszuschreibungen zugleich immer auch eine Reflexionskehre einbringt. Sie tut dies, indem sie in der Perspektive der Rechtfertigung bzw. des Reiches Gottes die Symbolisierung eines alles umgreifenden Seins- und Sinngrundes aufbietet, der mit seinem Widerspruch gegen die Erfahrungen von Endlichkeit, Leid und Ungerechtigkeit in einer zerfallenden Welt die Grundannahme erlaubt bzw. wiederherstellt, daß die sinnwidrigen Züge dieser Welt insgesamt keineswegs eigen sind und in der Durchsetzung der geglaubten, umfassenden Sinnrealität auch überwunden werden: »Wir sind zwar gerettet, doch auf Hoffnung. Die Hoffnung aber, die man sieht, ist nicht Hoffnung; denn wie kann man hoffen auf das, was man sieht?« (Röm 8,24)

Nur weil die christliche Religion im Aufbau ihrer symbolischen Sinnwelt nicht allein die Praxis der Anerkennung von Kontingenz ist, sondern von ihrem Entwurf eines Sinnganzen her zugleich den Widerspruch zu ihr symbolisiert, kann ihrer Ritualpraxis immer auch die Generierung von Antistrukturen zu einer in ihrer Faktizität und Endlichkeit sich beruhigenden Alltagskultur zugeschrieben werden. Den Anomieerfahrungen setzt sie Rechtfertigungszusagen, Erlösungs- und Heilshoffnungen entgegen.

In dieser Gestalt, als Symbolisierung der die großen Kontingenzen bewältigenden Unbedingtheitsdimension von Lebenssinn, ist die kirchlich-christliche Religion heute am stärksten zugleich auch die in der Alltags-

---

33. Darauf hat auch H. Luther treffend hingewiesen: Schwellen und Passagen. Alltägliche Transzendenzen, in: ders., Religion und Alltag. Bausteine zu einer Praktischen Theologie des Subjekts, Stuttgart 1992, 212-232.

kultur präsente Religion. Sie ist die Religion auch der Alltagskultur der Menschen mit ihren an den Krisen und Wenden des Lebens- und Jahreszyklus angelagerten Ritualen.[34] In der Teilnahme an diesen Ritualen lassen die Menschen sich einbeziehen in die Lebensdeutung der christlichen Religion. Es wird dabei immer wieder für die beteiligten Menschen selber diejenige religiöse Grundierung ihres Alltags explizit, die in der christlichen Symbolisierung des umfassenden Sinnganzen, der Wirklichkeit Gottes, beschlossen liegt.

Die kirchliche Religion macht den Menschen ihre alltagskulturelle Vorzüglichkeit heute jedenfalls am ehesten in der symbolisch-rituellen Verarbeitung lebensgeschichtlicher Sinndeutungsinteressen, wie sie sich besonders angesichts der riskanten Übergänge im Lebens- und Jahreszyklus artikulieren, erkennbar. Sie hat dafür jedoch kein Monopol. Vor allem aber sind die Grenzen zu den kleinen und mittleren Transzendenzen in der Alltagswelt fließend und damit auch zu der Vielfalt von Symbolwelten, welche die Alltagskultur für eine sinnhafte Orientierung in ihr den Menschen heute anzubieten hat. Auch das große Kino entwirft Lebensdeutungsmuster, die eine vertiefte Selbstbegegnung ermöglichen.[35] Auch die Werbung arbeitet mit Mythen, die Lebensvorstellungen und -einstellungen generieren, Stimmungen und Motivationen in den Menschen hervorrufen, die sie glauben machen, daß ihre Wirklichkeitsvorstellungen mit dieser selber übereinstimmen.[36] Auch das Erlebnis einer Rave-Party kann den Alltag so unterbrechen, daß die, die sie leibhaft mitgemacht haben, mit anderen Augen wieder in ihn zurückkehren.[37] Das alles und vieles mehr stellt alltagsästhetische Zeichensysteme dar, die im Blick auf die Lebensdeutungsgehalte, die Menschen ihnen abgewinnen, uns nicht nur von »Lebensphilosophien« reden lassen sollten, sondern – im Sinne der Tiefendimension ihrer Persönlichkeitsprägung, der Generierung ihrer Lebensstile, die sie in all dem erfahren – auch von ihrer Alltags-

---

34. Vgl. in diesem Band Dritter Teil, Abschnitt B: Kasualpraxis und Seelsorge.
35. Vgl. I. Kirsner, Erlösung im Film. Praktisch-theologische Analysen und Interpretationen (Praktische Theologie heute Bd. 26), Stuttgart 1996; M. Ammon/ E. Gottwald (Hg.), Kino und Kirche im Dialog, Göttingen 1996; G. Seeßlen, Kino der Gefühle. Geschichte und Mythologie des Film-Melodrams, Reinbek 1980; ders., Das Kino und der Mythos, in: EvErz 44, 1992, 537-549.
36. Vgl. J. Reichertz, Religiöse (Vor-)Bilder in der Werbung. Zu Anzeigen von Benetton, Kern und Diesel – in: medien praktisch, Heft 2/1994, 18-23; E. Gottwald, Your own rhythm? – Kritische Beobachtungen zur Darstellung von Religion und Kirche in der ›Emma‹, in: L. Friedrichs/M. Vogt (Hg.), Sichtbares und Unsichtbares. Facetten von Religion in deutschen Zeitschriften, Würzburg 1996, 205-221.
37. Vgl. in diesem Band Kapitel 7: Gottesdienst und Technokult.

religion. Die alltagspraktisch relevante Kultur lebensgeschichtlicher Sinndeutung ist Religion in der Alltagskultur, sei sie nun von größerer oder geringerer Transzendenzspannweite. Theologie und Kirche sind deshalb heute in besonderer Weise gefragt, wie das Lebensdeutungsangebot des christlichen Glaubens zu humaner Evidenz finden kann.

3. Kapitel

Die humane Evidenz christlich-religiöser Lebensdeutung

Jeder und jede von uns kann etwas aus der Geschichte seines oder ihres Lebens erzählen. Was wir erzählen, hängt von der Situation ab, in der wir uns dazu veranlaßt bzw. dazu aufgefordert sehen. Anders wird unsere Erzählung ausfallen, je nachdem, ob es sich um ein Bewerbungsschreiben handelt oder wir in einer Selbsterfahrungsgruppe uns auf die Spurensuche nach der eigenen Identität begeben. Immer aber präsentieren wir, indem wir aus der Geschichte unseres Lebens erzählen, etwas von dem, was wir selber sind. Wir zeigen, daß wir einiges über uns wissen. Wo wir geboren worden und aufgewachsen sind. Vielleicht auch das, wovon wir meinen, daß es uns geprägt hat, im Elternhaus, in der Schule, durch Freunde, die wir gefunden haben. Vielleicht auch, wovon wir meinen, daß es uns eingeengt und verformt hat, daß es zu einer drückenden Last geworden ist, im Umgang mit uns selber und mit anderen, mit unseren Bedürfnissen, Wünschen und Zielen.

Vieles können wir erzählen, je nachdem. Wenn es darum geht, uns selbst zu empfehlen, für eine berufliche Position etwa. Dann vor allem erzählen wir auch, welche Qualifikationen wir erworben haben, welche Prüfungen wir bestanden, welche Rollen wir gespielt haben. Wir wissen dabei, daß unsere Erzählung einem bestimmten Muster folgt, wir so etwas wie das Verlaufsschema etwa einer akademischen Normalbiographie vor Augen haben, in das wir uns mit unserer eigenen Lebensgeschichte einzupassen suchen.

Vieles können wir erzählen, je nachdem. Im Gespräch mit Freunden fällt es uns wieder ein. Wie wir uns kennengelernt haben, ganz zufällig, unser Lebensweg ohne diese Begegnung aber wohl doch einen anderen Verlauf genommen hätte. Vieles ist seither geschehen. Beziehungen haben sich wieder verloren, sind zerbrochen, neue sind entstanden. Das alles macht mit aus, was wir die Geschichte unseres Lebens nennen. Es gibt Begebenheiten, die uns vor Augen stehen, als seien sie gestern gewesen. An anderes können wir uns gar nicht mehr erinnern, jedenfalls nicht so direkt. Vieles, was wir die Geschichte unseres Lebens nennen, liegt unserem bewußten Leben so weit voraus, daß wir es überhaupt nur aus den Erzählungen anderer kennen. Von Fotos her, die die Eltern im Album unserer Kindheit gesammelt und die sie dann und wann mit Geschichten, von denen sie uns berichten, zu Bildern haben werden lassen, die wir uns nun von uns selber und der Geschichte unseres Lebens machen.

Vieles können wir von uns erzählen, je nachdem. In der Selbsterfahrungsgruppe schildern wir einen Konflikt, den wir mit einem Arbeitskollegen oder mit unserem Lebenspartner hatten. Wir beschreiben, wie wir uns verhalten haben und wie unser Gegenüber darauf reagiert hat oder umgekehrt. Die Gruppe versucht zu verstehen, was sich da abgespielt hat. Sie versucht mir so zu helfen, meine eigene Verhaltensweise angemessener deuten zu können. Dabei erfahre ich auch, wie die anderen mich sehen, wie ich auf sie wirke, welches Bild sie von mir haben. Stimmt das mit dem Bild zusammen, das ich von mir selbst habe? Aber welches Bild habe ich überhaupt von mir selber. Warum habe ich jetzt gerade diese Episode aus meinem Leben erzählt? Hatte ich vielleicht das Gefühl, daß da ein Schlüssel liegen könnte für die Bestimmung meiner Identität, eine Antwort vielleicht auf die Frage, wer ich selber bin?

Vieles kann ich von mir erzählen. Vieles wird mir von anderen über mich erzählt, oder ich vermute – was oft nicht besonders angenehm ist –, daß sie es über mich erzählen, ohne es mir direkt zu sagen. Doch, wer bin ich wirklich? Und wer möchte ich gerne sein? Wie sehe ich mich selber? Wie sehen mich die anderen? Und bin ich wirklich so, wie ich mich zu sehen meine oder wie ich meine, daß die anderen mich sehen? Fragen über Fragen, die immer mitspielen, wenn es uns um die Vergegenwärtigung der Geschichte unseres Lebens geht. Fragen, die vor allem dann in uns aufbrechen, wenn wir vor Umbrüchen und Abbrüchen in unserer Lebensgeschichte stehen. Denn das merken wir sofort, wenn wir, aus welchen Veranlassungen heraus auch immer, anfangen, die Geschichte unseres Lebens oder wenigstens etwas aus der Geschichte unseres Lebens zu erzählen: Es geht dabei nie nur um die Auflistung von Fakten oder um die bloße Aneinanderreihung von Ereignisfolgen. Wir verhalten uns dabei immer auch deutend zu uns selbst. Und wir sehen uns darauf verwiesen, daß auch andere sich deutend zu uns selbst verhalten. Und wir merken, daß diese Deutungen immer eine im Grunde unüberbrückbare Distanz überwinden wollen, eben die Distanz, die wir zu uns selber haben.

1. Die Paradoxie der Selbstvertrautheit

Einerseits glauben wir ja immer schon zu wissen, wer wir selber sind, stehen wir jedenfalls in einer wissenden Selbstbeziehung. Dies zeigt sich, indem wir »Ich« sagen. Ich merke, da ist längst vor allen Geschichten, die ich selbst oder andere über mich erzählen, vor aller Selbstbehauptung somit auch und aller Anerkennung, die mir durch andere zuteil wird oder nach der ich mich sehne, ein unmittelbares Wissen um mich, eine wissende Selbstbeziehung, die es macht, daß ich die Erzählungen von mir oder über mich überhaupt mir selber zuzuschreiben in der Lage bin. Andererseits gilt aber ebenso auch, daß ich diese unmittelbare Selbstvertrautheit für mich selber nur einholen, ihrer nur dann bewußt werden kann, indem ich zu deuten anfange und die Deutungen, die andere über mich erkennen lassen, auf mich beziehe.

Da ist eine unmittelbare Selbstvertrautheit. Dennoch stehe ich zugleich in eigentümlicher Distanz zu mir. Ich bin sie, ich lebe sie, aber ich habe sie nicht. Ich kann sie nicht vor mich bringen. Ich kann, weil ich meine Selbstvertrautheit nicht objektivieren kann, auch nicht so ohne weiteres sagen, was sie eigentlich ausmacht. Ich kann mir und anderen nicht so ohne weiteres sagen, *wer* ich selber bin.

Wir sehen uns aufs Deuten verwiesen. Wir müssen aus unseren Erinnerungen wie unseren Erwartungen, aus der Sicht, die wir von anderen her auf uns selber fallen sehen, aus der Anerkennung, die wir erfahren oder nach der wir verlangen, eine Antwort zu gewinnen versuchen auf die – trotz unserer unmittelbaren Selbstvertrautheit – abgründige Frage, wer wir selber sind. Bei dieser Frage steht somit aber auch für jeden von uns viel auf dem Spiel, wenn anders das Bedürfnis nicht zu befriedigen ist, dieses Bedürfnis nach Wissen um das, was uns als diejenigen ausmacht, die wir sind. Es geht damit schließlich auch um ein Wissen um das, was wir geworden sind, was wir noch nicht sind, aber werden wollen. Es geht um ein Wissen um unsere Lebensziele, um das, was den besonderen Wert und die Würde unseres Lebens ausmacht. Es geht um das, was gut ist für uns. Es geht um unser Glück.

Unser Bedürfnis nach Identität, nach einem lebensgeschichtlichen Selbstkonzept, ist somit offensichtlich und auch gut verständlich. Denn mit ihm stehen unsere Lebensentwürfe und Sinnerwartungen auf dem Spiel, die Vorstellungen, die wir uns von unserem eigenen Dasein machen und die Ziele, in denen es seine Erfüllung finden könnte. Wir suchen nach unserer Identität. Wir wollen wissen, wer wir sind, weil wir so nur dessen gewiß werden können, was unser Leben ausmacht, wodurch es seinen besonderen Wert und seine Würde hat, dieses mein einmaliges, individuelles Leben.

Zugleich merken wir, daß wir dabei uns ständig in einer eigentümlichen Paradoxie bewegen. Wir fragen nach unserer Identität, danach, was unser eigenes Leben ausmacht. Und doch würden wir so nicht fragen, würden wir unsere Identität nicht suchen, wenn wir von einer wissenden Selbstbeziehung nicht immer schon herkämen. Nur weil wir aus einer unmittelbaren Selbstvertrautheit immer schon leben, können wir die Vorstellungen, die wir von uns haben oder die andere uns zuschreiben, überhaupt als die eigenen identifizieren oder, weil sie uns fremd erscheinen, auch abweisen. Das ist eine Paradoxie, daß wir um unsere Identität wissen und gleichwohl unaufhörlich nach ihr suchen müssen.

Diese Paradoxie macht unser menschliches Wesen aus. Daß wir uns kennen und zugleich uns so unendlich fremd sind. Daß wir selbstverständlich »Ich« sagen und zugleich nicht wissen, ob wir dieses Ich, das da spricht, auch selber sind. Dieser Paradoxie können wir nicht entkommen. Was wir nur tun können, ist, auf möglichst bewußte Weise uns in ihr zu bewegen, uns zu ihr zu verhalten. Wir tun dies, indem wir unser Leben deuten. Indem wir unser Leben deuten, setzen wir Zeichen, bauen wir Strukturen auf, welche die Fragmente dessen, was wir von uns wahrnehmen, was andere auch uns von uns wahrnehmen lassen, in ein Sinngefüge integrieren. Wir entwerfen eine Geschichte, die wir dann für unser Leben halten. Wir entwickeln Selbstbilder. Wir spielen mit Idealbildern. Wir operieren auch mit Feindbildern. Mit all diesen Deutungen versuchen wir, die abgründige Distanz zu überwinden, die uns von uns selber trennt, der paradoxerweise aber auch unsere unmittelbare Selbstvertrautheit – diese Deutungen als *Selbst*deutungen ermöglichend – immer schon vorausliegt. Aber eben, unsere unmittelbare Selbstvertrautheit ist nicht von der Art, daß wir ihrer anders als im Aufbau solcher Deutungen dessen, was es heißt, eine eigene Identität zu haben, materialiter ansichtig werden könnten.

Deutend überwinden wir Differenz. Deutend verhalten wir uns zur Transzendenz. Wir finden Spuren im Schnee. Kein Lebewesen ist in der einsamen Bergwelt zu sehen. Aber die Spuren können wir deuten. Es muß hier ein Rudel Rehe vorübergezogen sein, vermutlich auf der Suche nach Nahrung. Wir sehen die Tränen im Gesicht des Kindes. Was ihm vorgefallen ist, wissen wir nicht. Auch gibt es uns selber keine Erklärung. Aber wir deuten die Tränen auf den Schmerz hin, den es in sich verspürt, auf Verletzungen, die es erfahren hat. Wir versuchen, uns ein Bild von dem uns Unzugänglichen zu machen, möchten erahnen, wie es in ihm aussieht, was es empfindet, was ihm wohl widerfahren ist. Wir erwachen und erinnern uns der Träume der Nacht. Vieles bleibt uns unverständlich, unzugänglich. Wir hören die Stimme, die unsere unmittelbar eigene ist, und doch spricht sie nicht die Sprache, in der wir uns alltäglich verständigen. Wir begegnen Zeichen, die für das stehen, was es in gewissen Momenten unseres Lebens um uns selber gewesen ist. Aber diese Zeichen wollen gedeutet sein. Erst auf dem Weg ihrer Deutung erschließt sich uns, welche Erfahrungen, welche Wünsche, welche Ängste sich in ihnen auf symbolische Weise Ausdruck verschafft haben.

Deutend überwinden wir Differenz. Deutend verhalten wir uns zur Transzendenz. Deutend erschließen wir uns den Sinn dessen, was uns auf direkte Weise unzugänglich bleibt: Die Spuren im Schnee, die Tränen im Gesicht des Kindes, die Träume der Nacht. Immer dann vor allem auch merken wir, daß unser Leben in seine Deutung drängt, wenn es in unserem alltäglichen Leben zu Unterbrechungen, zu Aufstörungen des Gewohnten kommt. Das kann die Erfahrung des Verlustes eines uns lieben Menschen sein, der Verlust des Arbeitsplatzes, eine schwere Krankheit. Das kann das Glück der liebenden Vereinigung mit einem anderen Menschen sein, die Geburt eines Kindes. Das kann bei unserer beruflichen Arbeit geschehen, daß uns ein Werk gelingt, für das wir lange und schwer gearbeitet haben. Immer sind es solche Einbruchs-, Umbruchs- und Durchbruchserfahrungen, die uns nach dem Sinn fragen lassen, den unser Leben als vergangenes und zukünftiges, als ganzes hat. Immer sind es solche Erfahrungen, die uns zur Deutung dessen veranlassen, was es um unser Leben eigentlich ist, was es ausmacht, worauf es zuläuft, von woher es seinen Wert und seine Würde gewinnt. Erfahrungen, die uns in Differenz bringen zum vermeintlich immer schon Vertrauten unserer Alltagswelt, Erfahrungen, die das Orientierungsgefüge transzendieren, in dem wir uns eingerichtet haben. Diese Erfahrungen sind es, die uns zur Selbstdeutung unseres Lebens provozieren, die uns fragen lassen nach dem Sinn, den unser Leben überhaupt und als Ganzes für uns hat.

Daß das so ist, liegt an der Struktur des Selbstverhältnisses, das wir sind. Das habe ich versucht deutlich zu machen. Die Struktur unseres Selbstverhältnisses, wonach wir aus unmittelbarer Selbstvertrautheit heraus immer schon leben und diese Selbstvertrautheit uns doch materialiter nicht direkt zugänglich ist, verweist uns unabschließbar auf den Weg, deutend einzuholen, was es um unser Leben ist, was es ausmacht, worin es seinen Sinn finden kann, woraufhin sich uns unsere letzten Zwecke versammeln.

2. Das Religiöse in der Selbstdeutung

Damit sind wir nun aber auch an dem Punkt angelangt, einsehen zu können, was es heißt und wie es zugeht, daß unsere Selbstdeutung sich als religiöse, des näheren als christlich-religiöse Selbstdeutung artikuliert. Das Religiöse in unserer Selbstdeutung liegt eben darin, daß wir in all unserem Bemühen, Sinn zu finden, einen Zusammenhang in unseren disparaten Erfahrungen zu entdecken, uns Ziele zu setzen, mit Verlusterfahrungen umgehen zu lernen, daß wir in dem allem doch aus dieser ebenso unmittelbaren wie an sich selber unzugänglichen Selbstvertrautheit leben. Da ist unmittelbar, unverfügbar ein Grund, der uns »Ich« sagen läßt, auch wenn wir noch nicht oder nicht mehr wissen bzw. sagen können, wer wir sind. Da ist ein Gefühl des Zusammengehaltenseins, des Zusammenstimmens meiner selbst mit mir, auch wenn mir mein Leben gleichsam zwischen den Händen zu zerrinnen scheint. Da ist ein Wissen um mich, das tiefer reicht als alles, was ich von mir sagen und erzählen kann, tiefer auch als alles, was andere mir als meine Identität wohl oder übel zuschreiben wollen.

Das ist das Religiöse in unserer Selbstdeutung, dieses Gefühl eines absoluten Gegründet- und Gehaltenseins und daß wir dieses Gefühl in der lebenslangen Mühsamkeit unserer Deutungsarbeit, die uns nicht abgenommen ist, nicht verlieren. Dieses (transzendentale) Gefühl bleibt, und sofern wir es artikulieren, wissen wir auch und geben es zu erkennen, daß wir religiös sind.[38]

Gemeinhin machen wir die Religion allerdings an den Vorstellungen fest, in denen wir dieses Gefühl unseres absoluten Gegründetseins artikulieren. Oft machen wir sie zu schnell an den Bekenntnissen fest, die wir formulieren oder die uns als vorformuliert kirchlich überliefert sind: daß ein Gott sei, der seinen Sohn zur Erlösung der verlorenen Schöpfung gesandt hat, der im Heiligen Geist uns lebendig macht, in der Hoffnung auf die zukünftige Herrlichkeit usw. Das ist nicht unbedingt der Ursprung der subjektiven Religion, nicht unbedingt die Frömmigkeit, von der wir in Wahrheit leben. Das sind Vorstellungen, mit denen die objektive, überlieferte Religion an der Deutungsarbeit teilnimmt, vor die uns unsere Lebenserfahrungen und unsere Lebensgeschichte stellen. Zwischen beidem gilt es zu unterscheiden.

Man könnte sie Religion 1 und Religion 2 nennen. Religion 1, dieses unser Grundvertrauen ins Dasein. Und Religion 2, die Vorstellungen, mit denen wir uns deutend zu uns verhalten, eine Sinnspur in unserer Lebensgeschichte zu entdecken versuchen, das, was Halt gibt und Zusammenhalt gewährt auch auf unwegsamem Gelände. Es dürfte klar sein, daß wir Religion 2 für uns nicht ausbilden können, ohne daß wir uns im Zusammenhang von Überlieferungen religiösen Glaubens bewegen. So sind unsere Lebensentwürfe und Sinnerwartungen immer schon beeinflußt und geprägt von Bildern und Geschichten, von Lehren und Bekenntnissen, wie sie sich in der jüdisch-christlichen Überlieferung ausgebildet haben. Oft merken wir das freilich erst, wenn wir in einen anderen Kulturkreis eintauchen. Aber auch die Unterscheidung von Religion 1 und Religion 2, von unhintergehbarer Selbstvertrautheit und den Vorstellungen, die wir uns von Gott und seinem Handeln mit und in der Welt

38. Vgl. D. Henrich, Das Selbstbewußtsein und seine Selbstdeutungen. Über Wurzeln der Religionen im bewußten Leben, in: ders., Fluchtlinien. Philosophische Essays, Frankfurt am Main 1982, 99-124.

machen, ist kulturell bedingt. Sie ist in der neueren Religionsgeschichte des Christentums entwickelt worden.

Friedrich Schleiermacher hat diese Unterscheidung in seinen »Reden über die Religion« im Zusammenhang einer lebensgeschichtlichen Erinnerung, einer autobiographischen Notiz, zum Ausdruck gebracht:

»Vergönnet mir von mir selbst zu reden: Ihr wißt, was Religion sprechen heißt, kann nie stolz sein; denn sie ist immer voll Demuth. Religion war der mütterliche Leib, in deßen heiligem Dunkel mein junges Leben genährt und auf die ihm noch verschlossene Welt vorbereitet wurde, in ihr athmete mein Geist, ehe er noch seine äußeren Gegenstände, Erfahrung und Wißenschaft, gefunden hatte, sie half mir als ich anfing, den väterlichen Glauben zu sichten und das Herz zu reinigen von dem Schutte der Vorwelt, sie blieb mir, als Gott und Unsterblichkeit dem zweifelnden Auge verschwanden, sie leitete mich ins thätige Leben, sie hat mich gelehrt mich selbst mit meinen Tugenden und Fehlern in meinem ungetheilten Dasein heilig zu halten, und nur durch sie habe ich Freundschaft und Liebe gelernt.«[39]

Die Religion, von der Schleiermacher hier so redet, daß er unter den gebildeten Verächtern der Religion für sie werben will, ist die Religion 1, in der Unterscheidung von der Religion 2, an der er eben diese gebildeten Verächter Anstoß nehmen sieht. Religion 1 ist dieses absolute Grundvertrauen bzw. diese unmittelbare Selbstvertrautheit, von der Schleiermacher meint sagen zu dürfen, daß er sich in ihr immer schon vorgefunden habe. Sie hat ihn getragen und begleitet. Aus ihr ist er, dem mütterlichen Leib vergleichbar, hervorgegangen als ein selbständig denkendes und handelndes Wesen.

Von dieser Religion 1 als der Quelle allen Lebens, als dem Licht, in dem alles, was ist, allererst sichtbar wird, unterscheidet Schleiermacher die Religion 2, die Vorstellungen von Gott und der Unsterblichkeit und einem tugendhaften, gottwohlgefälligen Leben. Auch sie braucht es manchmal, vielleicht. Aber wir gehen auf reflexive Weise mit ihnen um. Wir wissen, daß wir mit unserer Lebensdeutungsarbeit an ihrem Zustandekommen beteiligt sind. Wir übernehmen sie deshalb von unserer Vorwelt auch nicht einfach auf Treu und Glauben. Wir bilden diese Vorstellungen immer wieder auch um. Wir zweifeln daran, ob sie – so wie überliefert – auch wahr sind. Wir suchen sie uns anzuverwandeln, daraufhin umzuformen, daß wir sie als Ausdruck unserer subjektiven Religion, unseres Lebensglaubens anerkennen können.

Die religiösen Vorstellungen der objektiven Religion sind wandelbar. Sie sind vielfältig und unterschiedlich. Sie können Menschen daher eben-

39. F. Schleiermacher, Über die Religion. Reden an die Gebildeten unter ihren Verächtern (Berlin 1799), Kritische Gesamtausgabe I.1 Berlin/New York 1984, 195 (OP 14 f.).

so trennen wie sie sie miteinander verbinden. Was uns wirklich trägt, will Schleiermacher jedoch sagen, ist nicht die Religion 2, sind nicht die religiösen Vorstellungen, Bekenntnisse und Lehren. Was uns im Leben wirklich trägt und uns als Menschen zutiefst miteinander verbindet, ist die Religion 1, diese unmittelbare Selbstvertrautheit, das absolute Grundvertrauen, aus dem wir immer schon leben, längst bevor wir über uns sprechen und unsere Lebensentwürfe ausbilden können. Sie ist der Kontakt, den wir immer schon zu uns selber und zu den anderen haben. Durch sie, sagt Schleiermacher, »habe ich Freundschaft und Liebe gelernt«.

Freilich, daß das so ist, ist nicht leicht zu vermitteln. Es läßt sich anderen nicht andemonstrieren. Wer nicht selber merkt, daß er diese Religion des absoluten Gründungsbewußtseins hat und lebt, dem ist sie auch durch noch so überzeugende Rede von ihr nicht einsichtig zu machen. »Von allem, was ich als ihr Werk preise und fühle, steht wohl wenig in heiligen Büchern, und wem, der es nicht selbst erfuhr, wäre es nicht ein Ärgerniß oder eine Thorheit?«[40]

Wer des Gegebenseins seiner unmittelbaren Selbstvertrautheit in ihrer weltlichen Unableitbarkeit ansichtig wird, der kann dann allerdings auch davon reden. Wer erfährt, daß alles, was wir von uns selbst wahrnehmen und uns von anderen zugeschrieben wird, letztlich nicht über den Kontakt entscheidet, den wir zu uns selbst haben, daß wir von dem allem in letzter Instanz somit auch nicht abhängig sind, der kann somit auch zu einer größeren Gelassenheit finden im Blick auf seinen Lebensentwurf und seine Sinnerwartungen.

3. Die christlich-religiöse Beantwortung der Identitätsfrage

Wer bin ich? Diese Frage bleibt. Ihre Beantwortung ist uns auch im Rekurs auf die Absolutheit unserer wissenden Selbstbeziehung keineswegs abgenommen. Sie stellt sich uns auch jetzt noch insbesondere dann, wenn Wege, die wir gegangen sind, plötzlich abbrechen, wenn wir ins Ausweglose zu geraten scheinen. Dann kommen wir nicht umhin, aufzumerken auf das, was mit uns ist, wie wir uns jetzt gerade fühlen, was wir denken, daß sein könnte, was wir erwarten, daß es mit uns werden soll. Dann sind wir auch dankbar für die Nähe anderer, die uns zu verstehen versuchen, auf uns hören, uns begleiten, uns anerkennen. Die unendliche Aufgabe, uns und andere zu verstehen, ist nicht erledigt. Sie bleibt uns aufgegeben. Aber sie ist umfangen von einer Antwort, von der wir ahnen, daß sie, all

40. A. a. O., 195 (OP 15).

unserem Suchen und Fragen zuvorkommend, uns immer schon zuteil geworden ist.

Dietrich Bonhoeffer hat dies mit einem Gedicht, in der tiefsten Krisenerfahrung seines Lebens, aus der Gefängniszelle heraus, unübertrefflich zum Ausdruck gebracht:

»Wer bin ich?

Wer bin ich? Sie sagen mir oft,
ich träte aus meiner Zelle
gelassen und heiter und fest
wie ein Gutsherr aus seinem Schloß.

Wer bin ich? Sie sagen mir oft,
ich spräche mit meinen Bewachern
frei und freundlich und klar,
als hätte ich zu gebieten.

Wer bin ich? Sie sagen mir auch,
ich träge die Tage des Unglücks
gleichmütig, lächelnd und stolz,
wie einer, der Siegen gewohnt ist.

Bin ich das wirklich, was andere von mir sagen?
Oder bin ich nur das, was ich selbst von mir weiß?
Unruhig, sehnsüchtig, krank, wie ein Vogel im Käfig,
ringend nach Lebensatem, als würgte mir einer die Kehle,
hungernd nach Farben, nach Blumen, nach Vogelstimmen,
dürstend nach guten Worten, nach menschlicher Nähe,
zitternd vor Zorn über Willkür und kleinlichste Kränkung,
umgetrieben vom Warten auf große Dinge,
ohnmächtig bangend um Freunde in endloser Ferne,
müde und leer zum Beten, zum Denken, zum Schaffen,
matt und bereit von allem Abschied zu nehmen.

Wer bin ich? Der oder jener?
Bin ich denn heute dieser und morgen ein anderer?
Bin ich beides zugleich? Vor Menschen ein Heuchler
und vor mir selbst ein verächtlich wehleidiger Schwächling?
Oder gleicht, was in mir noch ist, dem geschlagenen Heer,
das in Unordnung weicht vor schon gewonnenem Sieg?

Wer bin ich? Einsames Fragen treibt mit mir Spott.
Wer ich auch bin, Du kennst mich, Dein bin ich, o Gott!«[41]

41. D. Bonhoeffer, a. a. O., 179.

Bonhoeffer, im Juli 1944, kurz bevor das Attentat auf Hitler, an dessen Vorbereitung er beteiligt war, mißlingt, länger als ein Jahr lang schon in Haft im Militärgefängnis Berlin-Tegel, reflektiert in diesem Gedicht die Differenz zwischen seiner Selbstwahrnehmung und der ihm von seinen Mitgefangenen zugeschriebenen Fremdwahrnehmung. Das ist ein harter Gegensatz, den er da artikuliert.

Auf der einen Seite die Gelassenheit, Souveränität und Zuversicht, welche die anderen an ihm wahrzunehmen scheinen. Sie sagen ihm jedenfalls, sie sähen ihn so, als einen, der auch die »Tage des Unglücks« zu tragen vermag, »gleichmütig, lächelnd und stolz«. Auf der anderen Seite das, was er von sich selber weiß und das so gar nicht mit dem zusammenstimmen will, was die anderen von ihm sagen. Was er von sich weiß, ist, daß er leidet unter der Situation seiner Gefangenschaft, fast an ihr zerbricht, es kaum noch aushalten kann, diese Situation der Ungewißheit, wie es mit ihm weitergehen wird, mit dem Krieg, was aus dem geplanten Anschlag werden wird. Die Gefangenschaft, die Todesdrohung, die Ungewißheit über die politische Lage, das alles macht ihm so sehr zu schaffen, daß er oft gar nicht mehr weiter kann und nicht mehr weiter will.

Wer bin ich? Wie er sich selbst erscheint und wie er den anderen erscheint, das geht ihm so sehr auseinander, daß er auf der Basis der Selbst- und der ihm zugeschriebenen Fremdwahrnehmungen diese Frage nicht meint beantworten zu können. Wer bin ich? Bin ich der, den die anderen zu sehen meinen? Da schwingt ja viel Anerkennung mit. Was sie sagen, ist von der Art, daß ich so auch gerne erscheinen möchte. Oft, auch früher schon, als ich noch ein freier Mann war, im Umgang mit meinen Studenten etwa, habe ich gemerkt, daß ich so auf andere wirke, daß das meine persönliche Ausstrahlung ausmacht, daß ich anderen frei, freundlich und klar gegenübertrete, als eine in sich gefestigte Persönlichkeit, die sich auch in harten Erfahrungen und schwierigen Situationen zu beherrschen weiß. Ja, so trete ich auf. So werde ich wahrgenommen. Das sind die Zeichen, die ich im Umgang mit anderen setze und welche die anderen dann daraufhin deuten, daß ich so sei.

Aber, treffen ihre Deutungen das Richtige? Bin ich wirklich so? Was ich von mir wahrnehme, geht jedenfalls in eine andere Richtung. Jetzt in den Tagen des Unglücks. Aber auch zuvor schon. Ich fühle mich unsicher, ängstlich, verzagt. Ich weiß, wie verletzlich ich bin, daß die Sorgen um die Zukunft mich quälen. Ich bin unglücklich und innerlich leer, halte es kaum noch aus hinter den Gefängnismauern. Es zerreibt mich die Sehnsucht nach Freiheit. Ich finde keinen Trost.

Bonhoeffer beschreibt in diesem Gedicht, wie seine Selbstwahrnehmung und die ihm von anderen zugeschriebene Fremdwahrnehmung auseinandergehen. Zwei Bilder vom eigenen Selbst, die sich geradezu widersprechen. An welches, fragt Bonhoeffer, soll ich mich denn halten? Bin ich dieser oder jener? Heute dieser und morgen ein anderer? Bonhoeffer weiß auf diese Identitätsfrage, so gestellt, im Grunde keine Antwort. Er weiß nicht, welchen Selbstwahrnehmungen er eher trauen soll. Denen, welche die anderen ihm zuschreiben oder denen, die er selber an sich macht. Beide sind situationsabhängig, wechselhaft. Beide vor allem beruhen auf Deutung. Beide entwerfen ein Bild der ganzen Person auf der Basis einzelner Wahrnehmungen. Das ist auch bei der Selbstdeutung so. Auch sie hat die situationsabhängige Selbstwahrnehmung zur Voraussetzung. Auch die Selbstdeutung garantiert nicht, daß ich mich als den erfasse, der ich wirklich bin. In ihr bin ich mir ja gewissermaßen selber zum Objekt geworden, möglicherweise gar nicht näher gekommen als in den Wahrnehmungen, die andere an mir machen und die sie zu den Deutungen führen, die sie mir – oft gegensätzlich zu den meinigen – zuschreiben.

Da bleibt eine letzte Dunkelheit, die meinem Selbstverhältnis innewohnt, eine letzte Unzugänglichkeit zu jenem Ich, das ich – unmittelbar mich wissend – gleichwohl zu sein immer schon in Anspruch nehme. Aus der Dunkelheit entspringt paradoxerweise jedoch zugleich ein Licht, die Einheit meines Ichs. Sie läßt mich auch widersprüchliche Selbstdeutungen auf mich beziehen. Aber sie ist dennoch mit keiner dieser Selbstdeutungen einfach zur Deckung zu bringen. Wir stehen hier wieder vor dieser unmittelbaren Selbstvertrautheit, vor dieser wissenden Selbstbeziehung, von der wir herkommen, die wir immer schon in Anspruch nehmen, die uns in allem Denken und Tun begleitet, auch wenn wir sie in unsere explizite Selbstverständigung nicht bzw. nur auf den fraglichen Wegen der Deutung einholen können. Weil wir uns an diese unmittelbare Selbstvertrautheit in unserem ganzen Selbst- und Weltumgang immer schon zurückgebunden wissen, redet Schleiermacher mit Bezug auf sie von der Religion als der lebendigen Quelle seines bewußten Lebens. Bonhoeffer redet im gleichen Sinne von Gott.

»Wer ich auch bin, Du kennst mich, Dein bin ich, o Gott!« Mit diesem Bekenntnis bzw. dieser Gebetsanrede beschließt er sein Gedicht. Das Bekenntnis zu Gott benennt die Instanz, in welcher der unvordenkliche Grund meines Wissen um mich beschlossen liegt. Wer Gott glaubt, weiß um das Woher seiner unmittelbaren Selbstvertrautheit. Wer Gott glaubt, weiß um den Grund des Vertrauens, das er allen noch so widersprüchlichen Erfahrungen mit sich selbst und dieser Welt zum Trotz zu sich haben kann. Wer Gott glaubt, kann so zu einer ungleich gesteigerten Selbst- und Lebensgewißheit finden. Er kann zu einer Selbst- und Lebensgewißheit finden, die auch dann nicht zerbrechen muß, wenn die Erfahrungen, die ich mit mir selbst mache, allen Boden unter den Füßen wegzuziehen drohen. Denn ich weiß dann, meine Identität, der, der ich in Wahrheit bin, resultiert weder aus den vor mir selbst verfertigten noch aus den mir von anderen zugeschriebenen Selbstdeutungen. So wenig ich in der wechselvollen Geschichte meines Lebens auf solche Deutungsarbeit verzichten kann, so sehr macht der christliche Glaube im Bekenntnis zu Gott doch eben dies ausdrücklich, daß solche Deutungsarbeit nicht erbringt, wovon ich immer schon lebe, dieses unmittelbare Wissen um mich. Wovon ich immer schon lebe, kommt vielmehr dem Wissen gleich, das nicht ich von mir habe, sondern das Gott von mir hat. An ihm gewinne ich somit teil, nicht indem ich unmittelbar meine Geschichte erzähle, sondern indem ich Gottes Geschichte mit mir erzähle.

Welche Geschichte ist das? Wir zögern vermutlich, so wir darauf antworten. Denn, selbst wenn es uns plausibel sein sollte, daß es bei Gott, bzw. mit unserer Religion, um das Woher unserer Lebensgewißheit, um den unvordenklichen Grund unserer Identität geht, mag es uns dennoch fraglich sein, ob wir von ihm auch eine Geschichte erzählen können, eine solche Geschichte nun, die eine Sinnspur hineinlegt auch in unsere eigene, fragmentarisch uns immer nur zugängliche Lebensgeschichte. Wie sollen wir zu dieser Gottesgeschichte finden, von der aus Licht fällt auf unsere eigene Lebensgeschichte?

Das Gewicht dieser Frage ermessen wir vor allem dann, wenn wir die kulturell-gesellschaftliche Lage, in der wir uns heute befinden, mit in Betracht nehmen. Einiges von dem, was uns in diesem Zusammenhang die christlich-religiöse Deutung unserer Lebensgeschichte zum Problem macht, hat allerdings auch schon Bonhoeffer gesehen. Was wir heute jedenfalls gesteigert erfahren, ist die Erosion der normativen Bindekraft der objektiven Religion, der narrativ verfaßten Überlieferungen des Christentums. In ihnen, vor allem in der Heilsgeschichte, welche die Bibel erzählt, konnten sich Menschen mit ihrer eigenen Lebensgeschichte unterbringen, konnten sie sich vor allem kommunikativ auf eine gemeinsame Vergangenheit und eine entsprechend entworfene Zukunft hin verständigen. Die metaphysischen Hintergrundsgewißheiten und die geschichtstheologische Legitimationsbasis dieser großen Erzählungen von Schöpfung und Fall, Versöhnung und Erlösung sind jedoch ebenso zerbrochen wie die Verbindlichkeit und Prägekraft, die sie für die einzelnen und das Gemeinwesen insgesamt einst hatten.

Deshalb geben sie nicht mehr auf selbstverständliche Weise den Deuterahmen vor, innerhalb dessen wir uns, über unsere jeweilige Bezugsgruppe hinaus, miteinander über unsere Einstellungen zum und unsere Vorstellungen vom Leben zu verständigen in der Lage wären. Und jedem einzelnen von uns geht es so, daß ihm die christliche Großerzählung, wie wir sie stichwortartig etwa im apostolischen Glaubensbekenntnis zusammengefaßt finden, in viele kleine Geschichten zerfällt, von denen wir uns in der Verständigung über unser eigenes Leben einige eher anverwandeln können als andere. Wir wählen jedenfalls aus. Und wir bilden die religiösen Überlieferungen um, indem wir sie zu Deutungsmustern in der Verständigung über die Krisen und Herausforderungen im Projekt unseres eigenen Lebens machen.

Bonhoeffer hat in seinen Briefen aus dem Gefängnis davon gesprochen, daß wir uns heute um eine »nicht-religiöse« bzw. »weltliche« Interpretation »biblischer Begriffe« bemühen müßten.[42] Religiös war für ihn die metaphysisch-theistische Vorstellung von einem jenseits der Welt hockenden Gott, der letztlich alles so herrlich regiert. Religiös war für ihn das Vertrauen auf die Macht dieses göttlichen Wesens dort, wo wir Menschen an die Grenzen unserer Handlungsmöglichkeiten geraten. Religiös war für ihn der Rückzug in die private Innerlichkeit, in der die Seele mit ihrem Gott verkehrt, von dem ansonsten in der Welt nichts mehr zu merken ist. Diese Art von Religion, so meinte Bonhoeffer, hat in der modernen Welt, die im Zeichen menschlicher Autonomie und rationaler Mündigkeit, von Wissenschaft und Technik vor allem steht, ausgespielt. Sie ist, so meinte er, allenfalls noch in Rückzugsgefechte verwickelt.[43]

In der Diagnose des Zerfalls metaphysischer Hintergrundsgewißheiten hatte Bonhoeffer sicher recht und trifft er auch noch unsere heutige Lage. Auch darin, daß die geschichtstheologische Legitimationsbasis der biblischen Großerzählungen weggebrochen ist. Und auch darin hatte er recht, daß die biblischen Begriffe von Schöpfung und Sünde, Rechtfertigung und Versöhnung einer Neuinterpretation bedürfen, wenn sie uns zur vertieften Verständigung darüber werden können sollen, was es um die Geschichte unseres eigenen Lebens ist, um die Niederlagen, in die wir verstrickt sind, um die Ziele, die wir uns setzen, um die Frage, wer in Wahrheit wir jeweils selber sind, was unser einiger Trost ist im Leben und im Sterben.

Was Bonhoeffer eine »weltliche Interpretation«[44] der biblischen Begriffe nannte, eine Interpretation, die sie, wie er meinte, der modernen Welt zugänglich macht, würden wir heute freilich ebenso eine religiöse nennen, nur eben eine solche, welche die biblischen Begriffe beziehbar macht auf die Fragen, die sich uns mit dem Dasein stellen, das wir selber sind. Bonhoeffer hat das mit seinem Gedicht zur Frage »Wer bin ich?« getan. Und er hat es darüber hinaus in all seinen Überlegungen zu der Frage getan, wie wir an Gott glauben können angesichts einer Welt, die

42. A.a.O., 172.
43. A.a.O., 132-135.
44. A.a.O., 178.

so gar nicht für ihn spricht, in der er schlicht abwesend, jedenfalls gänzlich ohnmächtig zu sein scheint.

Zum religiösen Deutesymbol dieser Erfahrung wurde ihm dabei das Kreuz Jesu. Es stand ihm für die paradoxe Wahrheit des christlichen Glaubens, daß Gott da ist, indem er uns verläßt, daß seine Kraft in den Schwachen mächtig ist, daß Gott schweigt, damit wir reden und handeln, d. h. für andere da sind.

Das ist die Gottesgeschichte, von der Bonhoeffer schließlich der Meinung war, daß er sie erzählen sollte, als Versuch einer Antwort auf die Frage »Wer bin ich?«. Diese Geschichte von dem Gott, der gerade so bei dem sterbenden Jesus war, daß dieser in den Schrei ausbrechen mußte: »Mein Gott, mein Gott, warum hast du mich verlassen?«

In dem Brief aus der Gefängniszelle, dem er das Gedicht »Wer bin ich?« beigegeben hat, schreibt er:

»Und wir können nicht redlich sein, ohne zu erkennen, daß wir in der Welt leben – ›etsi deus non daretur‹. Und eben dies erkennen wir – vor Gott! Gott selbst zwingt uns zu dieser Erkenntnis. So führt uns unser Mündigsein zu einer wahrhaften Erkenntnis unserer Lage vor Gott. Gott gibt uns zu wissen, daß wir leben müssen, als solche, die mit dem Leben ohne Gott fertig werden. Der Gott, der mit uns ist, ist der Gott, der uns verläßt (Markus 14,34)! Der Gott, der uns in der Welt leben läßt ohne die Arbeitshypothese Gott, ist der Gott, vor dem wir dauernd stehen. Vor und mit Gott leben wir ohne Gott. Gott läßt sich aus der Welt herausdrängen ans Kreuz, Gott ist ohnmächtig und schwach in der Welt und gerade nur so ist er bei uns und hilft uns. Es ist Matth. 8,17 ganz deutlich, daß Christus nicht hilft kraft seiner Allmacht, sondern kraft seiner Schwachheit, seines Leidens!«[45]

Das sind paradoxe Aussagen. Der Gott, der mit uns ist, ist der Gott, der uns verläßt. Der Gott, der uns leben läßt als ob es ihn nicht gäbe, ist der Gott, vor dem wir dauernd stehen. Das sind Sätze, die eine harte Zumutung bedeuten an unser Verstehen dessen, was es mit Gott, wie dann eben auch, was es mit uns selbst und der Welt, in der wir leben, auf sich hat. Aber genau darin sind es Sätze, die zeigen können, wie die Umformung eines Elements der christlichen Großerzählung vom Heilstod des Gottessohnes am Kreuz aussehen kann, so daß wir sie vielleicht einer Deutung unserer eigenen Lebensgeschichte anverwandeln können.

So ist Gott da, können wir einmal vielleicht selber sagen, in der umbrüchigen und vielfach zerrissenen Geschichte unseres Lebens, daß wir trotz allem den Mut verspüren, da zu sein und verantwortlich zu handeln. So ist er da, in dieser Gewißheit auf keinen Fall vergeblich zu leben, auch wenn wir meinen, ganz am Ende zu sein. Wir sind nie allein. Gott ist mit uns, auch wenn es gar nicht danach aussieht. Er kennt uns besser als wir uns

45. A. a. O., 177 f.

selber kennen. Er teilt uns dieses Wissen mit, gerade dann, wenn wir von aller Welt verlassen, elend und verzweifelt sind. Gott ist dieses tiefste Wissen, das wir um uns selber haben, ein Wissen, das tiefer reicht als alles, was wir von uns erzählen können oder wir von anderen über uns erzählen hören. Aus dieser, in der Unmittelbarkeit unserer Selbstgewißheit verborgenen Gegenwart Gottes leben wir immer schon. Sie trägt uns auch dort, wo wir nichts spüren von seiner Macht. Das ist es, was uns ausdrücklich wird, so wir anfangen, unsere Lebensgeschichte christlich-religiös zu deuten. Und wer wird behaupten können, da über Anfänge je hinauszukommen?

Zweiter Teil
Kirche für die Religion der Menschen

4. Kapitel

Kirche als Ort religiöser Deutungskultur

Die etablierten Kirchen haben viel von ihrem gesellschaftlichen Einfluß eingebüßt. Alltagskulturell präsent geblieben sind sie jedoch mit ihren Symbolen und Ritualen dort, wo es um seelsorgerlich begleitende und religiös deutende Wahrnehmung von Lebensgeschichten geht. Sofern sich religiöse Erwartungen an die Kirche richten, geschieht dies vor allem im Zusammenhang lebensgeschichtlich bedingter Erfahrungen. Dann werden kirchliche Amtshandlungen nachgefragt, dann wird das traditionelle religiöse Symbolsystem nicht nur theologisch, sondern lebenspraktisch aktiviert.

Die Menschen drängt es in die Kirche, wenn es um die Verarbeitung der eigenen Lebenszeit zu einer Geschichte geht, die mehr erzählt als die erinnerbare Summe ihrer Einzelmomente, wenn es um die anerkennende Bezugnahme auf unverfügbare, in Handlungssinn nicht mehr integrierbare Daseinsbedingungen geht, wenn das eigene Leben in den Gründen, denen es sich verdankt, die aber gerade nicht in seiner eigenen Macht stehen, ausgelegt und seiner selbst vergewissert sein will.

Wer die Religion in der lebensgeschichtlichen Sinnarbeit der Menschen entdeckt, der findet sie somit nicht nur dort, wo sie als die jeweils eigene zur Erfahrung kommt, sondern er wird auch auf die Motive für die kasuelle Inanspruchnahme kirchlichen Handelns treffen. Was aber ist von der Kirche, ihrer Lehre und Verkündigung, verlangt, wenn sie imstande sein soll, den an sie gerichteten Sinndeutungsinteressen gerecht zu werden? Schon daß diese an sie überhaupt gerichtet werden, ist so selbstverständlich eben keineswegs mehr. Und das nicht erst seit heute. Die Frage ist daher, was zu tun ist, damit die Kirche ein ausgezeichneter Ort religiöser Deutungskultur in der Gesellschaft bleiben bzw. wieder werden kann.

1. Religion und Kirche

»Die gebildete Laienwelt hat, soweit sie am Christentum hängt, [...] in Wahrheit eine Religion ohne Kirche und Kultus, ein Christentum des Geistes und der Gesinnung, der humanitären Tat und völlig individueller Zurechtlegung des religiösen Gedankengehaltes. [...] So darf man es sich nicht verbergen: diese der modernen Bildungsschicht allein zugängliche Fassung des Christentums setzt neben sich den Fortbestand anderer und konkreterer Lebensformationen des Christentums voraus und kann niemals für alle sein.«[1]

Daß Religion und Kirche auseinandergefallen sind, sie aber gleichwohl aufeinander angewiesen bleiben, hat bereits Ernst Troeltsch als prägende Signatur der Religionsgeschichte des Christentums in der Neuzeit kenntlich gemacht. Es gehörte für ihn zur Umformung des Christentums in den Folgen der Aufklärung entscheidend eben dies, daß sich eine individualisierte Form der gelebten Religion zunehmend außerhalb der Kirchen aufgebaut hat, ohne daß damit die Kirchen überflüssig geworden oder auch nur diese individualisierte Religionsform in gänzlicher Unabhängigkeit von ihnen zu existieren in der Lage wäre.

Indem Troeltsch die dominante Lebensform des Christentums in der Moderne in dem – dann vom ihm unter das Stichwort der »Mystik« oder des »Spiritualismus« gebrachten – religiösen Individualismus erkannte, machte er freilich eine soziologische Einsicht geltend, die so überhaupt nur auf der Basis eines transzendentalen, in die Strukturbedingungen des humanen Bewußtseins fallenden Religionsbegriffs möglich ist. Es ist dieser transzendentale, seinerseits in den Folgen der Aufklärung vor allem von Schleiermacher ausgebildete und im vorigen Abschnitt angezeigte Religionsbegriff, der es dann auch im Blick auf die Sozialgeschichte des Christentums erlaubt, unterschiedliche »Lebensformationen« der religiösen Idee voneinander zu unterscheiden: die Kirche, die Sekte, die Mystik. Nur auf der Basis eines transzendentalen Religionsbegriffs wird es möglich, zu sagen: »Kirche und Religion decken sich durchaus nicht«.[2] Sie decken sich nämlich eben deshalb nicht, weil im Begriff der Religion das individuelle, sich in der Gottesbeziehung auslegende Selbstverhältnis bewußten Lebens gefaßt ist, im Begriff der Kirche jedoch – ebenso wie in dem der Sekte – eine institutionalisierte Gestalt des religiösen Verhältnisses, unterschiedlich formierte soziale Organisationsweisen der religiösen Idee. Weil all diese Organisationsweisen in der gesellschaftlichen Moderne brüchig geworden sind, der religiöse Bezug aber konstitutiv ins Grundverhältnis bewußten Lebens gehört, findet die Religion in Troeltschs Augen nun vor allem in der individualistischen und spiritualistischen Mystik zu ihrer Lebensgestalt.[3] Dennoch, die Kirchen existieren als mächtige ge-

1. E. Troeltsch, Die Soziallehren der christlichen Kirchen und Gruppen (1911). GS I, Tübingen (3. Neudruck der Ausgabe) 1922, 938.
2. E. Troeltsch, Religion und Kirche (Preußische Jahrbücher, 1895), in: ders., Zur religiösen Lage. Religionsphilosophie und Ethik (1922). GS II, Aalen (Neudruck der 2. Aufl. von 1922) 1962, 148.
3. Vgl. ders., GS I, 938 f.

sellschaftliche Organisationen fort, auch wenn das religiöse Leben in ihnen erstarrt bzw. aus ihnen geschwunden ist

Schroff hat Troeltsch daher die Differenz der Religion zur Kirche beschrieben.

»An und für sich ist die Religion [...] der direkte Gegensatz gegen die feste Form der Kirche. Die Religion ist flüssig und lebendig, jederzeit durch unmittelbare Berührung aus Gott schöpfend, höchst innerlich, persönlich, individuell und abrupt«.[4]

Es ist der transzendentale Begriff der Religion, der sie ins individuell eigene, unmittelbar in Gott sich gegründet wissende Selbstverhältnis bewußten Lebens gehörig begreift. Von dieser Bestimmung ihres Begriffs her gesehen, gerät die Religion in den »direkten Gegensatz« zur Kirche. Die »Unmittelbarkeit der Religion«[5] verträgt sich nicht mit einer Kirche, die mit ihrer Lehre und ihrem Kult eine, die individuelle Teilhabe am Offenbarungsbesitz vermittelnde, gesellschaftliche Institution darstellt.

So wichtig Troeltsch die Betonung der generischen Differenz von Religion und Kirche war, so entschieden ging es ihm dann – gerade im Projekt seiner »Soziallehren« – allerdings auch darum, das »zwischen ihnen bestehende Verhältnis notwendiger Verknüpfung«[6] verständlich zu machen. Es blieb ihm das Verhältnis von Religion und Kirche zwar ein »durch und durch antinomisches«[7], dennoch sollten Religion und Kirche – trotz ihres »inneren Gegensatzes«[8] – nicht voneinander loskommen. Denn die Kirchen verschaffen der flüssig-lebendigen Ursprungserfahrung der Religion »Schutz und Förderung«[9]. Sie sorgen dafür, daß sie zu geschichtsmächtiger Wirksamkeit gelangt. Auch wenn sie sie damit zugleich in einer ihrem Wesen widersprechenden Lebensformation dingfest machen. »Die Kirchen sind Schalen, welche allmählich den Kern verholzen, den sie schützen. Denn alle Kirchen kommen nur zustande, indem sie den einmal gegebenen und durch die Macht der Tatsachen zur Anerkennung gelangten Bestand, ihre Lehre, ihre Kultordnung, ihre Gemeindeversorgung mit der supranaturalen Autorität der Religion bekleiden.«[10] Diese Antinomie von Religion und Kirche ist unvermeidlich. Sie muß in der Religionsge-

4. Ders., GS II, 148.
5. Ebd.
6. A. a. O., 180.
7. Ebd.
8. Ebd.
9. A. a. O., 175.
10. Ebd.

schichte selber immer wieder zum Austrag gebracht werden, durch die Selbstkritik der Religion in Gestalt ihrer Kirchenkritik.

Troeltsch hat, indem er auf dem antinomischen Verhältnis von Religion und Kirche insistierte, ein wesentliches Moment des in der Neuzeit entstandenen Religionsverständnisses formuliert. Das neuzeitliche Religionsverständnis ist schließlich weniger durch den reformatorischen Rechtfertigungsglauben als durch den mittelbar durch die Konfessionsspaltung ausgelösten dreißigjährigen Glaubenskrieg heraufgeführt worden. Dieser hatte gezeigt, daß auch mit militärischer Gewalt nicht wieder herzustellen war, was die Theologie verspielt hatte: die eine heilige Kirche. Seit dem Westfälischen Frieden gab es drei reichsrechtlich in ihren Grenzen garantierte Konfessionskirchen. Die Folge eben davon war die fortschreitende Entkirchlichung des öffentlichen, politisch-rechtlichen Lebens, der Zerfall der societas christiana und schließlich auch die Bestreitung der allgemein-vernünftigen Ansprechbarkeit der Menschen auf die christliche Offenbarungserkenntnis, die kritische Destruktion des Erkenntnisanspruchs der spekulativen Theologie. In der Abhebung von den gesellschaftlich trennenden Kirchentümern und ihren theologischen Lehrbegriffen sollte die Toleranzfähigkeit der Bürger ihre Basis nun in einer dogmatisch unbestimmten, vorbegrifflichen, aber anthropologisch universalen, einigen Religion finden.

Johann Gottfried Herder hat dieses vortheologische, die Differenz der Lehrmeinungen unterlaufende Religionsverständnis zum Ausdruck gebracht. Er wollte die Religion so verstanden wissen, daß sie es ist, die das »menschliche Gemüth« anspricht, zur »partheilosen Ueberzeugung« redet, die im Unterschied zu den »Lehrmeinungen«, die »trennen und erbittern«, die Menschen »vereinet«: »denn in aller Menschenherzen ist Sie nur Eine«[11]. Indem sich aus diesem Religionsverständnis, das durch Schleiermacher dann seine subjektivitätstheoretische Ausarbeitung erfahren hat, der Gegensatz zu der lehrmäßig verfaßten Kirche ergibt, empfiehlt es die Religion zugleich als Trägerin der Gemütsbildung, als Garantin für die Ausbildung personaler Identität, eben unter den Bedingungen einer sich in ihrer Differenziertheit und Komplexität steigernden bürgerlichen Gesellschaft.

Troeltsch blickte auf die sich in diesem anthropologisch-transzendentalen Religionsverständnis bekundende Umformung des Christentums bereits zurück, um zugleich auch die eigene Gegenwart von ihr eingeholt zu finden. Denn, so seine Diagnose: »Die Gegenwart besitzt außerordent-

---

11. J. G. Herder, Christliche Schriften, 5. Sammlung: Von Religion, Lehrmeinungen und Gebräuchen (1788), in: ders., SW Bd. XX (hrg. von B. Suphan), Hildesheim 1967, 133-265, 135.

lich viel religiöses Leben, das in gar keinem oder doch nur ganz losem Zusammenhang mit der Kirche steht.«[12] Das eben war ihm kennzeichnend für die religiöse Lage an der Wende zum 20. Jahrhundert, daß die Meinung vorherrschend geworden ist: »Religion ist nichts, was in Gemeinschaft betrieben werden kann, nichts was amtlich, was offiziell betrieben werden kann, ist überhaupt nichts, was übereinstimmend gestaltet werden kann, sie ist Privatsache des einzelnen.«[13]

Gleichwohl war das nur die eine Seite der Sache. Auf der anderen Seite blieb es für Troeltsch dabei, daß auch die aus der Kirche ausgewanderte Religion sich immer noch auf dieselbe angewiesen zeigt. Das verleiht ihrer generischen Differenz ja den antinomischen Charakter. Religion und Kirche kommen trotz ihrer Geschiedenheit nicht voneinander los. Auch Herder war ja schließlich wieder dazu übergegangen, die »Religion der Menschheit«[14], indem er sie in ihren Inhalten zu beschreiben versuchte, von den überlieferten kirchlichen Lehrmeinungen her zu verstehen. Es ging ihm zuletzt gerade darum, einen dergestalt interpretativen Gebrauch vom apostolischen Glaubensbekenntnis[15] und den »symbolischen Gebräuche(n) des Christenthums«[16] zu machen, daß deren religiöse Gehalte dem gegenwärtigen Bewußtsein als ihm eigene Ausdrucksphänomene einleuchtend erscheinen mußten. Und Troeltsch erkannte die Gründe für die zunehmende Unkirchlichkeit und den gesteigerten religiösen Individualismus darin, daß die kirchlichen Lehrmeinungen in ihrer dogmatisch überlieferten Fassung den Menschen nicht mehr verständlich sind. Die Unkirchlichkeit war für ihn ein Resultat des Sachverhalts, »daß die dogmatische Gedankenwelt der Kirche, wie sie sich geformt hat in dem Jahrtausend seit Beginn der Kirche, sich in einem heftigen inneren Gegensatz gegen fast alle Grundbegriffe des modernen Denkens befindet«[17].

Die religionspraktische Konsequenz sollte dennoch auch für Troeltsch nicht die einer völligen Loslösung der individualisierten und privatisierten Religion von der Kirche und ihren überlieferten Lehrmeinungen bedeuten. Die Konsequenz sollte vielmehr die sein, daß es auch in der Kirche zu »völlig individueller Zurechtlegung des religiösen Gedankengehaltes«[18] kommt. Denn eben, die ins unmittelbare Selbstverhältnis des bewußten Lebens gehörende, die Erschlossenheit seines Realitätsbe-

---

12. Troeltsch, GS II, 148.
13. Ders., Religiöser Individualismus und Kirche (1910), in: GS II, 109-133, 110.
14. Herder, 191.
15. Vgl. a. a. O., 153-191.
16. A. a. O., 192.
17. Troeltsch, GS II, 115.
18. Ders., GS I, 938.

wußtseins wie dessen absoluten Gegründetseins ausmachende Religion kann sich nur in der Vermittlung über ihr gegebene Vorstellungsgehalte erfassen. Sie bedarf dieser gegebenen Vorstellungsgehalte, um sich an ihnen auszulegen, sie als Ausdrucksphänomene der ihr eigenen Faktizität entschlüsseln und im reflexiven Durchgang durch sie sich anderen mitteilen zu können. Allerdings, so sehr die subjektive Religion gegebener religiöser Vorstellungen um ihrer inhaltlichen Selbsterfassung und Mitteilung willen bedarf, so sehr ist sie es nun auch, die sich der traditionell kirchlichen Fassung dieser Inhalte gegenüber wählend verhält. Sie bedient sich der kirchlich tradierten Deutungszuschreibungen auf ihre Weise, nämlich nur insofern als sich mit ihnen subjektive Evidenzerfahrungen verbinden lassen.

Weil diese Evidenzerfahrungen zu oft ausbleiben, die kirchliche Lehre und Verkündigung schlicht nicht einleuchten, deshalb, so Troeltsch, ist es dahin gekommen, daß die moderne Gesellschaft »außerordentlich viel religiöses Leben (besitzt), das in gar keinem oder doch nur in ganz losem Zusammenhange mit der Kirche steht«[19]. Diese Feststellung, die Troeltsch am Beginn unseres Jahrhunderts meinte machen zu müssen, trifft auch an seinem Ende zu.

»Religion ›boomt‹ – die Kirchen leeren sich?« So ist einer der Artikel in der (vorläufigen) Auswertung der neuen EKD-Umfrage zur Kirchenmitgliedschaft überschrieben.[20] Die empirische Erhebung kann bestätigen, daß die Spuren der gelebten Religion sich nicht auf der glatten Fläche eines säkularen Bewußtseins verlieren. Religion bleibt sichtbar, auch wenn die Menschen sich von der bislang für sie zuständigen Institution »Kirche« abwenden. Sie bleibt sichtbar in Kunst und Literatur, in Meditationskursen und Lebensberatungsseminaren, im Esoterik-Buchladen, in einem blühenden Sektenwesen, in der Praxis von Sterndeutern und Wunderheilern.[21]

Die Auswertung der dritten Kirchenmitgliedschaftserhebung will freilich ebenso die Vermutung bekräftigen, daß das Interesse an den vielfältigen Erscheinungsformen außerkirchlicher Religion keineswegs allein im strikten Gegensatz zur Kirchenzugehörigkeit gesehen werden muß. Die Menschen erkennen in diesen religionskulturellen Szenarien viel-

19. Ders., GS II, 148.
20. Studien- und Planungsgruppe der EKD (Hg.), Fremde Heimat Kirche. Ansichten ihrer Mitglieder. Erste Ergebnisse der 3. EKD-Umfrage über Kirchenmitgliedschaft, Hannover 1993, 7.
21. Vgl. G. Schmid, Im Dschungel der neuen Religiosität. Esoterik, östliche Mystik, Sekten, Islam, Fundamentalismus, Volkskirchen. Stuttgart ²1993; J. Sudbrack, Neue Religiosität – Herausforderung für die Christen, Mainz 1997.

mehr eine Erweiterung des Spielraums religiöser Deutungsmöglichkeiten. Sie sehen eine neue Chance, aus der Sprachlosigkeit einer anonym gewordenen Religion herauszufinden. Sie verstehen diese neuen und auch auf andere Traditionen zurückgehenden religiösen Deutungsmuster und Lebensformen als kombinierbar mit Elementen der kirchlich tradierten, christlichen Religion. Vor allem jedoch scheint es so zu sein, daß die Religion der Menschen sich kaum frei schwebend artikuliert, sondern sehr viel eher eine Angewiesenheit auf Institutionalisierungen des Religiösen und die dort ausgearbeiteten Deutungsvorgaben erkennen läßt.[22]

Welcher Stellenwert der Kirche dabei heute zukommt, inwieweit sie ein gesellschaftlich relevanter Ort religiöser Deutungskultur heute ist bzw. werden kann, inwieweit sie ihre lebenskundliche Deutungskompetenz heute zu bewähren vermag, das bleibt gleichwohl die für die Praktische Theologie entscheidende Frage.

Die exegetisch und dogmatisch eingespielten Verständigungsmöglichkeiten zum Thema »Kirche« genügen dieser Herausforderung schon lange nicht mehr. Sie verbleiben in der Regel im kommunikativen Binnenhorizont einer bestimmten Theologie der Kirche.[23] Für die gegenwärtige Lage und erst recht für die gesellschaftliche Zukunft der Kirche dürfte es jedoch entscheidend sein, daß sie ihre Praxis im Kontext einer Pluralität kultureller Orientierungen und damit im Zusammenhang einer keineswegs durch sie allein religiös grundierten Alltags- und Lebenswelt sehen lernt. Nicht am Ort der Gemeinde allein, sondern ebenso in der Alltagskultur stoßen wir auf vielfältige Spuren gelebter Religion. Dort stellt sich die Frage, was die Kirche mit der faktisch gelebten Religion der Menschen überhaupt zu tun hat. Ist diese Religion tatsächlich auch ihr Thema? Und wenn ja, wie geht sie damit um? Erweist sich die Kirche für die Menschen als sowohl attraktiver wie tragfähiger Ort zur Deutung ihrer Lebenserfahrungen?

In einer nicht nur binnentheologischen, sondern religions- bzw. kulturhermeneutischen Perspektive dürfte heute jedenfalls feststehen, daß die Kirche sich in einer Konkurrenzsituation befindet. Sie ist ein Anbieter von Religion neben anderen. Sie muß sich mit ihren religiösen Deutungsangeboten auf einem Markt religiöser Möglichkeiten behaupten. Das versucht sie denn auch seit längerem. Freilich nicht mit allgemeiner Zustimmung.[24]

---

22. Vg. EKD (Hg.), 12-14.
23. Was damit des näheren gemeint ist, ist etwa aus dem »Arbeitsbuch zur Ekklesiologie« (E. Mechels/M. Weinrich [Hg.], Die Kirche im Wort, Neukirchen 1992) zu ersehen.
24. Zum verbreiteten Vorwurf, daß die Kirche, indem sie sich auf den Markt be-

Denn eine Kirche, die Religion vermarktet, hat sich selber und die Religion um ihren Ernst gebracht. Und das muß für beide, für Religion und Kirche, ruinöse Folgen haben. So ist es. Aber die Alternative kann eben auch nicht sein, daß die Kirche zur alltagskulturell vermittelten Religion der Menschen auf gleichgültige oder vornehm-ablehnende Distanz geht.[25] Denn dann beschäftigt sie sich schließlich nur noch mit sich selbst und ihren steilen dogmatischen Wahrheitsbehauptungen oder reduziert ihr Tun auf Gesten moralischer Betroffenheit und des ethischen Appells. Die Alternative kann nur sein, daß die Kirche die gelebte Religion ernst nimmt, sie ihre Zuständigkeit für sie reklamiert, sie zeigt, daß und wie Religion gerade in ihr auf lebensdienliche Weise erfahren und gelernt werden kann.

2. Religion innerhalb und außerhalb der Kirche wahrnehmen

Die Kirche hat das Monopol für die Deutung religiöser Erfahrung verloren. Daraus erwachsen ihr heute die zentralen Herausforderungen. Sie muß sich zunehmend in einer ihr ungewohnten Konkurrenzsituation bewähren. Sie ist heute nach ihrer Religionsfähigkeit gefragt.[26]

Will sie diese zurückerlangen, dann müssen sich die in ihr verantwortlich Handelnden um ein Religionsverständnis bemühen, wonach – wie hier nun bereits gezeigt – die Religion in einem konstitutiven Sinne zum Selbst- und Weltumgang des Menschen gehört, sie es mit dem Aufbau von Sinnzusammenhängen zu tun hat, vermöge deren die einzelnen ihre le-

gibt, lediglich sich anpassend – somit immer schon zu spät kommend – gesellschaftlichen Differenzierungsprozessen hinterherläuft, vgl. M. Welcker, Kirche ohne Kurs? Aus Anlaß der EKD-Studie ›Christsein gestalten‹, Neukirchen-Vluyn 1987, 79 ff. Ebenso mit religionskritischer Spitze gegen den in der Kirche eingerichteten »Markt der Möglichkeiten« Ch. Türcke, Religion, in: ders., Kassensturz. Zur Lage der Theologie, Frankfurt am Main 1992, 27-37.

25. Das hat Peter L. Berger überzeugend auf der EKD-Synode am 08.11.1993 deutlich gemacht: »Pluralistische Angebote: Kirche auf dem Markt?«, in: epd-Dokumentation vom 29.11.1993 (51/93), 35-44; vgl. ders., Der Zwang zur Häresie. Religion in der pluralistischen Gesellschaft (1979), Frankfurt am Main 1980.

26. Vgl. zur historischen Dimension dieser Problemstellung V. Drehsen, Erosion – Auswanderung – Selbstparalysierung. Vermutungen über Schwund und Distanz protestantischer Kirchenbindung, in: F. W. Graf/K. Tanner (Hg.), Protestantische Identität heute, Gütersloh 1992, 205-222; jetzt auch in: ders., Wie religionsfähig ist die Volkskirche? Sozialisationstheoretische Erkundungen neuzeitlicher Christentumspraxis, Gütersloh 1994, 15-40.

bensgeschichtlichen Erfahrungen zu deuten und ihre persönliche Identität auszubilden vermögen. Um diese Religion, die der Frage gleich kommt, wer wir Menschen sind, geht es nicht erst angesichts der großen Transzendenzen, nicht erst dort, wo Menschen an das geheimnisvolle, rational undurchdringliche Jenseits aller Erfahrung stoßen. Es ist deshalb auch nicht vorschnell von einem heute angeblich verbreiteten säkularen Bewußtsein zu reden, das die großen Fragen nach der jenseitigen Welt gar nicht mehr stelle, weil es sich mit seinem Rationalismus und Eudämonismus ganz dem »heiligen Diesseits« verschrieben habe.[27]

Um religiöse Erfahrung geht es vielmehr auch angesichts kleiner und mittlerer Transzendenzen, wie sie in die Alltagserfahrungen der Menschen unweigerlich eingebunden sind und in ihnen aufbrechen.[28] Um Religion geht es angesichts der Tatsache, daß eine Lebensgeschichte in ihrem Sinnzusammenhang verstanden sein will, auch und gerade angesichts des fragmentarischen Charakters, den sie zeigt. Um Religion geht es in den Fragen unserer Sozialbeziehungen, angesichts der Orientierungsprobleme und Wertpräferenzen, die sich uns dabei ergeben, auch und gerade dann, wenn es angesichts disparater Rollenanforderungen schwierig ist, die Balance zu finden zwischen Nähe und Distanz, Trennung und Bindung. In allen Einbrüchen von Fraglichkeit mitten in unserer alltäglichen Lebenspraxis und nicht erst angesichts der letzten, großen Fragen, kommt Religion ins Spiel. Das gilt für die Lebensgeschichte des einzelnen, das gilt für dessen soziale Beziehungen, gilt für Fragen der Partnerschaft und des Partnerverlustes, gilt für Fragen der Arbeit und der Arbeitslosigkeit, gilt für die Flexibilitätszumutungen in der Risikogesellschaft, gilt für die Bruchstellen im sozialen Gefüge, die nach Berufsverlust oder Gesundheitsverlust drohen.

Solche Erfahrungen weisen von sich selbst her immer dann auf einen religiösen Deutungshorizont, wenn im lebensgeschichtlich riskanten Spannungsverhältnis von Individualität und Sozialität, in dem das eigene Selbst zu zerreißen droht, die Unbedingtheit desjenigen Grundes aufleuchtet, der uns unser Selbstsein gleichsam kontrafaktisch gewinnen

27. So der Schlußabschnitt bei H. Barz, Postmoderne Religion. Die junge Generation in den Alten Bundesländern, Opladen 1992, 247-267.
28. Zur Unterscheidung kleiner, mittlerer und großer Transzendenzen auf der Basis eines struktur-funktionalen Religionsbegriffs vgl. Th. Luckmann, Die unsichtbare Religion, Frankfurt am Main 1991; ders., Social Reconstruction of Transcendence, in: Secularization and religion. The persisting tension, Acts of the XIXth international conference of the sociology of religion, Lausanne 1987, 23-31; A. Schütz/Th. Luckmann, Strukturen der Lebenswelt (1952), 2 Bde., Frankfurt am Main 1979/1983.

und festhalten läßt. Immer ist es die Religion, welche die Bruchstellen alltäglicher Lebenserfahrung zwar nicht zum Verschwinden bringt, aber in anerkennender Bezugnahme auf eine absolute Sinninstanz mit ihnen leben läßt. Und freilich, um Religion geht es schließlich auch angesichts der letzten Fragen, in der Erfahrung des Einbruchs des Absurden, Unbegreiflichen, Unverfügbaren, angesichts der Erfahrung unserer Endlichkeit. Religion ist Endlichkeitsverarbeitung. Sie deutet nicht nur unsere kontingenten Erfahrungen im Leben, sondern beschreibt unsere ganze Einstellung zum Leben. Sie ist die Thematisierung der Grundverfassung unseres individuellen Lebens als einer singulären Totalität, allen fragmentarischen, negativen, ambivalenten Erfahrungen mit diesem Leben zum Trotz.[29]

Wo aber finden wir heute Spuren davon, daß die Religion faktisch so auch vorkommt und von den Menschen alltagsweltlich gelebt wird? Eben nicht nur in der Kirche. Die Stiftung von Sinnzuschreibungen, die Kontingenz aushalten helfen, hat in der Moderne westlicher Gesellschaften eine plurale Gestalt angenommen. Zu denken ist an die Lebensberatungskolumnen in Zeitschriften und Illustrierten, an die fiktiven Lebensbilder in Comic Strips, an die Horoskopblätter und einen breiten esoterischen Buchmarkt. Zu denken ist an die bildende Kunst mit ihren oft ebenso schockierenden wie rätselhaften Versinnlichungen dessen, was unserem eingeschliffenen Alltagsbewußtsein transzendent ist. Zu denken ist an die Therapieszene mit ihren Angeboten von Selbsterfahrung und synkretistisch ausgelegter Meditation. Zu denken ist an politische Gruppierungen, die das Verlangen nach eindeutigen sozialen Zugehörigkeitsverhältnissen und personaler Identitätsvergewisserung für sich nutzen. Zu denken ist an die Konsummentalität, die über die Werbung mit religiösen Versprechungen aufgeladen wird. Zu denken ist an die Tourismusindustrie, an Ernährungs- und Fitneßkulte, die das Paradies zu ihrem Angebot gemacht haben. Diese Liste könnte jeder von uns aus eigener Erfahrung noch lange fortsetzen.[30]

Freilich, was macht diese in sich wiederum höchst differenten soziokulturellen Lebensdeutungsangebote zu Erscheinungsformen gelebter Religion?

29. Vgl. Th. Rentsch, Thesen zur Kritik der religiösen Vernunft, in: W. Oelmüller, Wiederkehr von Religion? Perspektiven, Argumente, Fragen, Paderborn/München/Wien/Zürich 1984, 93-109.
30. Z.B. angeregt durch A. Greeley, Religion in der Popkultur. Musik, Film und Roman, Graz/Wien/Köln 1993, sowie zahlreiche Beiträge in: K. Fechtner u.a. (Hg.), Religion wahrnehmen (Festschrift für K.-F. Daiber zum 65. Geburtstag), Marburg 1996 (insb. 161-210).

Dies zumindest, daß sie sich der Einzelne als eine Form seiner personalen Identität, also als sinnhaften Auslegungszusammenhang seiner Lebensansicht aneignen kann. D. h., gesellschaftlich institutionalisierte Lebensdeutungsagenturen – welcher Spielart auch immer – erfüllen die Funktion von Religion dann, wenn sie die Lebensansicht der Menschen im Sinne des subjektiv-plausiblen Entwerfens von Sinn im eigenen Dasein generieren. Und wir haben heute eben allen Anlaß zu fragen, inwieweit die Kirche diese religiöse Funktion noch erfüllt.

Womit wir es zu tun haben, ist jedenfalls ebenso sehr die Unkenntlichkeit der Religion, ein Verstummen der Religion, wie auch die offenkundige Konkurrenz religiöser Deutungskulturen, so daß im Blick auf die Kirche zu fragen ist, wie sie sich angesichts dieser Situation zu behaupten vermag, ohne das ihr eigene Profil zu verlieren. Die Frage, vor die sich die Kirche heute entscheidend gestellt sieht, ist die nach ihrer eigenen Religionsfähigkeit.

3. Steigerung lebenskundlicher Deutungskompetenz am Ort der Kirche

Der mittlerweile in die Jahre gekommene Streit um die ihrem Auftrag angemessene Sozialgestalt der Kirche trifft das entscheidende Problem nicht. Volkskirche, Bekenntniskirche, Gemeindekirche? Für welche Option auch immer wir uns unter Aufbietung theologischer Legitimationsformeln entscheiden, wir müssen auf die Autonomieanmutung der Menschen in religiösen Dingen rechnen. Nicht die Berufung auf die Heilige Schrift, nicht der Rekurs auf die Bekenntnistradition der Kirche schützen davor, daß die Menschen sich die Position zuschreiben, zwischen verschiedenen religiösen Deutungsangeboten und Vergemeinschaftungsformen innerhalb und außerhalb der Kirche selber wählen zu können. Sofern die Kirche sich wirklich als offene Volkskirche erweist, trägt sie dieser religiösen Lage freilich am ehesten Rechnung.[31] Offene Volkskirche zu sein, d. h. dann aber auch, daß die Kirche den Pluralismus in sich selber nicht nur zuzulassen, sondern zu fördern versucht. Es muß also unterschiedlichen Gruppen auch die Freiheit zu unterschiedlichen Selbstfestlegungen in ethisch-religiöser Hinsicht im Raum der Kirche eingeräumt werden. Das bedeutet immer auch die Bereitschaft zum Konflikt und die Fähigkeit zum Kompromiß. Es bedeutet den Streit um die den

---

31. Vgl. T. Rendtorff, Theologische Probleme der Volkskirche, in: W. Lohff/ L. Mohaupt, Volkskirche, Kirche der Zukunft?, Hamburg 1977, 104-131.

Herausforderungen der Zeit und den Erwartungen der Menschen angemessene Wahrnehmung des Auftrags der Kirche.[32]

Damit ist nichts gegen die Subjektivität derer gesagt, die, in der tätigen Erfahrung ihres eigenen Dabeiseins, versuchen, auf bestimmte Weise Kirche zu sein bzw. zu werden: Lebendige Glieder am Leibe Christi, somit Menschen, die aus Gottes Freispruch leben, Menschen, die frei werden aus den Zwängen der Todesangst und der Menschenfurcht, Menschen die widerstandsfähig werden gegen die Mächte der Zerstörung und des Zerfalls, in ihnen und um sie herum, Menschen die liebesfähig werden, weil sie erfahren haben, daß Gottes Kraft in den Schwachen mächtig ist. Wer durch die Zugehörigkeit zum Leib Christi geheiligt ist, alle also, von denen gesagt werden kann, daß sie durch ihre Taufe aus Wasser und Geist die heilige, allgemeine christliche Kirche selber sind, von ihnen allen gilt, was der zerstrittenen Gemeinde aus Juden und Heiden in Ephesus gesagt sein wollte: »Ein Leib und ein Geist, wie ihr auch durch eure Berufung zu einer Hoffnung berufen seid; ein Herr, ein Glaube, eine Taufe; ein Gott und Vater aller, der überall und durch alle und in allen ist.« (Eph 4,4-6)

Von der Kirche in ihrer realen Existenz müssen immer auch solche Sätze gesagt werden können, Sätze, welche die Kirche zwar nicht mit der in Christus verleiblichten Fülle Gottes identifizieren, wohl aber mit dem Ort, an dem sich diese Fülle für uns niedergelassen hat und wir durch Wort und Sakrament auf lebendige Weise an ihr teilgewinnen. Sätze jedenfalls, die sich nicht damit begnügen, in soziologischer Perspektive die Kirche als religiöse Organisation der Gesellschaft und als parochiales Milieu vor allem für die Opfer ambivalenter gesellschaftlicher Entwicklungen zu beschreiben, sondern diese Beschreibung von der dogmatischen Durchbestimmung des reformatorischen Kirchenverständnisses her einholen.[33] Aber genau deshalb liegt das entscheidende Problem im Streit um die Kirche heute auch nicht darin, daß unterschiedliche Gruppen in der Kirche auf die Berufung zu einer lebendigen Hoffnung pochen oder diese sich gegenseitig absprechen. Solcher Pluralismus muß sein, und eine Kirche, die dessen gewiß ist, daß die Pforten der Hölle sie nicht überwinden werden, kann ihn auch ertragen.

Das entscheidende Problem im Streit um die Kirche liegt heute darin, daß die Kirche und die unterschiedlichen Gruppen in ihr, indem sie sol-

---

32. Vgl. W. Gräb, Liberale Theologie als Theorie volkskirchlichen Handelns, in: F. W. Graf (Hg.), Liberale Theologie. Eine Ortsbestimmung, Troeltsch-Studien Bd. 7, Gütersloh 1993, 127-148.
33. Vgl. E. Herms, Religion und Organisation. Die gesamtgesellschaftliche Organisation von Kirche aus der Sicht der evangelischen Theologie, in: ders., Erfahrbare Kirche. Beiträge zur Ekklesiologie, Tübingen 1990, 49-79.

che Sätze sagen, in der Regel nicht zugleich die Erfahrung machen lassen, nicht das religiöse Erleben vermitteln, das diese Sätze auch in Wahrheit als mir geltende erschließt. Es bleibt zu oft bei dogmatischen Wahrheitsbehauptungen und ethisch-moralischen Programmentscheidungen, die nicht auf den Weg zu ethisch-religiöser Selbstgewißheit führen, weil sich nicht im eigenen Erleben und Verstehen der Zugang zu ihnen eröffnet. So bleiben die meisten außen vor.

Diejenigen bleiben außen vor, die von ihrer organisatorischen Mitgliedschaft zur Kirche nur gelegentlich Gebrauch machen, diejenigen, die keinen Zugang zum kerngemeindlichen Milieu finden, diejenigen, welche die ethisch-religiöse Eindeutigkeit, die bestimmte Gruppierungen in der Kirche einklagen, als die ihren anzusehen sich nicht in der Lage finden. Es ist dieses Problem im Streit um die Kirche, das mit dem Stichwort von der gebotenen Pluralismusfähigkeit in der Kirche bei weitem unterbestimmt bleibt. Tiefer verstanden geht es vielmehr genau um die lebenskundliche Deutungskompetenz der Kirche, ihrer Lehre und Verkündigung. Es geht um lebenskundliche Deutungskompetenz in dem Sinne, daß die Kirche sehr viel stärker die existentiell-religiösen Sinnerwartungen, die von den Menschen im Kontext ihrer Lebens- und Alltagswelt selber immer schon entworfen werden, aufsuchen, aufnehmen und im Auslegungszusammenhang des Evangeliums verarbeiten müßte. Diese Sinnerwartungen sind nicht nur da. Sie werden von den Menschen in selbstangemuteten religiösen Deutungsleistungen auch beantwortet, zumeist allerdings so, daß sie keine mitteilungsfähige Sprache finden, ihre Religion anonym bleibt oder an die im Unterschied zur Kirche erwartungsadäquateren Deutungslieferanten abgegeben wird.

Was Ulrich Beck über die »Erfindung des Politischen« in der Risikogesellschaft, in der sich die großen Funktionssysteme zunehmend als handlungsunfähig erweisen, sagt, gilt längst auch im Blick auf die Erfindung des Religiösen (Ich ersetze im folgenden Zitat die Politik und den Staat, von denen Beck redet, durch die Religion und die Kirche):

»Wer auf die Politik (Religion) von oben starrt und wartet, übersieht die Selbstorganisation des Politischen (Religiösen), die – zumindest der Möglichkeit nach – viele, alle Felder der Gesellschaft ›subpolitisch‹ (subreligiös) in Bewegung versetzen kann.« Oder »m. a. W.: Das Politische (Religiöse) bricht *jenseits* der formalen Zuständigkeiten und Hierarchien auf und aus, und dies wird gerade von denjenigen verkannt, die Politik (Religion) mit Staat (Kirche), mit dem politischen (religiösen) System, mit formalen Zuständigkeiten und ausgeschriebenen politischen (kirchlichen) Karrieren gleichsetzen.«[34]

34. U. Beck, Die Erfindung des Politischen. Zu einer Theorie reflexiver Modernisierung, Frankfurt am Main 1993, 156.

Mit der lebenskundlichen Deutungskompetenz der Kirche steht eben dies auf dem Spiel, inwieweit sie sowohl als gesellschaftliche Organisation wie als lokales Milieu den Versuch unternimmt, sich auf die lebensweltliche »Selbstorganisation« des Religiösen in kritisch-konstruktiver Weise einzulassen. Die entscheidende Frage ist, inwieweit es der Kirche in ihrer institutionellen Gestalt und damit natürlich insbesondere den professionell Zuständigen in ihr, den Pfarrern und Pfarrerinnen, gelingt, sich ohne Scheu darauf einzulassen, daß die Menschen sich im Entwurf ihres Lebenssinns als »autonom« anmuten, sie sich deshalb auch in der Position begreifen, zwischen religiösen Deutungsangeboten wählen zu können, sie jedenfalls die Kirche als Instanz vorgefertigter Antworten nur selten zu akzeptieren noch bereit sind.

Sollte die Kirche sich mit ihrer Lehre und Verkündigung auf diese Situation verstärkt einlassen, so müßte dies vor allem einen anderen Umgang mit den überlieferten Symbolbeständen des Christentums bedeuten, einen anderen, als er sich im Rekurs auf die Offenbarungsautorität der Heiligen Schrift und die bindenden Aussagen des Bekenntnisses nahelegt. Es würde heißen, gerade nicht die Anpassung zu verlangen an das, was die Bibel oder die Lehrtradition der Kirche zu glauben und zu leben vorgeben. Es würde heißen, nicht an den durch das sogenannte Urchristentum oder die Reformatoren des 16. Jahrhunderts fixierten Sinngehalt der christlichen Religion sich gebunden wissen zu müssen. Die Erlebnis- und Reflexionssubjektivität der Menschen auch im Blick auf ihre Religion anzuerkennen und aufzusuchen, würde vielmehr heißen, die historisch und dogmatisch verfestigten Symbolbestände des Christentums zu verflüssigen, sie freizugeben in die vielgestaltigen Möglichkeiten ihrer subjektiv plausiblen Auslegung und Aneignung. Ihr Anspruch auf Gegenwartsgeltung, auf eine das Leben erschließende und orientierende Macht, wäre von den eigenen Fragen und Erfahrungen her einzulösen. Es ginge um die Freigabe der biblisch-kirchlichen Überlieferung zu tragfähigen Medien religiöser *Selbstauslegung*.

Man könnte demnach auch sagen, die Steigerung der lebenskundlichen Deutungskompetenz kirchlicher Lehre und Verkündigung hängt daran, daß sie zu realisieren lernen, was im Grunde spätestens seit Pietismus und Aufklärung im 18. Jahrhundert theologisch eine Selbstverständlichkeit sein sollte: Daß das Evangelium von der Rechtfertigung des Gottlosen, von der vorbehaltlosen Anerkennung des mit sich selbst, mit Gott und der Welt zerfallenen Menschen, nur dann Gehör findet, wenn Menschen angesichts der Liebe, die sie von anderen Menschen erfahren, in eine solche Deutung dieser weltimmanenten Erfahrung finden, nach der sich ihnen darin das welttranszendente Geheimnis ihres Lebens und der – trotz der Macht des Bösen immer noch erhaltenen – Welt erschließt. Entscheidend ist, daß eben der einzelne in seinen Lebens- und Welterfahrungen die Instanz der Gewißheit dieses religiösen (Rechtfertigungs-) Glaubens ist. Ihm muß die Zusage des Evangeliums zum – kommunikativ vermittelten, wie zugleich selbst-evidenten – Inhalt seiner religiösen Selbstauslegung werden, zum Moment in der Konstitution der Lebensdeutung, die er sich dann als die eigene zuschreiben kann.

Daran also muß sich die lebenskundliche Deutungskompetenz der Kirche erweisen, daß sie mit ihren Überlieferungsvorgaben von Schrift und Bekenntnis nicht absolute Wahrheitsansprüche verbindet, sondern dem Aufbau solcher in der Subjektivität der Person wachsenden Gewißheit dient. Wo sie das durch eine Steigerung der Erlebnisintensität ihres Gottesdienstes, der gedanklichen Dichte ihrer Predigt, der Sinnreflexion ihrer Seelsorge und der persönlichen überzeugenden Gestaltung ihres Unterrichts versucht, dort hat sie auch heute die Chance, für die Menschen mit den ihnen eigentümlichen Sinnerwartungen zu einem relevanten Ort religiöser Deutungskultur zu werden.

Praktisch-theologisch entscheidend ist dann freilich vor allem die Frage danach, *wie* die Kirche auf ihren unterschiedlichen Praxisfeldern diese Steigerung ihrer religiösen Erlebnisdichte und erfahrungsbezogenen Deutungskompetenz zu erreichen vermag. Praktische Theologie hat jedenfalls darauf aufmerksam zu machen, daß die Kirche ihre Chance, Ort religiöser Deutungskultur für die Menschen zu sein, verspielt, wo sie Religion durch Ethik ersetzt, von der Sinnreflexion menschlichen Lebens ersatzlos auf soziales Engagement und moralischen Appell umstellt. Deutlich muß sein, bei allem, was die Kirche tut, daß es hier um die letztinstanzliche Sinndimension in der Klärung unserer lebensorientierenden Einstellungen geht. Und deutlich muß sein, daß solche religiöse Sinnarbeit in der Kirche nicht von vorgefertigten Antworten lebt, sondern von der persönlichen Begegnung, sie von dem her geschieht, was die Menschen selber einbringen wollen und können, mit ihren Lebenserfahrungen, mit den Fragen, die sie selber haben und sind. Deutlich muß sein, daß es in der Kirche um eine förderliche Ausdeutung und Interpretation der Erwartungen und lebensgeschichtlichen Erfahrungen geht, welche die Menschen in ihrer Alltagswelt schon zur selbstangemuteten religiösen Sinnkonstruktion veranlaßt.

Auf allen Praxisfeldern der Kirche, in ihren lokalen Milieus, in ihrer institutionell-organisatorischen Gestalt, in ihrem Unterricht und ihrer Seelsorge, wird sie versuchen müssen, sich wieder stärker als ein solcher Ort religiöser Deutungskultur für die Menschen zu öffnen. Deshalb ist es aber auch gerade der Kultus, die Religions*kultur*, an deren Vollzug die Frage nach der Gestaltung ihrer Deutungsleistungen auf den Brennpunkt eingestellt ist. Im Kultus, im Gottesdienst, in Liturgie und Predigt kommt heraus, ob und wie treffend sich die lebensweltlich eingebundene und vermittelte Religion der Menschen und die überlieferten, vorstrukturierten Sinn- und Vergewisserungsangebote der christlich-religiösen Symbolkultur zu begegnen vermögen, sich wechselseitig erhellen und erschließen können. In den Gottesdiensten müssen die Menschen wieder stärker das Gefühl gewinnen können, daß sie vorkommen mit ihrem eigenen Erleben und ihren eigenen Fragen, sie sich einbringen können. Eine ästhetisch gelungene, kulturell vermittelte Ausdrucksgestalt eigenen Erlebens sollte der Gottesdienst sein.[35] Dann wird sich im Gottesdienst auch mitteilen, in neuen Wahrnehmungsweisen, was der lebenserschließende und die Lebensgewißheit stärkende Kerngehalt der christlichen Religion ist: Vorbehaltlose Anerkennung im lebensgeschichtlich Voraussetzungslosen. Die unbedingte Zusage, am Taufstein ebenso wie an den Gräbern, auf keinen Fall vergeblich zu leben. Die Ermöglichung der Erfahrung, daß, wer aus solcher Zusage lebt, zur realitätstauglichen Akzeptanz seiner fragmentarischen, schuldverflochtenen, endlichen Existenz fähig ist.

4. Kirche, die auf die Menschen zugeht

Dabei schwebt nun eine solche Kirche vor, die den wahrzunehmenden Spuren religiöser Selbstdeutung der Menschen folgt, nach diesen fragt, eine nachgehende und nachfragende Kirche. Es schwebt eine Kirche vor, die davon ausgeht, daß die Menschen im Kontext ihrer Lebenswelt immer schon religiöse Sinndeutungsleistungen selbsttätig erbringen, dabei aber auch auf Deutungsangebote, auf eine stützende Umwelt, bergende Räume, auf überlieferte Sprache, auf die Begegnung mit anderen, die etwas von der Religion verstehen, angewiesen sind. Eine solch stützende Umwelt für die Religion der Menschen muß die Kirche heute zu sein versuchen.

In Anlehnung an die Luckmannsche Unterscheidung von kleinen, mittleren und großen Transzendenzen will ich deshalb im folgenden von einer religiösen Deutungs- und Verhaltenspraxis der Menschen ausgehen, die einerseits in das Sinnge-

---

35. Vgl. die in diese Richtung gehenden Überlegungen von H. Deuser, Religiöse Bildung: Zur Situation des Protestantismus, in: ders., Gott: Geist und Natur. Theologische Konsequenzen aus Charles S. Peirce' Religionsphilosophie, Berlin/New York 1993, 199-226; H.-G. Heimbrock, Gottesdienst: Spielraum des Lebens. Sozial- und kulturwissenschaftliche Analysen zum Ritual im praktisch-theologischen Interesse, Kampen/Weinheim 1993; G. M. Martin, Ausverkauf oder armes Theater. Unser Kultus im Kontext gegenwärtiger Kultur, in: ZGP 8, 1990, 31 ff.

füge ihrer Alltagswelt immer schon eingebunden ist, andererseits von der Kirche, als der auf die religiöse Sinnarbeit mit einem geprägten Gehalt spezialisierten Institution, aufgenommen, konturiert und tiefergreifend über sich selber verständigt werden kann. Geleitet ist dieses Vorgehen von der Auffassung, daß die für die abendländische Geschichte des Christentums kennzeichnende Verkirchlichung der Religion diese in Distanz zur Biographie und zum Alltagsleben der Menschen gebracht hat, wo aber gleichwohl religiöse Sinnintegration geschieht, allerdings vielfach labil und subjektivistisch, deshalb doch auf institutionelle Außenstützung angewiesen. Statt in normativ-doktrinaler Absicht die christentumsgeschichtlich eingespielte Verkirchlichung der Religion weiter zu betreiben, ist die Kirche praktisch-theologisch heute danach gefragt, inwieweit es ihr in ihrer institutionell-organisatorischen Sozialgestalt gelingt, ein nicht inhaltsleerer, sondern die Symbolgehalte des christlichen Glaubens durch Tradierung präsent haltender Referenzrahmen für die, den Menschen in ihrer biographischen und alltagsweltlichen Sinnintegration immer schon zu unterstellende, religiöse Selbstdeutungskompetenz zu sein.

Die Kirche hat sich *erstens* zu bewähren als Ort zur religiösen Deutung biographischer Erfahrung. Für die Strukturierung biographischer Erfahrung sorgen heute zwar auch die elektronischen Medien sowie die Kultur- und Freizeitindustrie. Zu denken ist dabei immer auch an die Phänomene, die von der Kirche selber als Säkularisierung ihrer Sonntage und Festzeiten, ihrer Kasualpraxis erlebt werden. Phänomene, an denen sich die Verdrängung der Kirchen als primärer religiöser Institutionen durch die sich vorrangig nach ökonomischen Imperativen bildenden sekundären religiösen Institutionen des Kulturbetriebes zeigt.[36] Wie hat die Kirche damit umzugehen?

Um es am Weihnachtsfest zu verdeutlichen: Das Deutungspotential zur Interpretation des Sinnes, den das Weihnachtsfest für die Menschen gewinnen kann, kann die Kirche nicht unter Absehung von den Deutungsleistungen zum Zuge bringen, die von den Menschen am Leitfaden der Konsumkultur, der Heiligung der Familie, der Mythisierung von Kindheit selbsttätig erbracht und von sekundären religiösen Institutionen des Kulturbetriebes verwaltet werden. Die Kirche kann sich als Ort religiöser Deutungskultur nur behaupten, indem sie diese alltagsweltlich verankerten und institutionell bereits abgestützten Deutungsleistungen ihrerseits aufnimmt, um sie in ihren auf erfülltes, gelingendes Leben zielenden Motiven zu erhellen, besser zu begreifen. Die Kirche muß versuchen, diese Motive mit den tradierten Deutungszuschreibungen des Christentums, al-

---

36. Zu dieser Unterscheidung zwischen »primären« und »sekundären« Institutionen vgl. Th. Luckmann, Die unsichtbare Religion, a. a. O., 117-150, sowie P. L. Berger/Th. Luckmann, Modernität, Pluralismus und Sinnkrise. Die Orientierung des modernen Menschen, Gütersloh 1995, 54-63.

so mit der Geschichte von der Geburt des Erlösers, der Menschwerdung Gottes, zu konfrontieren, um die religiösen Motive, welche die Menschen mit diesem Fest verbinden, in ihrem vielfach verdeckten Sinngehalt anschaulich zu machen: Die Heilung des Menschen aus seiner sündhaften Verkehrtheit und Zerrissenheit. Immer gilt, daß der gangbare Weg nicht der der abstrakten Negation der Synkretismen der Alltagsreligion ist, sondern der ihrer kritischen Aufhebung in den Geist des Christentums.[37] Immer geht es darum, daß das biblisch oder durch die Lehre der Kirche Vorgegebene und Überlieferte unter den Bedingungen seiner subjektiven Aneignung die Transformation zu einem heute persönlich überzeugenden Lebensdeutungsangebot erfahren kann.

So bewährt sich die Kirche *zweitens* als Ort zur religiösen Verarbeitung unserer prekären Sozialbeziehungen. Auch da ist es so, daß die Kirche, als traditionell primäre Institution religiöser Vergesellschaftung der Menschen, für ihre Integration in eine die Sozialbeziehungen regulierende und durchprägende Weltansicht längst kein Monopol mehr besitzt. Die Kirche steht nicht mehr unumstritten mitten im Dorf, schon gar nicht mitten in der Stadt. Der Gottesdienst ist nicht diejenige Kultpraxis, mit der das Gemeinwesen die es integrierende Weltansicht zur Darstellung bringt. Die gesellschaftliche Situation eines harten Pluralismus bedeutet vielmehr, daß unterhalb der Schwelle der großen Funktionssysteme unterschiedliche Vergesellschaftungsformen von Menschen vorkommen, in denen immer auch die Festlegung auf Interessen, verhaltensprägende Weltansichten, letzte persönlichkeitsformierende Bedeutungen – und dies nun eben im Plural – passiert. Dies erfährt Gestaltung in Vereinen, Bürgerinitiativen, Parteien, politischen Bewegungen, Initiativgruppen und vielem mehr.

Darauf muß die Kirche dergestalt zu reagieren versuchen, daß sie einerseits diesen gesellschaftlichen Assoziationen in sich selber Raum gibt, in Gestalt innerkirchlicher Vereinsbildung, Gruppenbildung, in Gestalt von Familiengottesdiensten, Jugendgottesdiensten, Diskussionsveranstaltungen, Kunstausstellungen und Literaturabenden. Andererseits muß sie das ihr eigene, symbolisch, rituell und reflexiv ausgearbeitete Deutungsangebot zum aktiven Mitvollzug, zur freien situationsbezogenen Aneignung und Umformung durch die beteiligten Menschen freigeben. In der

---

37. Vgl. K.-F. Daiber, Alltagssynkretismus und dogmatische Tradition. Zur religiösen Kultur unserer Gesellschaft und einiger Defizite im protestantischen Glauben, in: W. Greive/R. Niemann (Hg.), Neu glauben? Religionsvielfalt und neue religiöse Strömungen als Herausforderung an das Christentum, Gütersloh 1990, 101-113; ders., Religion unter den Bedingungen der Moderne. Die Situation in der Bundesrepublik Deutschland, Marburg 1995.

Kirche müssen Menschen sich wohlfühlen können, sie müssen sich mit ihren Lebensinteressen in sie einbringen können. Daraus wird dann immer auch das Bemühen um eine Anpassung an die alltagsreligiöse Verarbeitung unserer riskanten Sozialbeziehungen folgen. Solche Anpassung bzw. die Bemühung um eine »Wohlfühlkirche« kann z. B. soweit gehen, daß ein Gottesdienst mit dem auch sonst üblichen Begrüßungsritual beginnt: »Guten Morgen, ich heiße Sie zu diesem Gottesdienst herzlich willkommen.« Dabei ist die Anpassung, so verständlich sie erscheinen mag, unter Umständen jedoch zu weit gegangen, weil die Leistung leicht unkenntlich wird, die von der auf die Religion spezialisierten Institution zu erwarten ist. Diese Leistung nämlich, die alltagsweltliche Symbolisierung und Ritualisierung des Übergangs von einem Ort zum anderen, von einer Zeit zur anderen, von einem Menschen zum anderen gerade nicht nur aufzunehmen, sondern eben auch deutend zu fundieren, hinüberzuführen in den von alltagsweltlichen Übergängen zugleich distanzierenden, umgreifenden, letzten Sinnzusammenhang, der damit gesetzt ist, daß Menschen im Namen Gottes des Allmächtigen, des Vaters, des Sohnes und des Heiligen Geistes zusammenkommen.

Kritische Gesellschaftsdistanz also ist mit der christlichen Religion in dem ihr spezifischen Sinn gesetzt, eine kritische Gesellschaftsdistanz, welche die Übergänge in der Welt nicht nur rituell begehbar macht und durch Symbolisierung und Ritualisierung entschärft, sondern immer auch den Bruch akzentuiert, den solche Übergänge jeweils bedeuten, die Möglichkeit, daß es anders werden kann, die Chance des Unabgegoltenen, der uneingeholten Verheißung von Sinn.[38] Wo die Ermöglichung solcher Gesellschaftsdistanz durch Religion deutlich wird, da zeigt sich auch, daß die Kirche bei aller Konkurrenz, in die sie zu anderen religiös besetzten Vergesellschaftungsformen hineingeraten ist, doch kein Verein bloß neben anderen ist. Indem sie den religiösen Sinnzusammenhang auf seine weltdistanzierende Unbedingtheitsdimension, auf die Verheißung der uns einholenden Gegenwart des welttranszendenten Gottes hin auslegt, wehrt sie der Absolutsetzung jeder Form der Vergesellschaftung, der Gruppenbildung, des sozialen Zugehörigkeitsverhältnisses, der ästhetischen Weltsicht, der politischen Einstellung und Bindung. So ist dann die Kirche kein Verein bloß neben anderen, sondern diejenige Institution, der das Vermögen zukommt, dazwischen zu treten, Mittler zu sein zwischen den Gruppen, Vereinen, sozialen Schichten, ästhetischen Milieus

---

38. Vgl. H.-E. Bahr, Religion 1, Religion 2. – Zur Doppelfunktion religiöser Sinnvergewisserung in der Gesellschaft, in: WPKG 63, 1974, 280 ff.; H. Luther, Religion und Weltabstand, in: ders., Religion und Alltag. Bausteine zu einer praktischen Theologie des Subjekts, Stuttgart 1992, 22-29.

und politischen Überzeugungen. Sie ist diejenige Institution, die einzelne und Gruppen in ihrem Recht auf Selbstbestimmung anerkennt und sie zugleich vor neurotischer Selbstabschließung und totalitärer Anmaßung bewahrt. Sie sieht den Einzelfall, kann im Einzelfall »Asyl« gewähren und so den Rechtsstaat unter Umständen vor Unmenschlichkeit bewahren.[39] Die Kirche vermittelt das Bewußtsein der Grenze. Im Blick auf die Gesellschaft. Sie läßt die Gesellschaft als verbesserliche wahrnehmen. Und im Blick auf das Selbstbewußtsein des einzelnen. Sie läßt die eigene Freiheit an der des anderen ihre Grenze finden.

So bewährt sich die Kirche *drittens* als Ort zur religiösen Klärung und Stärkung individueller Lebensgewißheit. Was für die Verarbeitung biographischer Erfahrung und die Gestaltung unserer Sozialbeziehungen gilt, das gilt erst recht für die großen Übergänge ins Jenseits aller Erfahrung, gilt für die Verarbeitung unserer Endlichkeitserfahrung. Auch was deren sinnhafte Bewältigung anlangt, hat die Kirche nicht mehr das Monopol, *der* Ort religiöser Deutungskultur zu sein, sondern muß sie sich in einer Konkurrenzsituation behaupten, d. h. auf Nachfrage reagieren und doch auch auf spezifische Weise das tun, was genau ihre Sache ist.

Große Transzendenzerfahrungen sind Erfahrungen, in denen die Unverfügbarkeit des Gegebenseins des Lebens überhaupt, zugleich seine Endlichkeit bewußt wird, sind Grenzerfahrungen, in denen das Uneingelöstsein des Sinnes sich aufdrängt und die Sehnsucht nach Erlösung. Geburt und Tod, Krankheit, Katastrophen- und Glückserfahrungen – alle Erfahrungen also, in denen sich und durch die hindurch sich radikal die Frage nach dem Sinn welthaften Daseins stellt. Auch was diese großen Transzendenzen anbelangt, ist es so, daß die Kirche der Konkurrenz religiöser Deutungskulturen ausgesetzt ist. Auf einem esoterischen Buchmarkt, der sich der verschiedensten Unsterblichkeits- und Wiedergeburtsphantasien annimmt, in einer Musikszene, die ekstatische Erfahrungen machen läßt, in einer Drogenszene, die in andere Welten entführt.

39. In dieser Formulierung ist – um nicht mißverstanden zu werden – mitgesetzt, daß das »Kirchenasyl« nicht im Sinne der Behauptung eines rechtsfreien Raumes verstanden werden will, sondern gerade daraufhin, die Kirche – und das sind dann eben auch die als Richter fungierenden Christenmenschen – als Instanz der Pflege einer Rechtskultur erkennbar zu machen, die die Subjekthaftigkeit der Person achtet, auch wenn sie diese um der Gleichbehandlung willen als einen Fall unter allgemein geltenden Gesetzen behandeln muß. Die christlich-religiös begründete Achtung vor der Subjekthaftigkeit der Person schärft die Gewissen dahingehend, im Zweifelsfall – sofern also die Informationslage über den Einzelfall strittig ist – auf der erneuten rechtlichen Prüfung des Einzelfalls zu bestehen – auch unter Umständen mit Inkaufnahme einer Rechtsverletzung und den damit verbundenen strafrechtlichen Folgen.

Auch hier steht die Kirche vor ihrer Aufgabe, nicht jedoch vor der abstrakten Negation solcher Sinndeutungsproduktivität.

Die Kirche muß die Suche der Menschen nach religiöser Initiation, nach spirituellen Erfahrungen, nach dem Aufbau der inneren Welt aufnehmen. Sie muß am Taufstein und an den Gräbern, bei der Begleitung ins Erwachsenenleben und am Traualtar von Gott reden, als dem, in dem die Anerkennung des leistungslosen Selbstwertes menschlichen Lebens unbedingt beschlossen liegt. Sagen muß sie, daß Gott jeden Menschen in Jesus Christus auf ewig erwählt, zum Leben bestimmt, bei seinem Namen genannt hat, was es auch immer um die faktizitäre Unergründlichkeit seines endlichen, begrenzten, gefährdeten, verfehlten Daseins sein mag. In dieser Theologie der Rechtfertigung liegt ihre religiöse Deutungsleistung. Deren Ausarbeitung ermöglicht in der Unterscheidung von Gesetz (dessen, was uns unbedingt beansprucht) und Evangelium (dessen, was uns vorbehaltlos Freiheit schenkt) die Aufnahme alltagsweltlich verfaßter religiöser Sinndeutungen wie auch deren spezifische Konturierung, Kritik und Vertiefung. Immer geht es darum, nicht nur die bestimmten, biblisch und dogmatisch überlieferten Inhalte christlichen Glaubens zu vermitteln, sondern den lebensweltlich verankerten religiösen Selbstdeutungen der Menschen mit diesen Inhalten eine Sprache zu geben, mit der sie sich tragfähiger über sich selber verständigen können. Das heißt nicht, daß die religiöse Deutung und die Erfahrungen, die man real mit ihr macht, zur Deckung gebracht werden können müßten. Im Gegenteil. Die Tragfähigkeit christlich-religiöser – durch das Kreuz Jesu gezeichneter – Rede in der Kirche wird gerade darin bestehen, daß sie das Unabgegoltene, Uneingelöste erkennen läßt, daß sie die Wirklichkeit nicht überhöht und verklärt, sondern sich als offenes, hoffnungweckendes Versprechen über das zerrissene Leben jedes Menschen und die zerfallende Welt legt.

Dieses Versprechen gilt schließlich auch der Kirche selbst. Und so liegt dann ihre Zukunft zuletzt nicht in unserer, sondern in Gottes Hand. Weil die Kirche dies weiß, braucht sie um sich selbst, um ihre eigene Stabilität aber auch nicht auf krampfhafte Weise besorgt zu sein. Weil sie dies weiß, kann sie den Menschen nachgeben und sich für sie öffnen: als Ort, an dem ihre Lebensinteressen zur Klärung kommen können; als Ort, an dem sie in heilsame Distanz zu sich selber und den Mächten dieser Welt geraten; als Ort, an dem sie auch noch in ihren Verletzungen und Verfehlungen, ja in der Nacht des Todes den unendlichen Trost des Evangeliums hören.

5. Kapitel

Die ästhetische Dimension religiöser Deutungskultur

Es ist der Kult, es sind Gottesdienst und Predigt, hinsichtlich deren eine Praktische Theologie vor allem gefragt ist, *wie* die Kirche als tragfähiger Ort religiöser Deutungskultur zu gestalten ist. Die der Praktischen Theologie spezifischen Fragen sind Gestaltungsfragen, solche der Ästhetik der kirchlichen Religionspraxis. Auch die für sie zentrale Frage nach der ästhetischen Dimension religiöser Deutungskultur im Raum der Kirche, nach der Gestaltung somit insbesondere von Gottesdienst und Predigt, kann die Praktische Theologie heute jedoch nur dann angemessen behandeln, wenn sie dabei der erfahrungs- und subjektbezogenen Umformungskrise des Christentums in der gesellschaftlichen Moderne Rechnung trägt.

Sofern sie dies tut, wird sie aber auch als erstes darauf drängen, daß die Gestaltung der kirchlichen Religionskultur heute offen sein muß nach der Seite ihrer freien Wahrnehmung und Rezeption durch die beteiligten Menschen.[40] Und d. h., daß sie nach Wegen sucht, Gottesdienst und Predigt wie moderne Kunstwerke zu gestalten. Sie sollten eine Vielfalt an Bedeutungen eröffnen, die durch die den Gottesdienst Erlebenden und die Predigt Hörenden auf sehr verschiedene Weise ausgelegt und subjektiv angeeignet werden können. Moderne Kunstwerke sind bedeutungsoffen. Sie liefern den Begriff selber nicht mit, nach dem sie in ihrem Sinngehalt zu bestimmen sind. Moderne Kunstwerke entwerfen ein szenisches Arrangement bildhafter Vorstellungen, eine Kombination von Worten, Farben oder Tönen, deren Sinnverweisungen in spielerischen Assoziationsfolgen entschlüsselt, ausgelegt, subjektiv empfunden und angeeignet sein wollen.

40. Die Spannungsverhältnisse, in die dadurch vor allem das kultisch-rituelle Zentralgeschehen des kirchlichen Gottesdienstes hineingeführt wird, reflektiert D. Pollack, Gottesdienst und Moderne. Religionssoziologische Beobachtungen und Deutungen, in: K. Fechtner u. a. (Hg.), Religion wahrnehmen, a. a. O., 212-235.

Liturgik und Homiletik insbesondere haben denn auch in der Aufnahme ästhetischer[41] und semiotischer[42] Theorien bereits wichtige Einsichten für die rituelle und rhetorische Gestaltung von Gottesdienst und Predigt gewonnen. Es sind dies Einsichten, die – recht verstanden – alle in die Richtung gehen, die religiöse Kommunikation als ein Inszenierungsgeschehen zu begreifen und entsprechend dann auch aufführbar zu machen. Inszeniert werden sollen die biblischen und liturgischen Texte so, daß sie sich den Texten, die das Gewebe unseres Lebens sind, vermitteln. Die Geschichten vor allem, welche die Bibel erzählt, sollen in einem Gebäude von Worten und Gesten so zur Aufführung gebracht werden, daß die den Gottesdienst Feiernden und die Predigt Hörenden zur kreativ-produktiven Selbstdeutung und Selbstgestaltung ihrer Lebensgeschichten sich angeregt und ermutigt finden, sie eine vertiefte Sinnorientierung ihrer Lebensführung gewinnen können.

Ästhetische und religiöse Kommunikation sind heute aufeinander abzubilden. Das verlangt die hier nun schon hinlänglich entfaltete, im folgenden nur noch einmal anzudeutende Sicht der kirchlich-religiösen Gegenwartslage. Im Vollzug religiöser Kommunikation müssen wir die vorstellungsproduktive Eigenaktivität der beteiligten Subjekte, ihr ästhe-

41. Vgl. G. M. Martin, Predigt als »offenes Kunstwerk«? Zum Dialog zwischen Homiletik und Rezeptionsästhetik, in: EvTh 44, 1984, 46-58. Vgl. auch H. Schröer, Umberto Eco als Predigthelfer? Fragen an Gerhard Marcel Martin, in: EvTh 44, 1984, 58-63; K.-H. Bieritz, Gottesdienst als ›offenes Kunstwerk‹?, in: PTh 75, 1986, 358–373; ders., Predigt-Kunst? Poesie als Predigt-Hilfe, in: PTh 78, 1989, 228-246. Zum rhetorischen Aspekt bzw. zum Programm einer poetischen Predigt vgl. auch G. Otto, Thesen zur Problematik der Predigt in der Gegenwart, in: P. Cornehl/H.-E. Bahr, Gottesdienst und Öffentlichkeit, Hamburg 1970, 34 f.; ders., Predigt als Rede. Über Wechselwirkungen von Homiletik und Rhetorik, Stuttgart/Berlin/Köln/Mainz 1976; ders., Rhetorisch predigen. Wahrheit als Mitteilung: Beispiele zur Predigtpraxis, Gütersloh 1981; H. Braunschweiger, Auf dem Weg zu einer poetischen Homiletik, in: EvTh 39, 1979, 127-143; R. Marquard, Homiletik und theologische Ästhetik. Belastende und entlastende Aspekte zum Predigtgeschehen, in: Praktische Theologie 30, 1995, 211-219; J. Hermelink/E. Müske, Predigt als Arbeit an mentalen Bildern. Zur Rezeption der Textsemiotik in der Predigtanalyse, in: PTh 30, 1995, 219-239; W. Engemann, Semiotische Homiletik. Prämissen – Analysen – Konsequenzen, Tübingen 1992.

42. Nahezu durchgängig verdankt sich die neue Debatte um die ästhetische Dimension von Gottesdienst und Predigt einer Rezeption der ästhetischen und semiotischen Schriften Umberto Ecos. Vgl. ders., Das offene Kunstwerk (1962/67), Frankfurt am Main 1977; ders., Semiotik. Entwurf einer Theorie der Zeichen (engl. 1976), München 1987; ders., Lector in fabula. Die Mitarbeit der Interpretation in erzählenden Texten, München 1987.

tisches Rezeptionsverhalten vor allem, konstitutiv sein lassen, für den Sinn, der sich ihnen erschließt.

1. Das Verhältnis von Kunst und Religion in der kulturellen Gegenwartslage

In der Diagnose der kulturellen Gegenwartslage bestätigt sich heute zunehmend die Vermutung, die Max Weber in seiner »Zwischenbetrachtung« zur Wirtschaftsethik geäußert hat:

a) Die Kunst entfaltet sich unter den Bedingungen des okzidentalen Rationalismus zu einem »Kosmos immer bewußter erfaßter selbständiger Eigenwerte«. b) »Sie übernimmt die Funktion einer, gleichviel wie gedeuteten, innerweltlichen Erlösung: vom Alltag und, vor allem, auch von dem zunehmenden Druck des theoretischen und praktischen Rationalismus. Mit diesem Anspruch aber tritt sie in direkte Konkurrenz zur Erlösungsreligion.«[43]

Kunst gilt hier als die in die Immanenz verlagerte, sinnfällige Ausdrucksgestalt der alltagstranszendenten Sinndeutung individuellen Erlebens. Damit substituiert die Kunst die Religion. Sie tut es heute auch mittels der Ikonen der Werbung und dem »Emotional-Design« der Konsumkultur.[44] Die Phänomene sind jedoch vieldeutig. Was »Kunst« ist und was »Religion«, läßt sich heute nicht mehr von den Phänomenen, nicht von den Kunstwerken und nicht allein vom institutionellen Gegebensein der Kirche her beschreiben. Der Verweis auf die Phänomene provoziert immer die Gegenfrage: Ist das Kunst, ist das Religion? Was Kunst ist und was Religion, läßt sich nur sagen in der Analyse ästhetischer und religiöser Erfahrung.

Darzulegen ist deshalb heute, wie es in der ästhetischen und religiösen Erfahrung zum Aufbau dessen kommt, was als ästhetisches oder religiöses Phänomen, als Kunstwerk oder als das »Heilige« gelten kann. Nur auf dem Wege einer Analyse ästhetischer und religiöser Erfahrung wird die neuzeitliche Autonomie von Religion und Kunst auch in deren theoretische Beschreibung eingeholt, wird somit begriffen, was mit der Behauptung solch »selbständiger Eigenwerte« sinnvollerweise gemeint sein kann. Denn nur im analytischen Rückgang auf die genuinen Konstitutionsbedingungen ästhetischer und religiöser Erfahrung zeigen sich auch

---

43. M. Weber, Gesammelte Aufsätze zur Religionssoziologie I (1920), Tübingen [9]1988, 555.
44. Vgl. N. Bolz/D. Bosshart, Kult – Marketing. Die neuen Götter des Marktes, Düsseldorf 1996.

deren Erfahrungsgegenstände in der ihnen eigenen ästhetischen oder religiösen Ursprünglichkeit. Wo ohne ein solches analytisches Reduktionsverfahren von »Kunstwerken« oder dem »Heiligen« gesprochen wird, wird hingegen immer schon von einer zumeist institutionell, durch Kunstmarkt und Kunstwissenschaft, Kirche und Theologie etablierten Entscheidungsmacht zur Bestimmung dessen, was als Kunst und Religion zu gelten hat, Gebrauch gemacht.[45]

Was ein »Kunstwerk« oder das »Heilige« ist, wird – ohne auf ihnen fremde Bestimmungsgrößen zurückzugreifen – beschreibbar allein in der Bestimmung der Erfahrung, in der das »Kunstwerk« oder das »Heilige« sich in produktiven Akten künstlerischer Gestaltung oder rezeptionsästhetischer Wahrnehmung konstituieren.

Unter »Erfahrung« ist dabei diejenige durch einen rohen Widerstand erzeugte bewußte Wirkung aufs Subjekt zu verstehen, die zu dessen selbstkontrolliertem Verhalten beiträgt. (Wer sich an einer Kochplatte die Hand verbrennt, läßt im weiteren Umgang mit ihr besondere Vorsicht walten: er hat eine durch rohen Hitzewiderstand erzeugte »Erfahrung« gemacht, aus der eine selbstkontrollierte Verhaltensgewohnheit erwächst.) Worauf die Subjektivität in solch widerständiger Begegnung stößt, gehört zu ihrer Realitätserfahrung. Was ihr so zum Material ihrer organischen und intellektuellen Funktion wird, ist unleugbar für sie »da«, ist ihre eigene Erfahrung, macht ihre Erfahrenheit aus und gehört somit zu den evidenten Gegebenheiten ihres Selbst- und Weltumganges.

Die Analyse ästhetischer und religiöser Erfahrung führt auf die Erfahrungssubjektivität zurück. In ihr hat sie das solcher Erfahrung konstitutive Bezugssystem. Denn Subjektivität ist als ein System sich aufeinander beziehender Tätigkeiten zu denken. An deren, durch widerständige Anstöße ausgelöstem, Zusammenspiel ist zu zeigen, wie ästhetische und religiöse Erfahrungen zustandekommen, wie sie sich bilden, was sie rein als solche spezifisch ausmacht, wie ästhetische und religiöse Erfahrung miteinander verbunden sind, wodurch sie sich voneinander unterscheiden, wie sie am Aufbau dessen beteiligt sind, was als ein »Kunstwerk« oder als das »Heilige« angesehen werden kann.

---

45. Daß die zeitgenössische Ästhetik kein objektivierendes Vertrauen auf »Werke« mehr haben kann, sondern analysieren muß, was in der ästhetischen Erfahrung geschieht, hat überzeugend gezeigt: R. Bubner, Ästhetische Erfahrung, Frankfurt am Main 1989.

2. Ästhetische Erfahrung

Eine ästhetische Erfahrung zu machen heißt, daß ein Gegenstand »interesselos« gefällt. Solche Erfahrung kann durch natürliche wie künstliche Gegenstände ausgelöst werden.

Ein Gegenstand gefällt auf interesselose Weise. D. h., es geht nicht um die objektive Erkenntnis seiner Existenz. Es geht auch nicht darum, ihn um seiner Annehmlichkeit willen zu begehren. Und es geht auch nicht darum, ihn um der Erreichung anderweitiger Zwecke willen sich dienlich zu machen. Er gefällt – wie Kant immer noch zutreffend gezeigt hat –, weil er diese Empfindung in dem von ihm sinnlich affizierten Subjekt hervorruft und dieses in Ansehung des Gegenstandes so urteilt, daß er »schön« sei.[46] Damit es zu solch einem ästhetischen Urteil kommt, spielt eine sinnlich affizierte Wahrnehmung mit dem intellektuellen Vermögen des Subjekts dergestalt zusammen, daß die besondere Wahrnehmung nicht unter einen sie objektiv bestimmenden Begriff gebracht wird, sondern dieses Urteil das glückende Zusammenspiel der Erkenntnisvermögen im Subjekt reflektiert. Es ist das Zusammenspiel von Sinnlichkeit und Vorstellungskraft, von Besonderem und Allgemeinem, von kontingenter Affektion und Totalitätsanschauung, das sich in der Empfindung des Wohlgefallens an einem Gegenstand reflektiert und zur Anwendung der – rein formal zu verstehenden – ästhetischen Bewertungskategorie des »Schönen« führt. So kommt das rein Ästhetische einer Erfahrung zustande, was nicht heißt, daß ästhetische Erfahrung nur als rein ästhetische vorkommt oder vorkommen muß. Das ist selten der Fall. Zumeist liegt eine Verknüpfung mit praktischen Interessen und Funktionen vor.[47] Die ästhetische Erfahrung kommt jedoch vermöge dieser Reflexion auf den subjektiven Empfindungszustand des Gefallens zustande. Im Urteil, wonach ein Gegenstand gefällt, wirft dieses gleichsam das Glücken des freien Zusammenspiels von sinnlicher Wahrnehmung und virtueller Einbildung auf den Gegenstand selber zurück. Es versucht zu beschreiben, was ihm da gefällt: das Zusammenspiel der Farben und Formen, die Struktur der Materialien usw. In einer besonderen Wahrnehmung scheint zugleich die Totalität einer ideellen Anschauung auf. Das ist das Eigentümliche der ästhetischen Erfahrung, daß sie diese Wahrnehmung des Besonderen im Zusammenspiel mit einer allgemeinen Anschauung, mit einer so im Besonderen der Wahrnehmung gerade nicht gegebenen, aber durch sie

46. I. Kant, Kritik der Urteilskraft. Werkausgabe (hrg. von Wilhelm Weischedel), Frankfurt am Main 1968. Vgl. zum folgenden §§ 5-17.
47. Vgl. dazu P. Bourdieu, Die feinen Unterschiede. Kritik der gesellschaftlichen Urteilskraft (franz. 1979), Frankfurt am Main [7]1994.

provozierten Idee ist. Der Akzent liegt dabei auf dem Charakter des Zusammenspiels, somit auf dem Nicht-Festgestelltsein, der Nicht-Ableitbarkeit des einen durch das andere, der Idee durch die Wahrnehmung und umgekehrt. Die glückende Erfahrung des Zusammenspiels eines virtuellen Gedankens mit einer sinnlichen Wahrnehmung bewirkt, daß ein Gegenstand Gefallen findet. Die sinnliche Wahrnehmung sieht sich auf eine mögliche Idee gebracht. Etwas erscheint so, wie es gedacht sein könnte.

Dieses Zusammenspiel verdankt sich der durch äußeren Anstoß aufgefächerten Tätigkeit der Subjektivität, damit den Bedingungen, unter denen Gegenstände überhaupt wahrgenommen werden. Obwohl das ästhetische Urteil bloß die subjektive Empfindung im Glücken dieses Zusammenspiels reflektiert, macht es deshalb doch eine allgemeingültige Aussage über seinen Gegenstand. Es enthält die Anmutung, daß er jedem, sofern er sich nur auf diese besondere Erfahrung mit ihm einläßt, gefallen wird – freilich ohne Zustimmung in irgendeiner Weise erzwingen zu wollen.

3. Kunstwerke als Gegenstände ästhetischer Erfahrung

Kunstwerke sind solche Gegenstände ästhetischer Erfahrung, die in der Absicht gemacht sind, wiederum ästhetische Erfahrung auszulösen. Kunst ist durch ihre Methode zur Hervorbringung von Gegenständen ästhetischer Erfahrung definiert. Sie will solche Erfahrung provozieren.

Ästhetische Erfahrung beruht jedoch gerade – wie gesagt – auf einem freien, somit nicht planbaren Zusammenspiel von sinnlicher Wahrnehmung und ideeller Einbildung. Für die Kunst als Methode ist deshalb die Paradoxie zwingend, daß sie absichtsvoll macht, was sich absichtsvoll gar nicht machen läßt. Schon darin zeigt sich ein religiöser Kommunikation verwandtes Strukturmerkmal. Die Theologie hat diesen Sachverhalt in der Geistlehre chiffriert. Die Kunst setzt diese Paradoxie so in den Entwurf ihrer Werke um, daß sie auf bewußte Weise Rahmenbedingungen schafft, die ein freies Spiel nicht aufeinander rückführbarer ideeller und materieller Prozesse ermöglichen. (Eine Leinwand, Farben, die konzeptionelle Idee einer die Farben tragenden, in Kreuzform mit dem Kopf nach unten hängenden menschlichen Gestalt[48] – und dann die Erfahrung, daß durch den Wahrnehmungseindruck die Suche nach einem seine Idee freisetzenden Bild entsteht. Es ist dies eine Erfahrung, die unter den mit

---

48. Gemeint ist das Bild »Tanz ums Kreuz« von Georg Baselitz. Vgl. die Abbildung in F. Mennekes/J. Röhrig, Crucifixus. Das Kreuz in der Kunst unserer Zeit, Freiburg/Basel/Wien o. J., 15.

der Entstehung des Bildes gegebenen Rahmenbedingungen steht und dennoch so, wie sie vom Betrachter gemacht wird, daraus nicht ableitbar ist.)

Die Rahmenbedingungen – also das, was als ideelle Anschauung, als Konzept und als materieller Stoff zur Ausführung der Idee gegeben sein muß – lassen sich methodisch entwerfen. Das Kunstwerk selbst, das im glückenden Zusammenspiel dieser Faktoren gelingt, ist aus dem methodischen Verfahren jedoch nicht rational ableitbar. Der Kunsterfahrung selber wohnt diese Kontingenz inne. Sie geschieht oder sie geschieht nicht. Was Kunst zu Kunst macht, liegt somit – ihrer methodisch-absichtsvollen Herstellung unbeschadet – in den Konstitutionsbedingungen ästhetischer Erfahrung.

Thomas Lehnerer hat die Methode der Kunst deshalb als eine Methode der Freiheit beschrieben.[49] Auch die Produktion eines Kunstwerkes stellt ebenso wie dessen Rezeption in der ästhetischen Erfahrung einen Prozeß dar, der bestimmbaren Konstitutionsbedingungen unterliegt und dennoch kontingent offen bleibt. Im Unterschied zum Rezeptionsvorgang der ästhetischen Erfahrung setzt das Kunstschaffen diesen Sachverhalt in rational gesteuerte Produktionsverfahren um. In ästhetischer Produktion wie in ästhetischer Rezeption handelt es sich gleichwohl um das unableitbare Resultat eines frei kombinatorischen Spiels gegebener sinnlicher Elemente mit dem nicht gegebenen Allgemeinen der Einbildungskraft.

Die Begegnung mit Kunst in der ästhetischen Erfahrung ist somit aber auch das andere zur objektiven Wirklichkeitskenntnis und zur vernünftig-moralischen Wirklichkeitsgestaltung, das andere auch zur bloß sinnlich-angenehmen, die Lust an Gegenständen weckenden Reizung unseres Wahrnehmungsvermögens. Kunstwerke erschließen sich nicht durch ihren funktionalen Bezug auf das alltägliche Wirklichkeitsverhältnis, obwohl sie dieses mit ihren eigenen Rahmenbedingungen immer schon voraussetzen. Sie vermitteln vielmehr die Erfahrung, daß alles auch ganz anders sein könnte, eine Erfahrung, die freilich ihrerseits immer schon Einstellungs- und Verhaltensgewohnheiten voraussetzt. Die Begegnung mit Kunst ist gesteigerte Kontingenzerfahrung. Das macht deren immer auch verunsichernde Wirkung auf das Alltagsbewußtsein aus. Was die Begegnung mit »Kunst« zu erfahren gibt, läßt sich nicht bestimmen durch Zuordnung zu den gegenstandskonstitutiven Begriffen unseres sprachlichen Universums. Wo eine ästhetische Erfahrung provoziert wird, wird vielmehr ein prinzipiell unabschließbarer Reflexionsprozeß ausgelöst; sie führt auf die Suche nach der Bestimmung eines Allgemeinen der Anschauung, das mit den Besonderheiten der Farben und Formen, der Töne

49. Th. Lehnerer, Methode der Kunst, Würzburg 1994.

und Materialien, die da wahrzunehmen sind, nicht schon gegeben ist und nun dennoch auf zwanglose Weise mit ihnen zusammenspielen will. Wo eine ästhetische Erfahrung durch Werke der Kunst provoziert wird, wird der Sinn für den Vorrang der Möglichkeit vor der Wirklichkeit geweckt.

Die methodisch-absichtsvoll durch Kunst provozierte ästhetische Erfahrung hat im Grunde jeden anderweitigen Referenzrahmen verloren. Was es in solcher Erfahrung zu erfahren gibt, erschließt sich weder von ideellen Voraussetzungen her noch von solchen der gegenständlich gegebenen natürlichen Außenwelt. So realisiert sich Kunst jedenfalls unter den Bedingungen der Moderne. Vormoderne Kunst hingegen hat ideelle Gehalte, solche vor allem der religiös-kodifizierten Weltsicht zur sinnlich-sichtbaren Darstellung gebracht, oder sie hat Tatsachen der natürlichen und geschichtlichen Außenwelt in ihrer bildlichen Darstellung wiedererkennbar gemacht. In der Welt des Geistes, der Natur und der Geschichte lagen die Bezugssysteme für die ästhetische Erfahrung. Was es da zu erfahren gab, konnte somit auch in den Bezügen religiösen Wissens, der Kenntnis natürlicher oder geschichtlicher Vorgänge gedeutet werden. Ästhetische Erfahrung war immer von ihren externen Erfahrungsbezügen her gedeutete Erfahrung. Ebenso erfüllte sie eine die Veranschaulichung, das Wiedererkennen ermöglichende Funktion für die inhaltlichen Bezüge religiöser Erfahrung, die Bezüge von Naturerfahrung und Geschichtserfahrung.

Das ist unter den Bedingungen der gesellschaftlichen Moderne, unter denen sich die Kunst von diesen externen Bezugssystemen befreit hat und um der Behauptung ihres »Eigenwertes« willen befreien mußte, anders geworden. Kunstwerke sind nicht mehr in ihrer Funktion der Symbolisierung des Ideellen und der Abbildung des Materiellen zu verstehen. Auch die Frage ihres Verhältnisses zur Religion kann nicht mehr mit Bezug auf etwaige Symbolisierungs- oder Repräsentationsleistungen diskutiert werden. Die Kunst erfüllt diese nicht mehr. Und wenn sie es tut, dann in einer Weise, welche die eigene Autonomie durch den kritisch-konstruktiven Umgang mit den religiösen Symbolbeständen repräsentiert. Das Bezugssystem für die Konstitution ästhetischer Erfahrung ist insgesamt ein anderes geworden.

Es ist nicht so, daß es gar kein Bezugssystem mehr gäbe oder geben müßte. Gerade die moderne, auf ihre Autonomie bedachte Kunst kann ihre Werke nicht allein für sich selber stehen lassen. Was ein Kunstwerk ist, ist schließlich immer strittig. Und viele Werke, die den Anspruch erheben, Kunst zu sein, zeichnen sich gerade auf sehr verwechselbare Weise in die Alltagswelt und deren Gebrauchszusammenhänge ein.

Auch das methodisch-absichtsvoll produzierte Kunstwerk wird zu einem solchen erst in der ästhetischen Erfahrung. Was solche Erfahrung machen läßt, ist jedoch die Reflexionssubjektivität. In ihr spielt dieses Spiel der Freiheit, das auf nicht planbare Weise sinnliche Affektionen unter ein nicht gegebenes ideelles Ganzes bringt. In der ästhetischen Erfahrung entdecken wir in besonderen Anschauungen einen allgemeinen Sinn, ohne ihn doch auf die mit unserem natürlichen Weltverhältnis gegebenen Begriffe bringen zu können. In diesem Sinne gilt nun die Reflexionssubjektivität als das Bezugssystem der ästhetischen Erfahrung.[50] Sie macht Werke zu »Kunstwerken«. Sie ist die Bedingung ihrer Möglichkeit.

Die Fragen »Was soll das?«, »Ist das Kunst?« gehören deshalb zu Werken moderner Kunst immer mit hinzu. Sofern man sie nicht durch die Deklaration der Kunstproduzenten oder durch Erfolgsziffern auf dem Kunstmarkt entschieden sein lassen möchte, fällt ihre Beantwortung unentlastbar in die Subjektivität derer, die sie stellen. Im anschauend-reflektierenden Sich-Einlassen auf ein Kunstwerk kann allein herauskommen, ob und wie das Besondere der gegebenen sinnlichen Wahrnehmung mit einem nicht gegebenen Allgemeinen der intellektuellen Begriffsproduktion zusammenspielt. Kein Wiedererkennen von auch anderweitig anschaulich Gegebenem ist möglich. Kein Begriff steht zur Verfügung, unter den sich, wie vieles andere, auch diese Erfahrung subsumieren ließe. Der Begriff, die Idee des Kunstwerkes, dasjenige also, was macht, daß es zwanglos gefällt – und auch das schrecklich und häßlich Anzusehende kann ja gefallen, weil in ihm die Idee dessen, was möglich ist, zur Erscheinung kommt –, muß immer erst gefunden werden. Moderne Kunst ist Reflexionskunst. Ein Kunstwerk ist nun um so gelungener, je weiter es die Suche nach dem, was es glücken läßt, was es zum Erscheinen seiner Idee werden läßt, aus dem Horizont des eingespielten Alltagsbewußtseins heraustreibt. Je weniger es solche Suchbewegungen provoziert, sondern bloß als die Abbildung von Vorausgewußtem erscheint, desto eher handelt es sich um Kitsch oder sogenanntes Kunsthandwerk.

50. Vgl. A. Gehlen, Zeit-Bilder. Zur Soziologie und Ästhetik der modernen Malerei, Frankfurt am Main/Bonn ²1965. Gehlen hat zutreffend gesagt, »daß Kunst heute Reflexionskunst ist, die Reflexion lebt im Medium der Zweideutigkeit, und die radikalste würde darin bestehen, daß ein Kunstwerk den Zweifel erweckt, ob es überhaupt eines ist« (271). Deshalb kommt Gehlen zu der Feststellung: »Innerhalb des allgemeinen Bezugssystems neuerer Kunst: der reflektierten Subjektivität, lokalisiert sich die abstrakte Malerei an bestimmter Stelle: an deren Verunsicherung« (218).

4. Der ästhetische Diskurs

Die Reflexionssubjektivität, die unter den Bedingungen der Moderne der Konstitutionsort ästhetischer Erfahrung ist, spricht sich im ästhetischen Urteil aus. Ihre Sätze sind Sätze der reflektierenden Urteilskraft. Ästhetische Diskurse sind Kommentierungen ästhetischer Erfahrung.

In der Begegnung mit moderner Kunst findet – wie gesagt – keine Symbolisierung von Vorausgewußtem und kein Wiedererkennen von schon Bekanntem statt. Der alltägliche Weltumgang wird unterbrochen. Sinnlich affizierte Wahrnehmungen werden in eine Reflexionsbewegung hineingetrieben, in der es die Bedeutung des Wahrgenommenen immer erst herauszufinden gilt. Etwas gefällt, aber warum? Was ist es, das ein Kunstwerk gelungen sein läßt? Wie ist die Anschauung zu beschreiben, in der die wahrgenommene Besonderheit mit der Idee des Kunstwerks zu einem glückenden Ganzen zusammenspielt?

In diesen Fragen liegt das Problem rein ästhetischer Diskurse. Rein ästhetische Urteile sagen von der ästhetischen Erfahrung immer nur das inhaltlich Unbestimmte aus, daß ihr Gegenstand gefällt, daß er »schön« sei. »Schön« eben in diesem rein formalen Sinn des Zusammenstimmens von sinnlicher Affektion und virtueller Idee, wonach auch das Häßliche »schön« sein kann. Sofern der Diskurs über ästhetische Erfahrung über solch rein formale Qualifizierungen hinausgeht, sofern zu sagen versucht wird, was ein »Kunstwerk« bedeutet, was es sagt, wird entweder die Beziehung von Kunstwerken zu anderen Kunstwerken kommentiert, wird also ein kunstwissenschaftlicher bzw. kunsthistorischer Diskurs geführt, oder es werden Deutungsmuster aus anderen Diskursen, wie etwa denen der Alltagserfahrung, der existentiellen Erfahrung oder der religiösen Überlieferung bemüht.

Die autonome Kunst provoziert zugleich ihre permanente Kommentierung, eben weil sie – konstituiert in den Empfindungszuständen der Reflexionssubjektivität – nicht zugleich sagt, was sie bedeutet. Die Rückkoppelung an die Bezugssysteme der Welt der Ideen und der natürlichgeschichtlichen Erfahrungswelt findet deshalb auf dem Wege der Kommentierung ästhetischer Erfahrung statt. Solche Kommentierung bleibt der ästhetischen Erfahrung selber jedoch immer äußerlich. Diese kann sich ihr deshalb zu Recht auch verweigern.

5. Der religiöse Diskurs

Die Frage nach dem, was Religion ist, ist nicht weniger strittig als die nach dem, was Kunst ist. Kunst und Religion ist im Prozeß gesellschaftlicher Modernisierung dies gleichermaßen passiert, daß sie ihren metaphysischen, moralischen, politischen Funktionszusammenhang, damit einhergehend ihren institutionellen Geltungsschutz, weitgehend verloren haben. Auch die Religion ist selbständig geworden. Sie ist nicht mehr allein von Gnaden dessen, was die positiven Religionen, hierzulande die Kirchen vor allem, dafür gelten lassen. Sie verdankt sich nicht mehr autoritativen Setzungen, im gläubigen Gehorsam zu übernehmenden Offenbarungslehren. Sie ist nicht mehr identisch mit dem Kirchenglauben. Theologie und Kirche haben sie nicht mehr in ihrer Gewalt. Ihnen kommt keine Definitionsmacht darüber mehr zu, was Religion ist und wo sie legitimerweise vorkommt und wo nicht. Und daß man Religion braucht, um die Welt zu verstehen oder um ein ordentlicher Staatsbürger zu werden, will nicht mehr unmittelbar einleuchten.

Die Religion geht ihre eigenen Wege. Weder an der Zustimmungsbereitschaft zur kirchlichen Lehre noch an Kultfrequenzziffern kann sie festgemacht werden. Auch wo die Theologie ein Offenbarungswissen zu entfalten beansprucht, gilt dies als bloße Behauptung. Das Offenbarungswissen muß zum Gehalt der eigenen Selbstthematisierung werden können. Ebenso strittig bleibt der Verweis auf die Begegnung mit dem »Heiligen«, auf übermächtiges Betroffensein von Göttlichem, solange es nicht seine Plausibilität findet in der je eigenen religiösen Erfahrung, also in der Erschlossenheit des eigenen Selbst in der Beziehung zu Gott.

Deshalb sind in den Augen vieler Zeitgenossen Kunst und Religion aber auch füreinander austauschbar geworden. Sie stehen nicht mehr in einem Dienstverhältnis zueinander. Weder braucht die Kunst die Religion als Referenzrahmen für die Bestimmung ihrer ideellen Gehalte, noch braucht die Religion die Kunst zur Bebilderung ihres heilsgeschichtlichen Offenbarungswissens. Religion und Kunst sind gleichermaßen frei geworden von den ihnen fremden Funktionen metaphysischer Weltdeutung und ethischer Weltgestaltung. Auf der Ebene dieser objektiven ideellen Gehalte, für die sie in Anspruch genommen wurden, brauchen sie deshalb auch einander nicht mehr. Religion und Kunst sind jeweils zu sich selber befreit, unter Abstoßung ihrer sie fremdbestimmenden metaphysischen und moralischen Funktionen.

Aus der Befreiung auch der Religion zu sich selber folgt, daß wir nun auch die Religion nicht aufzusuchen haben in dem, was »objektiv« von ihr da ist, in dogmatischen Vorstellungsgehalten, wie sie von Kirchen und anderen religiösen Gruppierungen vertreten werden, in der Teilnahme an

religiösen Veranstaltungen, in Bekenntnissen und theologischen Lehrge-
bäuden. In all dem ist die Religion nie rein bei sich, sondern immer schon
veräußert an die theoretischen und praktischen Bestände des menschlichen Selbst- und Weltumgangs, für die sie heute nicht mehr unmittelbar
gebraucht wird. Rein bei sich ist die Religion nur in der sich als Gottes-
bewußtsein auslegenden Selbstdeutung endlicher Freiheit.

Der Konstitutionsort religiöser Erfahrung ist somit freilich, ebenso wie
der der ästhetischen Erfahrung, die leibhaft gebundene Reflexionssubjektivität. Deshalb scheinen Kunst und Religion so leicht füreinander austauschbar. Dennoch werden sie – recht verstanden – nicht eins.

6. Identität und Differenz von
ästhetischer und religiöser Erfahrung

Ästhetische und religiöse Erfahrung haben gemeinsam, daß in ihrem Zustandekommen die intellektuelle und die organische Funktion der Subjektivität, Verstand und Sinnlichkeit, Wahrnehmung und virtuelle Einbildungskraft nicht zur objektiven Erkenntnis und auch nicht zur ethisch-
vernünftigen Gestaltung der Wirklichkeit zusammenwirken. Wo es zur
ästhetischen und wo es zur religiösen Erfahrung kommt, ereignet sich
vielmehr – in Anbetracht unseres theoretischen und praktischen Reali-
tätsbewußtseins – ein zweckloses Zusammenspiel der in der Struktur der
Subjektivität liegenden Erkenntnisfunktionen. Es ist das Zusammenspiel
der Erkenntnisfunktionen rein als solches, unabhängig von der Erfüllung
kognitiver oder praktischer Bestimmungsleistungen, das in ästhetischer
und religiöser Erfahrung zur Präsenz des Bewußtseins kommt. In ihm
wird die Subjektivität ihrer transzendenten Einheit gewahr. Deshalb
schatten sie sich beide, ästhetische und religiöse Erfahrung, in einem Gefühl bzw. Empfindungszustand ab. Sie bestimmen nicht die objektive Welt
der Gegenstände. Sie reflektieren das unmittelbare Sich-selbst-Gewahr-
werden der individuellen Subjektivität im durch äußeren Anstoß ausgelösten, aber zugleich freien Zusammenspiel ihrer Funktionen bzw. Tätigkeiten.

Ästhetische Erfahrung reflektiert in besonderen Wahrnehmungen das
allgemeine Gefühl des freien Zusammenstimmens und -klingens von
Selbst und Welt. Religiöse Erfahrung reflektiert in besonderen Wahrnehmungen das allgemeine Gefühl ursprünglicher Ermöglichung dieses Zusammenspiels und somit auch des Selbst in seinem Verhältnis zur Welt.
Was ästhetische und religiöse Erfahrung voneinander unterscheidet, ist
nicht ihr sinnlich-idealler Gehalt, sondern das Woraufhin der Deutung,
die ihnen in der Reflexion des Subjekts zuteil wird.

Die vorzügliche ästhetische Gestimmtheit ist die des Gefallens. Den sie auslösenden Motiven wird deshalb die ästhetische Deutungs- und Bewertungskategorie des Schönen, des Erhabenen, des Gewaltigen, Erschütternden beigelegt. Sie verlangt allgemeine Zustimmung, erlangt diese aber nur dann, wenn auch die entsprechende Gemütsgestimmtheit sich subjektiv einstellt.

Die vorzügliche religiöse Gestimmtheit ist die des Ergriffenseins. Den sie auslösenden Motiven wird die religiöse Deutungs- und Bewertungskategorie des Heiligen oder Numinosen beigelegt. Auch sie verlangt allgemeine Zustimmung, erlangt diese aber ebenfalls nur dann, wenn die entsprechende Gemütsgestimmtheit sich subjektiv einstellt.

Der Allgemeinheitsanspruch ästhetischer und religiöser Urteile ist immer nur von subjektiver Verbindlichkeit. Dennoch konstituiert sich in ihnen eine auch intersubjektiv mitteilbare ästhetische und religiöse Erfahrung. Die Empfindungszustände, auf welche die ästhetischen oder religiösen Deutungskategorien angewandt werden, sind zwar immer vorsprachlicher Natur. Sie sind nur subjektiv zugänglich, individuell, nicht mitteilbar. Die Anwendung der Deutungskategorien des »Schönen« oder »Numinosen« läßt ästhetische und religiöse Erfahrung dann aber als allgemeine, mitteilbare Erfahrungen zustandekommen. Insofern kann man auch sagen: was als ästhetische oder religiöse Erfahrung gilt, ist wesentlich das Resultat ästhetischer und religiöser Kommunikation, des Austauschs entsprechender Wahrnehmungs- und Deutungsmuster.

Solche Kommunikation vollzieht sich in der Verwendung von Zeichen, die vorsprachliche Empfindungszustände als ästhetische oder religiöse überhaupt erst bestimmbar machen. Die Folgerung ist, daß nur wer solchen Zeichengebrauch lernt, auch seine eigenen religiösen und ästhetischen Erfahrungen zu identifizieren in der Lage ist. Ohne Einübung in den das ästhetische und religiöse Urteil ermöglichenden Zeichengebrauch sind vielleicht die entsprechenden Empfindungen auch da, bleiben aber in vorsprachlicher Unbestimmtheit. Sie bleiben dann flüchtig. Sie sind da, oder sie sind nicht da.

Weithin dürfte es heute genau bei dieser flüchtigen Unbestimmtheit bleiben. Ebenso dürfte, weil der entsprechende Zeichengebrauch nicht gelernt ist, somit die reflektierende Bestimmung der Empfindungszustände nicht zustandekommt, auch die Differenz zwischen dem Ästhetischen und dem Religiösen unbestimmt bleiben. Handelt es sich um das Empfinden eines glückenden Zusammenspiels meiner virtuellen Einbildungskraft mit einer besonderen Wahrnehmung, oder geht mir dankbar auf, daß überhaupt etwas ist und dieses mein besonderes Dasein sich in seinem allgemeinen Sinn erschließt? Erst in der Anwendung entsprechender Deutungskategorien gelangen ästhetische und religiöse Empfindungen zu bestimmbarer Klarheit über sich selbst. Dann konstituiert sich das, was ein »Kunstwerk« oder die Realität des »Heiligen« ist.

7. Die ästhetische Dimension religiöser Erfahrung

Ästhetische und religiöse Erfahrung kommen zur Bestimmung immer erst in der Kommunikation ästhetischer und religiöser Deutungs- bzw. Bewertungskategorien. Im Kunstwerk hat ästhetische Erfahrung jedoch einen Gegenstand, dem es spezifisch ist, Empfindungszustände methodisch-absichtsvoll hervorzurufen. Kunstwerke stellen einen produktiven Umgang mit dem paradoxen Sachverhalt der Machbarkeit dessen dar, was sich prinzipiell nicht machen läßt. Sie zeigen das Spiel der Freiheit und somit wie das Glück wachsen kann. Sofern religiöse Erfahrung zu sich darstellender Mitteilung kommt, tut sie das deshalb immer auch mit der Methode der Kunst. »Kunst ist die Sprache der Religion« (Schleiermacher).[51]

Auch die Symbolisierung religiöser Erfahrung arbeitet mit dem ästhetischen Verfahren, das der Produktion von Kunstwerken eigentümlich ist. Von daher ist Schleiermachers Rede zu verstehen, daß die Kunst die Sprache der Religion sei. Diese Rede meint, daß die Religion, wo sie die sinnliche Wahrnehmung von Tönen, Gebärden, Formen und Farben zu sprechenden Zeichen für spezifische Gemütsgestimmtheiten gestaltet, sich der Methode der Kunst, also des freien Zusammenspiels sinnlicher Elemente mit dem Allgemeinen der ideellen Begriffsbildung absichtsvoll bedient.

Es geht religiöser Mitteilung schließlich nicht um objektive Feststellungen hinsichtlich dessen, was in der Welt und mit dieser überhaupt der Fall ist, nicht um Welterklärung und auch nicht um allgemein-vernünftige Weltgestaltung. Es geht ihr um die Erregung von Gemütsgestimmtheiten. Und die Methode zur Erregung von Gemütsgestimmtheiten ist die Me-

---

51. Genau lautet die Formulierung Schleiermachers, auf den ich mich mit der hier skizzierten Religionstheorie insbesondere beziehe, so: »Wenn demnach das Bilden der Fantasie in und mit seinem Heraustreten Kunst ist, und der Vernunftgehalt in dem eigentümlichen Erkennen Religion, so verhält sich Kunst zur Religion wie Sprache zum Wissen.« In: ders., Entwürfe zu einem System der Sittenlehre (Werke Bd. 2, Auswahl in vier Bänden, hrg. von Otto Braun), Neudruck der 2. Aufl. Leipzig 1913, Aalen 1967, 314 f., § 228. Zu Schleiermachers Kunsttheorie vgl. Th. Lehnerer, Die Kunsttheorie Friedrich Schleiermachers, Stuttgart 1987; W. Jaeschke/H. Holzhey (Hg.), Früher Idealismus und Frühromantik. Der Streit um die Grundlagen der Ästhetik, Hamburg 1990.

thode der Kunst. Sofern in religiöser Rede und religiösem Gesang, in bildlichen Darstellungen im Raum der Kirche, in der geschmackvollen Gestaltung von Kulträumen, in der liturgischen Inszenierung der Kultfeiern etwas die Gemütszustände Erregendes liegt, ist es ihrer kunstvollen Gestaltung geschuldet.

Daß Kunst die Sprache der Religion sei, ist nicht im Sinne der alten ideellen Kunst zu verstehen. Diese betrieb zugleich die Symbolisierung einer gehaltvollen religiösen Semantik. Sie setzte den Kosmos religiösen Wissens, den Inhalt der religiösen Vorstellungskomplexe, wie z. B. die szenischen Ereignisfolgen der jüdisch-christlichen Heilsgeschichte, in ihre bildlichen Darstellungen um.

Daß Kunst die Sprache der Religion sei, meint unter den Bedingungen der Autonomie von Kunst und Religion nur den formellen Aspekt der erregenden Symbolisierung subjektiver Gemütszustände. Es meint nicht, daß moderne Kunst auch in den Dienst der Mitteilung religiöser Semantik treten soll. Kunst vermittelt keine bestimmte Deutung religiöser Erfahrung. Sie sagt nichts inhaltlich Bestimmtes über diese aus. Sie spricht auch für Religion eben nur insofern, als diese mit der ästhetischen Erfahrung den analogen Konstitutionszusammenhang hat: die nicht objektiv bestimmbare, abgründige Einheit der Erfahrungssubjektivität.

Weil Kunst die Religion nur in formeller Hinsicht zum Sprechen bringen kann, nur als Erregung subjektiver Gemütszustände, verdankt sich die Semantik religiöser Kommunikation immer der Eigenständigkeit der religiösen Selbstthematisierung des Individuums. Wer religiös Gehaltvolles, inhaltlich Bestimmtes aus Kunstwerken vernimmt, nimmt immer solche dem religiösen Urteil entspringenden Deutungszuschreibungen vor. In der Regel unterlegt er dem Gefallen, das er an Kunstwerken findet, einen Kommentar in Gestalt einer religiösen Rede. Solche Rede wird sich zumeist der Kunst der Rede bedienen. Sie hat um der Angemessenheit an ihren ästhetischen Gegenstand willen die Tendenz, poetisch zu werden. Der semantische Gehalt solcher Rede verdankt sich jedoch nicht der Kunstbetrachtung selber, sondern der Anwendung kulturell überlieferter religiöser Deutungskategorien auf Empfindungszustände, wie sie freilich auch und gerade durch Kunstwerke provoziert sein können. Das spezifisch Religiöse wird nicht schon im künstlerischen Symbolisierungsvorgang kenntlich, sondern erst in der Semantik, mit der dieser belegt wird.

8. Die religiöse Dimension ästhetischer Erfahrung

Autonome Kunst kann dennoch Religion zur Sprache bringen, freilich ohne etwas Bestimmtes über diese mitzuteilen. Das Religiöse der modernen Kunst liegt – wie gesagt – nicht in der Symbolisierung religiöser Ideen oder dogmatischer Gehalte, nicht in der Bebilderung religiöser Vorstellungen. Dennoch kann von einem der autonomen Kunst selber innewohnenden religiösen Moment gesprochen werden. Es tritt hervor als Unterbrechung des kulturellen, auch und gerade des konsum-kulturellen Alltagsbewußtseins. In einem modernen Kunstwerk spricht Religion sich aus, sofern dieses nicht allein gefällt, sondern in Distanz bringt, es Distanz zum eingespielten symbolischen Universum provoziert, die Suche nach Sinn verlangt. Kunst läßt Distanzerfahrungen machen, die Individuen auch zu religiösen, die ursprüngliche Ermöglichung ihrer Freiheit thematisierenden Selbstdeutungen anregen können.

Das Religiöse, das durch moderne Reflexionskunst selber zur Sprache gebracht wird, liegt nicht in bestimmten, etwa der christlichen Überlieferung zugehörenden Vorstellungsgehalten. Es liegt selbst dann nicht darin, wenn sie diese im Entwurf ihrer Bildwelten zitiert oder assoziiert. Das Religiöse liegt in der Erfahrung der Aufstörung des Alltagsbewußtseins und damit auch des Zerbrechens der funktionalen, zweckbestimmten Zuordnung unserer Realitätsvorstellungen, in denen wir uns normalerweise bewegen. Kunstwerke provozieren die Erfahrung, daß alles auch anders sein könnte. Kunstwerke führen in Kontingenzerfahrungen.

Als gesteigerte Kontingenzerfahrung ist die Begegnung mit Kunst religiöse Erfahrung. Sie kann eine die Suche nach Sinn aufs neue auslösende religiöse Erfahrung auch für das in ein konventionelles Vorstellungssyndrom eingespielte kirchlich-religiöse Bewußtsein sein.

Diese genuin religiöse Provokation der Kunst wird vom konventionell formierten religiösen Bewußtsein gemeinhin allerdings nicht als solche wahrgenommen. Die Erwartung an die Sprache der Religion ist ja eher die, daß sie Komplexität reduziert und Kontingenz bewältigen hilft – durch sinndeutende Vergewisserung im Absoluten.

Solche Vergewisserung erbringt moderne Reflexionskunst nicht unmittelbar. Sie stürzt den Betrachter zunächst in die Suche nach jener allgemeinen Bedeutung, die dem Besonderen, das sinnlich wahrzunehmen ist, zukommt, aber nicht mit ihm gegeben ist. Sie liefert den Begriff nicht mit und hat die Brücken zu einer im allgemeinen Bewußtsein vorgegebenen Welt von Ideen und Gegenständen abgebrochen.

So steht die Kunst der Funktion, welche die Religion vermeintlich für die Gesellschaft und das Individuum zu erfüllen hat, gerade entgegen. Statt Kontingenz zu bewältigen, steigert sie diese. Dennoch, dieser Gegensatz ist bloßer, von der konventionellen Religionsauffassung selber erzeugter Schein. Recht verstanden wohnt der religiösen Erfahrung selber das Moment der Aufstörung des Alltagsbewußtseins inne; bringt sie in Distanz zur Welt; ist ihr die Empfindung unbedingten Ergriffenseins gerade im Erhobensein über das Alltägliche eigen. Religiöse Erfahrung kann durch ästhetische Provokation zu der ihr eigenen Wahrheit gebracht werden, wie umgekehrt die ästhetische Erfahrung durch ihre religiöse Deutung vor einer Vergegenständlichung ihrer Gehalte bewahrt werden kann.

Die religiöse Deutung moderner Reflexionskunst ist freilich nie zwingend. Sie liegt ja nicht schon im Werk selber beschlossen. Die ästhetische Erfahrung, die es auslöst, ist genuin die Suche nach einem Allgemeinen der Bedeutung, nach einem Begriff, der zum Verstehen des Kunstwerks erforderlich scheint, der aber gerade nicht greifbar ist, sondern in der Reflexionsbewegung ästhetischer Erfahrung, die zwischen sinnlicher Wahrnehmung und idealer Einbildung spielt, immer wieder entgleitet.

Jede Deutung dieser Erfahrung, die über das rein Ästhetische des Gefallens am glückenden Zusammenspiel hinausgeht, macht von Konnotationen Gebrauch, die anderen Diskursen entstammen: politischen, moralischen, religiösen.

In der religiösen Deutung veranlaßt etwa die Erfahrung des glückenden Zusammenspiels zur Rede vom erscheinenden Gott. Oder es werden die als gelungen empfundenen Zeichen der Zerrissenheit, des Zerbrechens, des Sich-nicht-Fügenwollens in die deutende Rede vom leidenden, gekreuzigten Christus überführt. Solche Deutungen treten immer als Kommentare auf. Sie verlangen die Gegenzeichnung in der je eigenen Erfahrung. Diese kann auch verweigert werden. Es kann der Gegenkommentar provoziert werden, oder es kann an das Schweigen als der gegenüber dem Kunstwerk einzig angemessenen Haltung appelliert werden. Da unter vielen Kunstwerken geschrieben steht: »ohne Titel«, appellieren sie selber an diese Haltung des Schweigens.

9. Anforderungen an die Ästhetik kirchlicher Religionskultur

Kennzeichnend für die sozio-kulturelle Gegenwartslage sind sowohl die Verlagerung religiöser Erfahrung in die Kunst und – was nicht dasselbe ist, sondern von der Kunst selber kritisch reflektiert wird – in das »Emotional-Design« der Werbung wie auch der ästhetische Umgang mit den überkommenen religiösen Deutungspotentialen der Christentumskultur. D. h., sie können Verbindlichkeit für Individuen vor allem dann gewinnen, wenn sie von diesen als ebenso gehaltvolle wie subjektiv plausible

Artikulationen ihrer Selbstdeutung gelesen werden. Daraufhin, daß solche Selbstdeutung die ästhetische Anregung und religiöse Vertiefung findet, ist die religiöse Kommunikation im Raum der Kirche heute deshalb auch zu gestalten. Die auf ebenso kreative wie auch persönliche Aneignung setzende Eröffnung einer Vielfalt von Lesarten muß die praktische Maxime für die Vollzüge religiöser Kommunikation im Raum der Kirche sein.

Der »Zwang zur Häresie«, von dem Peter L. Berger spricht[52], zur permanenten Abweichung von den durch Überlieferung geheiligten und institutionell sanktionierten religiösen Symbolgehalten, meint den ästhetischen Umgang mit ihnen. In den Umgang mit den überlieferten Beständen christlich-religiöser Deutungskultur tritt das ästhetische Moment des Frei-Spielerischen ein. Denn ihre Übernahme wird eine Frage subjektiver Wahl, plausibilisierender Aneignung. Die Zustimmungsbereitschaft zu überlieferten religiösen Gehalten wird davon gesteuert, welche Kombination von Deutungsmustern als Sinnorientierung für die eigene Selbstdeutung zwanglos einleuchtet.

Anders als im Modus ästhetischer Verflüssigung, ohne den Reiz des Neuen, das überraschende Spiel mit überlieferten Deutungsmustern, ohne die sie verfremdende Reinszenierung, ohne daß die Deutungsangebote im Kontext individueller Lebensführung einzuleuchten vermögen, gewinnt die kirchliche Religionskultur heute keine über das Berufstheologentum und die von ihm erzogene Kerngemeinde hinausgehende Aufmerksamkeit mehr.

In Gottesdienst und Predigt etwa sind die liturgischen und biblischen Texte daher so zu inszenieren, daß sie die am gottesdienstlichen Geschehen beteiligten Subjekte sinnlich-leibhaft affizieren und ihre freie Selbstdeutung im Medium der sprachlichen und gestischen Zeichen aktivieren. Solche Textinszenierungen, die die frei-spielerische Selbstdeutung anregen, machen Gottesdienst und Predigt zur Gelegenheit ästhetischer Erfahrung. Sie machen sie zu Kunstwerken, deren inhaltliche Bedeutung sich dann aber auch im Vollzug solcher Selbstdeutung überhaupt erst realisiert. Gottesdienst und Predigt werden zu »offenen Kunstwerken«, die sich im Vollzug der subjektiven Aneignung ihres Sinngehaltes vollenden. Als »offene Kunstwerke« setzen sie ihre Überführung ins Leben frei, sie bringen, christlich gesprochen, auf den Weg selbsttätigen Glaubens, eigener Sinnvergewisserung.

Das Religiöse, das in solcher ästhetischen Erfahrung liegt, das sie selber vermittelt, verdankt sich nicht erst den biblisch-christlichen Motiven,

---

52. P. L. Berger, Der Zwang zur Häresie. Religion in der pluralistischen Gesellschaft, a. a. O.

117

auch wenn diese einen unverzichtbaren Beitrag zur Deutung und Bewertung des religiösen Gehalts solcher Erfahrung leisten. Das Religiöse liegt bereits in der eigentümlichen Vertiefung des subjektiven Vorgangs der Aneignung des in der Textinszenierung Dargebotenen. Religiös verbietet sich die Verdinglichung der Inszenierung der in der Bibel erzählten Gottesgeschichte, als sei sie schon die Sache selbst, ohne sich in die Deutung unserer Lebensgeschichten zu vermitteln und damit auch unsere Lebensentwürfe zu formen. Ist ästhetische Erfahrung die Wirkung im Subjekt, die durch sie ausgelöst wird, so macht die Religion eben diesen Sachverhalt ausdrücklich. Die Religion *formt* das Leben. Die Religion kann die ästhetische Erfahrung somit vor dem Abgleiten in die Verdinglichung bewahren, indem sie unsere Bestimmung zur Freiheit in der Aneignung ihrer Gegenstände erkennt und vermittelt. Oder anders gesagt: Die ästhetische Erfahrung wird zur religiösen Erfahrung, wo das freie Spiel, zu dem sie verlockt, in dem unbedingten Grunde thematisch wird, der es frei sein läßt. Da geschieht dann, daß das Glück wachsen kann und zugleich die Dankbarkeit dem Gott gegenüber empfunden wird, der es schenkt – »aus lauter Gnad und Güte«.

Dritter Teil
Kirche in der Praxis
lebensgeschichtlicher Sinndeutung

Abschnitt A:
Gottesdienst und Predigt

6. Kapitel

Der Gottesdienst in der Erlebniswelt

Der Glaube kommt aus der Predigt. Das Wort »Gott« fällt in unsere sinnliche, es in seinem Sinn erschließende Wahrnehmung. Der Glaube, der aus der Predigt kommt, ist ein durch die ästhetische Erfahrung sinnerschließender Zeichen vermittelter Glaube. Solche sinnerschließenden Zeichen findet der Glaube, also das sich im Gottesverhältnis auslegende religiöse Bewußtsein des Menschen, nicht nur im gesprochenen Wort.

Das hat man, recht verstanden, auch im Protestantismus so nie gemeint. »Sieh das himmlische Bild Christus an«, sagt Luther 1519 im »Sermon von der Bereitung zum Sterben«.

»Sieh, in dem Bild ist überwunden deine Hölle und deine ungewisse Erwählung gewiß gemacht. Wenn du allein darum dich bekümmerst und das glaubst als für dich geschehen, so wirst du in diesem Glauben gewiß errettet. Darum laß dir's nicht aus den Augen nehmen und suche dich nur in Christus und nicht in dir, so wirst du dich ewig in ihm finden.«[1]

Nicht im Hören auf das Wort vom Kreuz allein, sondern auch in der bildlichen Anschauung des Gekreuzigten soll der Glaubende das Glauben und damit die Kunst eines gottseligen, gelingenden Lebens und Sterbens lernen.

»Je tiefer und fest du dies Bild (sc. des Gekreuzigten) in dich hineinbildest und ansiehst, desto mehr fällt des Todes Bild ab und verschwindet von selbst ohne alles Zerren und Streiten. Und so hat dein Herz Frieden und kann mit Christus und in Christus ruhig sterben.«[2]

In der sinnerschließenden Anschauung des Bildes vom Gekreuzigten, in einer symbolisch vermittelten ästhetischen Erfahrung also, soll das zustandekommen, was dann auch als die eigentliche Glaubenserfahrung bezeichnet werden kann: eine besondere Gestimmtheit des Herzens, das Gefühl einer letzten, auch durch den Tod nicht zerstörbaren Geborgenheit in dem Gott Jesu Christi.

Der Glaube ist die Erfahrung mit einer Erfahrung, die durch sinnliche

1. M. Luther, Ein Sermon von der Bereitung zum Sterben (1519), in: M. Luther, Ausgewählte Schriften Bd. 2 (hrg. von K. Bornkamm und G. Ebeling), Frankfurt am Main 1982, 15-34, 23.
2. A. a. O., 21.

Affektion im Zusammenspiel mit unserer Einbildungskraft provozierte Deutung endlicher Erfahrung im Horizont des Unbedingten, Letztgültigen. Vermöge dieser Deutung bilden Menschen ihre spezifische Wirklichkeitssicht aus, entwickeln sie ihre orientierungsmächtigen Vorstellungen vom Leben, formiert sich ihnen ihre Einstellung zum Leben. Auch Luthers Bilddidaktik freilich zeigt, wie hochgradig solche Deutungen, vermöge deren ästhetische Erfahrungen ihren religiösen Auslegungssinn gewinnen, sozio-kulturell vermittelt sind. Wir bewegen uns immer schon in einer symbolischen Welt von Deutungsmustern bzw. Deutungstraditionen und brauchen Anleitung zum lebensdienlichen Umgang mit ihnen. Denn *welche* Deutungsgehalte wir übernehmen und *wie* sie sich uns einprägen, entscheidet über den Glauben, den wir leben.

Die Erfahrungen, die für den Lebensglauben eines Menschen prägend sind, sind ästhetische Erfahrungen. Es sind Raum- und Zeiterfahrungen, Erfahrungen mit Wort, Bild und Ton, mit sinnlichen Medien, die so, wie sie unsere Sinnlichkeit affizieren und unsere verständige Einbildungskraft provozieren, nicht darin aufgehen, die objektive Welt bestimmbar zu machen, sondern die den Sinn erschließen, den sie für uns hat, eine Deutung veranlassen, in der wir uns in unserem Selbst- und Weltverhältnis erschlossen finden. Jede Glaubenserfahrung, jede religiöse Erfahrung ist durch eine solche ästhetische Erfahrung vermittelt, insofern jede Deutung von Erfahrung im Horizont des Unbedingten von solchen bedingten, sinnlichen Zeichen lebt, die über sich hinausweisen, indem sie die Suche nach letztem Sinn provozieren.

Das hat die Kirche auch immer gewußt. Sie hat diesem Wissen insbesondere an den Orten Ausdruck verliehen, an denen sie die Deutungskultur der christlichen Religion zur räumlich begehbaren, mit allen Sinnen erfahrbaren Gestalt gebracht hat, in den Gottesdiensthäusern und Kirchengebäuden. Wie diese Häuser und Gebäude zu gestalten, wie dasjenige, was in ihnen geschieht, zu inszenieren ist, ist heute dennoch hochgradig problematisch geworden und zwar genau deshalb, weil dem kirchlichen Gottesdienst die Anschlüsse an die Alltagskultur der Menschen weggebrochen sind. Seine Ästhetik ist nicht mehr ins Allgemeine der Alltagswelt vermittelbar. Rein theologische Definitionen seines Sinns dominieren denn auch in der kirchlichen Diskussion liturgischer und homiletischer Fragen. Die Fragen seiner Gestaltung *heute* müssen jedoch in der Perspektive der alltagsweltlich gelebten Religion der Menschen neu zurückgewonnen werden.[3]

Das aber heißt, wir müssen uns den Herausforderungen zuwenden, die

3. So auch die Forderung von G. Otto, Zur Zukunft des Gottesdienstes. Erörterung eines Dilemmas, in: Praktische Theologie 32, 1997, 132-144.

sich im Kontext der zeitgenössischen Konsum- und Erlebniskultur an die ästhetische Gestaltung der zentralen Kultorte und -veranstaltungen der christlichen Religionskultur stellen.

Auch diese Diskussion freilich ist bereits im Gang. Die einen plädieren heute für die Neuinszenierung der kirchlichen Räume und dessen, was in ihnen geschehen kann. Andere befürchten, daß der besondere Stil der Glaubensvermittlung des Christentums dabei verdorben, ja unkenntlich werden könnte. Die Debatte um das Für und Wider von Techno-Partys in altehrwürdigen Innenstadtkirchen hat das gezeigt.[4] Auch das ist ja ein Streit um neue Wege der Glaubensvermittlung im Medium von ästhetischen Erfahrungen, wie sie die Popkultur der Gegenwart machen läßt, in Kombination unter Umständen mit solchen der – traditionellerweise in den Kirchenstil eingelassenen – Gregorianik.

Ich will über die tagesaktuelle Problematik hinaus den Motiven nachgehen, die nach einer Neugestaltung gottesdienstlicher Räume und der ästhetischen Inszenierung dessen, was in ihnen geschehen kann, fragen lassen, um dann vor allem im Blick auf die bildende Kunst der Gegenwart nach angemessenen Wegen der Religionsästhetik im Raum der Kirche Ausschau zu halten.

1. Die Ikonen der Werbung und die Sinnbilder der Kirche

Um die kirchlichen Baudenkmäler unserer Innenstädte herum sind die Fußgängerzonen entstanden, die Shopping-Malls, die Kaufhäuser, die Kneipen, die Banken, alles Einrichtungen, die sich dem Dienst am Kunden verschrieben haben. Was hat das mit der gelebten Religion zu tun? Sehr viel.

Norbert Bolz hat den »Dienst am Kunden« auf erhellende Weise mit dem »Ritual des Gottesdienstes« verglichen.[5] Dem will ich ein Stück weit nachgehen, dem Versuch also, die neuen Strategien des Marktes aus der Funktion der Religion heraus zu erklären. Dabei kann, so hoffe ich, exemplarisch deutlich werden, daß die Menschen, welche die altehrwürdigen Innenstadtkirchen verlassen haben, bzw. sich dort nicht mehr zum Gottesdienst versammeln, nicht in die Religionslosigkeit entlassen sind.

---

4. R. Sachau, Technotanz im Kirchenraum. Beobachtungen und Deutungen einer Begegnung zwischen zwei Lebenswelten, in: K. Fechtner u. a. (Hg.), Religion wahrnehmen (Festschrift für K.-F. Daiber zum 65. Geburtstag), Marburg 1996, 201-210.
5. N. Bolz/D. Bosshart, Kult – Marketing. Die neuen Götter des Marktes, Düsseldorf 1996, 198.

Es kann zugleich dabei auch schon ein Licht darauf fallen, welche Anforderungen in diesem Umfeld des Kult-Marketings an die kirchliche Religionskultur, etwa in der Entwicklung von City-Kirchen-Projekten, aber nicht nur dort, zu stellen wären.

Bolz identifiziert die Symbole und Rituale der die zeitgenössische Konsum- und Erlebnisgesellschaft prägenden Religion in den Markenzeichen der Werbung und den Strategien des Marketings. Werbung, Marketing ist »Gottesdienst am Kunden – man verführt ihn mit Fetischen, verstrickt ihn in Produktliebe«[6]. Anders würde der auf permanentes Wachstum angewiesene Markt gar nicht funktionieren. Damit er funktioniert, damit neu entwickelte Produkte gekauft werden, auch wenn man sie nicht benötigt, braucht es deren spirituelle, symbolische Bedeutungsanreicherung. Diese Funktion übernimmt die Werbung. Sie sorgt dafür, daß Gebrauchsgegenstände, wie etwa Turnschuhe, viel mehr sind als das Produkt selbst, nämlich Ausdruck eines Lebensstiles, einer Weltanschauung, jedenfalls dann, wenn es Turnschuhe von Nike sind. Diesen symbolisch aufgeladenen Gebrauchsgegenständen wird eine Art kultischer Verehrung zuteil. Man pilgert nach »Nike Town« in Chicago – das Sportgeschäft als Kirche mit Ikonen, die angebetet werden. »Michael Jordan und Charles Barkley« meint Bolz »sind die Hohenpriester, ›Nike Town‹ zeigt also nur offen, was das Warenhaus immer schon war: Tempel eines religiösen Rausches.«[7] Entscheidend für diese religiöse Interpretation des Konsums ist dabei eben die Beobachtung, daß Konsum keineswegs nur mit Bedürfnisbefriedigung zu tun hat. Er ist vielmehr das Medium einer Kultur der Selbstdeutung und vor allem Selbststilisierung des Individuums. Es geht um Formen der Selbstbeziehung. Der Konsum wird reflexiv. Wir konsumieren nicht nur Güter, sondern konsumieren gleichzeitig auch das Konsumieren. Und die Werbung dient mit ihrem Kommunikationsdesign dazu, diese selbstreflexiven Beziehungsverhältnisse, diese Erlebnisse im Medium des Konsums zu formieren.

Das Begehren der Menschen will ins Bild gesetzt sein. Es braucht die Ikone, das Markenzeichen. Denn, »wenn man den Gott (gemeint ist der Kunde, W. G.) an sein Bild bindet, kann man ihn zwingen. Genau diese Lektion muß das Marketing heute von der Religion lernen«, sagt Bolz[8]. Er meint freilich, daß das Marketing dies längst gelernt hat. Denn: »Nicht die Kirchen, sondern die Konsumtempel sind heute der Ort moderner Religiosität«.[9] Doch eben, das sind sie deshalb, weil es dem Marketing

6. A. a. O., 206.
7. Ebd.
8. A. a. O., 212.
9. A. a. O., 218.

gelungen ist, das zu tun, was zuvor die Kirchen mit ihren Symbolen und Ritualen getan haben, nämlich das Begehren der Menschen, das diesen selber gar nicht direkt zugänglich ist, zu interpretieren, ins Bild zu setzen und damit auch zu prägen. Das sei die entscheidende Lektion, so Bolz, die das Marketing von der kirchlich gemachten Religion gelernt hat, daß man das Begehren des Kunden interpretieren muß, weil es durch seine Interpretation erst geweckt wird. Der Marketing-Experte weiß deshalb auch, daß es illusorisch ist, die Kunden nach ihren Wünschen zu fragen, um diese dann zu erfüllen. Denn der Kunde »weiß nicht, was er will und will nicht, was er weiß«[10]. Deshalb gilt: »Erfolgreiches Marketing ist kein Dialog mit den Bedürfnissen des Kunden, sondern ein Zaubern mit den Objekten seines Begehrens«.[11]

Was das Marketing von der Kirche gelernt hat, das hat man in der Liturgik – protestantischerseits jedenfalls – weithin vergessen. Auf das Zaubern, auf die Verzauberung der Ware kommt es an, auf ihre symbolische Anreicherung mit übersinnlichem, spirituellem Gehalt. Denn auch das weiß der Marketing-Experte: Die Menschen wissen nicht nur nicht, was sie eigentlich begehren, es muß ihnen durch Zeichen, Symbole und Ikonen vermittelt werden. Es ist darüber hinaus so, daß das, was sie wirklich begehren, sich gar nicht kaufen läßt. Genau das, was sich nicht kaufen läßt, was die Menschen aber wirklich bewegt, was sie in letzter Instanz wünschen, gilt es in der Produktwerbung zu symbolisieren, zu interpretieren, ins Logo, ins Markenzeichen, ins Bild zu bannen. Die Macht der Werbung besteht darin, daß sie diese Dinge gerade ernst nimmt, die sich nicht kaufen lassen: »Freundschaft, Liebe, Sicherheit und Selbständigkeit«[12]. Diesem Begehren verschafft die Werbung Anerkennung dadurch, daß sie einem gleichgültigen Ding den symbolischen Mehrwert anheftet, in dem sich die tiefsten inneren Wünsche der Menschen interpretiert finden. Die Werbung und vielleicht noch das große Kino schaffen so Symbole, die den objektlosen Emotionen der Menschen einen Außenhalt schaffen. Sie bieten »Gefühlsformeln«[13] an.

Soviel hier zur Frage, wohin die Religion wandert, wenn sie nicht mehr in den Kirchen zur symbolisch-rituellen Gestalt findet. Nun liegt es freilich nahe zu sagen: Das ist aber doch eine ganz andere Religion, als sie in den kirchlichen Räumen praktiziert wird. Das ist die kapitalistische Religion, die schon Karl Marx beschrieben hat, indem er von den »theologische(n) Mucken« der Ware sprach, ihrem »Fetischcharakter«, ihrem zwei-

10. A. a. O., 212.
11. A. a. O., 21.
12. Ebd.
13. A. a. O., 214.

deutigen Sein als »sinnlich übersinnliche(m) Ding«[14]. Und auch Walter Benjamin hat in den dreißiger Jahren schon geschrieben: »Weltausstellungen sind die Wallfahrtsstätten zum Fetisch Ware.«[15] Auch hat er vom »Kultus der Ware« gesprochen[16] und an der Eisenkonstruktion der Pariser Passagen Analogien zu einer Barockkirche abgelesen[17]. Die Passagen, die Shopping-Malls, die Warenhäuser zeigen die Sakralarchitektur der kapitalistischen Religion.

Gewiß, die Sakralbauten der kapitalistischen Religion sind mit anderen Ikonen geschmückt als die christlichen Kirchen – außer vielleicht zur Weihnachtszeit. Dennoch sind die strukturellen Analogien frappant, zeigt sich, wieviel die kapitalistische Warenreligion, wieviel vor allem die Strategien ihrer Vermittlung, die Experten des Marketings, von der kirchlich-christlichen Religionskultur gelernt haben. Es ist m. E. angezeigt zu fragen, ob sie, die Experten des Marketings, inzwischen nicht mehr von der Religion, eben davon, wie sie inszeniert sein will, verstehen als die Experten der kirchlichen Religionskultur – protestantischerseits jedenfalls. Entscheidend dürfte es für die Experten der kirchlichen Religion jedenfalls darauf ankommen, die strukturellen Analogien zur außerkirchlichen Religionspraxis in den Blick zu bekommen und somit sich selber auf die eigene Religionsfähigkeit hin energisch aufs neue zu befragen. Denn es könnte ja auch sein, daß die altehrwürdigen Innenstadtkirchen von den Menschen deshalb weniger aufgesucht werden, weil sie dort dasjenige nicht finden, was die Ikonen der Werbung ihnen anbieten: Gefühlsmuster, eine Sprache für ihr Begehren, ästhetisch ansprechend inszenierte Rituale, die ihrer Sehnsucht nach Freundschaft, Liebe, Sicherheit und Selbständigkeit, einen sinnfälligen Ausdruck geben. Es könnte ja sein, daß die kirchliche Religion zu sehr verlernt hat, sich überhaupt als Religion in Gestalt der Inszenierung großer Gefühle, der Symbolisierung des den einzelnen unbedingt Betreffenden zu begreifen und entsprechend symbolisch-rituell zu gestalten – als ein den Menschen notwendiges Tun der sinnfälligen Bedeutungsüberhöhung von Dingen und Beziehungen, ihrer spirituellen Anreicherung mit den Mitteln der Ästhetisierung. Religion ist humane Selbstdeutungskultur. Sie braucht daher einen Kult, der wirksame Zeichen setzt, symbolische Zeichen, die mit ihrem spirituellen Bedeutungsüberschuß in der Lage sind, dauerhafte Stimmungen in Men-

14. K. Marx, Das Kapital. Kritik der politischen Ökonomie Bd. 1 (hrg. von F. Engels 1867), Berlin 1961, 76.
15. W. Benjamin, Gesammelte Schriften Bd. V.1 (hrg. von R. Tiedemann), Frankfurt am Main 1974, 50.
16. A. a. O., 51.
17. A. a. O., 222.

schen hervorzurufen, ihnen Modelle ihrer Selbstinterpretation zu vermitteln, ihre Vorstellungen vom Leben und ihre Einstellungen zum Leben zu prägen. Ein solcher Kult, der Gefühlsmuster erbringt, ist in unseren Kirchengemäuern zwar auf Dauer gestellte, gestaltete Form geworden. Aber dauerhafte Stimmungen in den Menschen hervorzurufen, ist dieser Kult zumeist nicht mehr in der Lage. Das kann eigentlich nicht am Gehalt seiner Symbole und Rituale liegen.

Das Taufbecken mit seinem reinigenden, heilenden Wasser; der Altartisch als Ort der Vereinigung mit Gott und der Menschen untereinander; das Kreuz, in dem sich die Paradoxien unserer Wirklichkeitserfahrung verdichten: Gericht und Rettung; Opfer, Sühne und Versöhnung; Ertragen des Unerträglichen; Überwindung des Todes inmitten von Endlichkeit. Diese Paradoxien artikulieren schwer erträgliche Sinngehalte. Genau darin aber verweisen sie auf das Geheimnis des Lebens: geboren werden und sterben; das Wunder liebender Vereinigung; daß ein unbedingter Sinn ist in allem, in der an sich selbst ganz und gar dissonanten Verzweiflung ebenso wie in der alles zu zersprengen drohenden Freude, in dem allem ein unverbrüchliches Gehaltensein. Am ureigenen Symbolbestand der kirchlichen Religionskultur kann es nicht liegen, wenn ihre Sakralbauten nicht aufgesucht werden. Deshalb wäre die Kirche auch schlecht beraten, ihren Symbolbestand aufzugeben oder auch nur dessen Paradoxien zu entschärfen. Dieser Konsequenz will mit dem vergleichenden Blick auf die offensichtlich erfolgreicheren Strategien der Werbung nicht das Wort geredet sein. Dennoch, das Ganze ist doch entscheidend auch eine Frage der ästhetischen Inszenierung. Und offensichtlich gelingt es dem modernen Erlebniskult des Marketings durch effektvollere Inszenierungen, durch treffendere Interpretationsmuster für unsere Gefühle und unser Begehren, der kirchlichen Religionskultur den Rang abzulaufen. Dabei schöpfen die Ikonen der Werbung und der Popkultur vielfach jedoch nur die vormals kirchlich kanalisierten Ressourcen ab.

2. Neuinszenierungen kirchlicher Räume

Wer, aus den Einkaufspassagen und Konsumkathedralen kommend, eine der Innenstadtkirchen betritt, kommt nicht aus einer Welt der Sinnleere in eine geschichtlich und religiös geprägte Sinnwelt. Auch die Welt des Konsums ist eine religiös geprägte Sinnwelt. Auch die Welt des Konsums liefert vor allem mittels des Kommunikationsdesigns der Werbung eine umfassende Selbstinterpretation. Auch sie formiert die Gefühle und generiert Lebensstile. Wer eine Kirche betritt, kommt nicht aus der Sinnleere in eine Welt des Sinnes. Aber er findet – hoffentlich – einen anderen, tieferen Sinn und auch die Symbole und rituellen Muster eines anderen, bewußteren Lebensstils.

Wenn sich eine Gemeinde kaum noch in der Innenstadtkirche versammelt, weil sich die Menschen anderswo – etwa durch die Ikonen der Werbung oder auch durch das große Kino, den Techno-Beat, den Museumsbesuch – religiös verzaubern lassen, dann gilt es, diese Kirche unter Umständen umzugestalten. Umzugestalten gilt es sie aber nicht in Form einer bloßen Anpassung an das modische Design der Alltagskultur oder die postmodern verspielte Architektur des Museumsbetriebes. Es kommt vielmehr gerade darauf an, einerseits die Erinnerungszeichen für den spezifischen Sinn der christlichen Religionskultur zu bewahren und andererseits deren Potential für die Welt- und Selbstinterpretation aufs neue freizusetzen. Das Kirchengebäude bindet vor allem mit seinen spezifischen Erinnerungszeichen wie dem Kreuz, dem Altar, dem Taufstein, der Kanzel, aber auch durch seine aufstrebenden Pfeiler und nach oben sich öffnenden Gewölbe den einzelnen in das Gehäuse einer bestimmten Glaubensüberlieferung ein. Das ist in einer Welt der Kontraste, wie sie das Marketing, aber auch die Museums- und Theaterlandschaften oder die Erlebnisbäder mitproduzieren, ungeheuer wichtig. Wichtig ist auch beim Betreten des Kirchengebäudes die Kontrasterfahrung, daß ich den Übergang in eine andere Sinnwelt spüre. Nichts also wäre abwegiger, als sich bei der Umgestaltung einer Kirche dem »Emotional Design« des Marketings anzupassen und etwa die neugotischen Hallenbauten zu Kuschelräumen mit Wohnzimmeratmosphäre umzubauen.

Was bei der erforderlichen Gestaltung bzw. Umgestaltung gewährleistet bleiben muß, ist die Erfahrung der Kontraste. Sichtbar bleiben muß, daß der christliche Kultraum eine sowohl umfassende wie inhaltlich spezifische Selbst- und Weltinterpretation tradiert. Die in Stein gehauene, in Holz, Glas oder Beton gestaltete Selbst- und Weltinterpretation der christlichen Religionskultur hat ihre geprägten Sinnbilder und Erinnerungszeichen: den Altar, das Taufbecken, das Kreuz, die Kanzel, die Bilder der Heiligen auch, also Szenen aus der Geschichte von Menschen, in denen anderen Menschen der Gott des Evangeliums als der tragende Sinn des Ganzen begegnet ist. Soll der an diese Erinnerungszeichen geheftete religiöse Deutungssinn erhalten bzw. zurückgewonnen werden, dann muß es freilich Menschen geben, die sich diesem Deutungssinn existentiell verbunden fühlen. Nur in solcher Rückbindung von Menschen an diesen Deutungssinn, nur in solcher »religio« sind die ihn symbolisierenden Kirchen nicht nur von musealem Wert, sondern Modelle gegenwärtig gelebter Selbstdeutung von Menschen. Wenn also solche Selbstdeutung nicht so sehr nach oben, nicht ins Kosmische hinein, nicht zum göttlichen Gegenüber drängt, sondern dahin, die eigene Mitte zu finden, die personale Identität, die Gemeinschaft, dann dürfte der Altar, das kultische Zentrum, z. B. in die Mitte des Kirchenraums zu rücken sein.

Dahin geht dann auch die andere Konsequenz für den Richtungssinn bei der Gestaltung der kirchlichen Religionskultur. Im Inhaltlichen ist es – wie gesagt – die Differenz, der *anregende* Kontrast, zu den Ikonen der Konsumkultur. Es gibt aber keinen Inhalt ohne die Form, in der er zur Erscheinung kommt. Und damit sind die Fragen seiner ästhetischen Inszenierung angeschnitten, Fragen der Gestaltung der kirchlichen Räume und dessen, was in ihnen geschehen kann. Wenn die Menschen ausbleiben, die sich den Ikonen der Christentumskultur existentiell verbunden fühlen, dann gilt es, ihren existentiell-religiösen Symbolgehalt provokativ als Anstiftung zur eigenen Sinnreflexion erneut freizulegen. Dann gilt es, in Bild, Wort und Ton neue Inszenierungen zu entwerfen, Inszenierungen, die zeigen, daß es in der Kirche um Dinge geht, welche die Menschen wirklich bewegen, daß hier das Geheimnis ihres Lebens gerade in seinen Paradoxien zur Deutung findet.

Die entscheidende Frage ist jedoch, wie dies geschehen kann, ohne das Kommunikations- und Emotional-Design des Marketings zu kopieren, – was ja ohne Vermeidung von Geschmacklosigkeiten ohnehin nicht funktionieren würde. Nicht die Ikonen unserer Konsum- und Erlebniskultur sind in die Kirchen zu transportieren, wohl aber wären Architekten, Designer, Künstler, Gemeindeglieder und Gottesdienstbesucher daraufhin zu befragen, wie die kirchlichen Räume und ihre überlieferten Sinnbilder zu reinszenieren wären, daß sie wieder Motive existentieller Selbstdeutung freizusetzen und Gefühlsmuster aufzuprägen in der Lage sind.

Die Möglichkeit, die ich sehe, ist vor allem die der zeitgenössisch bildenden Kunst und ihre Kombination mit den tradierten Sinnbildern der Kirche. Im Unterschied zum Design manipuliert Kunst nicht. Sie entsteht aus einem Spiel der Freiheit und setzt das ungebundene Zusammenspiel von Verstand und Einbildungskraft, von Idee und Anschauung beim Betrachter frei.[18] Als zu sich selbst befreite Kunst, als moderne, autonome Kunst, die ganz auf das glückende Zusammenspiel von gestalteter Form und virtueller Anschauung, also auf die Erfindung ihres inhaltlichen Sinnes durch den Betrachter setzt, läßt sich die Kunst deshalb allerdings auch nicht für den kommunikativen Transport der Sinnbilder und Erinnerungszeichen der überlieferten Christentumskultur schlicht funktionalisieren. Gemeint ist also keine christliche Gebrauchskunst. Gemeint ist die Gegenwartskunst, die ihren Sinn nicht schon mitliefert und ihre Motive auch nicht immer, manchmal aber doch aus der tradierten christlichen Ikonographie entlehnt. Gemeint ist die Kunst, die die Suche nach

18. Vgl. R. Bubner, Ästhetische Erfahrung, Frankfurt am Main 1989, 52-69.

Sinn provoziert, indem sie die Distanz markiert zur Alltagswelt, auch und gerade zu den modischen Ästhetisierungen und Stilisierungen der Alltagswelt, die Distanz aber auch zur geläufigen, tradierten Ikonographie der Christentumskultur, ihre Verfremdung. Solche Kunst kann heute die Funktion der Religion in einem tieferen, abgründigeren Sinn erfüllen. Solche Kunst ist sinnproduktiv. Sie provoziert öffentliche Sinnreflexion. Wenn sie dabei Symbole der christlichen Überlieferung verfremdet zitiert, ist sie unter Umständen aber auch ausgesprochen anschlußfähig an die kirchliche Religionskultur. Sie kann deren Umgestaltung ermöglichen. Nicht dadurch, daß man die überlieferten Sinnbilder und Erinnerungszeichen in den Kirchen durch moderne Kunstwerke ersetzt, wohl aber dadurch, daß man sie mit ihnen kombiniert und kontrastiert. Die Provokationen, die dadurch ausgelöst werden, setzen die christliche Religion wieder zur öffentlichen Sinnreflexion frei. Das hat z. B. der »Tanz ums Kreuz«, den Georg Baselitz in dem niedersächsischen Dorf Luttrum hervorgerufen hat, gezeigt.[19]

Worauf es bei der Umgestaltung von Kirchenräumen, die von ihren Gemeinden verlassen wurden, ankäme, wäre jedenfalls durchaus so etwas wie deren Wiederverzauberung durch Ästhetisierung. D. h. ihre überlieferte Symbolik, das Kreuz, der Altar, das Taufbecken, die Kanzel, wären zu bewahren, aber neu zu gruppieren und vor allem durch Kombination mit sie verfremdenden Darstellungen so ins Verhältnis zu den ihnen begegnenden Menschen zu bringen, daß sie erneut zu spirituell gehaltvollen Sinnbildern ihrer existentiellen Selbstdeutung werden können. Die Symbolik des Raumes und das, was in ihm mit Worten, Gesten und Tönen geschieht, muß Gefühlsmuster aufprägen, Interpretationsschemata vorgeben, in denen unser tiefstes Begehren nach Selbständigkeit und Geborgenheit, nach der Lesbarkeit des eigenen Selbst seine Sprache findet. Der kirchliche Raum, das, was es in ihm zu sehen und zu hören gibt, muß eine ästhetische Erfahrung machen lassen, mit der sich uns eine Meditation dessen einstellt, was es um unsere letzten Zwecke, um das ebenso erschaudernde wie anziehende Geheimnis unseres Lebens ist.

19. Vgl. A. Mertin, Perspektivenwechsel. Der Streit um die Kunst in Luttrum, in: Kunst und Kirche 4, 1994, 226-228, sowie die Abbildung in: F. Mennekes/ J. Röhrig, Crucifixus. Das Kreuz in der Kunst unserer Zeit, Freiburg/Basel/ Wien o. J., 15.

3. Die Ästhetik des gottesdienstlichen Raums

»Die Religion gehört der Kirche nicht«, hat der Theologe und Künstler Thomas Lehnerer unter eines seiner Objekte geschrieben.[20] Er meinte damit nicht das Marketing und sein Emotional Design, wohl aber, daß es eben die Religion auch als Kunst gibt, Kunst Religion ist, in dem Sinne einer umfassenden Selbst- und Weltinterpretation, der wir uns existentiell verbunden fühlen. Sie wäre der »Fluchtpunkt aller unserer Zwecke« und alles, was diese Funktion erfüllt, wäre Religion: Die Deutung unserer Erfahrung im Horizont eines Unbedingten, Letztgültigen, des einen Sinns in allem. Wenn Kunst diese Stelle einnehmen kann, dann wäre sie nicht etwas »statt Religion«, sondern dann wäre sie »selbst Religion«[21]. Ob ihr dies in den wenigen Bildern und Rauminszenierungen, in den seltenen Augenblicken »freier Schönheit«, im Zeigen des wunderbar glückenden Zusammenspiels auch noch des Dissonanten gelingt, unsere letzte Sehnsucht nach Sinn zu interpretieren, dies objektiv festzustellen hat Lehnerer bewußt vermieden. Solche Augenblicke zu sehen und zu erleben, ist Sache jedes einzelnen – hat er betont – und kann nicht (auch nicht argumentativ) erzwungen werden. Sie hervorzubringen und zu erleben – das meinte er jedoch sagen zu können – ist ein Glück. Ästhetische Erfahrung ist Glückserfahrung, im Sinne der Erfahrung, daß zur Gestalt findet, in ein Bild gebannt ist, was sonst schon in den eigenen Gefühlen nicht zusammenzubringen ist: die Abbrüche, die Disharmonien und das Wunder der Gelöstheit.

Ist die ästhetische Erfahrung als solche auch religiöse Erfahrung? Ja, denn mit dem Glück ist es ja wie mit dem Begehren. Es wird in dem, was es für mich ist, bestimmbar erst dadurch, daß ihm ein Zeichen gegeben wird. Architektur und Kunst entwerfen solche Zeichen, in denen die Welt für uns lesbar wird, trotz all des Schrecklichen und Unbegreiflichen in ihr. Sofern dies geschieht, öffnet sich der Himmel über dem Diesseits, wird Glückserfahrung in allem Unglück. Lehnerer war allerdings der Meinung, daß mit der Diesseitigkeit ästhetischer Erfahrung doch eine entscheidende Differenz gesetzt sei zur kirchlichen Religion. Die Religionen, so meinte er, berufen sich auf transzendente Wesen und Mächte und einen allmächtigen Schöpfer, auch das Christentum.[22]

---

20. Die Religion gehört der Kirche nicht. 1992. Vitrine mit 16 Skulpturen und verschiedenen Gegenständen aus Wachs, Ton, Holz, Bronze, Fleisch. Abbildung, in: Kunstverein-Ruhr e. V. (Hg.), Th. Lehnerer, Essen 1992, 24. Das Objekt befindet sich jetzt in der Sammlung des Neuen Museums Weserburg Bremen.
21. Th. Lehnerer, Denken in der Kunst, in: Kunst und Kirche 4, 1988, 220 f.
22. A. a. O., 221.

Ich meine nicht, daß man die Differenz so setzen muß. Ästhetische und religiöse Erfahrung reflektieren schließlich gleichermaßen in besonderen Wahrnehmungen das allgemeine Gefühl des freien Zusammenstimmens und -klingens von Selbst und Welt. Was ästhetische und religiöse Erfahrung voneinander unterscheidet, ist nicht der sinnliche Gehalt, sondern das Woraufhin der Deutung, die ihm in der Reflexion des Subjekts zuteil wird. Das Ästhetische richtet sich auf das Gefallen an der Gestalt, das Religiöse auf das Betroffensein durch den Gehalt, der sich erschließt.

Es läßt sich darüber hinaus in der theologischen Verständigung über die christliche Religionspraxis schon seit mindestens 250 Jahren, jedenfalls seit der Kantschen Aufklärung und ihrer religionstheoretischen Weiterführung und Ausarbeitung durch Schleiermacher und den transzendentalen Idealismus feststellen, daß die christliche Religion gerade nicht mehr allein im Sinne des Glaubens an ein jenseitiges, göttliches Wesen, ein höchstes Seiendes mit Schöpfermacht verstanden wird. Es wurde vielmehr diejenige Umformung der christlichen Religion eingeleitet, wonach religiös sein heißt, eine sinnlich-vermittelte Selbstdeutung hinsichtlich des transzendenten Grundes endlicher, individueller Freiheit zu vollziehen. Religiös weiß ich mich in meinem eigenen Dasein dergestalt erschlossen, daß ich in der Beziehung zu Gott als dem transzendenten Sinngrund eine letzte Unabhängigkeit behaupte von allem, was mich in dieser Welt binden kann. Religion ist diese spezifische Weise humaner Selbstdeutung, wonach ein Mensch durch alle natürlichen, geschichtlichen, gesellschaftlichen Bedingungen hindurchgehend, transzendierend, im Unbedingten sich begründet weiß. Frei bin ich in meinem Verhalten zur Welt, weil ich die Einheit meiner Grundverfassung als selbstbewußtes Wesen nicht in der zugleich wahrgenommenen Welt, sondern in ihrem transzendenten Grund, in Gott suche. Gott ist dann aber kein jenseitiges Etwas, keine kosmische Macht, kein autoritäres, Gehorsam heischendes Wort. Er ist ein transzendentales Gefühl oder ein transzendentaler Gedanke, eine keineswegs abschätzig zu verdächtigende, sondern um unserer Humanität willen notwendige Projektion unserer Selbstdeutung als freie Wesen. Anders denn als religiös in Gott begründet, läßt sich in dem Spannungsfeld von Sozialität und Individualität, in das ein jeder von uns gesellschaftlich eingebunden ist, individuelle Freiheit gar nicht denken.

Christliche Theologen haben unter den geistes- und sozialgeschichtlichen Bedingungen der Moderne, da vor allem Theologen des sogenannten Neuprotestantismus, selber diese Umformung betrieben. Sie zielten dabei insgesamt darauf, den religiösen Bezug des Menschen nicht mehr in von oben nach unten gedachten Entgegensetzungen von Gott und Mensch, Wort Gottes und Glaube auszulegen. Die christliche Religion sollte vielmehr verstanden werden als eine bestimmte, auf Kommunikation angelegte Selbstdeutung menschlicher Freiheit. Entsprechend der angezeigten Umformung der christlichen Religion – weg vom theistischen Dualismus mit seiner von oben nach unten gedachten Entgegensetzung von Gott und Mensch hin zur von unten her und dann nicht nach oben, sondern in die Tiefe gedachten Selbstdeutung des Menschen, der sich auf Gott als den transzendenten Grund des eigenen Selbstseins bezogen weiß – strukturiert sich dann aber auch das gottesdienstliche Ritualgeschehen anders. Dann handelt es sich nicht mehr um ein der versammelten Gemeinde gegenübertretendes Geschehen der Verkündigung des offenbarten Gotteswortes, dem es gläubig zu gehorchen gilt, und nicht mehr um die Verwaltung und Darreichung des von Christus erworbenen sakramentalen Heilsgutes. Das gottesdienstliche Ritual vollzieht vielmehr, oder sollte vollziehen, den ästhetisch wirkungskräftigen Austausch solcher gestischen, sprachlichen und bildlich wahrnehmbaren Zeichen, die für die den Gottesdienst mitfeiernden einzelnen bzw. für die Gemeinde zu anregenden Sinnbildern, zu Symbolen ihrer auf den unbedingten Sinngrund hin vertieften Selbstdeutung werden können.[23]

Das wiederum hat Folgen für die Ästhetik des gottesdienstlichen Raums, und die Inszenierung des Geschehens, das mit Liturgie und Predigt in ihm zur Aufführung kommt. Sie sind so zu gestalten, daß deutlich wird: es kommt hier entscheidend auf die einzelnen Menschen an, die Erbauung suchen, wirkungskräftige Zeichen, welche Anregung geben zum Aufbau ihrer religiösen Selbstdeutung, Zeichen, die ihrem Begehren nach Sinnvergewisserung eine Sprache leihen. Nicht das Gegenüber von Wort und Glaube oder auch von Amt und Gemeinde kann mehr der ideelle Leitfaden für den Stil gottesdienstlichen Handelns sein, sondern dieser ideelle Leitfaden ist nun die sich an symbolisch geprägten Erinnerungs- und Vergewisserungszeichen nährende Selbstbesinnung und Selbstdeutung des einzelnen Menschen. Diese Zeichen müssen den semantischen Gehalt der christlichen Religion symbolisieren: Das Kreuz, der Altar, das Taufbecken, die Kanzel. Aber sie sind im Kirchenraum möglichst so zu ordnen, daß sie nicht ins Gegenüber zur Gemeinde, sondern in deren kommunikative Mitte rücken. Der Altar muß als Tisch für die zum »Mahl des Herrn« versammelte, die Vereinigung mit ihm wie un-

---

23. P. Cornehl hat, mit seinem Anschluß an Schleiermachers Theorie des darstellenden Handelns, dazu wichtige Anregungen gegeben: »Im Gottesdienst vollzieht sich das ›darstellende Handeln‹ der Kirche als öffentliche symbolische Kommunikation der christlichen Erfahrung im Medium biblischer und kirchlicher Überlieferung zum Zwecke der Orientierung, Expression und Affirmation.« Vgl. P. Cornehl, Artikel »Gottesdienst«, in: F. Klostermann/R. Zerfaß (Hg.), Praktische Theologie heute, Stuttgart 1974, 460.

tereinander erfahrende Gemeinde erkennbar sein. Der Taufstein sollte möglichst am Eingang stehen, zum Zeichen eines hier neu beginnenden Weges ins Leben. Die Kanzel darf nicht Symbol einer von oben herabtönenden, versteinerten Botschaft bleiben. Sie muß die Gelegenheit zum Gespräch symbolisieren. Statt starrer Bankreihen sind in Kreisform angeordnete Stühle vorzuziehen. Denn diese Möglichkeit muß der gottesdienstliche Raum vor allem eröffnen, daß an die Stelle der Kanzelrede das Rundgespräch tritt bzw. daß die Kanzelrede ein solches Gespräch implizit realisiert. Die Predigt muß jedenfalls zur religiösen Rede werden, die mit der Kunst der Sprache Szenen gelebten Lebens entwirft, in denen die Hörer sich wiederfinden können und die sie zur religiösen Selbstdeutung anregen. Ebenso muß viel Raum dafür sein, daß die biblische Lesung durch ein szenisches Anspiel ergänzt bzw. ersetzt werden kann und sich das Abendmahl auch an Tischen sitzend feiern läßt. Entscheidend ist, daß der gottesdienstliche Raum rituell-liturgische Gestaltungsmöglichkeiten für alle am gottesdienstlichen Geschehen beteiligten Personen eröffnet, nicht nur für die kirchlichen Amtsträger.

Die Ästhetik gottesdienstlicher Räume und Inszenierungen muß also darauf bedacht sein, daß neue Liturgie und Predigt zwar an den traditionellen Symbolgehalten des Christentums orientiert bleiben, aber diese einer zur Sinnreflexion provozierenden Reinszenierung unterworfen werden. Sie muß freilich an die baulichen Vorgaben auf geschmackvolle Weise anschlußfähig bleiben. Ob dies z. B. mit der Installation des »Tanz ums Kreuz« in der Luttrumer Dorfkirche geschehen ist, darüber wird man streiten können. Auf keinen Fall wollen die eben formulierten Anregungen jedoch dahingehend verstanden werden, als sei nun die Ästhetik der kirchlichen Religionskultur ganz am Gemeinde- bzw. Gemeinschaftsgedanken auszurichten. Der Austausch, die kommunikative Wechselseitigkeit ist ein wichtiger Gesichtspunkt. Mindestens ebenso wichtig ist jedoch eben dies, daß der Gottesdienst als ein Geschehen erfahren wird, das durch die ansprechende Inszenierung religiöser Erinnerungs- und Vergewisserungszeichen Anregung gibt zu einer sich aus der christlichen Überlieferung nährenden religiösen Selbstdeutung des einzelnen Menschen. Oft setzen die liturgisch eingespielten Erinnerungs- und Vergewisserungszeichen diese Anregung nicht mehr frei. Sie provozieren nicht die eigene Sinnarbeit. Es wird nicht verstanden, daß das tiefste Begehren, das Wissen um das Geheimnis des eigenen Lebens in ihnen ihre Sprache finden. Deshalb braucht es die Kombination und Konfrontation mit Bildern, Szenen, Reden, Rauminstallationen und musikalischen Happenings, die Interpretationen provozieren für das, was es um die Sich-Erschlossenheit des eigenen Selbstbewußtseins im letztgültigen Sinnhorizont ist. Auch für solche neuen Realisationen der christlichen Religion müßte in unseren Kirchen Raum sein. Für Bilder, Szenen, Reden, Installationen, die nicht einfach das Kommunikationsdesign der Werbung in die Kirche transportieren, aber auch nicht einfach das Symbolinventar des Christentums restaurieren, sondern dieses kombinieren mit der humanen Suche nach Sinn, wie sie der bildenden Kunst, der Poesie, der Musik eigentümlich ist. Dann können unsere Kirchen zu neuem Raum für neue, lebendige Sinnreflexion anregende ästhetisch-religiöse Erfahrung werden.

7. Kapitel

Gottesdienst und Technokult

»Techno«, eine der heute dominanten Formen von Popmusik, stellt eine Spielart jugendkultureller Identitätsbildung dar.[24] In ihr liegen Anfragen an die ästhetische Gestaltung auch des kirchlichen Gottesdienstes. Der Technokult wird hier in seiner Beziehung zum Gottesdienst unser Thema, weil er ein markantes Beispiel gibt für die – auch religiös codierte – Formierung moderner Lebensstile.[25]

Zu meiner Einschätzung des Phänomens möchte ich zunächst drei Punkte nennen. Eine für die religiöse Gegenwartskultur überhaupt signifikante Szene scheint mir Techno aus folgenden Gründen zu sein:

a) Techno stellt eine Form des ästhetischen Umgangs mit avancierter Computertechnik im Medium zeitgenössischer populärer Musik dar. Es findet hier die Umsetzung des Computerzeitalters in Musik statt, die Ästhetisierung modernster Technologie, die Rückverwandlung virtueller Welten, wie sie Computersimulationen entwerfen, in leibhaft sinnliche Erfahrung. Techno schafft ein mächtiges Ritual, das virtuelle Welten sinnlich-leibhaft anverwandelt, sie zur eigenen Realität werden läßt.

b) Techno ermöglicht einen alternativen Lebensstil, der nicht auf ein bestimmtes ideologisches Programm, auch nicht auf eine bestimmte Stilrichtung des Sich-Kleidens und -Verhaltens festgelegt ist, sondern gerade aus der beständigen Neukombination von Moden und Trends besteht, aus dem spielerischen Umgang mit der Werbung und der Neuaufnahme kulturhistorisch bereits abgelegter ästhetischer Schemata. Techno ist die Realisierung dessen, was man Postmoderne genannt hat, in erlebnisoffenen Szenen der Jugendkultur.

c) Techno transzendiert den Alltag. Techno findet nicht immer statt. Techno braucht die Party, die Unterbrechung des Alltags, die symbolische Inszenierung. Techno ist somit eine Form zeitgenössischer Religionspra-

---

24. Vgl. Ch. Meueler, Pop und Bricolage, in: SpoKK (Hg.), Kursbuch Jugendkultur. Stile, Szenen und Identitäten vor der Jahrtausendwende, Mannheim 1997, 32-39; ders., Auf Montage im Techno – Land, a. a. O., 243-250; R. Vollbrecht, Von Subkulturen zu Lebensstilen, a. a. O., 22-31.

25. Vgl. die auch auf andere Stilrichtungen der Popmusik ausgreifende Arbeit von B. Schwarze, Die Religion in der Rock- und Popmusik. Analysen und Interpretationen (Praktische Theologie heute Bd. 28), Stuttgart 1997.

xis, die symbolisch-rituelle Ermöglichung und Gestaltung von Transzendenzerfahrung. Das Erlebnis einer Gegenwelt, welche die Bedürfnisse nach Ekstase und Gemeinschaft befriedigt. Es sind die nicht über Reflexion, sondern sinnlich-leibhaft vermittelten Erfahrungen der Verschmelzung mit Klang und Bewegung, die spontanes, nicht ideologisch-normativ bestimmtes Gemeinschaftserleben verschaffen,»›Fluß‹–Erfahrung«, wie Victor Turner das genannt hat.[26] Auch Drogen spielen in diesem Zusammenhang eine Rolle. Auch sie fokussieren die Wirklichkeitswahrnehmung auf die im Moment des Erlebens der Musik wirksamen leibhaften Affektionen. Angesichts einer durch Rollen und Funktionen, durch Wissenschaft und Technik dominierten Alltagswelt, schaffen die Unterbrechungen dieser Alltagswelt durch Techno-Partys eine andere Wirklichkeit, die selbstvergessen im Augenblick des Erlebens aufgehen läßt. Die tänzerische Bewegung zu monotonen Rhythmen scheint unter den ansonsten dominanten sozio-kulturellen Bedingungen einer wissenschaftlich-technischen Zivilisation jedenfalls eine effektive Methode zu sein, in ungewöhnliche Bewußtseinssphären zu geraten.

1. Techno als religiöses Ritual

Techno ist nicht nur ein musikästhetisches Ereignis und auch nicht nur ein Ausdrucksphänomen der sogenannten Postmoderne. Ich habe darauf hingewiesen, daß Techno charakteristische Merkmale eines religiösen Rituals erkennen läßt. Die drei Phasen, die Arnold van Gennep in seiner kulturanthropologischen Studie zu religiösen Übergangsriten unterschieden hat[27], lassen sich denn auch leicht ausmachen.

Wer eine Rave-Party mitmacht, durchlebt zunächst eine Trennungsphase. Eingehende Vorbereitungen sind nötig, bevor die Party in den Refugien des Wochenendes steigen kann. Das eigene Outfit gilt es zu stilisieren. Die Verkleidung ist ein Mittel der Verwandlung, die auf der Party geschehen wird. Oft ist bis zur Location eine weite Reise nötig. Sportliches Training ist wichtig, um die Strapazen des Dance-Events überhaupt durchzustehen.

Die zweite Phase, die für das religiöse Ritual entscheidende, ist die Umwandlungsphase. Sie findet in der langen Nacht der Rave-Party statt. Hunderte von Händen schnellen im Rhythmus der Musik nach oben, kollektive Schreie schrillen durch die Halle, eine amorphe Menschenmasse

---

26. Vgl. V. Turner, Vom Ritual zum Theater. Der Ernst des menschlichen Spiels, Frankfurt am Main/New York 1989, 89-94.
27. Vgl. A. v. Gennep, Übergangsriten (franz. 1909), Frankfurt am Main u. a. 1986.

wabert durch den Raum. Jeder bleibt für sich und ist doch Teil einer großen, alle miteinander verbindenden Bewegung. Verzückte Gesichter, Beine, die monoton im Rhythmus des Beats auf der Stelle stampfen. Die Ekstase steigert sich, gesteuert von den liturgischen Inszenierungen des DJs. Er ist der Zeremonienmeister eines Rituals, dessen ekstatische Kraft sich mit der Länge der Nacht steigert – bis zur schließlichen physischen und psychischen Erschöpfung.

Die dritte Phase des religiösen Rituals, die Wiederangliederungsphase, gehört ebenso zur Techno-Party. Sie findet nach Möglichkeit in den Chill-Out-Rooms statt. In sie ziehen die Raver sich zurück, um bei einer weniger hektischen Soundvariante den im roten Bereich rangierenden Herzschlag wieder auf das gewöhnliche Maß herunterzufahren. Ruheräume, die sich vor allem in den Morgenstunden füllen. Plüschsofas erleichtern den Ravern die Rückkehr in den Alltag.

So zeigt die Techno-Party das Szenario einer Umwandlungserfahrung. Sie führt in Übergänge. Sie stellt eine Passage dar, die diejenigen, die sich mit Haut und Haaren auf die Party einlassen, über ihren Alltag hinausführt, damit auch über den Status und die Rollenfunktionen hinaus, die sie in ihm einnehmen. Wer sich sonst nur in seinen familiären, ökonomischen, schulischen oder beruflichen Strukturen und Funktionen erlebt, kann durch die rituelle Begehung die Erfahrung der Freiheit zum Anderssein machen. Die Dinge des Lebens geraten in »Fluß«, wie Victor Turner sagt. Es kann sich für die Zeit der rituellen Begehung so etwas wie eine »Antistruktur« zum gewöhnlichen Leben aufbauen.[28] Das Antistrukturelle einer Techno-Party, die spezifische Fluß-Erfahrung, die sie machen läßt, dürfte vor allem in der spontanen Communitas (Turner)[29] liegen. Es ist die Erfahrung, daß trotz der Stilisierung von Individualität, die eine Techno-Party ermöglicht und einfordert, im Rhythmus der Musik doch alle eins sind.

Ich habe eine Techno-Party nach dem Muster eines religiösen Rituals beschrieben. Das macht auch formale Strukturanalogien zum sonntäglichen Kirchgang erkennbar.

2. Der kirchliche Gottesdienst als religiöses Ritual

Auch der Kirchgang hat seinen sozialen Ort in den Refugien des Wochenendes. Auch er braucht seine Vorbereitungsphase, von der sonntäglichen Kleidung angefangen bis hin zum Rüstgebet, der inneren Sammlung vor

28. Vgl. V. Turner, a. a. O., 68f.
29. A. a. O., 74-83.

Gott. Der ganze Eingangsteil des Gottesdienstes mit Introitus und Sünenbekenntnis dient der Vorbereitung auf die Begegnung mit Gott in der Artikulation der Unterschiedenheit von ihm.

Im Zentrum des gottesdienstlichen Geschehens steht die Umwandlungsphase. In ihr geschieht die wirksame Unterbrechung des Alltags, die Errichtung einer anderen symbolischen Ordnung, die Überwindung dessen, was uns von Gott trennt. In den biblischen Lesungen und in der Predigt werden Welt und Leben ins Licht des schöpferischen und versöhnenden Handelns Gottes gerückt. Die gewöhnlichen, differenzbestimmten Perspektiven unseres Selbst- und Weltumgangs werden verschoben. Sie werden in einen sie transzendierenden, Sinnganzheit repräsentierenden Deutungshorizont gestellt. Das geschieht mit Worten, durch die auf verstehende Aneignung zielende Anrede, die vor allem das Gehör der in ihren Bänken sitzenden Menschen sinnlich affiziert. Deren Bewegungsfreiheit ist stark eingeschränkt. Nur durch das Singen und gelegentliches Sich-Erheben zeigen sie ihre selbst-aktive Beteiligung. Bis dahin ist das gottesdienstliche Ritual, in der protestantischen Kirche vor allem, auf die innere Versenkung, das Sich-selbst-Verstehen des individuellen Subjekts vor Gott angelegt. Der protestantische Gottesdienst bringt eine Kultur der Innerlichkeit, der Selbstbesinnung, der Selbstreflexion, der Selbstdeutung zur symbolisch-rituellen Darstellung. Auf diese Weise ist er wirksam in der Wandlung unseres Selbstverstehens, in der Transformation der Perspektiven unseres Selbst- und Weltumgangs – weg von der differenzbestimmten Sicht unversöhnter Verhältnisse, hin zu ihrer in Gottes schöpferischem und versöhnendem Handeln gründenden, hier und jetzt zeichenhaft aufleuchtenden Einheit.

So ist der protestantische Gottesdienst die wirksame Inszenierung einer Kultur christlich-religiöser Selbstdeutung, auch wenn sie einem ästhetischen Schema folgt, dem sich viele Menschen heute, insbesondere Jugendliche, nicht mehr öffnen können und wollen. Mit den unsere Weltsicht und Lebensperspektiven im Licht des Evangeliums neu ausrichtenden Deuteworten von Schriftlesung und einer sie gegenwartspraktisch auslegenden Predigt kommt jedoch im protestantischen Gottesdienst die Umwandlungsphase noch nicht an ihr Ende. Sie gipfelt vielmehr im Abendmahl. In ihm wird die, die differenzbestimmten Lebens- und Weltverhältnisse überwindende Vereinigung mit Gott und der Menschen untereinander, wird die Wandlung, die der Gottesdienst insgesamt bewirkt, auf ganzheitliche Weise zur sinnlich-leibhaften Erfahrung. Daß das Wort, das Gottes schöpferische, versöhnende und erlösende Gegenwart zusagt, auch bringt, was es sagt, daß es Menschen in ihrem ganzen Dasein verwandelt, indem es sie in den Machtbereich der einenden göttlichen Liebe einbezieht, wird in der eucharistischen Feier zu einem leibhaften Spüren, im Schmecken des Brotes und der lösenden Wirkung des Weines. Auch das freilich alles in symbolischer Darstellung und Verdichtung. Doch in den Gesichtern der Beteiligten und ihrer ganzen körperlichen Haltung kann die innere Ergriffenheit durch dieses Geschehen erkannt werden. Keiner geht an seinen Platz zurück, ohne nicht die Ahnung bekommen zu haben vom Wunder einer liebenden Vereinung mit der transzendenten, die immanenten Widersprüche unseres endlich-welthaften Daseins überwindenden, uns Menschen auch untereinander einenden Gottheit.

Der Schlußteil des Gottesdienstes mit Sendung und Segen repräsentiert schließlich die Wiederangliederungsphase. Die Gemeinde wird in den Alltag entlassen. Die Menschen sollen in ihn zurückkehren. Doch nicht so, wie sie gekommen sind, sondern als die durch Gottes Wort Erleuchteten und Veränderten, als die mit Gott und untereinander im Geist der Liebe neu Verbundenen. Der Alltag, so ist allen klar, gehorcht anderen Gesetzen. Da gilt es wieder den Rollen- und Funktionszuweisungen in Familie, Schule und Beruf zu entsprechen. Deshalb ist die Wiederangliederungsphase für das gottesdienstliche Ritual aber auch so wichtig. Sie dient weniger der Rekreation nach der psychischen und physischen Anstrengung, die das Durchlaufen der Umwandlungsphase gefordert hat, obwohl in den Gemeinden, in denen sich ein Kirchenkaffee anschließt, auch diesem Aspekt Rechnung getragen wird. Statt der Behebung von Erschöpfungszuständen dient die Wiederangliederungsphase des gottesdienstlichen Rituals jedoch sehr viel mehr der Stärkung für die Bewährung der im Licht des Evangeliums erneuerten Selbstdeutung im Alltag der Welt. Sie schließt deshalb auch mit dem Segen, in dem die Begleitung durch Gott auf allen unseren Wegen zugesagt wird.

3. Techno als jugendkulturelle Form zeitgenössischer Religionspraxis

Die von mir soeben vorgenommene Interpretation des kirchlichen Gottesdienstes ist vermutlich dahingehend zustimmungsfähig, daß sie den Gottesdienst als religiöses Ritual beschreibt. Wer an einem kirchlichen Gottesdienst teilnimmt, mag das, was er da erlebt, teilweise anders sehen, als ich es eben artikuliert habe. Aber daß es sich da um Religion handelt, dürfte unstrittig sein. Bei einer Techno-Party ist das weniger selbstverständlich. Die formalen Strukturparallelen zu religiösen Ritualen sind deutlich. Aber wird Techno von denen, die sich selber in dieser Szene bewegen, auch religiös verstanden? Diese Frage ist m. E. nicht unwichtig. Denn was Religion ist, ist heute strittig. Die Bestimmung dessen, was Religion ist, ist deshalb ohne Kommunikation über Religion nicht zu gewinnen. Und die Kirchen als traditionelle Institutionen religiöser Kommunikation haben keineswegs mehr das Vorrecht, solche Kommunikation über Religion zu dominieren. Sie haben heute kein religiöses Ritenmonopol mehr und im Verbund mit der Theologie auch nicht die Definitionsmacht über das, was als Religion gelten darf und was nicht.

Wie die Techno-Jünger ihr Tun selber verstehen, darüber fehlen uns freilich bislang noch empirisch zuverlässige Daten. Daß eine religiöse Interpretation ihrer musikästhetischen Kulturpraxis nicht gänzlich an ihrem eigenen Selbstverständnis vorbeigeht, will ich hier, ohne Anspruch auf Repräsentativität, an einem Selbstzeugnis dokumentieren.

Hasan (22), Kommunikationselektronik-Lehrling:

»Ich habe mein ganzes Leben lang jede Art von Musik gehört, Metal, schnelle Sachen – Hauptsache, es war das Extremste, was der Markt zu bieten hatte. Doch gerade dieser Metal-Kram wurde rasch langweilig, er kam mir vor wie eine dumpfe Endlosschleife. Eines Tages saß ich am Wochenende mal wieder stumpf zu Hause und hab mir diesen negativen Krach in voller Lautstärke reingezogen. Da hat mein jüngerer Bruder mich geschnappt und auf eine große Rave-Veranstaltung geschleppt, auf der lief afro-cosmic und purer, harter Techno-Stoff. Mein Bruder war damals schon zwei Jahre in der Rave-Szene drin. Ich hatte ihn wegen dieser Musik immer für verrückt gehalten. Bis zu diesem Abend war mir Techno fremd. Aber nach diesem Rave war dieser Sound für mich etwas Neues, Aufregendes. Die Musik und die Raver, das war so unglaublich, auch der DJ hat mich fasziniert, wie er gemixt hat, und alle haben dazu getanzt, völlig in sich versunken und wie in Trance.

Jede Woche ging ich von da an in die entsprechenden Discos, in denen sie Techno spielten. Ich fing an, Kassetten zu kaufen von DJ-Remixen. Mein Bruder hatte mich voll infiziert. Bald darauf habe ich angefangen, ganz gezielt und verbissen nach Terminen von Insider-Partys zu suchen. Ich wollte unbedingt zum engsten Kreis der Raver gehören, ins Innere dieses Kosmos vordringen.

Zwar laufen auch im Radio und im Fernsehen manchmal Sendungen über Techno, aber das war nicht der Kick, das war billiges Abservieren einer Szene, die so unglaublich lebendig ist.

Mir ging es jedenfalls um Hardcore-Techno, den ›echten‹ Stoff, das war für mich Techno. Die ultra-brutalen Thunder-dome-Sampler, auf denen Gabber-Techno zu finden war, wurden meine neue Religion. Die Leidenschaft für die Extreme, die zeichnet den echten Raver aus [...]

Mein allererster Rave, der war der Knackpunkt für meine Techno-Obsession: Ich war ganz normal gekleidet, in Jeans und Shirt und sah die Leute, die völlig extrem aussahen. Und dann die Musik – nur der Baß, das hat gedröhnt, mir wurde schlecht, ich hatte Kopfweh, aber es war einfach unglaublich. Ich fühlte mich an diesem Abend wie auf einem anderen Planeten.

Zuerst habe ich mir die Leute fasziniert angesehen, ich saß nur rum. Aber dann riß mich die Euphorie mit, ich habe mit einem Mal auch getanzt, was ich noch nie zuvor getan hatte. Als mein Bruder, ein paar Kumpels und ich am frühen Morgen von dem Rave nach Hause fuhren, hat keiner was gesagt. Ich war bis zum Rand voll mit Eindrücken. Das Stroboskop, die Blitzlichter, alles war so neu, und dann dieser irrsinnige Baß.

Im Laufe der nächsten Monate hatte ich eine Menge zusammen mit meinem Bruder zu entdecken. Wir lernten die Namen der DJs auswendig, kauften die ersten Techno-CDs, bildeten uns richtiggehend weiter. Wir kriegten plötzlich auch mit, daß wir Teile einer riesigen Bewegung waren. Das hat mich mit Stolz erfüllt – bis zu dem Punkt, als das Mitte der neunziger Jahre kommerziell wurde. [...] Ich hoffe nur, daß in Zukunft der Underground erhalten bleibt, sonst sehe ich schwarz für die Szene. Techno ohne Underground-Charakter, das schmeckt mir wie ein Teller lauwarmer Suppe – überhaupt nicht [...]«[30].

Soweit Hasan, wie er von seinem Werdegang zum eingeschworenen Techno-Jünger erzählt. An diesem Bericht kann man erkennen, daß Techno den Charakter einer Bewegung hat, daß Techno eine jugendkulturelle Szene darstellt, die sich selbst religiös versteht. Einer Rave-Party lassen sich nicht nur in religionstheoretischer Außenperspektive die formellen Merkmale eines religiösen Rituals zuschreiben. Sie wird von Ravern selber als Ort religiöser Erfahrung beschrieben. Ort religiöser Erfahrung ist die Techno-Party für die Techno-Jünger deshalb, weil sie merken, daß sich ihnen in deren Begehung ihre letzten Zwecke versammeln. Hier können sie sich ihrer »Leidenschaft für die Extreme« hingeben. Es ist in der subjektiven Selbsteinschätzung eine Grenzerfahrung. Die subjektive Sinnwelt wird auf ihre Grenzen hin ausgelotet, auf das in ihr Letztgültige, auf einen absoluten Sinnhorizont hin, der das Sinngefüge des Alltags unendlich übersteigt, von dem her dessen Defizienz- und Frustrationserfahrungen überwunden sind. Man findet zu dieser Erfahrung absoluter Realität deshalb auch nur durch den zeitweiligen Ausstieg aus dem Alltag. Man muß sich der Rave-Bewegung anschließen. Und diese muß Underground-Bewegung sein. Sie muß im Jenseits der Gesellschaft sich bewegen, sonst kann man das absolut andere zu ihr, das absolut Wirkliche im Unterschied zu allem falschen Schein und aller Sinnleere, denen man sonst begegnet, dort nicht finden.

Hasan erzählt von seinem Weg in die Techno-Bewegung im Stile eines Bekehrungserlebnisses. Es war ein Weg aus der Sinnleere in die absolute Sinnerfülltheit. Sinnerfülltheit bietet Techno allerdings auch nur denen, die Teil der Bewegung sind. Dem Außenstehenden bleiben diese Welt und damit der absolute Sinn, die wahre Wirklichkeit, die in ihr erlebt werden kann, verschlossen.

Das gilt für jede Religion, daß sich ihre absolute Sinnwelt nur denen

---

30. In: F. Blask/M. Fuchs-Gamböck, Techno. Eine Generation in Ekstase, Bergisch-Gladbach 1995, 142 ff.

erschließt, die ihre Rituale begehen und sich mit allen ihren Sinnen den symbolischen Zeichen öffnen, in denen diese Sinnwelt codiert ist. Für Techno ist das Dabeisein, das Erlebnis der Rave-Party aber auch deshalb entscheidend, weil es sich hier um eine religiöse Sinnwelt handelt, welche die religiöse Erfahrung ganz im Medium des Ästhetischen machen läßt. Es sind Musik, Tanz, Bewegung, die die Communitas-Erfahrung vermitteln. Musik, Tanz, Bewegung sind die Sprache dieser Religion. Sie sind die absolute Realität. Man könnte deshalb auch sagen, die Transzendenz wird im absoluten Diesseits einer ästhetischen Inszenierung von Tönen und Bewegungen erfahren. Es braucht darüber hinaus keine Lehre, keine Dogmatik, kein ideologisches Programm. Weil es das nicht braucht, ist aber auch Dabeisein alles. Die durch Musik und Tanz hervorgerufenen Erfahrung ist die Erfahrung absoluten Ergriffenseins.

Der Bericht von Hasan kann meine Behauptung plausibilisieren, daß Techno eine zeitgenössische, vor allem jugendkulturelle Praxis gelebter Religion darstellt. Die Techno-Bewegung sieht religiösen Bewegungen nicht nur ähnlich. Ihre Events lassen sich nicht nur in der religionstheoretischen Außenbetrachtung nach dem Muster eines religiösen Rituals interpretieren. Techno ist auch vom Selbstverständnis der der Bewegung angehörenden Jugendlichen her Religion. Techno ist eine Religion, die ihr besonderes Merkmal darin hat, daß sie ganz im Medium ästhetischer Erfahrung aufgeht. Das Sinnverrückende und Sinnerschließende der ästhetischen Erfahrung, das nicht auf Begriffe zu bringen ist, das sich in vorreflexiven Empfindungszuständen ereignet, ist das Religiöse an Techno. Es ist eine der ästhetischen Erfahrung nicht nur implizite, sondern mit ihr zusammenfallende Religion. Diese Religion äußert sich deshalb ganz leibhaft, in Bewegung. Sie braucht keine Semantik, nicht das anredende Wort zur Deutung des Erlebens.

4. Wie sich die Kirche zu Techno stellen könnte

Wie es nicht geht, haben die Kommentare und Reaktionen zu der Techno-Party in der Hamburger Hauptkirche St. Katharinen gezeigt.[31] Die Befürworter der Party ließen deutlich erkennen, daß sie damit Techno für die Kirche und ihren Verkündigungsauftrag instrumentalisieren wollten. Sie ließen sich also von der Auffassung leiten, Techno sei keine Religion, oder allenfalls so etwas wie Religionsersatz, Pseudoreligion, die es durch ihre Einbeziehung in kirchliche Räume allererst religiös zu prägen, vor allem religiös wahr zu machen gelte. Das kann nicht funktionieren. Tech-

---

31. Vgl. zur Diskussion des Ereignisses in den Medien R. Sachau, a. a. O.

no ist ein autonomes Produkt unserer Gegenwartskultur. Und Techno ist selber schon Religion. Sie wird dazu nicht erst durch den Segen der Kirche.

Die Befürworter der Techno-Party in St. Katharinen wollten die Techno-Jünger für die Kirche gewinnen. Die Gegner sahen demgegenüber in diesem Versuch eine untaugliche Anbiederung an die Jugendlichen. Sie befürchteten einen Mißbrauch des Sakralraums, verwiesen auch darauf, daß Kirche und Techno von der Sache her miteinander unverträglich seien. Das Menschenbild des Evangeliums, so wurde gesagt, sei ein anderes als es der »Erlebnis-Selbstkult« von Techno vermittle.

Die Gegner des Hamburger Experiments dürften darin richtig gesehen haben, daß Techno selber schon Religion ist und für die Anhänger die lebenspraktische Funktion von Religion, nämlich Sinn zu bekommen für eine absolute Realität, auch erfüllt. Von daher legt sich zunächst ein Konkurrenzdenken aus der Sicht der Kirche näher als das einer versöhnlichen Vermittlung. Eine solche Vermittlung dürfte vor allem dann auch nicht gelingen, wenn sie dem Interesse der Instrumentalisierung der Techno-Bewegung für kirchliche Zwecke folgt. Solche Instrumentalisierungsabsichten werden von Jugendlichen schnell durchschaut und abgewiesen. Sie wollen sich auf diesem Wege nicht eingemeinden lassen.

Vielleicht gibt es aber auch einen dritten Weg zwischen kirchlichen Instrumentalisierungsversuchen auf der einen und kirchlichen Abgrenzungsstrategien auf der anderen Seite. Und vielleicht stand die Intention dieses dritten Weges auch den Initiatoren des Hamburger Experiments vor Augen. Sie liegt auf der Ebene des Ästhetischen und der Bestimmung seiner Identität wie dann auch seiner Differenz zum Religiösen. Sie zielt auf die Bereitstellung von Differenzen der Wahrnehmung, auf den Aufbau von Kontrasten, die die Erlebnisintensität und damit eben auch das aneignungsfähige Sinnpotential des religiösen Rituals, das ein christlicher Gottesdienst darstellt, steigern kann.

Ein Gottesdienstraum wie St. Katharinen in Hamburg ist ja nicht als solcher schon ein heiliger Ort. Zur Begegnung mit Gott, zum Ort religiöser Erfahrung wird er durch das gottesdienstliche Geschehen, das in ihm vollzogen wird, dadurch also erst, daß Menschen diesen Raum auf spezifische Weise in Gebrauch nehmen. In das Ritual des christlichen Gottesdienstes werden dann freilich auch die im gottesdienstlichen Raum befindlichen Zeichen christlicher Religionskultur eingebaut: das Kreuz, der Altar, das Taufbecken, die Kanzel. Das sind Zeichen, die selber sehr viel über die Sinnwelt der christlichen Religion aussagen.

Dennoch haben sie im Verlauf der Christentumsgeschichte verschiedene Interpretationen erfahren, die unterschiedlichen Lebensgefühlen und Frömmigkeitsrichtungen stilistischen Ausdruck gegeben haben. Daß die

Ikonen der Christentumskultur neu interpretiert werden, daß sie dann auch neuen Inszenierungen unterworfen werden, daß sie dabei auch mit wirkungsmächtigen Zeichen, etwa zeitgenössischer Jugendkultur wie dem Techno-Tanz, kombiniert werden können, legt sich von daher durchaus nahe. Techno bietet sich für den Versuch solcher Kombinationen religionsästhetischer Zeichen schon deshalb besonders an, weil Techno an sich selber eben auch ein musikästhetisches Phänomen ist, das gerade von der Mischung verschiedener Stilrichtungen lebt.

Worauf es dann ankommt, ist, daß solche kombinatorischen Mischungen religionsästhetischer Schemata, z. B. von Kreuzweg und Techno-Tanz, auch selber wieder ästhetisch glücken. Ob das mit dem Auftritt des Gregorianik-Chores, der das Kreuz vor sich her trug, aber was seine Lautstärke anlangte, mit den Techno-Bässen in keiner Weise konkurrieren konnte, gelungen war, darüber wird man streiten müssen. Den Versuch jedoch, unterschiedliche Stile religiösen Ausdruckverhaltens miteinander zu kombinieren, wird man machen dürfen.

Dennoch, eine Techno-Party wird eine Techno-Party bleiben und ein christlicher Gottesdienst ein christlicher Gottesdienst. Religion ist in beidem zu finden. Religiöse Erfahrungen sind da wie dort zu machen. Erlebnisintensiver auf einer Techno-Party. Mit explikationsfähigerem, zur religiösen Selbstdeutung im Gottesverhältnis anregendem semantischem Gehalt in einem christlichen Gottesdienst. Schön und für die Lebensorientierung von Jugendlichen gewinnbringend wäre es sicher, wenn Kombinationen möglich würden, die dies beides ineinander vermittelbar machen: die leibhafte Erlebnisintensität einer Techno-Party und die sinnreflexive Bedeutungstiefe eines christlichen Gottesdienstes. Wie das praktisch gehen könnte, ist noch nicht zu sehen. Vielleicht können es weitere Erprobungen einer kombinatorischen Religionsästhetik in Prozessen gottesdienstlicher Gestaltung zeigen.

8. Kapitel

Gottesdienstliche Predigt als religiöse Lebensdeutung

Hören wir zunächst auf die Gottesdienstbesucherin und Predigthörerin Anna (18). Im Jugendmagazin der Süddeutschen Zeitung vom 19.8.1996 hat sie von ihrer Motivation zum Kirchgang und von ihrer Predigtwahrnehmung erzählt:

»Einmal in der Woche sollte jeder Mensch sich einen ruhigen Platz suchen, um über das Wesentliche auf der Welt nachzudenken. Tut man dies nicht, kann es sein, daß man eines Tages plötzlich anfängt zu weinen und gar nicht weiß, warum, oder man muß feststellen, daß einem ein wichtiger Mensch verlorengegangen ist, ohne daß man es gemerkt hat. Einmal in der Woche sollte man deswegen tief in sich hineinhören – dann kann man vielleicht viele schlimme Dinge verhindern. Oder versuchen, alles besser zu machen.

Meine beste Freundin setzt sich zum Nachdenken immer in die S-Bahn und fährt kreuz und quer durch die Stadt. Dabei besteht allerdings die Gefahr, daß man jemanden trifft, den man kennt, und dann ist es aus mit dem Nachdenken. Andere schleichen sich mit ihrem Walkman auf den Dachboden. […] Alles nicht schlecht, ich finde aber meine Methode, mit sich und der Welt ins Reine zu kommen, immer noch die beste: sonntags in die Kirche gehen.

Nicht, daß ich glaube, daß Gott mir bei meinen Problemen sonderlich helfen kann. Das hat er noch nie getan, und ich bin eigentlich auch noch nie auf die Idee gekommen, ihn darum zu bitten. Aber eines weiß ich: Dort, wo er wohnt, ist es im Sommer angenehm kühl – keine schlechte Voraussetzung also, um zu einem ruhigen Gedanken zu kommen.

Sobald die Kirchentür ins Schloß gefallen ist, und der Pfarrer zu reden beginnt, beginne auch ich mit dem, weswegen ich überhaupt so früh aufgestanden bin: mit dem Nachdenken. Liebe, Umweltschutz und für welchen Beruf ich mich demnächst entscheiden soll. Der freundliche schwarze Mann vorne am Altar, der im Namen des Vaters, des Sohnes und des Heiligen Geistes redet, ohne rot zu werden, hat tatsächlich die Gabe, mich zum Denken zu bringen. Nicht mit dem, was er sagt. Das höre ich zwar, aber eigentlich nicht wirklich, sondern bloß den Wortteppich, der sich irgendwie feierlich in der großen Kirche verteilt. Und darüber breite ich dann meine eigenen Gedanken. […]

Manchmal versuche ich dann noch, das Thema mitzubekommen, das der Pfarrer in seiner Predigt behandelt. […] Auf jeden Fall versuche ich in dieser langweiligen Zeit zu vermeiden, daß der durch den Raum schweifende Blick des Pfarrers an mir hängenbleibt. Ich bin dann nämlich immer ziemlich zappelig und ganz sicher, daß er sofort erraten würde, daß ich nicht wegen ihm gekommen bin. Und auch nicht wegen Frömmigkeit. Ist das schlimm von mir? Eine Sünde? Habe ich etwa gar nicht das Recht, die Kirche als privaten Meditationsraum zu benutzen? [...]

Nach einer Ewigkeit sagt der Pfarrer schließlich zum letzten Mal das Wort, auf das ich so lange warten mußte: ›Amen‹. Das heißt soviel wie ›Macht euch einen schönen Sonntag‹, und alles lockert sich plötzlich. [...] Draußen ist es oft so grell, daß ich die Augen zukneifen muß und gar nicht so recht weiß, wo ich hintrete. Dennoch habe ich jedesmal wieder das Gefühl, für die kommende Woche wieder festen Boden unter den Füßen zu haben.«[32]

Dieses Votum zeigt ebenso eindrücklich wie beispielhaft: Der kirchliche Gottesdienst und die Predigt in ihm werden dann als anregender Ort und hilfreiche Gelegenheit für spirituelle Erfahrung gesehen, wenn sie einen symbolischen Raum eröffnen, der die einzelnen in der Sinnvergewisserung ihres Lebens trägt und einen Rahmen stiftet für die religiöse *Selbst*thematisierung ihrer individuellen Subjektivität. Was dies für die ästhetische Gestaltung gottesdienstlicher Räume und die Inszenierung des liturgischen Geschehens heißt bzw. heißen müßte, haben wir gesehen. Die Konsequenzen für die gottesdienstliche Predigt sind nun noch zu entfalten. Zunächst geht es darum, die Predigt als religiöse Rede zu verstehen.

1. Predigt als religiöse Rede

Es ist damit eine Predigt gemeint, welche sich ihre Hörer und Hörerinnen als solche vorstellt, die so oder so ihr Leben in Deutungszusammenhänge hineingestellt finden oder auf der Suche danach sind. Sie haben immer schon ihre Vorstellung vom Leben und ihre Einstellung zu ihm, von dem, woran ihr Herz hängt, was ihnen wichtig ist, was sie anstreben, was sie fürchten, worauf sie hoffen. Da ist immer schon die Frage, sind auch mögliche Antworten im Blick, ob ein Sinn ist in allem, ob ich also an Gott glauben kann trotz all des Sinnwidrigen, das geschieht und an dem ich vielfach selber beteiligt war und bin. Solche Fragen brechen auf – vor allem, aber nicht nur – angesichts der Grenzen unserer analytischen Fähigkeiten, an den Grenzen unserer ethischen Sicherheit, an den Grenzen unserer Leidensfähigkeit. Ist, obwohl wir immer wieder an solche Grenzen stoßen und unser Wissen um sie uns in all unserem Denken und Handeln ständig begleitet, die Welt im Ganzen und mein eigenes Dasein in ihr vielleicht doch nicht sinnlos? An dieser existentiellen Frage arbeitet die Religion sich ab. Und es ist die uns eigene religiöse Produktivität bzw. unsere religiöse Sinndeutungsarbeit, all die Zweideutigkeiten, Rätsel und Wider-

---

32. In: Jetzt. Das Jugendmagazin der Süddeutschen Zeitung 34, 19.08.1996, 16 f.

sinnigkeiten zu sehen, die uns in dieser Welt begegnen und die das eigene Leben ausmachen, gleichwohl aber nach Lebens- und Weltdeutungen zu suchen, die uns wirksam, somit auch das eigene Verhalten orientierend, bestreiten lassen, daß es aufs Ganze von Welt und Leben hin gesehen unerklärliche Ereignisse gebe, das Leben unerträglich sei und die Hoffnung auf Gerechtigkeit ein bloßes Trugbild. Immer versuchen wir in unserer Sinnarbeit unsere fragmentarische Erkenntnis und unsere kontingenten Erfahrungen im Horizont der Idee eines umfassenden Ganzen zu deuten.[33] Wir deuten eigene und fremde Leidenserfahrungen von den Anfragen her, die sie uns an den Sinn des Ganzen stellen lassen. Wir entwickeln Vorstellungen, wie die Welt durch das Verhalten von uns Menschen, so wir denn nur ein angemessenes Verständnis vom Ganzen der Wirklichkeit gewinnen würden, einer lebensdienlichen Ordnung und Gestaltung näher gebracht werden könnte.

Predigt, als religiöse Rede verstanden, heißt die Hörer und Hörerinnen als solche vorstellen, die immer schon in dieser Sinnarbeit begriffen sind. Sie sind es freilich unter den Bedingungen der modernen, pluralistischen Gesellschaft auf jeweils eigene und somit auch differente Weise. Nicht die religiöse Produktivität hat sich ja unter den sozialisationspraktischen Bedingungen dieser Gesellschaft verloren. Weitgehend verloren hat sich lediglich die Formierung dieser Produktivität durch ihr verpflichtend vorgegebene und alles durchprägende Verkündigungsinhalte und Lebensformen. Statt dessen haben wir es nun mit einer religiösen Produktivität zu tun, die vielfach auch als »vagabundierende« bezeichnet wird, die je nach Situation, je nach individueller Verfassung, je nach Gruppenzugehörigkeiten zu unterschiedlichen Formen gelebter Religion oder konfessorischer Nicht-Religion findet, wobei auch von den überlieferten Symbolen und Ritualen des Christentums ein wechselnder, mitunter kombinatorischer Gebrauch zum Zwecke eigener Selbstbesinnung gemacht werden kann, aber nicht muß.[34]

Angesichts einer schweren Krankheit kann es sich Menschen nahelegen, hinduistisch an die ewige Wiedergeburt oder christlich an die Unsterblichkeit der Seele oder ebenfalls christlich, aber anders, an die Auferstehung des Fleisches zu glauben. Nach der jeweiligen Verfassung, der

33. Vgl. U. Barth, Was ist Religion?, in: ZThK 93, 1996, 538-560.
34. Vgl. V. Drehsen, Das Gespenst der Beliebigkeit. Chancen und Grenzen des Pluralismus in der Volkskirche, in: ders., Wie religionsfähig ist die Volkskirche? Sozialisationstheoretische Erkundungen neuzeitlicher Christentumspraxis, Gütersloh 1994, 250-285, sowie ders., Die Anverwandlung des Fremden. Zur wachsenden Wahrscheinlichkeit von Synkretismen in der modernen Gesellschaft, in: a. a. O., 313-345.

jeweiligen Situation, der kommunikativen Bezüge vor allem, in die einer sich eingebunden findet, will ihm das eine oder das andere tröstlicher oder hilfreicher erscheinen. Vielleicht aber glaubt einer manchmal auch alles zusammen, weil gerade das ihm jetzt guttut.

Angesichts der ökologischen Gefahr sehen sich Menschen veranlaßt, sowohl aus den mystischen Traditionen des Christentums wie auch aus buddhistischer Frömmigkeit heraus, und das auch in Entsprechung zu relativ modernen Konzepten eines sanfteren Umgangs mit der inneren und äußeren Natur, sich in Exerzitien des Schweigens zu üben, sich auf die Reise nach innen zu begeben, vegetarisch zu essen, eine neue Ehrfurcht vor dem Leben zu entwickeln. Was so in Gestalt unterschiedlicher individueller und kollektiver religiöser Selbstfestlegung in sowohl kognitiver wie sozialer Hinsicht geschieht, könnte man auch die Entwicklung eines ästhetischen Verhältnisses zur Religion nennen. Menschen produzieren, wählen und vermischen überlieferte und neu entworfene religiöse Anschauungen so, wie sie ihnen für den eigenen Lebenszusammenhang und angesichts gesellschaftlicher und globaler Herausforderungen stimmig zu sein scheinen. Solche Stimmigkeit richtet sich nicht nach theologischen Kriterien oder den Normen kirchlicher Lehren.[35]

Dennoch wäre es wiederum falsch, diesen religiösen Symbolisierungen und Ritualisierungen bloße Beliebigkeit zu unterstellen. Das Kriterium ihrer Stimmigkeit liegt eben darin, daß sie denen, die sie sich aneignen und praktizieren, guttun, daß sie ihnen helfen, die Erfahrungen der Grenzen ihrer analytischen Fähigkeiten, ihrer Leidensfähgkeit, ihrer ethischen Sicherheit zu bewältigen.

Predigt als religiöse Rede zielt auf die Ermöglichung solcher, immer subjektiv empfundenen, Stimmigkeit. Christlich ist sie, indem sie der Regel des »sola scriptura« zu folgen versucht, dadurch also, daß sie das Leben auslegt, indem sie die Bibel auslegt und umgekehrt. Das Kriterium ihrer Güte und Wahrheit ist dabei nicht die Entsprechung zu dogmatischen Lehrsätzen oder Bekenntnissen, sondern daß sich Stimmigkeit in den Herzen der Hörer aufbaut. Es sollte in der Auslegung der Bibel zu einer solchen Auslegung unseres Lebens kommen, daß wir dieses in einen übergreifenden Sinnhorizont hineingestellt finden, auch und gerade angesichts der Grenzen unserer analytischen Fähigkeiten, der Grenzen unserer Leidensfähigkeit, der Grenzen unserer ethischen Sicherheit. Wie da

---

35. Vgl. W. Engemann, Die Erlebnisgesellschaft vor der Offenbarung – ein ästhetisches Problem? Überlegungen zum Ort und zur Aufgabe der Praktischen Theologie heute, in: A. Grözinger/J. Lott (Hg.), Gelebte Religion. Im Brennpunkt praktisch-theologischen Denkens und Handelns (G. Otto zum 70. Geburtstag), Rheinbach 1997, 329-351.

von Gott und der Geschichte, welche die Bibel vom ihm erzählt, zu reden ist, so nämlich, daß unsere Einstellung zum Leben Festigkeit und Orientierung erfährt und unsere Vorstellung vom Leben trotz aller Gefährdungen und Selbstgefährdungen eine hoffnungsvolle Perspektive gewinnt, das hat die Predigt als religiöse Rede, in einer gegenwärtigen Hörern und Hörerinnen plausiblen Weise, zu artikulieren.

Sie muß dann aber auch versuchen, das Christliche heute so zu sagen, daß verständlich, also von Hörern in ihrer konkreten Lebenssituation nachvollziehbar wird: *Wie könnte das Gesagte in meinem Leben und für mein Leben wahr sein bzw. werden?* Das ist somit die Frage, die sich die Homiletik heute vor allem vorzulegen hat. Zu ihrer Beantwortung hat bereits Ernst Lange entscheidende Anstöße gegeben. Im Anschluß an seine Homiletik soll das Konzept der Predigt als religiöse Rede im folgenden daher entfaltet werden.

Lange insistierte, wie kaum ein anderer in der neueren homiletischen Diskussion, darauf, daß der Weg zur Predigt keine vom Text ausgehende Einbahnstraße sein darf. Die Auslegung des biblischen Textes und die Auslegung der religiösen Gegenwartslage der Predigthörer sollten in einer wechselseitigen, im hermeneutischen Zirkel verknüpften Beziehung zueinander stehen.

Gewiß, Ernst Lange hatte gewichtige Vorläufer. Spätestens seit Schleiermacher wußte man, daß die Predigt einen doppelten Dialog zu führen hat, sowohl mit dem biblischen Text, als auch mit der Gemeinde, es in der Predigt zur wechselseitigen Auslegung von biblischer Überlieferung und gegenwärtigem christlichen Bewußtsein kommen muß.[36] Daß das Christentum im Kern seines Wesens nicht Lehre und Theologie, sondern Leben und Frömmigkeit, gelebte Religion ist, daß daher die Predigt auf die aus dem gegenwärtigen Leben erwachsenden Bedürftigkeiten der Gemeinde nach Orientierung und Stärkung im Christentum einzugehen hat, daß sie »mehr kasuelle Gestaltung«[37] anzunehmen hat, wußte man seit den Hochzeiten liberaler Theologie und ihrer homiletischen Reform-

---

36. Vgl. F. Schleiermacher, Die Praktische Theologie nach den Grundsätzen der evangelischen Kirche im Zusammenhange dargestellt. Aus Schleiermachers handschriftlichem Nachlasse und nachgeschriebenen Vorlesungen (hrg. von J. Frerichs), Berlin 1850; darin heißt es (248): »Das Verfahren ist seiner Natur nach ein dialogisches; es ist ein Dialog mit seiner Schriftstelle, die er fragt und die ihm antwortet, und mit seiner Gemeinde. [...] Der der nicht die Art wie das Bewußtsein in der Gemeinde gestaltet ist gegenwärtig hat, ist wenig zum Seelsorger geschikkt.« Zur Homiletik Schleiermachers vgl. W. Gräb, Predigt als Mitteilung des Glaubens. Studien zu einer prinzipiellen Homiletik in praktischer Absicht, Gütersloh 1988, 168-235.
37. P. Drews, Artikel »Predigt«, in: RGG Bd. 4, ¹1913, Sp. 1754.

bewegung um die Jahrhundertwende.[38] Daß die Predigt den biblischen Text als Zeugnis von Gottes Offenbarung »Menschen der Gegenwart als gerade sie angehend« auszulegen hat, war ein entscheidendes Element auch in Karl Barths Predigtdefinition aus seinem Bonner homiletischen Seminar 1932/33.[39]

Immer war die Aufgabe der Predigt dahingehend verstanden worden, daß sie auf der Grundlage eines biblischen Textes gegenwärtigen Hörern darzulegen hat, daß und inwiefern dieser biblische Text Gottes richtende und rettende Botschaft an sie enthält. Nie jedoch ist vor Ernst Lange mit solcher Eindringlichkeit das Verständnis der Predigtaufgabe von den Hörern der Predigt her formuliert worden. Nie ist zuvor mit solcher Entschiedenheit die Herausforderung betont worden, die der Predigtarbeit erwächst, wenn die Predigt wirklich das Gespräch mit ihren Hörern führen will. Soll es zu einem solchen Gespräch kommen, soll die Predigt also einen impliziten Dialog mit ihren Hörern führen, dann müssen die Prediger und Predigerinnen ganz anders, als die bisherige Homiletik es ihnen abverlangt hat, sich um deren Wahrnehmung bemühen. Eine sehr viel größere Wahrnehmungsbereitschaft und Wahrnehmungsfähigkeit müssen sie entwickeln, um aufzumerken auf das, was es um die alltäglichen und weniger alltäglichen Umstände und Anforderungen im Leben ihrer Hörer und Hörerinnen ist, um die Welt ihrer Arbeit und ihres Berufs, um die Auseinandersetzungen und Konflikte in Familie, Politik und Gesellschaft, die existentiell-religiösen Fragen vor allem in den Übergängen und Krisen des eigenen Daseins. Wahrzunehmen, zu verstehen, zu deuten gilt es die Dinge des Lebens, weil es der Predigt darum gehen muß, in der Auslegung des biblischen Textes deutlich werden zu lassen, was der christliche Glaube mit der Praxis christlichen Lebens konkret zu tun hat.

Vom Gespräch mit den Hörern her hat Ernst Lange die Predigtaufgabe insgesamt neu zu begreifen versucht. Seine Vorschläge zur Methode der Predigtvorbereitung waren die Konsequenz dieser grundsätzlichen Überlegungen. Auf dem Gewicht, das Lange der religiösen Gegenwartshermeneutik in der Predigtarbeit insgesamt gegeben hat, beruht jedenfalls der ausgezeichnete Rang, der seinen Anstößen zu einer neuen Homiletik bis heute zukommt.

38. Vgl. W. Gräb, Die Predigt liberaler Theologen um 1900, in: F. W. Graf/H. M. Müller (Hg.), Der deutsche Protestantismus um 1900, Gütersloh 1996, 103-130.
39. K. Barth, Homiletik. Wesen und Vorbereitung der Predigt. Nachschrift des homiletischen Seminars »Übungen in der Predigtvorbereitung« im Wintersemester 1932 und Sommersemester 1933 in Bonn (Günter Seyfferth), Zürich ²1985, 30.

2. Die Neufassung der prinzipiellen Homiletik

Wozu predigen? Ernst Lange hatte in der Schule der dialektischen Theologie gelernt, auf diese Frage zu antworten: Weil es der der Kirche von ihrem Herrn gegebene Auftrag ist, Gottes in der Heiligen Schrift bezeugtes Wort zu verkündigen. Er hatte gelernt, daß der Predigt dann, wenn sie diesem Auftrag in der sorgfältigen Auslegung des biblischen Textes zu entsprechen versucht, die von Gott selber her sich erfüllende Verheißung gilt, daß sie Glauben schafft und findet. Er hatte gelernt, daß der Prediger zwischen dieser göttlichen Verheißung des Glauben findenden Wortes und dem menschlichen Auftrag, den biblischen Text gegenwartsbezogen auszulegen, unterscheiden kann und muß. Er hatte gelernt, daß es der die Kirche als Zeugengemeinschaft konstituierende Auftrag ist, das Christuszeugnis weiterzugeben, das Wort von Gottes schöpferischem und versöhnendem Handeln zu predigen, aus dem – ubi et quando visum est Deo – der Glaube kommt. Ernst Lange hat diese dogmatische Fassung des Begriffs der Predigt zunächst auch in seine eigenen homiletischen Überlegungen übernommen.[40] Aber dann trieb ihn zunehmend doch die Frage um, ob eine dogmatische Fassung der Predigtaufgabe eigentlich richtig sein kann, die sich homiletisch als ungemein gefährlich erweist.[41] Sie verleitet in der Predigtpraxis so leicht zu einem bloß behauptenden Reden, zu einem Reden in kirchlichen Sondersprachen, zu einem Reden, das sich nicht energisch genug den Fragen der Anfechtung und des Zweifels stellt, nicht wirklich verständlich zu machen versucht, wie das über Gottes schöpferisches, versöhnendes, erlösendes Handeln zu Sagende im Leben eines Menschen als für diesen subjektiv nachvollziehbar wahr sein kann.[42]

---

40. Vgl. die Arbeitsunterlagen für die Hörer seiner homiletischen Lehrveranstaltungen an der Kirchlichen Hochschule Berlin. Sie sind erstmals veröffentlicht in »Bilanz 65« (dort 158-178), wieder abgedruckt als Anhang in dem von P. Cornehl herausgegebenen und mit einem Nachwort versehenen Band: E. Lange, Chancen des Alltags. Überlegungen zur Funktion des christlichen Gottesdienstes in der Gegenwart, München 1984, 313-345.

41. Es war eben die homiletische Praxis, die Lange zur praktisch-theologischen Umbestimmung des von der Wort-Gottes-Theologie erneuerten dogmatischen Predigtverständnisses veranlaßte. Von den Anforderungen des »homiletischen Aktes« her sollte als eigenständige und nicht von der Dogmatik abzuleitende Aufgabe der Praktischen Theologie die Frage nach dem »Auftrag« der Predigt und »seiner verantwortlichen Erfüllung« erkannt werden. Vgl. E. Lange, Predigen als Beruf. Aufsätze (hrg. von R. Schloz), Stuttgart 1976, 19.

42. Lange zitiert die Predigtkritik eines Oberschülers aus der 11. Klasse, die er in Helmut Schelskys Buch »Die skeptische Generation« gefunden hat: »Die Predigten scheinen mir zum größten Teil von einem mir fremden und unange-

Wozu Predigt? Was soll's? Was hat sie den Menschen heute Hilfreiches und Gutes, sie auch noch in ihren Zweifelsfragen und ihrer Anfechtung Überzeugendes zu sagen? Die Frage nach der Substanz der Predigt, nach derjenigen Substanz, die auf ihre Funktion für die Hörer und die »Meisterung« ihres Lebens[43] hin durchsichtig wird, trieb Ernst Lange um und keineswegs die bloßer Machbarkeit situativ treffender Evangeliumsverkündigung.

Das eigentlich Neue an seinem homiletischen Ansatz war diese Drehung um 180 Grad in der Klärung der Prinzipienfragen der Homiletik. Die Aufgabe der Predigt bzw. der »homiletische Akt« sollte sich nun von Herausforderungen her begründen, die der Kirche aus der »homiletischen Situation« erwachsen[44], d. h. aus der Lage der Menschen, ihrem »Dransein«, ihren Erfahrungen und Erwartungen, ihren Ängsten und Hoffnungen, ihren kritischen Einwänden gegen die kirchlich überlieferte Sprache des Glaubens, den Verstehensschwierigkeiten auch, die sie vielfach mit der in der Kirche gebrauchten Sprache haben. Wo und wie kommt sie in ihrem alltäglichen Leben vor? Und was, wenn sie nicht vorkommt, die kirchliche Sprache von Schöpfung und Sünde, Rechtfertigung und Erlösung? Vielleicht kommen doch die darin verarbeiteten Lebensfragen in der Alltagswelt der Menschen vor. Vielleicht kommen sie sogar ganz energisch vor, nur in einer anderen Textur, in anderen Sprachspielen, in anderen Zeichen.

Homiletisch gesehen, vom Gespräch mit den Hörern her gesehen, sollte die religiöse Hermeneutik der Gegenwart nun nicht nur wichtig sein, weil die Predigt die Kenntnis der Adressaten ihrer Botschaft braucht, um nicht über deren Köpfe und Herzen hinwegzugehen. Homiletisch gesehen sollte die Hermeneutik der Gegenwart nun vielmehr mitentscheidend sein für das Zustandekommen der Botschaft, die die Predigt ihren Hörern als gerade sie in ihrer Situation angehend, weil diese ihre Situa-

messenen Pathos erfüllt, das von den Geistlichen bestimmt echt gemeint ist, auf mich aber hohl wirkt.« (Predigen als Beruf, a. a. O., 54).

43. So der aufschlußreiche Titel der ersten praktisch-theologischen Buchveröffentlichung E. Langes: Von der Meisterung des Lebens. Eine Besinnung für junge Menschen, Gelnhausen/Berlin [1]1957 (2 Bde.), 2. erw. Aufl. 1957 (1 Bd.), [5]1966.

44. Dies sind die Schlüsselbegriffe, die von Lange zusammen mit dem der »Verständigungsbemühung« und der »Kommunikation des Evangeliums« ganz neu in die homiletische Diskussion eingebracht worden sind. Sie wurden von ihm erstmals vorgeschlagen und erläutert auf der die »Predigtstudien« initiierenden homiletischen Arbeitstagung 1967 in Esslingen, in seinem Vortrag »Zur Theorie und Praxis der Predigtarbeit«. Wieder abgedruckt in: ders., Predigen als Beruf, a. a. O., 9-51. Zu den genannten Schlüsselbegriffen vgl. insb. 13, 19f.

tion klärend und möglicherweise verändernd zu sagen hat. Die religiöse Gegenwartskunde, die Situationsdeutung, das Verstehen der Hörer in ihren Lebensverhältnissen, -vorstellungen und -einstellungen, in ihren religiösen Fragen, die in alledem enthalten sind, werden zur Schlüsselaufgabe der dabei ebenso grundsätzlich dogmatisch wie dann auch methodisch-pragmatisch argumentierenden Homiletik.[45]

Im Zusammenhang primär der religiösen Gegenwartshermeneutik begründet sich dem Prediger und der Predigerin nun ihre Predigtaufgabe. Sie gewinnt die Fassung, wonach sie zur »*Klärung* dieser homiletischen Situation«[46] beizutragen hat. Wozu predigen? Nicht nur weil ein zwar biblisch begründeter, aber dabei doch abstrakt bleibender kirchlicher Auftrag es gebietet, sondern weil die Menschen die Predigt um ihrer Lebensvergewisserung und Lebensorientierung willen brauchen. Wem sich die Predigtaufgabe so begründet, vom »Kasus« her, von dem her, was mit den Menschen und ihrem Leben gegenwärtig der Fall ist, von den religiösen Sinnfragen und den ethischen Entscheidungsfragen der Menschen her[47], der, aber auch erst der, wird dann hinsichtlich des methodischen Problems, wie denn heute verständlich und ansprechend zu predigen ist, Klarheit für sich gewinnen. So wird er dann zu predigen versuchen, daß die Menschen merken, wie gut es ihnen tut, jetzt gerade diese Botschaft von Gott zu hören. Daß sie merken, das ist Evangelium. Da versucht

45. Es ist ein gravierendes – durch gewisse Formulierungen Langes freilich nahegelegtes – Mißverständnis seines homiletischen Entwurfs, zu meinen, er habe die dogmatisch-grundsätzlichen, den kirchlichen Auftrag der Predigt betreffenden Fragen als für die praktisch-methodischen Aspekte der Predigtarbeit letztlich irrelevant erachtet. Er hat sie in Wahrheit nicht einer von der Offenbarung und vom »Wort Gottes« her argumentierenden Dogmatik überlassen, sondern die Umbestimmung der Predigtaufgabe in der Perspektive der »homiletischen Situation« vorgenommen: »Entscheidend ist, [...] daß jede Kommunikationsbemühung der Kirche durch eine bestimmte Hörersituation herausgefordert ist, die eben durch diese Herausforderung, die sie enthält, für die Kirche zur homiletischen Situation wird, und daß es die eigentliche Aufgabe der predigenden Kirche ist, nicht Texte zünftig auszulegen, sondern diese Situation zu *klären* dadurch, daß sie die Relevanz der christlichen Überlieferung für diese Situation und in ihr verständlich macht und bezeugt.« (a.a.O., 24).
46. A.a.O., 22.
47. Weil dies im homiletischen Entwurf Langes grundsätzlich der Fall ist, deshalb ist ihm die »Kasualrede« auch der paradigmatische Fall kirchlicher Predigt. Es geht ihm darum, »die Sonntagspredigt in ihrer Problematik von der Kasualrede her verstehbar« zu machen (ebd.). Und das heißt eben, die Predigtaufgabe ihren sowohl zeitlichen wie dann auch sachlichen Anfang nehmen zu lassen bei der Wahrnehmung »von besonderen Menschen und ihrem Geschick« (ebd.).

einer oder eine etwas zu sagen, aus dem heraus deutlich werden kann, was mein Leben auf den Höhen des Glücks wie in den Tiefen seiner Niederlagen mit Gott zu tun hat. Er oder sie sagt es so, daß mir als Hörer subjektiv nachvollziehbar wird, einleuchtet, was hier und jetzt die zurechtbringende und befreiende Botschaft von Gott an mich sein will, mir verständlich wird, wie sie im eigenen Leben wahr sein kann.

Ernst Lange hat den von der Wort-Gottes-Theologie formulierten Predigtbegriff, an dem er sich in seinen anfänglichen Arbeiten selber noch orientiert hat, schließlich verabschiedet. Er ist »für die Praktische Theologie, für die Homiletik untauglich«[48]. Ob seiner homiletischen Untauglichkeit verabschiedet hat er ihn jedoch nicht nur deshalb, weil es entgegen der durch die Wort-Gottes-Theologie vorgenommenen Abwertung der spezifisch homiletischen Wie-Fragen, der Fragen nach der Machbarkeit der Predigt, diese praktisch-theologisch wieder in ihrem Eigenrecht aufzunehmen galt. Nein, Langes Revision der Homiletik zielte darauf, auch die Prinzipienfragen der Homiletik, also die nach dem kirchlichen Auftrag der Predigt, neu zu stellen.

Wozu Predigt? Oder auch: »Was nützt uns der Gottesdienst?«[49] Beide Fragen gehören in dieser funktionsbezogenen Ausrichtung aufs engste zusammen, die nach der Predigt und die nach der gottesdienstlichen Versammlung, nach der Liturgie. Predigt ist der Ort, an dem der Glaube auf Menschen ansprechende Weise zur Sprache kommen soll. So, daß sie sich mit ihrem Leben in diesem Glauben wiederfinden können, gestärkt, ermutigt, mit neuer Hoffnung begabt. Der Ort, an dem solche Predigt zur Sprache kommt, muß daher zu ihr passen. Es sollte ein Ort sein, an dem nicht nur über den Glauben gesprochen, gelehrt und diskutiert wird, sondern an dem dieser Glaube ein Stück weit zu einer die einzelnen, ja die versammelte Gemeinde insgesamt erbauenden Erfahrung wird: daß wir im Vorhandenen nicht aufgehen, daß es ein Jenseits gibt, eine transzendente Wirklichkeit, einen Gott und seine hier und jetzt heilsame Verheißung der Freiheit von »Schuld und Verzweiflung«, von der »Zwangsgewalt der Strukturen der sogenannten ›Realität‹«[50]. Damit solche Erfahrung sich einstellt, braucht es symbolische Zeichen und rituelle Begehungen, braucht es die ästhetisch anregende Begegnung von Menschen zur Feier des wunderbaren Geschenks ihres Daseins und zum Spiel mit unausgeschöpften Visionen gelingenden Lebens. Dies ist der Sinn liturgischer Gestaltung, daß solche Begegnung möglich wird. Die liturgische

48. A. a. O., 19.
49. So E. Langes Frage in seinem Referat auf dem Düsseldorfer Kirchentag 1973, in: a. a. O., 83-95.
50. A. a. O., 62.

Gestaltung darf dann freilich nicht in Traditionalismus und Ritualismus erstarren. Sie darf ebensowenig zur bloßen Lern- und Diskussionsveranstaltung umfunktioniert werden.[51] Der Reichtum überlieferter Darstellungen des Glaubens, in denen er zur symbolischen und rituellen Gestalt findet, muß offen sein für die Mitgestaltung durch die Gemeinde, offen für Menschen vor allem, die noch auf der Suche sind nach der Steigerung des Lebens, nach Religion.

In seinem der religiösen Erbaulichkeit des kirchlichen Gottesdienstes insgesamt geltenden Vortrag hat Lange diese Frage so beantwortet: Deshalb braucht es den Gottesdienst und die Predigt in ihm, weil da Menschen sind, Menschen, die auf der Suche sind, auf der Suche nach ihrer »Identität«, nach Selbstvergewisserung im Projekt ihres Lebens, auf der Suche nach »Distanz«, nach einem transzendenten Deutungshorizont des Lebens, der es in seiner Einheit und Ganzheit zum Verstehen bringt, es jedenfalls in den vielfach widersprüchlichen, alltäglichen Rollen- und Funktionszuschreibungen nicht aufgehen läßt, auf der Suche nach »Feier« und »Spiel«, nach der Steigerung des Lebens und nach befreienden Visionen seines Gelingens.[52] Dazu braucht es die Predigt wie die gottesdienstliche Versammlung der Gemeinde überhaupt, um der Menschen willen, daß diese einen Ort haben, an dem sie zu Ruhe kommen, sich sammeln, neue Kraft für den Alltag ihres Lebens gewinnen können; damit Menschen sich auf ihnen verständliche Weise angesprochen finden in der ihnen eigenen Suche nach einem verläßlichen Daseinsgrund, nach Vergewisserung und Ermutigung auch auf gefährlichem Gelände.

Die Predigt so von den Hörern, ihren existentiellen Lebensinteressen, ihren religiösen, also aufs Letzte gehenden Selbstdeutungsinteressen her zu verstehen, heißt die Predigt anders zu verstehen, als es auf der Linie der Wort-Gottes-Theologie möglich war. Was die Predigt zu sagen hat und nicht nur, wie sie zu machen ist, entscheidet sich nun nicht allein von der Auslegung des biblischen Textes und nicht nur von den Vorgaben der dogmatischen und liturgischen Überlieferung her, sondern immer auch im Gespräch mit den Hörern, im Kommunikationszusammenhang der Gemeinde bzw. in der für die Homiletik und Liturgik grundlegenden religiösen Gegenwartskunde.

---

51. Vgl. a. a. O., 92 f.
52. A. a. O., 94 f.

3. Die Predigtdefinition Ernst Langes

»Predigen heißt: Ich rede mit dem Hörer über sein Leben.«[53] Diese Predigtdefinition Ernst Langes artikuliert die homiletische Einsicht, daß sich die Predigt in der Wahl und Entfaltung ihres Themas von den Gesprächsanliegen her begreifen muß, die den Hörern, also Menschen der Gegenwart, wer auch immer sie seien, aus ihren alltäglichen und außeralltäglichen Lebenserfahrungen entstehen. Wer predigt muß daher, bevor er das Wort nimmt, sich mit seinen Gedanken und Gefühlen in die Situation der Hörer, in ihre Konflikte und Krisen, in ihre religiösen Erfahrungen oder die Suche danach, hineinbegeben haben, er muß religiöse Situationshermeneutik betreiben. Das ist nun ein prinzipielles, für die Predigtarbeit schlechterdings anfängliches Erfordernis. Ihm den Charakter des Nachträglichen zu geben – in dem Sinne, daß es die Auslegung der Gegenwartsverhältnisse der Hörer braucht, um den in der Auslegung des biblischen Textes gewonnenen kerygmatischen Gehalt, den Zuspruch und Anspruch des »Wortes Gottes« als auch wirklich sie angehend applizieren zu können – hieße, an einem anderen Predigtverständnis festzuhalten. Es hieße, am traditionellen Verkündigungsparadigma festzuhalten. Es hieße, an der der Wort-Gottes-Theologie eigentümlichen Vorstellung festzuhalten, wonach es da eine mit der Bibel absolut vorgegebene Botschaft, ein Offenbarungs- oder Christuszeugnis gebe, das sie – wie vorgegeben – zuzusagen bzw. in die Situation hineinzusagen habe. So hat Lange die Predigt im Kern schließlich nicht mehr verstanden. Um meinerseits nicht mißverstanden zu werden: Lange ist nicht davon abgerückt, daß die Predigt das Christuszeugnis, die »Verheißung«, das Evangelium den Hörern zuzusagen bzw. in ihre Situation, diese klärend und verändernd, hineinzusagen hat. Das die prinzipielle Transformation im Predigtverständnis Bezeichnende ist jedoch, daß Lange die Wahrnehmung der Hörer, ihrer Religion, ihrer Lebenserfahrungen als für die Botschaft der Predigt, für die inhaltliche Bestimmung dessen, was zu der die Hörer erleuchtenden, ihre Situation erhellenden »Christusverheißung« werden kann, *mitkonstitutiv* erachtet hat.[54]

---

53. A. a. O., 58.
54. »Der eigentliche Gegenstand christlicher Rede ist eben nicht ein biblischer Text oder ein anderes Dokument aus der Geschichte des Glaubens, sondern nichts anderes als die alltägliche Wirklichkeit des Hörers selbst – im Lichte der Verheißung. Darum ist das alte homiletische Schema von explicatio und applicatio so unbefriedigend. Es erweckt den Anschein, als wäre da zunächst ein Text und sein Verständnis und dann die Frage, wie das Verständnis des Textes zu beziehen sei auf dieses Leben des Hörers.« Es ist dies eine sowohl herme-

Was die Predigt ihren Hörern als befreiendes Evangelium zu sagen hat, ist ihr nicht absolut vorgegeben. Es ist ihr weder durch den Kanon noch durch die Bekenntnistradition der Kirche, noch durch das Amt, in das der Prediger berufen ist, absolut vorgegeben.[55] Es ist ihr freilich auch nicht durch die gegenwärtige Lebenswirklichkeit, nicht durch die Situation der Hörer schlicht vorgegeben. Was die Predigt hier und heute zu sagen hat, ihr thematischer Gehalt, ist vielmehr immer das Resultat von Interpretation, von Auslegung, von Deutung. Es ist das Resultat einer Auslegung gegenwärtigen Lebens, des Lebens der Hörer, ihrer »Erfahrungen und Anschauungen«, ihrer »Hoffnungen und Enttäuschungen«, dessen, was es um ihre »Erfolge« und ihr »Versagen«, um ihre »Aufgaben« und ihr »Schicksal« ist.[56] Und es ist das Resultat einer Auslegung des biblischen Textes, somit dessen, worum es in diesem Text als einem Grundtext christlichen Lebens geht. Der Text ist ebensowenig zu vernachlässigen wie die Lebenssituation gegenwärtiger Hörer. Er ist jedoch auch ebensowenig unmittelbar zu predigen wie die Situation der Hörer.

Der biblische Text allein gibt nicht das Thema der Predigt vor. Er allein entscheidet nicht über ihren materialen Gehalt. Der Text gewinnt vielmehr die Funktion, die Rede mit dem Hörer über sein Leben zu einer bestimmbar christlichen Rede werden zu lassen, zu einer solchen, die das Evangelium zum Leuchten bringt. Was es um das Leben der Hörer, um ihre Situation ist, das ist ja – wie gesagt – genauso wenig schlicht vorgegeben. Das will vom Prediger wie vom Hörer allererst verstanden, ausgelegt, auf seinen religiösen Gehalt hin gedeutet sein. Deshalb findet die Predigt ja statt, weil die Situation unklar ist, weil da Menschen sind, die nach einer tieferen Verständigung über ihr Leben suchen, nach ihrer Identität, nach Distanz zur Alltäglichkeit und den vielen sich oft widersprechenden Rollenanforderungen, nach neuer Orientierung in den Krisen, in denen das Selbstverständliche zerbricht. Was es um das Leben der Hörer ist, will hier und jetzt verstanden, tiefer, in seiner Wahrheit verstanden sein. Das ist die Aufgabe der Predigt. Das ist es, was die »homiletische Situation« ausmacht, welche dadurch definiert ist, daß sie die Predigt der Kirche herausfordert, also Menschen nach solcher Predigt verlangen läßt. Was es um das Leben der Hörer ist, wie sie sich in ihrem Dasein verstehen, wie sie mit ihren individuellen, gesellschaftlichen, politischen

---

neutisch wie homiletisch falsche Vorstellung. »Sie macht die Predigt zur popular-theologischen Vorlesung, den Prediger zum Geschichtslehrer oder zum autoritären Verwalter einer kodifizierten Wahrheit. Sie stellt der Predigt die falsche Aufgabe.« (a. a. O., 58).

55. Vgl. a. a. O., 55 ff.
56. A. a. O., 58.

Erfahrungen, mit ihren moralischen Herausforderungen zurechtkommen, wohin sie sich mit ihren Zukunftserwartungen richten, all das steht in Frage. Aber eben, sofern all das, was da in Frage steht, nach der Predigt der Kirche verlangen läßt, muß diese auch auf der Basis dessen reden, wofür sie als Kirche steht. Sie muß auf der Basis der christlich-religiösen Lebensansicht reden, wie sie sich in der Auslegung der biblischen Texte, die orientiert ist an der kirchlichen Bekenntnisüberlieferung, erschließt.

»Ich rede mit ihm (sc. dem Hörer) über sein Leben im Licht der Christusverheißung, wie sie in der Heiligen Schrift bezeugt ist. Und das heißt letztlich: Ich rede mit ihm aufgrund von biblischen Texten. Aber es wird genau zu überlegen sein, was das bedeutet und welche Rolle der biblische Text in meiner Bemühung, mich mit meinem Hörer zu verständigen, tatsächlich spielt.«[57]

Das Gespräch mit dem Hörer über sein Leben ist auf der Basis der Heiligen Schrift und des näheren dessen, was die Kirche aus ihr als Christusverheißung vernommen hat und vernimmt, zu führen. Für dieses Gespräch braucht es also auch Exegese und Dogmatik. Damit darf aber kein Themawechsel verbunden sein. Dies darf vor allem nicht zu dem für die Predigt so gefährlichen, weil bloß behauptenden, sogenannte Geschichtstatsachen oder Heilstatsachen proklamierenden Reden führen.

Es bleibt für Ernst Lange dabei: Mein Thema ist der Hörer und sein Leben. Doch dieses Thema will entfaltet sein. Das Leben des Hörers will ausgelegt, im Religiösen gegenwärtiger Gottverbundenheit, bzw. der Suche danach, gedeutet sein. Und nun eben in der Predigt der Kirche nicht irgendwie religiös, schon gar nicht nur im Horizont bloß soziologischer und psychologischer Kategorien, sondern nach Maßgabe und am Leitfaden der christlich-religiösen Lebensansicht.

4. Der hermeneutische Zirkel von Textauslegung und Lebensdeutung

Die christlich-religiöse Lebensansicht in je spezifischer Konkretion und Ausrichtung zu profilieren, das ist die Funktion des Textes und seiner Auslegung in der Predigt. Der Text ist wichtig, damit die Verständigung mit dem Hörer über sein Leben im Lichte konkreter Deutungsperspektiven möglich wird. Daß dem Text Deutungsperspektiven zur Verständigung mit dem Hörer abzugewinnen sind, das zeigt sich freilich erst in seiner Auslegung. Es zeigt sich in derjenigen Auslegung des Textes, die herkommt von der Auslegung der Situation des Hörers und die damit ge-

---

57. A. a. O., 62.

steuert ist von der Suche nach der christlich-religiösen Vertiefung dieser Situationsauslegung, nach ihrer Sicht »im Licht der Christusverheißung«.[58] Diese Wirklichkeitssicht will in der Auslegung des biblischen Textes, der Predigtperikope, jeweils so profiliert sein, daß sie zum Interpretament für das gegenwärtige Leben des Hörers werden kann. Sie ist aus dem Einzeltext allein jedoch auch noch nicht zu gewinnen.[59]

Die Auslegung des Textes verlangt die historisch-kritische Rekonstruktion seines Realitätsbezuges.[60] Auf dem Weg zur Predigt sind jedoch vor allem die hermeneutischen bzw. systematisch-theologischen Operationen wichtig. Denn die Auslegung des Textes muß einbezogen werden in eine gegenwartsrelevante Verständigung über den Sinn christlichen Glaubens im heutigen Leben.[61] Die Predigt muß sagen, was der Text heute zu sagen hat, und sie muß das, was er heute zu sagen hat, so sagen, daß es sich auf heute plausible Weise einstellt in die Sinn- und Sprachwelten gegenwärtiger Hörer.

Die Auslegung des Einzeltextes, der Predigtperikope, verlangt, wenn in ihr denn die Sprache zur vertieften Verständigung mit dem Hörer über sein Leben zu finden sein soll, somit immer auch so etwas wie eine Vorverständigung über den Grundsinn christlichen Lebens, einen Vorbegriff vom »Wesen des Christentums«. Lange hat ihn mit seiner Rede von der »Christusverheißung« artikuliert. Er hat das wesentlich Christliche mit seiner Rede von der »Christusverheißung«, in deren »Licht« es mit dem

58. Ebd.
59. »Auszugehen wäre in einem neuen homiletischen Verfahren von der begrenzten Funktion, die der Einzeltext und seine Exegese in der Predigtarbeit haben. Gefragt ist der Prediger in seiner homiletischen Situation keineswegs nach der Relevanz seiner Perikope. Als historischer Text ist sie Zeugnis des Relevantwerdens der christlichen Überlieferung in einer ganz bestimmten, vergangenen Situation und als solche völlig irrelevant für das Hic et Nunc. Gefragt ist der Prediger in seiner Situation nach der Relevanz des Verheißungsgeschehens [...]« (a. a. O., 42).
60. Lange hat die »verfremdende, profilierende und kontrollierende Funktion« des Textes und seiner historisch-kritischen Exegese für die Predigtarbeit betont, im gleichen Zusammenhang aber eingeschärft, daß dies »in keiner Weise die absolute Herrschaft des Textes und der Exegese über die Predigt bedeute« (a. a. O., 43).
61. Es muß sich »dem Prediger in der exegetischen Beschäftigung mit dem Text das Verheißungsgeschehen selbst von der besonderen historischen Gestalt seines Relevantwerdens, wie sie sich im Text dokumentiert, differenzieren«. Denn, »er ist ja nicht Zeuge des Textes, sondern Zeuge des Verheißungsgeschehens, er hat nicht das alte Wort des Textes nachzusagen, sondern ein neues Wort zu wagen, das jetzt und hier notwendig ist« (ebd.).

Hörer über sein Leben zu reden gelte, im Rahmen der reformatorischen Rechtfertigungslehre verstanden.[62] Die Christusverheißung, von der her sich das christliche Leben versteht, ist ihm die Zusage des Evangeliums, daß Gott nicht alles bestimmende – aber wer weiß wie im einzelnen bestimmende – Schicksalsmacht ist, sondern vorbehaltlose Güte. Gott, so wie Jesus für ihn gesprochen hat[63], ist durchhaltende Güte, durchhaltend auch in bösen Erfahrungen, richtende, also zurechtbringende und rettende Güte. Gott, so wie Jesus ihn hat erkennen lassen, befreit von »Schuld und Verzweiflung«, aus der »Zwangsgewalt der Strukturen der sogenannten ›Realität‹«, er macht die »Zukunft gewiß«, er ermutigt »Menschen zu einem neuen Leben in Liebe und Hoffnung«.[64]

Es kann eben keine Rede davon sein, daß Lange die Dogmatik aus der Homiletik und ihrem Predigtbegriff verabschiedet habe. Sie kommt in Gestalt einer an reformatorischer Theologie geschulten *Glaubenslehre* zuletzt energisch wieder vor und spielt eine entscheidende Rolle für die Lösung der Predigtaufgabe. Nur hat sie nun gegenüber der Homiletik der Wort-Gottes-Theologie eine gravierende Positionsveränderung erfahren. Sie ist den spezifisch praktisch-theologischen bzw. homiletischen, der freundlichen Unterredung mit den Hörern abgewonnen Fragen nicht mehr normativ vorgeordnet. Sie ist der Lösung der von der Kommunikationssituation her beschriebenen praktischen Aufgabe vielmehr funktional eingeordnet. Was die Aufgabe der Predigt ist, bestimmt sich nun aus der kommunikativen Beziehung zu ihren Hörern, somit immer auch von deren religiösen Bedürftigkeit, Erwartungen, Konflikten, Krisen und Fragen her.

Ihr Thema ist der Predigt mit ihren Hörern und deren Leben, das nach vertiefter Verständigung über sich sucht, aufgegeben. Es macht die Herausforderung, welche die Predigt so konkret wie möglich aufzunehmen hat, im Kern aus, daß da Hörer sind, die nach kognitiven, emotiven und praktischen Möglichkeiten für einen anderen Umgang vor allem mit riskanten Lebenssituationen suchen. Menschen suchen danach, wie sie aus dem Religiösen gegenwärtiger Verbundenheit mit Gott, aus der Vergewisserung seiner Güte und Wahrheit leben können, auch und gerade dort, wo nichts zu spüren ist von seiner Macht, auch im Unglück also, in Krankheit und Sterben. Sich mit auf diese Suche zu begeben, Antworten und Ziele finden zu helfen, das ist die Aufgabe der Predigt, des »homiletischen Aktes«.

---

62. Die »homiletische Situation« galt ihm von daher auch als »die Situation der Anfechtung« (a. a. O., 25).
63. A. a. O., 27.
64. A. a. O., 62.

Die Predigt muß Antworten finden helfen auf die Lebensfragen der Menschen. Dazu braucht sie den biblischen Text, seine Auslegung. Und dazu braucht sie die dogmatische Reflexionsarbeit. Sie braucht die Glaubenslehre, um im Abschreiten des hermeneutischen Zirkels zwischen Textauslegung und Situationsdeutung die Orientierung am wesentlich Christlichen nicht zu verlieren. Sie braucht die Dogmatik im Sinne der dem gegenwärtigen Bewußtsein plausiblen Rechenschaftsgabe von der christlichen Lebensansicht. Die Predigt hat das Leben der Hörer jedenfalls so zu ihrem Thema zu machen, daß diese sich auf einleuchtende Weise in ein neues, ihre Situation erhellendes Licht gerückt finden. Sie sollen die Widerfahrnisse und Herausforderungen ihres Lebens von Gott her sehen können, von dem Gott her, den die Bibel als die Güte bezeugt, auch dort, wo menschlich gesehen böse Mächte walten und scheinbar alles verloren ist, von dem Gott her, für den Jesus auf so verheißungsvolle, ermutigende Weise gesprochen hat.

Das kann die Predigt nur, wenn sie in dem Bemühen, sich mit dem Hörer über Fragen seines Lebens zu verständigen, von den Verständigungsmöglichkeiten Gebrauch macht, welche die Dogmatik des christlichen Glaubens entwickelt. Jeder Prediger, jede Predigerin muß in der Arbeit an der Predigt diese Glaubenslehre mitentwickeln. Sie müssen das biblische Offenbarungszeugnis so entfalten, daß es in ein dem gegenwärtigen Bewußtsein plausibles Lebensdeutungsangebot überführbar ist. Von ihm muß die Predigt Gebrauch machen, will sie sich nicht bloß in steilen kerygmatischen Versicherungen ergehen, will sie aber auch nicht nur so mit dem Hörer über sein Leben reden, wie dies auch in vielfältigen anderen zwischenmenschlichen Begegnungssituationen geschieht oder zumindest geschehen könnte. Will sie so mit ihm reden, wie er es in der Kirche zu Recht erwarten darf, dann muß sie dieses Leben in den Deutungshorizont des christlichen Glaubens rücken. Dazu braucht sie den biblischen Text. Und dazu braucht sie, weil anders dieser Text nicht im Sinne gegenwartsplausibler Deutungszuschreibungen ans menschliche Daseinsverständnis zur Auslegung kommt, die Glaubenslehre.

Keine Rede also davon, daß Ernst Lange für einen flachschichtigen, banalen, theologisch unbestimmten Hörer- und Situationsbezug der Predigt plädiert hätte. Kein offenkundigeres Mißverständnis seiner Homiletik als das von Rudolf Bohren, der meinte, jeder ihr folgenden Predigt »kerygmatische Schwindsucht« vorwerfen zu müssen.[65] Keine Rede auch davon, daß eine solche Predigt, weil sie mit der »Wirklichkeit« beginne,

65. R. Bohren, Die Differenz zwischen Meinen und Sagen. Anmerkungen zu Ernst Lange, Predigen als Beruf, in: PTh 70, 1981, 416-430, 416.

auch darin umkommen müsse.[66] Die Predigt hat vielmehr »aufgrund von biblischen Texten« sowie »im Licht der Christusverheißung« mit den Hörern über ihr Leben zu reden.[67] Sie muß daher sowohl exegetisch fundiert wie dogmatisch reflektiert sein. Nur dann kann sie eine – mit der Lebenswirklichkeit nicht schlicht gegebene, sondern sich in der Auslegung des biblischen Textes neu eröffnende – Deutungsperspektive christlichen Lebens auf eine gegenwärtigen Hörern verständliche Weise zur Sprache bringen.[68]

Um der aktualen Verständlichkeit, um der existentiell nachvollziehbaren Überzeugungskraft der Predigt als christlicher Rede willen, hat Ernst Lange seine homiletischen Vorstöße vor allem unternommen. Die praktische Predigtarbeit braucht neue Anstöße, weil der »Zeitgenosse [...] die Predigt unverständlich, pathetisch, irrelevant, langweilig nennt«, weil er auch deshalb »zu der Kirche, die sich selbst und die er als die predigende Kirche versteht, Distanz hält«[69]. Er sieht nicht, daß sie etwas für sein Leben Wichtiges zu sagen hätte. Ihm erscheint alles nur behauptet, nicht nachvollziehbar, nicht einsehbar und darum verdachtsweise als bloßes Gerede. Deshalb braucht es die Anleitung zu einer Predigtweise, bei der die Prediger und Predigerinnen nicht den biblischen Text schlicht übergehen, um statt dessen im Stile von »Dorf- und Stadtweisen« ein mehr oder weniger kluges Wort zur Lage im Kleinen oder im Großen zu sagen[70], bei der sie aber auch nicht den biblischen Text zu einer unbefragt autoritativen Größe machen und scheinbar zeitlos gültige Wahrheiten und Heilstatsachen proklamieren.

66. A.a.O., 430.
67. Lange, Predigen als Beruf, a.a.O., 62.
68. Ich habe diesen zumeist nicht hinlänglich gewürdigten Aspekt im homiletischen Entwurf E. Langes näher ausgeführt in meinem Aufsatz: Wofür das Christentum heute steht. Überlegungen zum Stellenwert systematisch-theologischer Reflexion in der Predigtvorbereitung, in: P. Krusche, D. Rössler, R. Roessler (Hg.), Predigtstudien, Stuttgart 1991, 7-16.
69. A.a.O., 15.
70. Die Warnung K. Barths, daß die Prediger als solche »Dorf- und Stadtweisen« nicht gefragt und auch nicht notwendig seien, wollte auch E. Lange bis zuletzt beherzigt wissen. Vgl. Lange, Predigen als Beruf, a.a.O., 62.

5. Die Methode der Predigtarbeit

Mit seinen Überlegungen zur Methode der Predigtvorbereitung und dann vor allem mit seinen »Thesen zur Aufgabe der Predigthilfe«[71], die gleichsam das Redaktionsprogramm der seit dem 1. Juli 1968 erscheinenden »Predigtstudien« darstellten, hat Ernst Lange zu dieser neuen Predigtweise konkret zu verhelfen versucht. Er hat darin noch einmal ausgeführt, daß die Predigtvorbereitung und somit auch die »Predigthilfe« nicht in der Exegese stecken bleiben darf. Er hat darauf insistiert, daß »die Frage nach dem Hörer und seiner Situation [...] selbständigen Rang«[72] hat. Und er hat die Prediger und Predigerinnen dazu angehalten, den »Verstehenszirkel«[73] zwischen Text und Situation so lange abzuschreiten, bis sie in ihrer Predigt schließlich das sagen und nur das sagen, wovon sie selbst überzeugt sind, daß es im Leben eines Menschen wahr sein könne, zu einer für die Hörer nachvollziehbaren, einsehbaren, überzeugenden religiösen Rede wird. Beides gehört für Lange bei dieser neuen Predigtweise aufs engste zusammen, zum einen dies, daß der Predigende, die Predigende selber überzeugt ist von dem, was er oder sie sagt, überzeugt davon, daß es fürs eigene Leben wahr sein könnte, zum anderen auch, daß er oder sie dieses so zu sagen versteht, daß es anderen in ihrer Lebenssituation und von ihren Verstehensvoraussetzungen her einzuleuchten vermag.[74]

Letzteres, den rhetorischen Aspekt, die Verständigungsbemühung mit dem anderen, mit dem Hörer hat Lange freilich sehr viel stärker akzentuiert als die Selbstvergewisserung des Predigers im Prozeß der Erschließung der christlichen Wahrheit. Daß diese Wahrheit jedoch immer relativ ist, relativ auf den einzelnen Menschen, dem sich in ihr erschließt, was es um das Vonwoher und Woraufhin, um die Gabe und Aufgabe seines Lebens ist, daran hat er keinen Zweifel gelassen.[75]

---

71. A.a.O., 49ff.
72. A.a.O., 50. »Die Frage nach dem Hörer oder Hörerkreis, die ›homiletische Großwetterlage‹ mit ihren allgemeinen Bedingungen des Lebens in den sozialen Beziehungsfeldern (Politik, Wirtschaft, Arbeit, Kirche, kulturelles Leben, öffentliche Meinung usw.), die örtliche Situation, der besondere Anlaß der Predigt, der Kasus – das alles bedingt und bestimmt die speziellen Formen der Kommunikation« (a.a.O., 51). Darin lag für E. Lange das Haupterfordernis eines neuen Verfahrens der Predigtvorbereitung, daß es »Methoden zur Erschließung der Situation an die Hand« gibt (a.a.O., 37).
73. A.a.O., 51.
74. Vgl. a.a.O., 44f.
75. E. Lange hat vielmehr darauf insistiert, daß es der sich im mehrfachen Abschreiten des hermeneutischen Zirkels einstellende »Einfall« ist, »wo die In-

Lange gewichtete die Bemühung um die Verständigung mit dem Hörer in seinem homiletischen Konzept nur sehr viel stärker deshalb, weil ihm da eben die sehr viel größeren Herausforderungen und auch Schwierigkeiten zu liegen schienen. Es standen ihm da all die Probleme vor Augen, vor die sich Pfarrer und Pfarrerinnen angesichts der Differenziertheit der modernen Lebensverhältnisse mit ihren Kommunikationsbemühungen gestellt sehen. Vielfach hat Lange die gesellschaftliche Unübersichtlichkeit, wie sie sich in der Perspektive des Pfarrers darstellt, beschrieben. Mit der funktionalen Ausdifferenzierung der gesellschaftlichen Lebensbereiche sah er für den Pfarrer die zunehmende Schwierigkeit verbunden, nicht nur mit seiner ganzen Arbeit in den Freizeitbereich der Menschen geraten zu sein, sondern nun auch immer weniger mit ihrer durch Beruf und Arbeit, Politik, Wirtschaft und Recht bestimmten Alltagswelt vertraut zu sein. Der Hörer droht dem Pfarrer zum unbekannten Wesen zu werden. Pfarrer und Pfarrerinnen müssen daher verstärkt den Kontakt suchen, auf die Menschen zugehen, ihnen nachgehen. Sie müssen die Fähigkeit vor allem entwickeln, auf die sogenannten Laien als Experten in der Wahrnehmung ihrer Situation zu hören und zu erfassen, was von ihnen her gesehen die Predigt der Kirche herausfordert.[76] Was kann und will hier und jetzt als Evangelium gehört werden? Wie kann meine Predigt zu einer der Vergewisserung und Orientierung dienenden christlichen Rede werden? Nur solchen Predigern und Predigerinnen, die mit den Menschen in ihrer Gemeinde mitgehen, ihnen nachgehen, auf sie hören, kann es gelingen, daß ihnen jede Predigt zu einer Kasualrede wird. Und das war es, was Ernst Lange sich von jeder Sonntagspredigt gewünscht hat.

Damit sind freilich auch die Punkte berührt, an denen Langes Anstöße zu einer neuen Homiletik sich mit seinen Anstößen zu einer Kirchenreform verbinden[77]. Auch diese sind homiletisch von größtem Gewicht und zwar deshalb, weil mit ihnen eben diejenigen Fragen auf den Brennpunkt eingestellt sind, deren sich die von Lange in die Homiletik integrierte religiöse Gegenwartskunde anzunehmen hat. Die als christliche Rede im Gespräch mit dem Hörer sich entwickelnde Predigt kann nur gelingen, wenn es dabei zum Verstehen dessen kommt, wo und wie sich den Menschen in der Pluralität ihrer Lebensbezüge die religiöse Frage als die Fra-

---

dividualität des Predigers voll zum Zug kommt und kommen muß« (a. a. O., 44).

76. Vgl. a. a. O., 37f.
77. Vgl. E. Lange, Kirche für die Welt. Aufsätze zur Theorie kirchlichen Handelns, München/Gelnhausen 1981; dazu V. Drehsen, Kirche für die Welt und andere Indigenisationen, in: PTh 86, 1997, 438-497.

ge nach Sinnvergewisserung und Daseinsorientierung stellt. Der Prediger, die Predigerin sollte sich selber und ihre Hörer in dieser Frage verstehen, dann aber auch verstehen, weshalb sich diese Frage heute vielen so direkt gar nicht stellt. Da ist die Komplexität und Differenziertheit der gesellschaftlichen Verhältnisse. Sie machen es zunehmend unwahrscheinlich, eine grundlegende Lebensorientierung überhaupt noch gewinnen zu können. Nur wenn die Prediger und Predigerinnen ihre Hörer in all dem verstehen und manchmal sogar besser verstehen als diese sich selbst verstehen, können sie ihrem Auftrag zur situationssensiblen »Kommunikation des Evangeliums« gerecht werden.

Ernst Lange hat jedenfalls keinen Zweifel daran gelassen, daß es »bei der Frage nach den Bedingungen möglicher Verständigung das Bedürfnis der Zeitgenossen sehr viel ernster zu nehmen (gilt, W. G.), als das lange geschehen ist«.[78] Eine situationsorientierte Predigtarbeit muß sich jedenfalls auf eine Erkundung der Lebenslagen, in der sich die Menschen befinden, konzentrieren. Denn:

»Verlorengegangen ist die Selbstverständlichkeit und Allgemeingültigkeit bestimmter religiöser Systeme, nicht aber die Notwendigkeit, sich des Sinnes von Dasein zu vergewissern und sich mit anderen über diesen Sinn von Dasein in religiösen Symbolen zu verständigen und zu vereinen. Die Menschen von heute sind dementsprechend keineswegs irreligiös, wohl aber ist ihre religiöse Entscheidung gekennzeichnet durch Pragmatismus, Distanz und Vorbehalt. Das Neue ist nicht, daß man ohne Religion lebt, sondern, daß man religiöse Sinngebung wählt, und zwar unter dem Vorbehalt, ob sie sich in der Wirklichkeit des alltäglichen Daseins als gewißmachend bewährt. In diesem Sinn ist das religiöse Bedürfnis ganz sicher nach wie vor das Medium der Begegnung, der Auseinandersetzung, der Kommunikation zwischen Kirche und Zeitgenossen, und es wird immer auch den Ausdruck gelungener Kommunikation in der Lebensgestalt, als Frömmigkeit, entscheidend mitbestimmen.«[79]

Ernst Lange hat der Rede von der »Befriedigung der religiösen Bedürfnisse, des Bedürfnisses nach Sinnvergewisserung des Zeitgenossen« die gewiß wichtige Bemerkung hinzugefügt, daß die »Kommunikation des Evangeliums« solche Sinnvergewisserung nicht, wie mancher vielleicht meinen mag, allein in Gestalt bloßer »Rechtfertigung des Status quo« erbringen darf.[80] Das ist richtig. Ebenso richtig und deshalb wichtig zu sehen ist jedoch, daß die Resonanz der Predigt der Kirche heute, unter den Bedingungen positiv wie negativ gelebter Religionsfreiheit, sich vor allem daran entscheidet, inwieweit es ihr gelingt, sich als religionsfähig zu er-

---

78. A. a. O., 11.
79. A. a. O., 10 f.
80. A. a. O., 11.

weisen. Es kommt darauf an, daß »sie sich in der Wirklichkeit des alltäglichen Daseins als gewißmachend bewährt«[81]. Daß das heute ihr kirchlicher Auftrag ist, und wie sie ihn, auf die existentiell-religiösen Fragen der Hörer eingehend, einlösen kann, hat Lange mit seinem Entwurf einer Homiletik gezeigt.

Er enthält bleibende Anregungen zu einer den heutigen Erfordernissen entsprechenden »Methode der Predigtvorbereitung«[82]. Wahrnehmungsübungen stehen am Anfang. Gesteigerte Wahrnehmungen des eigenen Lebens und das unserer Zeitgenossen, Einwanderung in ihre Sinnwelten. Die Leitfragen sind: Was geht mir auf? Was stört mich? Was geht mich an? Worüber müßte einmal gesprochen werden? Von da aus gilt es, den biblischen Text zu finden, der helfen kann, die ethisch-religiösen Orientierungsfragen aufzunehmen, die aus der Wahrnehmung der Situation erwachsen. Ist der Text vorgegeben, etwa durch die Perikopenordnung, dann kann das hinderlich sein, die Situation im Sinne der Deutungsperspektiven christlichen Glaubens zu klären. Es kann freilich auch hilfreich sein. Die Wahrnehmung des Textes kann auch die Situationsdeutung inspirieren.

In einem zweiten Schritt gilt es, sich auf die Wahrnehmung der Sinnwelt des Textes zu konzentrieren. Wir versuchen, mit allen unseren Sinnen in den Text einzuwandern, seinen »Sitz im Leben« zu erkunden, ihn szenisch zu gestalten, seine Gestalt in Ton zu formen, sie in Bildern auszumalen. Die Leitfragen sind: Wovon redet der Text? Wo hatte er im Leben der Menschen seinen Ort? Welche Lebens- und Glaubenserfahrungen haben sich in ihm symbolisch verdichtet? Wie bringt er die Gottesverheißung zur Sprache?

In einem dritten Schritt geht es darum, die anfängliche Situationswahrnehmung und die von ihr bereits beeinflußte Textauslegung hermeneutisch und dogmatisch reflektiert zusammenzuführen. Es gilt, den Grundgedanken für die Predigt zu formulieren, das Thema, das den Nerv der Situation trifft und die Pulsader des Textes berührt. Die Leitfragen sind: Wie wären die Motive des Textes heute zur Sprache zu bringen, damit meine Predigt für die Hörer in ihrer Situation relevant wird? Wie kann ich mit Bezug auf diesen Text die befreiende und ermutigende Verheißung des Glaubens so zur Sprache bringen, daß es zur Klärung und Beantwortung der Lebensfragen kommt, die sich mir und meinen Hörern stellen?

81. Ebd.
82. Im folgenden versuche ich, E. Langes Konzept der Predigtarbeit, auf die heutigen Anforderungen homiletischer Ausbildung hin bezogen, in einer knappen Skizze weiterzuschreiben.

Im vierten Schritt schließlich geht es um die rhetorische Gestalt der Predigt und deren Bezug zur liturgischen Gestalt des Gottesdienstes, in der sie ihren Ort finden soll. Es geht um ihre Bilder und deren Wirkung, um das Ziel der Predigt also auch, das erreicht werden soll. Es geht darum, die rhetorische Darstellung der Predigt im Gesamtzusammenhang des gottesdienstlich-liturgischen Geschehens zu bedenken. Die praktischen Leitfragen sind: Was will ich mit meiner Predigt verdeutlichen? Was sollen meine Hörer empfinden? Was will ich ihnen zu denken geben? Wovon bzw. wozu soll die Predigt sie befreien? Sind die liturgischen Elemente, denen die Predigt sich im Gesamtzusammenhang des Gottesdienstes einfügt, von der Art, daß sie sich mit dem Thema der Predigt, ihrem Leitmotiv stimmig zusammenfügen? Lassen sich die Lieder, Gebete, Responsorien und Bekenntnisse, die Mahlfeier so formulieren, gestalten, daß die Gemeinde zur Ruhe und Sammlung findet, zur Konzentration, daß sie mitgehen kann, sich einbezogen findet in das hier und jetzt zutiefst Angehende, daß jeder und jede die Befreiung spüren kann, die die Verheißung des Glaubens zusagt?

Einer Sammlung seiner Predigten hat Ernst Lange den Titel gegeben: »Die verbesserliche Welt«[83]. Daß der Glaube daran nicht aufhöre, dafür existiert die Kirche. Dazu braucht es die gottesdienstliche Feier und die Predigt in ihr. Dazu braucht es das Gespräch über das Leben, das Christenmenschen in ihren gottesdienstlichen Versammlungen haben und sind.

---

83. E. Lange, Die verbesserliche Welt. Möglichkeiten christlicher Rede erprobt an der Geschichte vom Propheten Jona, Stuttgart 1968.

Abschnitt B:
Kasualpraxis und Seelsorge

9. Kapitel

Die Kasualpraxis als Rechtfertigung von Lebensgeschichten

An der Stellung der Kirche zu ihrer Kasualpraxis entscheidet es sich heute, inwieweit ihr Anspruch auf Öffentlichkeit nicht eine Öffentlichkeit des Anspruchs nur ist. Soll ihr Anspruch auf Öffentlichkeit nicht als eine Öffentlichkeit des Anspruchs nur entlarvt werden, so ist auf die gegenwärtige Praxis seiner Einlösung zu sehen. Für diese wiederum dürfte in Rechnung zu stellen sein, daß sie am »Strukturwandel der Öffentlichkeit«[1] teilhat. Danach konstituiert sich die (bürgergesellschaftliche) Öffentlichkeit nicht schon durch institutionell repräsentierte, durch Traditionen und Hierarchien abgesicherte Geltungsansprüche, sondern durch die Herausbildung eines zwischenmenschlichen Kommunikationszusammenhangs, zu dem potentiell alle Gesellschaftsmitglieder gleichberechtigten Zugang haben.[2] Öffentlichkeit baut sich über den kommunikativen Austausch gemeinsamer, alle gleichermaßen betreffender, wenn auch unterschiedlich wahrgenommener Lebensinteressen auf. So gesehen ist dann aber auch die Öffentlichkeit der Kirche und ihrer Religionskultur danach zu beurteilen, inwieweit sie an der allgemeinen Selbst- und Welterfahrung der Menschen teilhat, in diese eingeht, die Lebensvorstellungen und -einstellungen der Menschen mitprägt.

Fragen wir, wo und wie die Kirche ihren Anspruch auf Öffentlichkeit unter den modernen gesellschaftlichen Verhältnissen am stärksten einlöst, dann stellen sich uns in der Tat weniger die regelmäßig stattfindenden sonntäglichen Gottesdienste und die vereinskirchlichen Veranstaltungen der Kerngemeinde vor Augen als vielmehr die Kasualien, also diejenigen Gottesdienst- und Segenshandlungen, die an den Stationen des Jahres- und Lebenszyklus im Leben der Menschen angesiedelt sind. Hier offensichtlich ist die kirchliche Religionskultur im modernen Sinn immer noch öffentlich. Hier gründet sie nicht nur auf institutionellem Geltungsschutz, wird nicht nur klerikal behauptet, daß das Evangelium alle angehe. Hier erschließt es sich vielmehr dergestalt in seiner Bedeut-

---

1. Vgl. J. Habermas, Strukturwandel der Öffentlichkeit. Untersuchungen zu einer Kategorie der bürgerlichen Gesellschaft (1962), Darmstadt/Neuwied [16]1986.
2. Vgl. a. a. O., 13-41, 60-75.

samkeit, daß diese auch allen oder fast allen einleuchtet, sie im eigenen Interesse sich an seiner Ausrichtung beteiligt wissen möchten.

Die Kasualien waren und sind diejenigen kirchlichen Handlungen, die gesellschaftlich allgemein in ihrem christlich-religiösen Sinngehalt dergestalt plausibel sind, daß zugleich dessen Bedeutsamkeit für das menschliche Leben einleuchtet. Daß die Kirche diese gottesdienstlichen Handlungen jedem, der danach verlangt, auch zugänglich macht, wird von ihr erwartet. Die Weigerung von Pfarrern oder Kirchenvorständen, etwa dem Wunsch nach der Beerdigung eines aus der Kirche Ausgetretenen zu entsprechen, ist den betroffenen Angehörigen, die diesen Wunsch äußern, deshalb oft kaum zu vermitteln. Widerspricht das nicht auch der Öffentlichkeit in den Zugangsbedingungen zu den Angeboten der Kirche? Von den allgemeinen Selbst- und Alltagserfahrungen der Menschen her gesehen, ist die Kirche doch deshalb die öffentliche Religionseinrichtung, weil man in den gesellschaftlich erwartbaren Übergängen und Wechselfällen des Lebens, an den Sollbruchstellen der Alltagswelt nicht nur zu ihr kommen kann, sondern dort auch darauf rechnen darf, daß sich die christliche Verkündigung in ihrer Lebensbedeutsamkeit erschließt. Die kirchliche Kasualpraxis steht deshalb für die Öffentlichkeit der kirchlichen Religionskultur, weil sie diejenige Praxisgestalt der Kirche ist, bei der am ehesten das Passungsverhältnis zu den gesellschaftlich allgemeinen und individuell besonderen Lebensinteressen der Menschen stimmt.

Die Kasualien bzw. Amtshandlungen gehören denn auch für die Pfarrer bzw. Pfarrerinnen immer noch zu den alltäglichen Amtspflichten. Daß sie diese wahrnehmen, ist die normale Erwartung der Gemeindeglieder. Für sie sind die kirchlichen Angebote der Taufe, Konfirmation, Trauung und Beerdigung ziemlich fraglos eingebettet in die alltägliche Lebenswelt. Wo das Außeralltägliche in der alltäglichen Lebenswelt vorkommt, haben sie ihren Ort. Selbst in außeralltäglichen Fällen weiß man, was zu tun ist, wo man hingehen kann, wer dafür zuständig ist, wie man sich dabei normalerweise verhält. Daß man dies wissen kann, dafür steht die kirchliche Kasualpraxis – sieht man zunächst einmal von den Verschiebungen und Verwerfungen in der Religionskultur der Gegenwart ab, von denen in diesem Kapitel ebenfalls noch die Rede sein wird.

Die Kasualpraxis steht für ein kirchliches Teilnahmeverhalten, das als kennzeichnendes Merkmal der Volkskirche gelten kann. Volkskirche ist weithin Kasualkirche. Sie ist die religiöse Institution der Gesellschaft, die, wie jede Institution, einerseits von der permanenten Ausübung dessen, wofür die Institution steht, entlastet, andererseits bei Bedarf in Anspruch genommen werden kann. Der Entlastungseffekt geht freilich immer auch auf Kosten der Eindeutigkeit ihrer sporadischen Inanspruchnahme. Er kann soweit gehen, daß die kasuelle Ausübung von Kirchenzugehörigkeit über kirchlich-theologische Auslegungsmuster kaum noch identifizierbar ist. Das kirchliche Angebot wiederum unterliegt der Tendenz, sich der Nachfragesituation anzupassen. So steht die kirchliche Identität der Kasualpraxis ständig in Frage, was in pastoraltheologischer Hinsicht immer wieder mit gravierenden Orientierungsproblemen verbunden war und ist.[3] Unterschiedliche praktisch-theologische Begründungsformen und Zielbestimmungen der kirchlichen Kasualpraxis waren und sind die Folge.[4] Ihnen ist ein Stück weit nachzugehen, bevor ein heute gebotenes Konzept entwickelt werden kann.

3. An die Stelle einer umgreifenden Thematisierung der Amtshandlungen ist denn auch vielfach ihre Einzelbehandlung getreten. Vgl. das Handbuch der Praktischen Theologie Bd. 3 (hrg. von P. C. Bloth u. a.), Gütersloh 1983, das zwar ein großes Kapitel unter die Überschrift »Die Kasualpraxis« stellt (150), sie jedoch nicht als solche, sondern nur im Durchgang durch die einzelnen Amtshandlungen erörtert. Die Strukturidentität der Probleme wird auf diese Weise zwar sichtbar, sie kann aber nicht zum Austrag gebracht werden. Als eigenständiges und einheitliches Thema der Praktischen Theologie sind die Amtshandlungen jedoch erfaßt und unter dem Aspekt ihres Bezuges zur »Lebensgeschichte« zur Darstellung gebracht von D. Rössler, Grundriß der Praktischen Theologie, Berlin/New York 1986, 198-237. Vgl. auch V. Drehsen, Die Heiligung von Lebensgeschichten, in: ders., Wie religionsfähig ist die Volkskirche? Sozialisationstheoretische Erkundungen neuzeitlicher Christentumspraxis, Gütersloh 1994, 174-198; F. Ahuis, Der Kasualgottesdienst. Zwischen Übergangsritus und Amtshandlung, Stuttgart 1985; Th. Müller, Konfirmation – Hochzeit – Taufe – Bestattung, Stuttgart 1978; E. Winkler, Tore zum Leben. Taufe – Konfirmation – Trauung – Bestattung, Neukirchen-Vluyn 1995. Zuletzt jetzt unter dem Thema »Kirche und Lebensgeschichte« auch R. Preul, Kirchentheorie. Wesen, Gestalt und Funktionen der Evangelischen Kirche, Berlin/New York 1997, 242-267.

4. Ein Plädoyer etwa für die Durchsetzung dogmatischer Prämissen findet sich bei M. Seitz, Unsere Kasualpraxis – eine gottesdienstliche Gelegenheit!, in: ders., Praxis des Glaubens, Gottesdienst, Seelsorge und Spiritualität, Göttingen 1978, 42-50. Eine sozialpsychologische Erklärung unternimmt Y. Spiegel, Gesellschaftliche Bedürfnisse und theologische Normen. Versuch einer Theorie der Amtshandlungen, in: ThPr 6, 1971, 212-231. Zu einer, mit den empirischen Daten zum kirchlichen Teilnahmeverhalten vermittelten Konzeption führt hingegen – in seiner Auswertung der EKD-Studie: Wie stabil ist die Kirche? Bestand und Erneuerung. Ergebnisse einer Meinungsumfrage, Gelnhausen 1974 – der Aufsatz von J. Matthes, Volkskirchliche Amtshandlungen, Lebenszyklus und Lebensgeschichte, in: ders. (Hg.), Erneuerung der Kirche. Stabilität als Chance?, Gelnhausen 1975, 83-112. Wie stark die erste EKD-Mitgliedschaftserhebung die Diskussion der Kasualpraxis als Zentralthema der Volkskirche angeregt hat, zeigt außerdem der Beitrag von W. Jetter, Der Kasus und das Ritual. Amtshandlungen in der Volkskirche, in: WPKG 64, 1975,

1. Kasualpraxis als Praxis der Gemeinde

Bereits in der liberalen Reformbewegung um die Jahrhundertwende war es der Gemeindegedanke, an dem sich das praktisch-theologische Problem der kirchlichen Kasualpraxis entzündete. Die parochialen Strukturen begannen sich vor allem in den Städten zunehmend aufzulösen. Die Kirche konnte ihrer gesamtgesellschaftlichen Präsenz immer weniger versichert sein. Nun sollte sie sich ihre Sozialbasis selber verschaffen. In diesem Zusammenhang richtete sich die Aufmerksamkeit auf die eigentümliche Zwischenlage der Kasualien. Denn einerseits machten diese zwar den fortschreitenden Prozeß sozialer Differenzierung selber offenkundig, schien es doch so, als seien sie weithin zu bloßen ›Familienfeiern‹ heruntergekommen.[5] Andererseits lag hier doch wenigstens überhaupt noch ein kirchliches Teilnahmeverhalten vor. Was lag näher, als die Kasualpraxis, wenn nicht als faktisch existierende Gemeindepraxis, so doch zumindest als Chance zum Aufbau von Gemeinde zu begreifen. Kann der Bezug zur gottesdienstlich versammelten Gemeinde bei den vom Kasus Betroffenen nicht schon vorausgesetzt werden, so stellt der Kasus wenigstens die Gelegenheit bereit, ihn wieder herzustellen. Deshalb zielte Friedrich Niebergalls Reformprogramm darauf, die Kasualpraxis dezidiert in »seelsorgerliche« und »apologetisch-evangelisatorische« Verantwortung zu nehmen.[6] Sie ist der »vorgeschobene Posten der Kirche, vorgeschoben in das Land der Gleichgültigkeit und Gegnerschaft« und gerade deshalb vom Pfarrer mit erhöhter Aufmerksamkeit zu versehen, von dem Ziel geleitet, die Beteiligten erneut in Kontakt mit der gottesdienstlich zentrierten Gemeinde zu bringen.[7]

Knapp 60 Jahre später hat Rudolf Bohren bekanntlich entschieden ge-

---

208-223. Er kommt der kirchensoziologischen Diagnose von J. Matthes nahe, macht aber darüber hinaus auch einen Vorschlag, wie sie von einer sich praktisch konkretisierenden Ekklesiologie in eigene Regie zu nehmen wäre.

5. Vgl. F. Uhlhorn. Die Kasualrede. Ihr Wesen, ihre Geschichte und ihre Behandlung nach den Grundsätzen der lutherischen Kirche, nebst einer Sammlung von Texten zu Kasualreden nach dem Hannoverschen Lectionar, Hannover 1896, 4.

6. F. Niebergall, Die Kasualrede, Leipzig 1905, 11.

7. A.a.O., 14. Zur zentralen Stellung des Gemeindegedankens in Niebergalls praktisch-theologischer Konzeption vgl. H. Luther, Religion, Subjekt, Erziehung. Grundbegriffe der Erwachsenenbildung am Beispiel der Praktischen Theologie Friedrich Niebergalls, München 1984, 206-221.

gen dieses Programm Stellung bezogen[8], wobei allerdings die Heftigkeit seiner Polemik nur zu leicht verdecken konnte, daß er den Gesichtspunkt, den bereits die liberalen Reformtheologen geltend gemacht hatten, lediglich radikalisierte und auf die Spitze trieb. Auch für Bohren geht es darum, die Kasualpraxis als Praxis der Gemeinde zu etablieren. Die gottesdienstlich zentrierte Gemeinde soll selber als Subjekt auch ihrer kasuellen Handlungen auftreten, damit gewährleistet ist, daß die Kirche mit sich identisch bleibt und nicht fremdgesteuert lediglich kreatürlichen und gesellschaftlichen Bedürfnissen gehorcht. Anders als Niebergall sieht Bohren in der faktisch stattfindenden Kasualpraxis jedoch nicht nur keinen Ansatzpunkt für den Aufbau von Gemeinde, sie ist ihm vielmehr dessen permanente Verhinderung, weil sie dem bloßen Kasualchristentum ständig auch noch die kirchliche Legitimation verschafft. Bohrens Reformprogramm gilt deshalb einem katechetischen Gemeindeaufbau, einer vom Pfarrer inszenierten Erziehung zu einer eigenaktiv-mündigen Gemeinde, die dann auch die Kasualpraxis als diakonischen Dienst an ihren Gliedern übernimmt.

Kasualpraxis als Gemeindepraxis zu fordern und über den Gemeindebezug einer theologischen Legitimation zuzuführen, legt sich nahe, insbesondere aus der Perspektive des Pfarrers, der unter der kirchlichen Uneindeutigkeit der Verhältnisse leidet, in die ihn sein Amtshandeln meistens hineinführt. Die Schwäche dieses Konzeptes ist es jedoch, daß diejenigen, die als Gemeinde in Erscheinung treten, für die erwartete Eindeutigkeit des Christlichen kaum je in Anspruch genommen werden können. Die Gemeinde gilt bezeichnenderweise auch als eine immer erst herzustellende, was unschwer als Indiz dafür gelesen werden kann, daß ein am Gemeindegedanken sich orientierender Begriff der kirchlichen Kasualpraxis die real existierenden kirchlichen Verhältnisse einschließlich der vielschichtigen und vieldeutigen Erwartungen, welche die Menschen an die Kirche haben, eklatant verfehlt.

2. Kasualpraxis als Praxis der Verkündigung

Durch Eingliederung in die Gemeinde sollte die Kasualpraxis aus ihrer prekären Zwischenlage im Grenzbereich von Kirche und Welt, Bekenntnis und gesellschaftlicher Funktion, christlichem und humanem Bewußtsein herausgeführt werden. Es ist jedoch unverkennbar, daß diese Leistung ›der Gemeinde‹ im emphatischen Sinn nur dann zugeschrieben

---

8. R. Bohren, Unsere Kasualpraxis – eine missionarische Gelegenheit?, München 1960, ⁵1969.

werden kann, wenn man sich dabei an ihrem dogmatischen Begriff und nicht an ihrer empirischen Realität orientiert. Auf dem Hintergrund dieses Sachverhaltes tritt diejenige Begründungsform der kirchlichen Kasualpraxis ins Licht, die die Zweideutigkeit der Phänomene für theologisch-irrelevant erklärt und die Kasualpraxis streng an den kirchlichen Verkündigungsauftrag zurückbindet.

Impulse der dialektischen und kerygmatischen Theologie aufnehmend, haben angesichts der Restauration der volkskirchlichen Verhältnisse in den fünfziger Jahren vor allem Günter Dehn[9] und Manfred Mezger[10] durch eine konsequente Orientierung am Verkündigungsauftrag zur theologischen Klärung der Kasualpraxis beizutragen versucht. Auch ihnen sind die Amtshandlungen, theologisch geurteilt, deshalb bedenkliche Handlungen, weil hier die Menschen, so, wie sie sind, sich mit den Leiden und Freuden ihres je eigenen Lebens selber zu Wort melden und an den Pfarrer die Erwartung haben, daß er dieses Wort aufnimmt. Die Gefährdung der kirchlichen Kasualpraxis liegt für Dehn und Mezger in den menschlichen Bedürfnislagen, den individuellen, lebensgeschichtlich bedingten Erlebnishorizonten, schlechthin in den personalen und familiären Veranlassungen, die mit dem Kasus gegeben sind. Der Kasus selber ist das theologische Risiko der kirchlichen Kasualpraxis. Er ist es genau deshalb, weil er eine Veranlassung für die kirchliche Verkündigung darstellt, die diese nicht selber gesetzt hat. Die theologisch entscheidende Frage, welche die Kasualpraxis aufwirft, ist deshalb, wie die durch den Kasus veranlaßte Verkündigungsaktion ihrer Fremdbestimmung durch den Kasus gleichwohl entgehen kann.

Das kerygmatische Konzept sucht die Antwort jedoch nicht in der Richtung, daß es die kirchlich-christliche Eindeutigkeit auf der Seite der vom Kasus Betroffenen herzustellen versucht. Ihm geht es vielmehr darum, die vom Pfarrer zu vollziehende Verkündigungsaktion der rechten Ausführungsbestimmung zu unterwerfen.[11] Sein Angelpunkt wird die Zuordnung von Wort und Kasus. Was für die auftragsmäßige Verkündigung überhaupt gilt, daß das Wort, die richtende und rettende Botschaft von Jesus Christus, die Führung behalten muß, hat ohne jede Ermäßigung auch für die Kasualpraxis zu gelten. Auch hier darf sich der Kasus nicht zu einem eigenen Thema verselbständigen, ist er vielmehr in die Regie des Wortes Gottes zu überführen, was nichts anderes heißt, als daß die Kasualpraxis den Kasus nicht unmittelbar, sondern in der Vermittlung

9. G. Dehn, Die Amtshandlungen der Kirche, Stuttgart 1950.
10. M. Mezger, Die Amtshandlungen der Kirche Bd. I, München 1957.
11. A. a. O., 51.

über die Auslegung des biblischen Textes – damit diese zu einer Auslegung für die vom Kasus Betroffenen werde – aufzunehmen hat.[12]

So gesehen bietet das kerygmatische Konzept dem Pfarrer eine erhebliche Entlastung an. Er kann sich an den Rezeptionsbedingungen seiner Kasualpraxis gänzlich desinteressiert zeigen. Seine Aufgabe besteht darin, den Kasus, die menschliche Veranlassung, im Akt der Verkündigung in einen ganz anderen, mit dem biblischen Text gegebenen Auslegungszusammenhang hineinzunehmen. Wie die vom Kasus Betroffenen sich selber verstehen, wie sie die kirchliche Handlung wahrnehmen, ob sie den neuen Auslegungszusammenhang auch für sich übernehmen, braucht ihm hingegen nicht zum Problem zu werden. Er soll nicht einmal versuchen, sich darüber ein eigenes Urteil zu bilden. Wo die am Gemeindegedanken orientierte Kasualpraxis anfängt, Grenzen aufzurichten zwischen den kirchlichen und den unkirchlichen, den gläubigen und den ungläubigen, den lebendigen und den toten Christen, enthält sich das kerygmatische Konzept jeder Grenzziehung, indem es sie der Souveränität des Wortes Gottes selber überläßt.

Die Stärke des kerygmatischen Konzepts ist jedoch zugleich seine Schwäche. Indem es von den Rezeptionsbedingungen der Verkündigungsaktion systematisch absieht, bleibt ihm auch der Vorgang verborgen, über den sich die eine Botschaft individualisiert und je unterschiedlich konkretisiert. Es geschieht jeweils ein und dasselbe, wo die Verkündigung der Kirche in Aktion tritt. Dennoch spricht sie nicht immer in der gleichen Weise an, reagieren ihre Adressaten mit unterschiedlicher Intensität. Woran liegt das? Um die Objektivität der kirchlichen Verkündigung nicht zu gefährden, will das kerygmatische Konzept von dieser Frage absehen. Es bringt sich damit aber auch um eine Aufklärung der menschlichen Veranlassungen, der biographischen und sozialen Motivlagen, die mit dem Kasus gegeben sind und nach dessen kirchlicher Wahrnehmung drängen.

3. Kasualpraxis als Praxis der Volkskirche

Von der gemeindetheologischen und der kerygmatischen Begründungsform der Kasualpraxis, die beide die Kirche als das Subjekt dieser Praxis zu reklamieren versuchen, sei es in Gestalt der handlungsfähigen Gemeinde, sei es in Gestalt des mit der Verkündigung beauftragten Amtes, ist ein dritter Argumentationstyp zu unterscheiden. Er hat sich in den vergangenen Jahren am stärksten durchgesetzt. Ausgezeichnet ist er da-

12. A. a. O., 55.

durch, daß sich in ihm die theologische Theoriebildung nicht in Konkurrenz zum kirchlichen Handlungsfeld, wie es bei uns durch die volkskirchliche Situation bestimmt ist, entwirft. Statt in der theologischen Theorie eine andere Kasualpraxis zu entwerfen, als man sie in der Volkskirche vorfindet, geht es hier vielmehr darum, die Kasualpraxis dezidiert und offensiv als Praxis der Volkskirche zu begreifen und zu vertreten. Man nimmt in Anspruch, in einem theologisch vertretbaren Sinne von der Volkskirche als einer »Kasualkirche« sprechen zu können.[13]

Was die statistischen Umfragen bestätigt haben[14], daß die Kirchenmitgliedschaft in der Volkskirche im wesentlichen rituell über die Amtshandlungen und personell über den Pfarrer als amtliche Repräsentativperson definiert wird, wird nun auch in die theologische Verständigung über die kirchliche Kasualpraxis konstruktiv aufgenommen. Mehr oder weniger verdeckte Kirchenverbundenheit, eine meist latente und fast immer mehrdeutige Christlichkeit und dann gerade die Bereitschaft, an gewissen Lebensabschnitten, wo dies sozial abgestützt ist, sich christlich ansprechen und kirchlich begleiten zu lassen, das ist die volkskirchliche Situation in ihrer ganzen Vieldeutigkeit. Der Versuch, die Kasualpraxis in einem theologisch begründeten Sinne als Praxis der Volkskirche zu begreifen, geht nun gerade nicht dahin, diese Vieldeutigkeit auf Eindeutigkeit hin überführen zu wollen. Vielmehr will man »die ›Kasualkirche‹ als ein kirchliches Arbeits- und Lebensfeld sui generis akzeptieren und nicht bloß als mögliches Rekrutierungsgebiet für kerngemeindliche Reserven betrachten«.[15]

Die Kasualkirche als eigenes, nicht defizitäres, sondern vollwertiges kirchliches Arbeits- und Lebensfeld zu betrachten, setzt voraus, daß man sie nicht ständig an gemeindekirchlichen Kriterien mißt. Man hat die Amtshandlungen weder als Chance für den Gemeindeaufbau zu betrachten, noch als selbstverständliche Gelegenheit zur Verkündigung der einen christlichen Botschaft. Produktiv zu bedenken, daß die Kirche hier auf typisch volkskirchliche Weise von Menschen in Anspruch genommen wird, das verlangt vielmehr, »daß man weder geringschätzt, was sich in den betreffenden Bedürfnissen zu Wort meldet, noch unterstellt, was sie erkennbar nicht sein wollen, und auch nicht ausgerechnet diejenigen Din-

---

13. So W. Jetter, a. a. O., 220 f.
14. Vgl. insb. die beiden EKD-Mitgliedschaftsstudien: H. Hild (Hg.), Wie stabil ist die Kirche? Bestand und Erneuerung. Ergebnisse einer Umfrage, Gelnhausen/Berlin 1974; sowie J. Hanselmann u. a. (Hg.), Was wird aus der Kirche? Ergebnisse der zweiten EKD-Umfrage über Kirchenmitgliedschaft, Gütersloh 1984.
15. W. Jetter, a. a. O., 221.

ge aus ihnen herausbringt, derentwegen sie großenteils in Anspruch genommen werden«[16]. Daraufhin sind sie zu überdenken und zu verbessern. D. h. es sind vor allem praktische Konsequenzen aus der Einsicht zu ziehen, daß der Lebenszusammenhang dieser Handlungen für die meisten nicht die kirchliche Organisation oder die örtliche Gemeinde ist, sondern der Familien- und Freundeskreis. Was aus der Sicht des Pfarrers nur eine punktuelle Betätigung der Kirchenmitgliedschaft darstellt, steht aus der Sicht der vom jeweiligen Kasus Betroffenen doch immer in lebensgeschichtlichen Zusammenhängen. Dort ist deshalb anzusetzen, nicht mit der Zielsetzung, Kirchlichkeit zu etablieren, wohl aber mit der Zielsetzung einer Integration dieser Lebenszusammenhänge in die Deutungskapazität des christlichen Glaubens.

Das ist die Perspektive, die sich mit dem offensiven volkskirchlichen Konzept der Kasualpraxis verbindet: Die Öffnung der Kirche für die vielgestaltige, plural verfaßte Lebenswelt. An die Stelle gemeindekirchlicher Abgrenzungen und gesteigerter kerygmatischer Ansprüche soll die produktive Wahrnehmung jener Welt des Christentums treten, die zwar nur schwer auf einen eindeutigen Begriff zu bringen ist, in ihrer kirchlich organisierten Gestalt aber jedenfalls nicht aufgeht. Für die Aufgabenverteilung im Pfarramt hätte dies dann entscheidende Gewichtsverlagerungen zur Folge. Da der Pfarrer/die Pfarrerin insbesondere anläßlich der Amtshandlungen mit der jenseits des binnenkirchlichen Horizonts gelebten Religion in Berührung kommt, kann das offensive Volkskirchenkonzept die Konsequenz bedeuten, nun auch dort viel stärker einen Schwerpunkt der Arbeit zu setzen. Es wäre die Orientierung an den Erwartungen der Kerngemeinde zurückzustufen hinter den Wunsch der Kirchenmitglieder nach seelsorgerlicher Begleitung an den Krisen- und Wendepunkten des Lebens. Integrale Seelsorge oder »integrale Amtshandlungspraxis« hat Joachim Matthes dieses Konzept genannt.[17] Und er meinte damit eben eine Strategie, die versucht, die kirchliche Kasualpraxis nicht in die Ortsgemeinde, wie sie im sonntäglichen Gottesdienst ihr Zentrum hat, einzubinden, sondern sie zu integrieren in die vielschichtigen Lebenszusammenhänge der vom Kasus jeweils Betroffenen, sie also wirklich zu einem seelsorgerlich-helfenden und das religiöse Deutungsangebot zum Einsatz bringenden Medium in der Bewältigung von Lebenskrisen werden zu lassen.

Was Matthes im Anschluß an die 1. EKD-Mitgliedschaftsuntersuchung vor mehr als 20 Jahren gefordert hat, davon ist auch heute nichts

---

16. A. a. O., 220.
17. J. Matthes, a. a. O., 101.

zurückzunehmen.[18] Im Gegenteil, die Anforderungen, die an die Kasualpraxis, als kirchlich institutionalisierter Gestalt lebensgeschichtlicher Sinndeutung, zu stellen sind, haben sich inzwischen ungleich gesteigert. Konnte Matthes seinerzeit noch davon ausgehen, daß die Kasualpraxis diejenige Praxisgestalt der Kirche ist, bei der am ehesten das Passungsverhältnis zu den gesellschaftlich allgemeinen und individuell besonderen Lebensinteressen der Menschen stimmt, so ist dieses Passungsverhältnis heute bedroht. Es ist bedroht, sowohl von Veränderungen in den gesellschaftlich allgemeinen Lebensinteressen der Menschen wie von den Formulierungen her, in denen sich die kirchliche Religionskultur weithin immer noch artikuliert und vermittelt.

4. Die gefährdete Öffentlichkeit der kirchlichen Kasualpraxis

Die kirchliche Kasualpraxis ermöglicht die rituell-symbolische Begehung riskanter Passagen im Lebenszyklus und im Jahreskreis. Je weniger die individuelle Lebensgeschichte durch institutionelle Vorgaben, durch tradierte Zugehörigkeitsverhältnisse zu Stand und Klasse, Herkunft und Milieu formiert ist, je mehr sie von der eigenen Planung, vom eigenen Entwurf abhängt, desto riskanter wird sie daher auch. Individualisierung, wie sie für moderne gesellschaftliche Lebensbedingungen kennzeichnend geworden ist, stört das Passungsverhältnis zu den kirchlichen Kasualangeboten. Die Plazierung der Kasualangebote ist den natürlichen Reifungs- und Verfallsprozessen im Lebens- und Jahreszyklus nachempfunden. Ihre Herkunft aus agrarischen Gesellschaften und ihre Prägung durch die frühbürgerliche Familienkultur scheinen deutlich durch. Heiraten, eine Familie gründen, Kinder zur Welt bringen, die Kinder ins Erwachsenenleben entlassen, ihnen in den Tod vorangehen. Diesen biokulturellen Stationen eines Lebenszyklus sind die Kasualien eingegliedert. Nimmt man den Jahresfestkreis hinzu, bemerkt man auch die geozentrische Orientierung am Lauf der Sonne und den darauf bezogenen agrarischen Anbauperioden.

Individualisierung heißt nun zwar nicht, daß die Stationen des Lebens- und Jahreszyklus sowie die an sie angelagerten Kasualien ihre biographische Relevanz bereits eingebüßt haben. Sie bedeutet jedoch, daß die Kasualien in die institutionellen Angebote eingerückt werden, von denen

---

18. Das zeigt die nach Abschluß dieses Buches in ihrer endgültigen Auswertung erschienene dritte EKD-Erhebung über Kirchenmitgliedschaft: K. Engelhardt/H. v. Loewenich/P. Steinacker, Fremde Heimat Kirche, Gütersloh 1997, insb. 67-146.

man, wenn es von den lebensgeschichtlichen Umständen her paßt, Gebrauch machen kann. Aber man muß dies nicht, und es paßt auch längst nicht immer, entweder weil die lebenszyklisch vorgesehene Station, z. B. die Eheschließung, lebensgeschichtlich nicht gewählt, statt dessen die Partnerschaft auf Zeit bevorzugt wird, oder weil für eine lebensgeschichtliche Station, z. B. die Verbindung gleichgeschlechtlicher Paare, gar kein kirchliches Ritual vorgesehen ist.

Die Kasualien sind an den Lebenszyklus und dessen biographische Verarbeitung im familiären Lebenszusammenhang angelagert. Darauf beruht nach wie vor ihre gesellschaftsöffentliche Relevanz. Weil sie den Menschen vom familiären Erfahrungshorizont her allgemein zugänglich sind, sind sie von dessen sozio-kulturellen Veränderungen aber immer auch mitbetroffen. Das eine hängt schließlich am anderen. Die traditionell erwartbare Familienfeier an den gesellschaftlich vorgesehenen Stationen des Lebenszyklus und die sozio-kulturelle Selbstverständlichkeit, daß diese kirchlich begangen werden, bedingen sich wechselseitig. Dem traditionsgeleiteten Verhalten stellt sich die kirchliche Begehung der Familienfeier nicht als einer ausdrücklichen Begründung bedürftig dar. Sie ist mit der Station des Lebenszyklus als kulturelle Selbstverständlichkeit entscheidungslos mitgegeben.

Dieses entscheidungslose Mitgegebensein der kirchlichen Begehung lebenszyklisch angesiedelter Familienfeiern schwindet, entweder wenn die institutionell-organisatorische Präsenz der Kirche in der Gesellschaft Schaden nimmt – wie es in der DDR der Fall war – oder wenn die Plausibilität der lebenszyklischen Vorgaben leidet, wie es in den fortgeschrittenen Industriegesellschaften der reflexiven Moderne der Fall ist. Dann werden sie nicht mehr aufgrund ihrer institutionellen Vorgegebenheit als subjektiv verbindlich anerkannt. Verbindlichkeit erlangen die lebenszyklischen Vorgaben und die Art ihrer rituellen Begehung dann immer stärker nach Maßgabe der wählerischen Anerkennung durch die sie beanspruchenden Subjekte, somit nicht generell und nur auf Zeit, auch nur dort und solange diese Anerkennung in Gestalt freier Zustimmung möglich ist.

Die an den Lebenszyklen orientierte »Normalbiographie« ist so normal nicht mehr. Statt dessen spricht man von »Bastelbiographien«. Diese brauchen die Reflexion, die Diskussion, die Entscheidung, einmal ob die »normalerweise« vorgesehenen Stationen im Lebenszyklus überhaupt alle absolviert werden sollen, sodann ob sie im Kreis der Familie gefeiert werden können und wollen, schließlich ob auch ein kirchlicher Gottesdienst sein soll. Der Lebenszyklus steht zur individuellen Disposition, seine Stationen und die Art ihrer Begehung sind zu einer Frage des Wählens und Entscheidens geworden. Auch angesichts der faktischen Unverfügbarkeit seines Endes gilt, daß für die hinterbleibenden Angehörigen vieles keineswegs selbstverständlich ist, auch nicht der kirchliche Ritus der Beerdigung. In den Großstädten, vor allem des Nordens der BRD, wird zunehmend häufiger eine anonyme Bestattung gewünscht. Für aus der Kirche Ausgetretene und für diejenigen, die ihr gar nicht angehört haben, haben die Bestattungsunternehmen freie Redner und variable säkulare Riten im Angebot.

Die Öffentlichkeit der kirchlichen Religionskultur, die deren Kasualpraxis bislang am stärksten gewährleistet hat, ist von den gesellschaftlichen Individualisierungsschüben, die immer auch eine Pluralisierung der lebensorientierenden Einstellungen zur Folge haben, hart betroffen. Dies muß jedoch nicht als Verlust von Öffentlichkeit interpretiert werden. Man kann darin eben auch eine Steigerung ihres moderngesellschaftlichen Strukturwandels am Ort der Kirche sehen, im Sinne der Umstellung von bloßer Traditionslenkung hin zur freien Wahl, zur Entscheidung des Glaubens, zu einer bewußten Wahrnehmung der eigenen Kirchenmitgliedschaft jedenfalls. Auch für Trauung und Taufe, Konfirmation und kirchliche Beerdigung gilt nun, daß sie weniger deshalb gewünscht werden, weil es eben so üblich ist, sondern weil man sich bewußt als Mitglied der Kirche weiß bzw. ein solches werden will, aus der Entscheidung heraus, sie aufrecht zu erhalten, an die eigenen Kinder weiterzugeben. Es sind dies Entscheidungen, die weitgehend in dem Bewußtsein erfolgen, Wahlmöglichkeiten zu haben. Und jeder weiß, daß er diese rituellen Begehungen auch unterlassen kann, ohne sozial nachteilige Folgen gewärtigen zu müssen. Mancherorts erscheinen die nichtkirchlichen Angebote auch attraktiver: das festliche Ambiente der standesamtlichen Hochzeit, die humanplausible Wertorientierung der nachsozialistischen Jugendweihe, die persönliche, das Leben des Verstorbenen würdigende Ansprache des freien Bestattungsredners, die Berücksichtigung der eigenen Musikwünsche, die ästhetische Inszenierung überhaupt bei der säkularen Bestattung.

Indem die Kirche als institutioneller Rahmen für die rituelle Begehung lebenszyklischer Übergänge gewählt wird, geschieht dies zunehmend aufgrund bewußter Entscheidung für eben diesen institutionellen Rahmen. Das belegt auch die gesteigerte Taufbereitschaft, die mit der Deutung der Taufe als dem begründenden Akt für die Kirchenmitgliedschaft einhergeht.[19] Auch folgt die Entscheidung für die Taufe eines Kindes oft erst nach einer längeren Zeit des Wartens, des Sich-Entscheidens.

19. Kirchenamt der EKD (Hg.), Fremde Heimat Kirche. Ansichten ihrer Mitglieder, Hannover 1993, 16 f.

Ebenso gilt für Trauung und Konfirmation, daß sie aus gesellschaftlich vorgegebenen Statusübergängen eher zu Stationen auf dem Wege geworden sind. So gewinnen sie stärker den Charakter bewußter Identitätsvergewisserung auf einem insgesamt eher unübersichtlichen Lebensgelände.

Orientiert man sich an den Lebensinteressen der Menschen, kommt man denn auch eher auf ein Zu-Wenig an Kasualkirche denn auf ein Zu-Viel. Solche der lebensgeschichtlichen Identitätsvergewisserung dienlichen Wegstationen wollen heute eher häufiger eingelegt sein, als sie von der Kirche angeboten und gepflegt werden. Je unübersichtlicher das gesellschaftliche Lebensgelände wird, desto deutlicher wächst das Bedürfnis, Fixpunkte für die individuelle Lebensgeschichte zu schaffen, rituell begangene Lebenshöhepunkte, die widerständige Begrenzungen im Projekt des eigenen Lebens bieten, soziale Anerkennung erfahren lassen. So werden zunehmend die Einschulungen der Kinder groß gefeiert, die runden Geburtstage vor allem und die silbernen Ehejubiläen.

Die Kasualpraxis ist nach wie vor der Indikator für die Öffentlichkeit der kirchlichen Religionskultur. Vermutlich ist erst in den letzten Jahrzehnten die Art dieser Öffentlichkeit selber modern geworden. Nun haben auch die an den Stationen des Lebenszyklus angelagerten Kasualien den Charakter von institutionellen Vorgaben angenommen, von denen man im Projekt des eigenen Lebens Gebrauch machen kann, es aber nicht muß. Wenn man von ihnen Gebrauch macht, dann aus bewußter Entscheidung, auch für die explizite Wahrnehmung der mit ihnen verbundenen Kirchenmitgliedschaft. Allerdings, konstitutiv für die Kirchenmitgliedschaft und die vorwiegend kasuellen Teilnahmemuster ist damit die eigene Lebens- und Familiengeschichte, dieses Projekt des eigenen Lebens überhaupt. Von ihm her entscheiden sich die Menschen für die kirchlichen Ritualangebote oder eben auch – wo diese fehlen bzw. außerkirchliche Möglichkeiten attraktiver sind – für andere Formen der Ritualisierung und Symbolisierung lebensgeschichtlicher Stationen und Übergänge. Die Kirche befindet sich mit ihren Ritualangeboten jedenfalls auf dem Markt. Und dort entscheidet nicht zuletzt die Attraktivität der Angebote über die Nachfrage.

5. Der Verschleiß religiöser Rituale in der modernen Gesellschaft

Aufschlußreich für die Veränderungen im gesellschaftlichen Status der kirchlichen Kasualpraxis sind Überlegungen, die der Ethnologe Victor Turner zur Transformation der Übergangsriten in industrialisierten und nachindustrialisierten Gesellschaften angestellt hat.[20] Gegenüber einfachen, agrarischen Gesellschaften, an denen Arnold v. Gennep seinerzeit seine Theorie der Übergangsriten entwickelt hat[21], fragt Turner, wie diese unter den Bedingungen funktional differenzierter und ideologisch pluraler Gesellschaften zu stehen kommen. Er stellt fest, daß sie ihren unbedingten Verpflichtungscharakter verlieren. Sie zu begehen, sich ihnen zu unterwerfen, ist für die Gesellschaftsmitglieder nicht mehr unbedingt notwendig. Sie nehmen nun selber »einen pluralistischen, fragmentarischen und experimentellen Charakter« an.[22] Außerdem büßen sie ihre kollektive Repräsentanz ein. Sie haben nicht mehr für alle Gesellschaftsmitglieder die gleiche intellektuelle und emotionale Bedeutung. Sie sind nicht mehr in einer für alle gleichermaßen gültigen Weise symbolisch und institutionell repräsentiert. Den traditionellen, kirchlich etablierten Übergangsriten erwächst vielmehr Konkurrenz. Es bilden sich Riten aus, die den Übergangsriten ähnlich sind, eine ihnen vergleichbare gesellschaftliche Funktion erfüllen. Turner nennt sie liminoide Phänomene, eben weil sie der Ritualisierung des Liminalen, der Schwellenübergänge, bloß ähnlich sehen. Er identifiziert diese liminoiden Phänomene in den Bereichen von Kunst und Sport, Spiel und Unterhaltung, Freizeit und Urlaub. Diese Bereiche repräsentieren das andere zu der durch obligatorische Rollenfunktionen bestimmten Alltagswelt. In diesen Bereichen können die Menschen deshalb die Erfahrung der Distanz zur Routine der Alltagswelt machen. Sie ermöglichen Schwellenerfahrungen, Erfahrungen des Übergangs ins Jenseits der Gesellschaft, ins Jenseits jedenfalls der Strukturen und Funktionen, welche die Alltagswelt bestimmen. Film und Literatur, Theater und Fußballstadien, Hobbys und die Inseln des Urlaubsglücks unterbrechen den durch Arbeit und Beruf, durch den sozialen Status, durch festgelegte Rollen und Funktionen formierten alltäglichen Lebenszusammenhang. Als solche Unterbrechungen ermöglichen sie ähnlich wie die traditionellen, liminalen, am Lebenszyklus angelagerten Übergangsriten unter Umständen den zwar befristeten, aber in dieser Frist wirklichen Übergang in eine andere symbolische Ordnung. Sie können die Erfahrung machen lassen, daß, was normalerweise so ist, wie es ist, nicht immer so sein muß. Vieles, wenn nicht alles, wäre auch anders möglich.

Die »Mußegattungen«, wie Turner die liminoiden Freizeitrituale auch

20. V. Turner, Vom Ritual zum Theater. Der Ernst des menschlichen Spiels, Frankfurt am Main 1989.
21. A. v. Gennep, Übergangsriten (franz. 1909), Frankfurt am Main u. a. 1986.
22. V. Turner, a. a. O., 86.

nennen kann[23], ermöglichen Schwellenerfahrungen. Sie führen auch in Übergänge. Sie stellen auch Passagen dar, die die Gesellschaftsmitglieder über den Status und die Funktionen, die sie in der Gesellschaftsstruktur einnehmen und ausfüllen, zeitweise hinausführen. Als phasenweise Unterbrechung der durch Funktionen bestimmten Sozialstruktur liegt in ihnen somit immer auch die Möglichkeit des Aufbaus einer imaginativen, aber für die Zeit der Muße realen Erfahrung einer »Antistruktur«.[24] Wer sich sonst nur in seinen ökonomischen, politischen, familiären, beruflichen usw. Funktionen erlebt, kann hier potentiell die Erfahrung der Freiheit zum Anderssein bzw. Anderswerden machen. Die Dinge des Lebens geraten in »Fluß«, wie Turner – im Anschluß an den Soziologen M. Csikszentmihalyi[25] – sagt.[26]

Daß Turner den »Mußegattungen« des Freizeitbereichs diese religiöse Bedeutsamkeit der Ritualisierung und Symbolisierung von Transzendenzerfahrungen zuschreibt, hängt freilich damit zusammen, daß er sie vom Liminalen, also von den kirchlich-religiös institutionalisierten Übergangsriten her begreift. Sie sind Religionsersatz. Daß es solchen Religionsersatz in vielfältiger Weise gibt, bleibt nun aber für die kirchliche Religionskultur nicht folgenlos. Turner diagnostiziert vielmehr auch in der kirchlich institutionalisierten Religionskultur die Tendenz zum Liminoiden. Auch die von ihr gesellschaftlich präsent gehaltenen Übergangsriten sind den liminalen Phänomenen in einfachen Gesellschaften, wie v. Gennep sie studiert hat, nur noch ähnlich.

Strukturell entsprechen sie ihnen immer noch, immer noch lassen sich nach Turner die drei Phasen identifizieren, die v. Gennep unterschieden hat[27]: a) Trennungsphase, b) Schwellen- bzw. Umwandlungsphase, c) Wiederangliederungsphase. Immer noch geht es darum, daß das rituelle Subjekt rituellen Handlungen unterworfen wird, die seine Loslösung vom früheren sozialen Status zum Ausdruck bringen (z.B. die Begrüßung der Tauffamilie am Eingang des Kirchengebäudes). Es geht darum, daß es eine Zeit oder einen Bereich der Ambiguität, eine Art sozialen Zwischenstadiums durchläuft, wo sich die imaginativen Möglichkeiten des Andersseins, Antistrukturen zur alltagsweltlichen Sozialstruktur aufbauen können (z.B. ein Kind Gottes zu sein). Und immer noch geht es um rituellsymbolische Handlungen, die die Rückkehr des rituellen Subjekts in die

23. A.a.O., 87.
24. A.a.O., 68.
25. Vgl. M. Csikszentmihalyi, Das flow-Erlebnis. Jenseits von Angst und Langeweile: im Tun aufgehen, Stuttgart 1985.
26. Vgl. Turner, a.a.O., 91-94.
27. A.a.O., 34f.

Gesellschaft bzw. den neuen sozialen Status darstellen. Das Anomische, das in der Schwellenphase liegt, wird in der Wiedereingliederungsphase dergestalt kanalisiert, daß nun zwar nicht alles beim Alten bleibt, aber auch nicht alles anders wird, sondern das rituelle Subjekt in ein bestimmtes Anderssein (z. B. Mitglied der Kirche zu sein) und dessen symbolische Ordnung eingewiesen wird.

Die strukturellen Entsprechungen zu den liminalen Übergangsriten bleiben identifizierbar. Wenn Turner dennoch auch in der institutionalisierten Religionskultur moderner Gesellschaften die Tendenz zum Liminoiden erkennt, so macht er das eben am Verhalten der Gesellschaftsmitglieder ihnen gegenüber fest. Sie haben sie ebenfalls in die »Mußegattungen« eingerückt. Obwohl die Übergangsriten gesellschaftlich nach wie vor notwendig sind, ist die Teilnahme an ihnen für die einzelnen doch nicht mehr verpflichtend. Die Teilnahme an ihnen ist eher eine Frage persönlichen Sich-Entscheidens als des gesellschaftlichen Zwangs. So sind sie eigentlich auch keine kollektiven Phänomene mehr, sondern sind individualisiert und privatisiert. Sie sind selber in die Vielzahl der liminoiden Phänomene, in die pluralen Erlebnisangebote des Freizeitbereichs eingerückt, in den Bereich also, in dem vor allem Kunst und Sport, Film, Literatur und Theater die kulturelle »Fluß«-Funktion übernommen haben.[28] Sie sind Teil eines gesellschaftlich breiten intermediären Raums, in dem auf vielfältige Weise die Erfahrung der Unterbrechung der Alltagsrealität gemacht wird, der einzelne in gesellschaftliche Zwischenräume geraten und sich in diese einbringen kann, in denen er sich nicht nur durch seine Funktionen und Rollen bestimmt erfährt, er sich – auf Zeit – in Gegenwelten entführen lassen kann, in symbolische Ordnungen, die ihn der Ganzheit seines ansonsten permanent geteilten Daseins vergewissern.

Die Teilhabe an diesen Angeboten, wie sie insbesondere von der Kulturindustrie gemacht werden, ist freiwillig, kaum sozial-moralischem Druck ausgesetzt. Man steht freiwillig an der Kasse, um ein Stück von Samuel Beckett, einen Film von James Cameron, eine Show von Otto Waalkes, ein Spiel von Bayern München mitzuerleben, eine Kunstausstellung zu sehen oder ein Konzert zu hören. Die einzige Zugangsbedingung ist, daß man die Eintrittskarte bezahlen kann. Das Liminoide ist eher einer Ware vergleichbar, und tatsächlich ist es oft auch eine Ware, die man auswählt und für die man bezahlt. Die traditionellen, religiös institutionalisierten Übergangsriten haben demgegenüber sehr viel stärker Loyalitätsgefühle geweckt und waren an die Mitgliedschaft in einer korporativen Gruppe gebunden.

28. Vgl. a. a. O., 86 f.

Teilweise wecken die kirchlichen Kasualriten solche Loyalitätsgefühle auch heute noch. Sie sind in der Regel an die Mitgliedschaft in der Kirchenorganisation gebunden. Ihr gesellschaftlicher Status ist gleichwohl instabil geworden. Die lebenszyklisch verorteten Ritualangebote der Kirche decken nicht mehr das Ganze der Gesellschaft ab. Der gesellschaftliche Raum, in dem Übergangserfahrungen gemacht und auf unterschiedliche Weise symbolisch-rituell verarbeitet werden, ist sehr viel breiter geworden. Vor allem jedoch gehorcht auch die Inanspruchnahme der kirchlich institutionalisierten Übergangsrituale Motiven, die weniger durch die normativen Vorgaben der Kirchenorganisation konstituiert, als aus den Bedürftigkeiten, die durch die biographische Verarbeitung lebens- und familiengeschichtlicher Übergangs- und Krisenerfahrungen erwachsen, veranlaßt sind. Daran bemißt sich nun auch die öffentliche Resonanz der kirchlichen Kasualpraxis. Sie muß die kirchliche Religionslehre in plausible Muster lebensgeschichtlicher Sinnreflexion überführen.

6. Kasualien als Gelegenheiten lebensgeschichtlicher Sinnarbeit

Es ist der mit den lebenszyklischen Zusammenhängen und deren biographischer Verarbeitung gegebene Erfahrungshorizont, der für die Inanspruchnahme der kirchlichen Kasualangebote konstitutiv ist. Deshalb muß sich deren symbolisch-rituelle Gestaltung auch in diesem Erfahrungshorizont bewähren. Tut sie dies nicht, bekommt sie zunehmend die Konkurrenz im gesellschaftlichen Raum des Liminoiden zu spüren. Die Kirche hat kein religiöses Ritenmonopol. Sich in dem für die Öffentlichkeit der kirchlichen Kasualpraxis konstitutiven lebens- und familiengeschichtlichen Erfahrungshorizont zu bewähren, heißt, Akte biographischer Identitätskonstruktion zu erbringen. D. h. es geht um den Entwurf von Szenen der Erinnerung und um die Imagination von Erwartungen, mit denen Menschen sich im Jetzt der rituellen Begehung identifizieren können, die sie sich als den sinnhaften Entwurf ihres eigenen Lebens aneignen können. Um solche Identitätskonzeptionen geht es angesichts lebenszyklischer Erfahrungen von Differenz und Distanz, von Übergängen in neu zu konzipierenden Sozialbeziehungen, in abschiedlichen Trennungserfahrungen. Obwohl lebens*zyklisch* erwartbar, wollen solche Erfahrungen lebens*geschichtlich* verarbeitet sein. Sie verlangen jeweils die Neukonstruktion der eigenen Biographie.

In der Kasualpraxis geht es um die sinn- und identitätskonstruktive Arbeit an Lebensgeschichten. Diese Arbeit fällt für die Menschen so oder so an, in den Zwischenräumen, in den Lücken, die soziale Statusübergänge eröffnen. Dort ist immer ein Sich-Verhalten zur Transzendenz verlangt, ein Übergehen. Darin liegt auch ihr unweigerlich religiöser Charakter. Solche Arbeit an Lebensgeschichten ist immer auch religiöse Sinnarbeit. Sie kann eine Lebensgeschichte, eben weil sie diese in abgründigen Übergängen thematisch macht, nicht in dem von ihr Vorhandenen aufgehen lassen.

Die Frage ist, wer sich solcher Arbeit annimmt und zwar so, daß sie bei den Menschen ankommt. Diese Frage richtet sich an die Kirche. Denn je weniger die Öffentlichkeit ihrer Religionskultur durch den institutionellen Geltungsschutz ihrer Kasualpraxis gewährleistet ist, sondern nur dadurch, daß sie den im biographischen Erfahrungshorizont entspringenden Bedürftigkeiten entspricht, desto mehr stehen ihr religiöser Sinnentwurf und ihre Lebensanschauung auf dem Prüfstand der Resonanzfähigkeit. Es muß sich zeigen, daß die kirchliche Religionslehre zur semantisch gehaltvollen, alltagsweltlich plausiblen lebensgeschichtlichen Sinnarbeit taugt.

Implizit liegt das Religiöse eben schon in jeder Schwellenerfahrung. Sie ist Transzendenzerfahrung im Sinne des offenen, nicht festgelegten, in seinen Folgen prinzipiell unbestimmten Überschreitens des bisherigen Status, einer Lebensphase. Die Schwelle, das Liminale, ist die Unterbrechung der Alltagsroutine und somit eine Konfrontation mit der grundsätzlich offenen Möglichkeit des Anderswerdens, also Jenseitserfahrung mitten im Diesseits. Im Ritualvollzug selber ist erst zu sehen, wie diese Erfahrung und somit auch das Jenseits, das in ihr aufscheint, symbolisiert, zeichenhaft gedeutet wird.

Daß lebensgeschichtliche Transzendenzerfahrungen explizit religiös auch gedeutet werden, dafür sorgt freilich immer noch der Kontakt zur Kirche, die nach wie vor als die religiöse Institution der Gesellschaft gelten kann. Dies belegen wohl auch die narrativen Interviews, die im Zusammenhang der 3. Kirchenmitgliedschaftsuntersuchung eingeholt worden sind.[29] Petra Zimmermann hat erste Ergebnisse der Analyse eines Interviews vorgestellt.[30] Danach ist es der Pastor, der als Vertreter der Kirche die religiöse Dimension symbolisiert. Er symbolisiert sie – wie die von Zimmermann exemplarisch vorgestellte Interviewpartnerin zu erkennen gibt – in der Auseinandersetzung mit dem Sterben der Eltern, in der Erfahrung der Trauer, verbunden mit der existentiellen Angst vor

29. Ihre Auswertung liegt inzwischen vor, vgl. K. Engelhardt/H. v. Loewenich/ P. Steinacker, a. a. O.
30. P. Zimmermann, »... und trotzdem ist es irgendwo ne Verbundenheit«. Annäherung an die Religiosität einer »treuen Kirchenfernen«, in: K. Gabriel (Hg.), Religiöse Individualisierung oder Säkularisierung. Biographie und Gruppe als Bezugspunkte moderner Religiosität, Gütersloh 1996, 103-111.

dem eigenen Tod. Die durch Trennungserfahrungen ausgelöste lebensgeschichtliche Sinnreflexion ist durchaus die eigene. Und implizit wird von der Interviewpartnerin auch in ihren lebensgeschichtlichen Übergangserfahrungen die Religion verortet. Direkt nach den »religiösen Dingen« gefragt, werden diesen jedenfalls die prägenden Erinnerungselemente der eigenen Lebensgeschichte zugeordnet, vor allem die »Gefahrenzonen« des Lebens. Von den Erfahrungen vor allem mit Sterben und Tod wird erzählt, von Momenten, wo man »kein Land mehr sieht«, wo die Alltagswelt durch Schicksalsschläge zu zerbrechen droht.[31] Die Konfrontation mit Sterben und Tod der Eltern wird von der Interviewten als Transzendenzerfahrung gedeutet, als Überschritt ins gänzlich Unvertraute, Ortlose, der Alltagswelt Jenseitige. Als explizit religiöse Erfahrung spricht sie diese Transzendenz jedoch erst dort an, wo sie über die Begegnung mit dem Pfarrer spricht, der die Mutter in den letzten Wochen häufiger besucht und sie dann auch beerdigt hat. Der Pfarrer symbolisiert als Vertreter der Kirche die religiöse Dimension. Mit ihm, sagt sie, kann sie auch über »die letzten Dinge« reden, an ihn würde sie sich auch wenden, wenn ein erneuter Schicksalsschlag sie treffen sollte.[32]

Symbolisiert der Pfarrer die religiöse Dimension in der mit lebensgeschichtlichen Krisen- und Übergangserfahrungen jedem selber aufgegebenen Sinnarbeit, dann muß sich die Plausibilität des religiösen Bezugs allerdings auch in diesem Erfahrungshorizont bewähren. Die viel zu lange die Kasualtheorie bestimmende Debatte um Kerygma und Ritual, Text und Kasus, Evangelium und Religion hat gerade an diesem Punkt kontraproduktive Scheingegensätze aufgebaut. Worum es doch nur gehen kann, ist, den semantischen Gehalt zu klären, mit dem die kirchliche Religionslehre, bzw. die Lebensanschauung des christlichen Glaubens, zur Deutung der lebensgeschichtlichen Übergangserfahrung verhilft. Was der christliche Glaube zur Sinnverständigung beitragen kann: über Geborenwerden und Sterben, über die Geschichte des Lebens, die Beziehungen, die sich in ihm ergeben und verloren haben – nur darauf kommt es an. Das sinnorientierende Deutungsangebot der christlichen Religion muß in den konkreten Bezügen einer Lebens- und Familiengeschichte verstanden und von den Menschen angeeignet werden können.

Der kasualpraktische Ritus ist die aktive Begehung lebensgeschichtlicher Transzendenz-erfahrung durch die rituellen Subjekte. Er ist eine solche aktive, entscheidungsbewußte Begehung gerade dann, wenn stimmt, daß die Kasualien zu Stationen am Weg des Lebens geworden sind, die oft keineswegs notwendigerweise sein müssen, sondern um ihrer bewußten

31. A. a. O., 110.
32. Ebd.

Begehung willen gewählt werden. Gewählt werden sie um der sinndeutenden Verständigung über die jeweils eigene Lebens- und Familiengeschichte willen. Und gewählt wird der kirchliche Ritus, solange den betroffenen Subjekten deutlich ist, daß die Kirche für die religiöse Dimension solcher Sinndeutungsaktivität einsteht und diese biographienah auszulegen in der Lage ist.

Die lange Zeit – hier und da noch immer – das theologische Bewußtsein prägenden Scheingegensätze von Ritual und Kerygma, Kasus und Text, Religion und Evangelium, dürften nicht unerheblich dazu beigetragen haben, genau die Biographienähe der kirchlichen Kasualpraxis zu gefährden. Statt das lebensorientierende Deutungspotential der christlichen Religionslehre in die lebensgeschichtliche Sinnreflexion der Menschen hineinzubuchstabieren, hat man sich eher an binnentheologischen und binnenkirchlichen Selbstbehauptungsinteressen orientiert. Die Identität eines abstrakten biblisch-kirchlichen Glaubens war wichtiger als der durch die Glaubensgehalte ermöglichte Identitätsgewinn für die die Kasualhandlungen begehrenden Menschen. Das hat dann auch die Öffentlichkeit der kirchlichen Religionskultur, die in der Kasualpraxis immer noch liegt, am stärksten gefährdet. Denn eben, unter moderngesellschaftlichen Bedingungen, angesichts des Strukturwandels der Öffentlichkeit, verlangt diese die kommunikative Selbstbeteiligung der betroffenen Menschen. Öffentlichkeit ist nicht schon durch den institutionellen Anspruch gewährleistet, mit dem Wirklichkeitsverständnis des christlichen Glaubens eine Wahrheit zu vertreten, die alle angeht. Solange dieses Wirklichkeitsverständnis sich nicht in die lebensorientierende Selbstverständigung der betroffenen Menschen übersetzt, bleibt es in seinem überkommenen Anspruchsdenken gefangen. Kasualpraktisch wird dies in Gestalt einer Kanzelrhetorik erkennbar, angesichts deren die betroffenen Menschen sich fragen, was denn diese biblischen und dogmatischen Wahrheiten mit ihrem besonderen Lebensgeschick zu tun haben sollen.

Von dem biographiefernen Umgang mit der kirchlichen Religionslehre profitieren z. B. die freien Bestattungsredner. In Gesprächen sagen sie das auch, daß die Menschen ihren Ritualdienst schätzen, wenn sie das Leben des Verstorbenen zu würdigen verstehen und die Hinterbliebenen mit den Bildern ihrer Erinnerung trösten können. Die Kirche hat nicht das religiöse Ritenmonopol. Sie muß sich, will sie öffentliche Kirche bleiben, auf dem Markt religiöser oder quasireligiöser Szenarien behaupten. Statt sich fortgesetzt in binnentheologischen Verkünstelungen ihrer Religionslehre zu üben, sollte sie stärker diesen Markt beobachten. Nicht unbedingt, um sich mit ihrer Religionslehre immer nur anzupassen, wohl aber, um zu sehen, wie in anderen liminoiden Mußegattungen, in populärer Literatur, in Film- und Fernsehserien, in Talk-Runden und therapeutischen

Zirkeln, die ebenfalls für Unterbrechungen in der Alltagsroutine sorgen, die Verarbeitung von Transzendenzerfahrungen, die sinndeutende Identitätsvergewisserung in Lebensgeschichten passiert. Sie könnte dabei lernen, welche Anforderungen an die alltagsweltliche und lebensgeschichtliche Plausibilisierung der kirchlichen Religionslehre heute zu stellen sind.

7. Der Kasus und die Zugehörigkeit zur Kirche

Jede Amtshandlung hat freilich auch ihre eigene, sowohl kirchlich-theologische wie lebensgeschichtliche Thematik. Auf sie gilt es zu sehen. Auszuschöpfen sind sodann die im kirchlich-theologischen Horizont liegenden lebensgeschichtlichen Sinndeutungspotentiale. Sie halten die kirchliche Kasualpraxis auf dem Markt der religiösen Möglichkeiten durchaus konkurrenzfähig.

Taufe, Konfirmation, Trauung, Bestattung gehören für den Theologen in unterschiedliche dogmatische Erörterungszusammenhänge: Die Taufe und das Sakrament; die Konfirmation und die Bestätigung des Taufbekenntnisses; die Trauung und das christliche Verständnis von Ehe; die Beerdigung und die christliche Lehre von Tod und Auferstehung. Und damit sind nur die wichtigsten Amtshandlungen genannt. Sie haben für den Pfarrer/die Pfarrerin unterschiedliches dogmatisches Gewicht, werden aber auch von den Gemeindegliedern nicht auf ein und derselben Ebene verortet und gewertet.

Es ist durchaus ein Bewußtsein vorhanden dafür, daß es bei der Taufe um die Aufnahme in und bei der Konfirmation um die Bestätigung der Zugehörigkeit zur Kirche geht.[33] Will man eine Grobunterscheidung für die wichtigsten Amtshandlungen vornehmen, so legt es sich deshalb nahe, Taufe und Konfirmation als diejenigen Amtshandlungen zusammenzunehmen, die mit der Mitgliedschaft in der Kirche zu tun haben, und davon die christliche Trauung und die christliche Beerdigung abzuheben, die fast ausschließlich der christlich-religiösen Begleitung in besonderen Lebenslagen dienen. Dieser im engeren Sinne kasuelle Charakter hat sich zwar mit der Taufe und der Konfirmation auch stark verbunden. Auch bei der Taufe stellt das Erlebnis der Geburt und des Familienzuwachses einen psycho-sozial tief verankerten Motivationshintergrund für die kirchliche Feier dar. Und bei der Konfirmation ist es offensichtlich, daß sie auch eine Sozialisationsfunktion in der pubertären Ablösephase, also im Übergangsfeld von Kindheit und Erwachsenenalter, innehat.

---

33. Vgl. auch zum folgenden die Ergebnisse der 2. EKD-Umfrage, a. a. O., 91-105.

Dennoch wird man den anderen Gesichtspunkt nicht übersehen dürfen; mit der Taufe und der Konfirmation wird das Bewußtsein der Kirchenzugehörigkeit etabliert. Dies gilt insbesondere für die Konfirmation, weil sie sich nicht auf den rituell-symbolischen Akt beschränkt, sondern über den Konfirmandenunterricht mit einer langen, auf die expressive Darstellung des neugewonnenen Status vorbereitenden Phase verbunden ist. Unter der Frage nach der Stabilität der Volkskirche wird man ohne Zweifel die Konfirmation als die wichtigste Amtshandlung ansehen müssen. Sie sorgt für den Fortbestand in der Generationsfolge. Der vorbereitende Unterricht, der annähernd mit den Gründen vertraut macht, die die Kirche hat, wenn sie den einzelnen durch die Taufe in die Annahme des Menschen durch Gott einbezieht, in Verbindung mit dem expressiven Akt, der noch einmal zur Darstellung bringt, wofür die taufende Kirche steht, stellt jenes kirchliche Zugehörigkeitsgefühl auf Dauer, das eine meist unspezifische, aber generelle Übereinstimmung mit der Kirche als Institution meint, auch wenn es sich meist nur kasuell, in der Teilnahme an expressiv-symbolischen Akten äußert. Nicht von ungefähr wird ja die Konfirmation immer noch als die Zulassungsberechtigung für die kirchliche Trauung und die kirchliche Beerdigung verstanden. Jenes volkskirchliche Bewußtsein, wonach man dazugehört, auch wenn man normalerweise nicht zur Kirche geht, wird über die Konfirmation jeweils aufgebaut, auch wenn sie im kirchlichen und pastoralen Selbstverständnis eine stärker gemeindekirchliche Zielsetzung hat. Diese gemeindekirchliche Zielsetzung wird jeweils nur von wenigen übernommen, aber auch für die anderen ist das Ergebnis nicht gleich Null, sondern fällt mit jenem Kasualchristentum zusammen, das sie in der kritischen Phase ihres Erwachsenwerdens zum ersten Mal in seiner lebensgeschichtlich hilfreichen Präsenz erfahren haben. Deshalb nehmen sie – wie auch an den anderen lebensgeschichtlichen Einschnitten – die kirchlichen Handlungen wahr und zwar durchaus in dem Bewußtsein, daß es *kirchliche* Handlungen sind und deshalb auch im Zusammenhang der Gründe stehen, die die Kirche dafür hat, in der Lebensgeschichte der einzelnen jeweils präsent zu sein.

8. Der Kasus und die Wahrnehmung von Lebensgeschichten

Jede Amtshandlung hat ihre eigene Thematik. Sie wird von der Theologie entfaltet, steht gleichzeitig aber auch im Verstehenshorizont der jeweils vom Kasus Betroffenen. Dabei können die Perspektiven auseinandergehen, können sich aber auch treffen. Die Chance, daß sie sich treffen, ist dann am größten, wenn der Gesichtspunkt Geltung gewinnt, daß jeweils einzelne im Mittelpunkt der kirchlichen Handlungen stehen. Bei der kirchlichen Trauung steht das Ehepaar im Zentrum, bei der Konfirmation der Konfirmand/die Konfirmandin, bei der Taufe sind es die Eltern in ihrer Beziehung zum Täufling und bei der Beerdigung die Hinterbliebenen in ihrer Beziehung zum Verstorbenen. Bedeutung haben die kirchlichen Feiern immer in erster Linie für die, die herausgehoben im Mittelpunkt stehen, herausgehoben aus ihrem Freundes- und Familienkreis. Sie sind von ihm bedeutsam unterschieden und gerade darin auf ihn bezogen. Auf diese Weise wird ihnen in der besonderen Lebenslage, in der sie sich befinden, ein Akt sozialer Anerkennung zuteil. Dieser Akt sozialer Anerkennung gilt den Individuen. Er findet jeweils an signifikanten Einschnitten ihrer Lebensgeschichte statt und versichert sie dort des eigenen Rechts ihres nun gerade so und nicht anders verlaufenden Lebens. Die auf die weitere Lebensgeschichte bezogene Verbindung mit einem anderen Menschen, das Hinzukommen der Kinder, ihr Erwachsen- und Selbständigwerden, der Verlust der nächsten Angehörigen, an diesen riskanten biographischen Einschnitten haben die kirchlichen Feiern ihren Ort. Dort erfüllen sie die Funktion der sozialen Anerkennung des je eigenen Lebensgeschicks.

Die Tatsache, daß die soziale Anerkennung des eigenen Lebens an seinen Übergangs- und Krisenpunkten primär im Kreise der Familie sich vollzieht und die kirchlichen Feiern deshalb weitgehend im Rahmen von Familienfeiern stattfinden, hängt eben damit zusammen, daß die Artikulation der Besonderheit, des Geltungswertes der eigenen Person in der modernen Industriegesellschaft nahezu vollständig in den von den familiären und freundschaftlichen Beziehungen besetzten Bereich des Privaten abgedrängt ist.[34] Freilich, auch der Bereich des Privaten ist kein abgegrenzter Bezirk, der dem Trend der öffentlichen Industriekultur auf die allgemeine Ersetzbarkeit und Austauschbarkeit des einzelnen und der fortschreitenden Abschleifung tradierter Verhaltensmuster nicht unterläge. Er ist gerade in der Form der Kompensation, dem Wunsch nach individueller Lebensgestaltung und Lebenserfüllung, gesteigerter Sinnerwartung, auf den funktional differenzierten Bereich der Arbeit und sozialen Leistung bezogen.

Die Verbindung, welche die kirchliche Kasualpraxis mit den Familienfeiern eingegangen ist, ist demnach durchaus prekär. Das darf ihr nicht verborgen bleiben. Sie fungiert in der auf die soziale Bestätigung herausgehobener einzelner ausgerichteten Familienfeier immer auch als Verstärker, indem sie der Familienfeier doch noch eine Form von Öffentlichkeit zuteil werden läßt.

34. Darauf hat Y. Spiegel hingewiesen, a. a. O., 216-219.

Sie verleiht dem bloß Privaten den Schein einer öffentlich wirksamen Bedeutung. Als bloße Verstärkung oder Verdopplung der sozialen Anerkennungsleistung, die von der Familienfeier für diejenigen ausgeht, die an kritischen Punkten ihres Lebens stehen, befördert sie dann gerade die Ideologie eines sich durch familiäre Zuschreibungen aufbauenden Eigenwertes des Individuums, während die nivellierenden Tendenzen der Industriekultur sich seiner längst bemächtigt haben.

Die Verbindung mit der Familienfeier bezeichnet gleichwohl genau den Ort, an dem die kirchliche Handlung im Verstehenshorizont der vom Kasus Betroffenen zunächst zu stehen kommt. Sie erwarten, daß die Veranlassung, die sie in die Kirche führt, dort auch thematisch wird. Diese Veranlassung entsteht im Kreise der Familie. Dort verschafft sich das Interesse nach der Anerkennung des je eigenen Lebens Geltung. Bei der Geburt neuen Lebens, bei seinem Eintritt in die Selbständigkeit, an seinen festlichen Höhepunkten und schließlich an seinem Ende, immer geht es darum, daß dieses Leben in seinem Dasein begrüßt, bejaht, gefeiert, daß sein Verlust beklagt und betrauert wird. Es geht jeweils um die herausgehobenen einzelnen, um die Geschichte ihres Lebens als eines Lebens in Gemeinschaft. Diejenigen, die diese Gemeinschaft bilden, gehören deshalb immer mit dazu und wollen in ihrem Verhältnis zu den herausgehobenen einzelnen ebenso wahrgenommen sein. Weil der Anlaß, der das Leben in seinem Bestande thematisch werden läßt, sie selber mit betrifft, wollen sie in das Geschehen einbezogen sein.

Nun drängt die familiäre Veranlassung jedoch in die Kirche. Darin wird man ohne Frage das Interesse an einer öffentlichkeitswirksamen Verstärkung der sozialen Anerkennung des familiären Ereignisses sehen müssen. Es bleibt nicht bloß im Raum des Gestaltlosen, privat Beliebigen, wird vielmehr in einer öffentlichen Feier und in der Gestalt großer, bedeutungsträchtiger Formen begangen. Über das Interesse an einer gesteigerten Begehung des familiären Ereignisses hinaus wird man jedoch auch auf die bewußte Erwartung rechnen müssen, daß die kirchliche Handlung als *kirchliche* wahrgenommen wird. Und auch dabei steht das Interesse nach einer Anerkennung individuellen Lebens im Vordergrund. Ihm wollen die Eltern bei der Taufe und Konfirmation ihres Kindes Ausdruck verliehen sehen. Auf die Bestätigung des Bestandes ihres nun gerade so gewählten gemeinsamen Lebens sind das Brautpaar und die ihm angehörenden Familien ausgerichtet. Das unverlierbare und auch durch den Tod nicht aufgehobene Recht des gelebten Lebens wollen die Angehörigen bei der Beerdigung zur Geltung gebracht sehen. Doch sie wollen, daß dies in einer kirchlichen Handlung geschieht. Und man geht sicher nicht zu weit, wenn man sagt: Dies geschieht in dem Bewußtsein, daß die Kirche Gründe hat für die Anerkennung individuellen Lebens, die mit diesem Leben und den sozialen Bezügen, in denen es steht bzw. gestanden hat, gerade nicht vollständig zusammenfallen. Sie hat Gründe, die nicht an die empirische Verfassung und das faktische Resultat dieses Lebens gebunden sind.

Deshalb drängt der familiäre Anlaß gleichsam von sich aus in die Kirche. Denn dasjenige, wofür der familiäre Anlaßt steht, die Rechtfertigung einer Lebensgeschichte, kann im Rahmen der familiären Beziehungen letztlich gar nicht geleistet werden. Schon auf der Erfahrungsebene selber spricht ständig genausoviel dagegen: Die Enttäuschung über mißlungene Beziehungen, der sich auch in die Familie hineintransportierende Konkurrenz- und Leistungsdruck des öffentlich-gesellschaftlichen Lebens, die alle Individualität nivellierende Tendenz der modernen Industriegesellschaft, die Herabsetzung des einzelnen zur austauschbaren Ware in der Arbeitswelt. Der Kasus drängt in die Kirche, weil er seine familiäre Veranlassung selber schon übersteigt. In ihm geht es um die Rechtfertigung einer Lebensgeschichte, die in den sozialen Bezügen, in denen sie verläuft und sich aufbaut, gar nicht gefunden werden kann.

So interpretiert es nicht nur der Theologe. So sehen es auch die vom Kasus Betroffenen selber. Es entspricht durchaus ihrem Verständnis von der kirchlichen Handlung, daß dort mehr ausdrücklich wird, als sie sich in der betreffenden Situation selber zuschreiben können oder ihnen von ihrem Freundes- und Familienkreis zugeschrieben wird, an Wert, Hilfe, Trost, Begleitung. Freilich, worin dieses ›Mehr‹ bestehen könnte, das expliziert sich im Verstehenshorizont der Betroffenen nur selten. Aber gemeint ist der religiöse Aspekt einer Begegnung mit dem, was dem eigenen Verfügen entzogen ist und dennoch den Bestand des Lebens in seinen Anfängen, Risiken und Brüchen gewährt. ›Segen‹ ist deshalb auch jenes Wort religiöser Sprache, das im Zusammenhang der Amtshandlungen den am stärksten umgangssprachlich besetzten Bedeutungswert hat. In ihm trifft sich die kasuell veranlaßte Wahrnehmung einer Lebensgeschichte mit den Gründen, die die Kirche hat, diese Lebensgeschichte nicht in dem aufgehen zu lassen, was ihr empirisches Subjekt selber daraus zu machen versteht bzw. gemacht hat. Auch wenn im Verstehenshorizont der Betroffenen diese Gründe nur selten ausdrücklich werden und das Kasualgespräch deshalb über eine Besprechung der Formalia kaum hinauskommt, wird man dennoch davon ausgehen können, daß die Erwartung an die kirchliche Kasualhandlung genau darauf gerichtet ist: Die Gründe, die die Kirche hat, sollen als gerade ihnen geltende explizit werden.

Es ist diese Erwartung, die sich an den Pfarrer/die Pfarrerin richtet, nicht nur, daß sie das Ritual vollziehen, das auch. Sie sollen die individuelle Lebensgeschichte, um die es geht, treffen und deutlich machen, was aus ihr wird – eben dadurch, daß sie in den Auslegungszusammenhang des christlichen Glaubens tritt. Es geht also um die Rechtfertigung einer Lebensgeschichte, aber gerade nicht um eine Rechtfertigung aus den Motiven und Leistungen, die diese Lebensgeschichte selber bereitzustellen vermag. Wenn man auf den Punkt achtet, an dem sich die Dogmatik des christlichen Glaubens mit dem Verstehenshorizont der vom Kasus Betroffenen überschneidet und sich dennoch zugleich kritisch von ihm unterscheidet, so kann man sagen: Es geht um eine solche Rechtfertigung von Lebensgeschichten, die in der unbedingten Anerkennung des einzelnen durch Gott in der Person Jesu Christi ihren anschaulichen Grund hat und deshalb jedem Anspruch auf Selbstrechtfertigung widerstreitet. Diese Rechtfertigung gilt es in der kirchlichen Kasualhandlung auf die konkreten Menschen und ihre Lebensgeschichte hin zu individualisieren, wobei der Akzent gerade auf diesem Vorgang der Individualisierung liegt. Denn nur über den Vorgang der Individualisierung gelangt der Rechtfertigungsglaube in den Verstehenshorizont der vom Kasus Betroffenen, um ihn zugleich daraufhin aufzubrechen, daß der Grund für die Rechtfertigung ihrer Lebensgeschichte nicht in dieser selbst, sondern in dem sich ihr zusprechenden Evangelium wahrzunehmen ist. In der Thematisierung der Lebensgeschichte kommt somit gerade der religionskritische Widerstreit von Gott und Geschichte, Gott und Glück, Heil und gelebtem Leben, nicht aber deren Gleichsetzung zum Austrag.

9. Der Kasus und das Recht der Subjektivität

Herausgehobene Ereignisse und Erfahrungen im Leben einzelner stellen den Anlaß der Kasualhandlung dar. Für die Betroffenen ist es das Außeralltägliche, das sie zum Pfarrer oder in die Kirche führt. Dieses außeralltägliche, für die Betroffenen jeweils singuläre Ereignis will auch als solches wahrgenommen sein. Der Pfarrer, für den die Amtshandlungen das Alltägliche sind, muß wissen, daß sie für die jeweils Betroffenen genau das nicht sind. Nun hat allerdings die Form, in der die Amtshandlungen vollzogen werden, keineswegs individuellen Zuschnitt. Die Form ist das Sich-Gleichbleibende. Sie stellt ein genormtes System von Vollzügen dar, das der individuellen Variation gerade entzogen ist. Die Form, in der die Amtshandlungen vollzogen werden, ist ritualisiert. Das entlastet alle Beteiligten. Der Pfarrer muß die Sprache für den besonderen Fall nicht erst gänzlich neu finden. Er kann sich eines vorgegebenen Formulars bedienen, das auch noch dem Ausnahmefall eine sozial eingespielte Sprache gibt. Und die vom Kasus außeralltäglich Betroffenen erfahren, daß ihr Fall so singulär nicht ist, wie er ihnen erscheint. Sie sehen ihn hineingenommen in eine Form der Begehung, die ihn anschließt ans Allgemeine, alle anderen auch Betreffende. Auch sie müssen nicht erst ihre eigene Sprache finden. Sie können die Sprache, die in solchen Fällen immer gesprochen wird, nachsprechen, können sich auf diese Weise hineinbegeben in die Deutungsangebote, die in den klanglichen, sprachlichen und gestischen Elementen des Ritus enthalten sind.

Dennoch wird man kaum sagen können, daß der Ritus die Kasualhandlung schon trägt. Nicht allein deshalb, weil die Vertrautheit mit der deutenden und interpretierenden Leistung seiner Elemente nicht mehr vorausgesetzt werden kann. Dies wird man sicher in Rechnung stellen müssen. Aber es ist doch eher die Folge als die Ursache einer fortschreitenden Tendenz hin zu einer gesteigerten Individualisierung der Amtshandlungen. Die ritualisierte Form trägt schließlich nur noch insoweit, als sie zugleich aufgefangen wird von der Inszenierung eines Vorgangs, der die in die ritualisierte Form eingegangenen Bedeutungsgehalte auf die konkreten Menschen hin individualisiert.

Wie sehr die Amtshandlungen auf diese Individualisierung hindrängen, läßt sich auch daran erkennen, daß das Kasualgespräch und die seelsorgerliche Begleitung ein immer stärkeres Gewicht gewinnen.[35] Der symbolisch-rituelle Akt, den die kirchliche Feier darstellt, verlangt nach einer Ergänzung durch das offene Gespräch, in dem es darum geht, unter Berücksichtigung der jeweils spezifischen Situation bei der Bewältigung der anstehenden Lebensprobleme zu helfen. In den Zusammenhang dieser seelsorgerlichen Zuwendung tritt dann aber der symbolisch-rituelle Akt selber ein. Auch in ihm will die spezifische Lebenssituation der Betroffenen Berücksichtigung finden. Es muß jedenfalls herauskommen oder zumindest anklingen, daß gerade sie gemeint sind. Deshalb gilt der Kasual-*predigt* die gesteigerte Aufmerksamkeit. Sie hat im Rahmen des rituell-symbolischen Aktes eben die Individualisierung zu vollziehen, über die sich der interpretierende und deutende Gehalt seiner Elemente auf die konkreten Subjekte hin spezifiziert. Die Kasualpredigt stellt den beweglichen Teil innerhalb der feststehenden Form des Ritus dar. Sie hat diese ihre Beweglichkeit so zu nutzen, daß sie den objektiven Bedeutungsgehalt des Ritus auf die betreffenden Individuen hin in Bewegung bringt.

Hier freilich hat die Theologie ihre Verbotsschilder aufgerichtet: Wie verhält sich die kasuelle Veranlassung zum Akt der Verkündigung? Die Verbotsschilder gelten dem Versuch einer Thematisierung der kasuellen

---

35. Vgl. dazu J. Matthes, a. a. O., 111, aber auch H. J. Thilo, Beratende Seelsorge. Tiefenpsychologische Methodik dargestellt am Kasualgespräch, Göttingen 1971, 107-233.

Veranlassung. Denn mit ihr meldet sich ja das Recht des individuellen, kreatürlichen und geschichtlichen Lebens direkt an, und das Evangelium steht in der Gefahr, dieses Recht lediglich zu bestätigen und ideologisch zu überhöhen. Deshalb soll die Kasualpredigt ihren objektiven Verkündigungscharakter wahren, indem sie die kasuelle Veranlassung möglichst zum Verschwinden bringt. Es darf ihr freilich nicht ganz gelingen, denn das Evangelium soll doch immer noch in den Kasus hineingesprochen sein, also die von ihm Betroffenen in ihrer spezifischen Lebenssituation auch erreichen. Das Recht der Subjektivität läßt sich also gar nicht ausschalten. Die Frage kann nur sein, wie es wahrzunehmen ist.

Die an der Unterscheidung von Gesetz und Evangelium orientierte theologische Kritik der sich in der Kasualpraxis vollziehenden Individualisierung des Verkündigungsgeschehens hat ihr berechtigtes Motiv darin, daß das Interesse des Individuums an einer Bestätigung seiner Lebensgeschichte nicht unmittelbar zur Geltung gebracht werden darf. Sie darf die Rechtfertigung einer Lebensgeschichte nicht aus den Gründen betreiben, die diese selber bereitstellt. Genau das wäre Rechtfertigung aus dem Gesetz des eigenen Lebens, aus der Anstrengung, ihm im Gang des eigenen Lebens selber gerecht zu werden. Wo sie betrieben wird, wird die Kasualpredigt immer dazu neigen, dieses Leben zu beschönigen, mehr aus ihm machen zu wollen, als es bei Lichte besehen hergibt. Sie wird an den festlichen Höhepunkten die Tendenz zeigen, es im strahlenden Glanz einer erfüllten Gegenwart und einer gelingenden Zukunft erscheinen zu lassen. Sie wird an seinem unumgänglichen Ende den Verlust beklagen oder den Wert, den es besessen hat, rühmen. Das Scheitern, die Verzweiflung, die Schuld, die antagonistischen Verhältnisse in Familie und Gesellschaft, die das Gelingen des Lebens, die Erfüllung seines Glücks verhindern, wird sie gerade verschweigen oder nur so anklingen lassen, daß es nicht weh tut.

Die berechtigte theologische Kritik an einer unmittelbaren und deshalb gesetzlich verlaufenden Rechtfertigung von Lebensgeschichten in der kirchlichen Kasualpraxis darf aber nicht dazu führen, daß das Recht zu dieser Rechtfertigung überhaupt bestritten wird. Wo die Theologie das Recht der Subjektivität auf Wahrnehmung einer eigenen Lebensgeschichte bestreitet, gehorcht sie schließlich gerade dem gesellschaftlichen Trend, der das Individuum fortschreitend zur austauschbaren Ware herabsetzt. Sie hat dazu aber auch gar keine Veranlassung, wenn sie nur, wiederum orientiert an der Unterscheidung von Gesetz und Evangelium, zur Geltung bringt, daß der einzelne sein Recht auf die eigene Lebensgeschichte nicht unmittelbar zu eigen hat, es ihm jedoch im Glauben an das Evangelium zugeeignet wird. Freilich, genau darauf wird dann der Akzent liegen müssen, daß das Evangelium dem einzelnen in Gestalt vorbehaltloser, unbedingter, in Gott gründender *Anerkennung* zugesagt wird, so daß er in ihm den Grund seiner Lebensgewißheit finden kann.

Das Recht der Subjektivität, das sich in der Kasualpraxis unweigerlich anmeldet, gilt es also in bestimmter Weise wahrzunehmen. Deutlich muß werden: Ich habe dieses Recht, aber doch nur so, als hätte ich es nicht. Das Recht der Subjektivität rückt in die Perspektive des paulinischen Haben, als hätte man nicht (1. Kor 7,29-31), einer gleichsam kontrafaktischen Vergewisserung, die nur dadurch zustande kommen kann, daß Jesus Christus, der in diesem Menschen begegnende Gott, als der anschauliche Grund dieser Gewißheit zur Sprache kommt und als solcher von den Beteiligten verstanden wird. Er wird als dieser Grund nur verstanden werden können, wenn die Kasualpredigt das Interesse an der eigenen Lebensgeschichte aufnimmt, wenn sie die Gottesgeschichte also auf die Lebensgeschichte hin individualisiert. Hält die Predigt dabei die christologische Orientierung fest, so wird man sie unter die Maxime stellen können, die Schleiermacher dem Kasualprediger empfohlen hat: »Es ist gleichsam eine gewisse Reflexion über die religiöse Denkart seiner Zuhörer, die in seiner Rede vorkommen muß, ohne aber daß die Richtung, die von ihm ausgeht, dadurch getrübt werde.«[36] Das ist eine gefährliche Gratwanderung, gewiß, aber ohne sie ist die Kasualpredigt nicht zu haben.

10. Die kirchliche Kasualpraxis als Kommunikation von Rechtfertigungsglauben

Aus dogmatischen Prämissen allein läßt sich die kirchliche Kasualpraxis nicht begreifen. Der Versuch, diese Praxis über sich selbst aufzuklären, stößt vielmehr auf den Sachverhalt, daß die Kirche hier tatsächlich der gesellschaftliche Ort gelebter Religion ist. Da freilich die lange Zeit herrschende Wort-Gottes-Theologie damit die – ihrer Auffassung nach – für die Kirche ruinöse Gefahr verbunden sah, bloßes Vollzugsorgan in der Befriedigung religiöser Bedürfnisse zu sein, hat sie nachhaltige Anstrengungen unternommen, die Kasualpraxis in kirchlicher Regie zu behalten. Die theologischen Begründungsversuche müssen auch unter diesem Gesichtspunkt gelesen werden. Dem gemeindetheologischen und kerygmatischen Begründungstyp geht es – so haben wir gesehen – eindeutig dar-

36. F. Schleiermacher, Die Praktische Theologie nach den Grundsätzen der evangelischen Kirche im Zusammenhange dargestellt. Aus Schleiermachers handschriftlichem Nachlasse und nachgeschriebenen Vorlesungen (hrg. von J. Frerichs), Berlin 1850, 325.

um, die Kirche als das Subjekt der Kasualpraxis zu reklamieren und ein handlungsorientierendes Konzept zu entwerfen, das sie der Außensteuerung durch individuelle und gesellschaftliche Bedürfnislagen entziehen soll. Der volkskirchliche Begründungstyp versucht dies nicht. Ihm geht es im Gegenteil gerade darum, die gesellschaftlich etablierte Religion, wie sie in der Kasualpraxis zum Ausdruck kommt, als eine kontingente geschichtliche Verwirklichung des reformatorischen Kirchenverständnisses zu verstehen und von daher ein Praxiskonzept zu entwickeln, das auf die offensive Wahrnehmung des Kasualchristentums ausgerichtet ist.

Der volkskirchliche Begründungstyp hat sein unbestreitbares Recht. Er bringt zur Geltung, daß wir mit der Kasualpraxis in einem geschichtlich vorgegebenen Handlungs- und Deutungszusammenhang stehen, von dem gar nicht erwartet werden kann, daß er sich einer einheitlichen dogmatischen Theorie fügt und mit Notwendigkeit aus ihr abgeleitet werden kann. Wo dies unter Aufbietung des Gemeindegedankens oder des Verkündigungskonzeptes dennoch versucht wird, kann sich die Theorie nur noch in der Form des Postulates auf die kirchliche Praxis zurückwenden. Sie entfernt sich gerade von denjenigen, denen die Praxis gilt, nämlich von den Kirchenmitgliedern, die die Amtshandlungen in Anspruch nehmen. Ihnen soll nun der Pfarrer ein Verständnis dieser Handlung einreden, welches das ihre nicht ist. Sie kommen nicht mehr als seine Gesprächspartner in den Blick, sondern als Objekte seiner Belehrungs-, Erziehungs- und Verkündigungsbemühungen.

Welches Verständnis verbindet sich aus der Sicht der beteiligten Subjekte mit der kirchlichen Kasualpraxis? Ich habe es aus der Teilnahme am Vollzug der kirchlichen Kasualpraxis ansatzweise zu erschließen versucht. Meine These lautet: *Den zu einer Amtshandlung Kommenden geht es um lebensgeschichtlich motivierte Wahrnehmung ihrer Kirchenzugehörigkeit und darin inhaltlich um Teilhabe an den Gründen, welche die Kirche für die Rechtfertigung von Lebensgeschichten hat.*

Die Kirche kann und muß dieses Motiv aus den ihr eigenen Gründen aufnehmen. Es geht auch ihr um die Rechtfertigung von Lebensgeschichten, nicht auf der Grundlage dessen, was diese selber dafür bereitstellen, sondern auf der Grundlage und in der Zusage des rechtfertigenden Glaubens an Jesus Christus. Sie wird deshalb insbesondere in der Kasual*predigt* einen Vorgang zu inszenieren versuchen, der das Motiv der vom Kasus Betroffenen zum Zuge bringt, es zugleich jedoch vertieft, indem Gottes vorbehaltlose Anerkennung, von der Jesus gezeigt hat, daß sie gerade den Verlorenen und mit ihrem Lebensprojekt Gescheiterten gilt, als der Grund unserer Lebenszuversicht zur Sprache gebracht wird. Das Rechtfertigungsmotiv ist es, das die beteiligten Menschen sich in der Kasualhandlung wiederfinden läßt. Sie können sich mit ihrer eigenen religiösen Deutungsaktivität in Anspruch genommen sehen und erfahren die Kasualhandlung dennoch in der Gestalt produktiven Widerspruchs. So ist sie der Ort, an dem Menschen über sich hinausgeführt werden und sie eine Ahnung des göttlichen Grundes ihrer Lebensgewißheit und -hoffnung gewinnen können.

10. Kapitel

Die Taufe und ihr lebensgeschichtlicher Sinn

Die Taufe gehört zu den Grundvollzügen des kirchlichen Lebens. Als Feier des Sakraments ist sie ein Bestandteil des Gottesdienstes. Für die Familie des Täuflings – und im Falle der Erwachsenentaufe für diesen selbst – bedeutet sie einen wichtigen Einschnitt in der Lebensgeschichte. Sie begründet den Eintritt in die christliche Kirche und hat von daher eine schlechthin entscheidende Bedeutung für deren sozialen Bestand.

Die Taufe gehört zu jenen Grundvollzügen des kirchlichen Lebens, denen in hohem Maße die fraglose Selbstverständlichkeit ihrer kasualpraktischen Wahrnehmung eigen ist. Unsere Kirche ist vor allem deshalb immer noch Volkskirche, weil für die meisten die Taufe (der Kinder) zur Liturgie des Lebens gehört, zu den Regeln, nach denen es sich verhält. Liturgien wollen gefeiert und fraglos begangen, nicht aber erläutert und nach ihren Gründen befragt sein.

Dennoch, dies geschieht immer im Vertrauen darauf, in ein in seinem Grundsinn durchaus verständliches und berechtigtes Geschehen einbezogen zu sein. Wo dieses Vertrauen brüchig wird, ist die theologische Rechenschaftsabgabe verlangt, sind Überlegungen auch anzustellen, wie die kirchliche Taufpraxis zu gestalten ist, soll sie nicht allein in ihrer theologischen Begründung stimmig, sondern den Menschen in ihrem lebensgeschichtlichen Sinn auch verständlich sein.

1. Der verklungene Streit um die Taufe

Um die volkskirchliche Taufpraxis ist es vergleichsweise still geworden. Von einem Streit um die Taufe kann gegenwärtig jedenfalls kaum die Rede sein. Der »Taufstreit« der 60er Jahre[37] war – unter Berufung auf die späte Tauflehre Karl Barths[38] – von dem Motiv bewegt, an die Stelle bloß zugeschriebener Kirchenmitgliedschaft, für die man den volkskirchlichen Brauch der Kindertaufe stehen sah, die eigenverantwortliche Entschei-

---

37. Vgl. D. Schellong, Warum Christen ihre Kinder nicht mehr taufen lassen, Frankfurt am Main 1969; W. Kasper (Hg.), Christsein ohne Entscheidung oder soll die Kirche Kinder taufen?, Mainz 1970.
38. K. Barth, Kirchliche Dogmatik Bd. IV, 4 (Fragment), Zürich 1967.

dung des Glaubens und damit ein mit der Mündigentaufe anhebendes, der gottesdienstlichen Gemeinde bleibend verbundenes, hochengagiertes Christsein treten zu lassen.

Dieses Motiv ist nicht verloren gegangen. Es bestimmt heute die Debatte um den Gemeindeaufbau, um die sozialen Formen des »Christsein-Gestaltens«, um die (im Bekenntnis fixierten) Grenzen der in sich offenen, plural verfaßten Volkskirche.[39]

Angesichts der Stabilität der volkskirchlichen Taufpraxis[40] wird die Herausforderung zu ihrer theologischen Kritik gegenwärtig jedoch nur in geringem Maße empfunden. Die Diskussion um die Kirchenreform hat sich vielmehr auf andere Schwerpunkte verlagert. Das hat gewiß mehrere Gründe.

Da ist 1. die sozio-historisch reflektierte Erfahrung, daß sich ein im kirchlichen, familiären und gesellschaftlichen Leben tief verankertes Verhalten zwar mit der schwindenden Prägekraft von Traditionen abschleifen kann, nur schwer jedoch durch einen theologisch begründeten Handlungswillen verändern läßt.[41] Da ist 2. die religionssoziologisch begründete Einsicht, daß die volkskirchliche Taufpraxis als Praxis der Kindertaufe nicht allein von ihrem biblisch-theologischen Begründungszusammenhang her verständlich zu machen ist, sondern nach einer religiös-anthropologischen Interpretation der symbolisch-rituellen Begehung von Übergängen im Lebenslauf verlangt.[42] Da ist 3. die forcierte Anstrengung einer theologischen Theoriebildung, die das theologische Recht der volkskirchlichen *Kinder*taufpraxis mit Gründen darzutun versucht.[43] Da sind 4. die kirchenoffiziellen Bemühungen um eine Pluralisierung der volkskirchlichen Taufpraxis, ihre Öffnung auf den familiären

39. Vgl. R. Weth (Hg.), Diskussion zur »Theologie des Gemeindeaufbaus«, Neukirchen-Vluyn 1986; Christsein gestalten. Eine Studie zum Weg der Kirche (hrg. vom Kirchenamt im Auftrag des Rates der EKD), Gütersloh ³1986; M. Welker, Kirche ohne Kurs? Aus Anlaß der EKD-Studie »Christsein gestalten«, Neukirchen-Vluyn 1987.
40. Vgl. die Daten bei Ch. Grethlein, Veränderungen in der Taufpraxis, in: ThPr 21, 1986, 160-165; ders., Taufpraxis heute. Praktisch-theologische Überlegungen zu einer theologisch verantworteten Gestaltung der Taufpraxis im Raum der EKD, Gütersloh 1988, 38-66; schließlich die 3. EKD-Mitgliedschaftsuntersuchung, die eine Zunahme an Kindertaufen unter den evangelischen Kirchenmitgliedern festgestellt hat: Fremde Heimat Kirche, a.a.O., 16f.
41. Vgl. die Erfahrungsberichte von Pfarrern bei Ch. Lienemann-Perrin (Hg.), Taufe und Kirchenzugehörigkeit. Studien zur Bedeutung der Taufe für Verkündigung, Gestalt und Ordnung der Kirche, München 1983.
42. Vgl. J. Matthes, a.a.O., 83-112.
43. Vgl. C. H. Ratschow, Die eine christliche Taufe, Gütersloh 1972.

Anlaß hin, aber auch für die Taufe älterer Kinder und von Erwachsenen.[44]
Da ist 5. eben auch die Erfahrung des Schwindens der Selbstverständlichkeit der volkskirchlichen Taufpraxis als einer Praxis der Kindertaufe, doch nicht aus Gründen einer theologischen Kritik an dieser als einer unordentlichen Praxis, sondern aufgrund zunehmender Kirchendistanziertheit breiter Bevölkerungsschichten.[45]

Aus den genannten Gründen steht in der pastoralen Berufsperspektive heute nicht die Frage der theologischen Kritik und der theologischen Begründung der volkskirchlichen Taufpraxis im Vordergrund des Interesses. Die Fragestellungen und Probleme, die sich mit der Taufe verbinden, liegen vielmehr wesentlich im Horizont ihrer Zuordnung zu den Kasualien und der durch sie bestimmten Kirchlichkeit. Auch die theologischen Fragen wollen heute, sofern sie überhaupt artikuliert werden, in diesem Kontext formuliert sein.[46]

Wo die Taufe als Kindertaufe gewünscht wird, gehört sie – daran hat der Theologenstreit nie etwas ändern können – zu den selbstverständlichen Erwartungen, die man an die Kirche hat. Die Erwartung an die Pfarrer/innen ist die, daß sie dem Taufbegehren entsprechen, ohne lange nach den Gründen zu fragen, die es haben entstehen lassen.[47] Der Wunsch nach der kirchlichen Feier der Kindertaufe ist somit weithin begleitet von dem Bewußtsein, daß die Kirche Gründe hat – und der Pfarrer/die Pfarrerin diese weiß –, Gründe dafür, in der Lebensgeschichte eines Menschen von Anfang an präsent zu sein, ihn teilhaben zu lassen an dem, wofür sie selber steht.

Freilich, müßte nicht auch zum Taufbegehren das Wissen um die Gründe gehören, die es haben entstehen lassen? Die Behauptung, daß dies in der Tat so sein müsse, hat damals den Taufstreit ausgelöst. Deshalb geriet ja die Taufe unmündiger Kinder in Mißkredit, stand das katechetische Defizit der Erwachsenen zur Debatte, wurden die Pfarrer zum »Kasualstreik« aufgerufen.[48]

Die theologisch formulierte, auf die bewußte Glaubensentscheidung

44. Vgl. die neu bearbeitete Ausgabe der Agende für Evangelisch-lutherische Kirchen und Gemeinden Bd. III,1 (hrg. von der Kirchenleitung der VELKD), Hannover 1988.
45. Vgl. E. Feifel/W. Kasper (Hg.), Tradierungskrise des Glaubens, München 1974.
46. Vgl. R. Volp, Die Taufe zwischen Bekenntnisakt und Kasualhandlung. Beitrag für ein zu erneuerndes Sakramentsverständnis, in: PTh 76, 1987, 39-55.
47. Vgl. die Reflexion dieser Erwartungslage bei D. Rössler, Die Vernunft der Religion, München 1976, insb. 29-64.
48. Vgl. R. Bohren, a.a.O., 27.

und somit immer auch auf engagierte Christlichkeit setzende Kritik der Kindertaufe prallte am Beharrungsvermögen der traditionsgelenkten Taufpraxis schnell wieder ab. Und dennoch könnte sie am Phänomen fortschreitender Entkirchlichung heute auch wieder verstärkten Anhalt finden.

Der »Taufaufschub« wird heute zunehmend zur Praxis. Er wird dies zwar nicht deshalb, weil die Eltern ihren Kindern die eigene Glaubensentscheidung freistellen wollen, wie dies in kirchlich-theologisch hochmotivierten Kreisen vorgekommen ist und vorkommt. Zum Taufaufschub kommt es, weil die Eltern vielfach den Kontakt zur Kirche und ihrer Ortsgemeinde verloren haben. Dennoch, entsteht später trotzdem ein Taufbegehren, so kann es vom Täufling selber vorgetragen werden. Das schließt zwar sozialen Anpassungsdruck nicht aus. Meistens ist es die Konfirmation Gleichaltriger, die den eigenen Taufwunsch entstehen läßt. Auch das könnte jedoch nur eine Übergangsphase hin zur Etablierung einer auf stärkerer Entscheidungshaftigkeit gründenden Erwachsenentaufe sein. Es gibt jedenfalls durchaus Indizien dafür, daß, aufgrund einer veränderten sozialkulturellen Situation des Christentums, die theologische Kritik der Kindertaufpraxis eben deshalb an Plausibilität gewinnt, weil sie im Grunde selber schon in der Perspektive einer Auflösung der christlichen Welt formuliert worden war.

Dies spiegelt sich exemplarisch im neuen Agendenwerk der VELKD. In die agendarische Regelung der Erwachsenentaufe werden jetzt auch ältere Kinder einbezogen.[49] Das entspricht der Einstellung auf eine Situation, in der Eltern (aus welchen Gründen auch immer) ihre Kinder nicht mehr taufen lassen.

Auch die neue Agende für evangelisch-lutherische Gemeinden geht allerdings immer noch davon aus, daß die Kindertaufe der Regelfall ist und dies auch bleiben soll. Bei der Regelung der Kindertaufe findet sich jedoch eine auffällige Veränderung. Diese bietet eine zweite Form an, die den lebensgeschichtlich verankerten Motiven des Taufwunsches deutlich Rechnung zu tragen versucht.[50] Das Sakrament der Taufe wird als Kasualhandlung praktiziert, als symbolisch-rituelle Begehung jenes Lebenseinschnittes, den die Geburt eines Kindes für die Eltern bedeutet und in dem es zugleich um die das ganze Leben bestimmende Identität geht, die dem Kind zugeschrieben werden soll.

Nicht ohne jede Folgewirkung des inzwischen verklungenen Taufstreites hat die volkskirchliche Taufpraxis heute also eine insbesondere durch zwei Merkmale charakterisierte Gestalt angenommen. Sie ist zum einen

49. Kirchenleitung der VELKD (Hg.), a.a.O., 106-160.
50. A.a.O., 16-80.

Kindertaufe, aber nicht allein unter dem streng sakramentalen Aspekt der Eingliederung des einzelnen in die Kirche als den Leib Christi, sondern auch und vor allem unter dem rituell-liturgischen Aspekt der christlich-religiösen Symbolisierung der Lebensgeschichte, ihrer transzendent – jenseits aller sozial identifizierbaren Instanzen und Faktoren – verankerten Identitätszuschreibung. Sie ist zum anderen die Taufe älterer Kinder und auch von Erwachsenen unter dem missionarischen Aspekt ihrer Entscheidung für die Zugehörigkeit zur Kirche.

2. Der Sinn der (Kinder-) Taufe

Wir finden die Taufe als geschichtlich gewordene und geschichtlich wandelbare kirchliche Praxis vor. Als Kindertaufe ist sie vermutlich erst im dritten Jahrhundert im Gefolge der geschichtlichen Konsolidierung der Kirche aufgekommen. Das neutestamentliche Taufverständnis ist zweifellos am praktischen Grundtypus der Erwachsenentaufe orientiert, was jedoch keineswegs heißen muß, daß es nicht auch auf die Kindertaufe und deren theologische Berechtigung sinnvoll beziehbar ist.

Obwohl sich in den Schriften des NT unterschiedlich formulierte Tauftheologien finden, kann übereinstimmend doch gesagt werden, daß die Urgemeinde nach Tod und Auferstehung ihres Herrn die Taufe als den einmalig zu vollziehenden Ritus der Aufnahme in die Gemeinde geübt hat. Im sogenannten Taufbefehl (Mt 28,18-20) spiegelt sich diese Praxis und ihre theologische Begründung wider. Vollzogen wurde sie anfänglich in Gestalt des Untertauchens oder Begießens des Kopfes mit Wasser als Taufe auf den Namen Jesu Christi. Vorbildlich dafür war die Taufpraxis Johannes des Täufers (Mk 2,2-8; Mt 3,1-12), die anders als die kultischen Reinigungsriten zahlreicher antiker Religionen als Bußtaufe zur Vergebung der Sünden und zur Vorbereitung auf das schon bald hereinbrechende Reich Gottes verstanden sein wollte. Wie vor allem bei Paulus (Röm 6) zu sehen ist, verbanden sich der urchristlichen Gemeinde diese Elemente der Buße und der Sündenvergebung mit der Vorstellung der grundlegenden Eingliederung des Getauften in die Kirche als den Leib Christi. Die Taufe galt nun als die durch den Heiligen Geist gewirkte Teilhabe an Christi Tod und Auferstehung, als Übergang aus der Unfreiheit der sündhaften Verlorenheit in die Freiheit des neuen Lebens aus der Gotteskindschaft.

Im Blick auf das neutestamentliche Taufverständnis ist klar, daß zur Taufe der Wunsch des Täuflings hinzugehört, dem bisherigen Leben und der alten Religion, in der es sich verstanden hatte, abzusagen und das neue Leben im Namen Jesu Christi, als Glied an seinem Leibe, im Mitvollzug seines Sterbens und Auferstehens zu beginnen. Ebenso deutlich ist aber auch, daß aufgrund der Einmaligkeit und Unwiederholbarkeit der Taufe sich deren Bedeutung für das Leben des Täuflings nicht allein von dem her verstehen läßt, was im Moment des Taufaktes als Wirkung im Getauften hervorgerufen oder durch den Getauften erlebt und bekannt wird. Der Taufakt ist ein schnell vollzogener und an einem ebenso schlichten wie elementaren Zeichen kenntlicher Vorgang. So gesehen kann er dann aber auch nichts anderes bzw. nichts Geringeres sein als die manifeste, rituell-liturgische Darstellung dessen, was das ganze Leben des Getauften bestimmt. In dem mit der Taufe zugleich verheißenen Wirken des Heiligen Geistes ist dieses Leben nun in der Totalität seiner Geschichte ein Werden – zur Gleichgestalt mit Jesus Christus.[51]

Als Sinn der Taufe enthüllt sich somit – von ihrer urchristlichen Praxis her –, daß sie die sichtbare Zuschreibung der das ganze Leben des Getauften bestimmenden Christusverheißung ist. In ihrem einmaligen und unwiederholbaren Vollzug steht sie dabei nicht auf der Entscheidungstat des Getauften. Wie sollte sie, selbst bei einem vom Täufling eigenaktiv geäußerten Taufbegehren, darauf *stehen* können? Dieses Taufbegehren muß ja nicht schon mit dem Christusglauben selber identisch sein. Nein, in ihrem einmaligen Vollzug gründet die Taufe auf Gottes Anerkennung des im Geist Jesu beginnenden Lebens des Getauften.

Mit diesem Sinn der Taufe ist die Praxis der Kindertaufe somit durchaus verträglich. Sie läßt sich damit zwar nicht biblisch begründen. Von ihrem recht verstandenen biblischen Sinn her verliert vielmehr – das ist das Entscheidende – der Zeitpunkt der Taufe überhaupt sein Gewicht. Von diesem Sinn her ist ein Leben in der Taufe schließlich insgesamt ein Werden zu dem, was der Getaufte – aufgrund seiner, es in zeichenhafter Einmaligkeit zur symbolisch-rituellen Darstellung bringenden Taufe – in Gottes Urteil schon ist. So hat es Martin Luther im Rahmen der Rechtfertigungslehre dann ja auch verstanden.[52]

Vom Sinn der Taufe her zeigt sich nicht nur ihre Verträglichkeit mit der Kindertaufe. Es wird auch die Bevorzugung der Kindertaufe unter volkskirchlichen Verhältnissen verständlich. Diese können schließlich in christlichen, den Lebensvollzug des Glaubens einübenden Familien den Wunsch entstehen lassen, Kinder so früh wie möglich in die an jedem nur einmal geschehende symbolisch-rituelle Darstellung des wahren, den Verderbens- und Todesmächten widerstehenden Lebens einbezogen zu wissen: damit sie darauf ein Leben lang zurückkommen können.

51. Diesen Aspekt findet man zuletzt vor allem herausgestellt bei G. Ebeling, Dogmatik des christlichen Glaubens Bd. 3, Tübingen 1979, 326f.
52. Vgl. das Taufbüchlein von 1526, WA 19, 573-541.

Der Kindertaufe dürfte jedoch kaum – wie es oft geschieht – zugebilligt werden, selber schon, durch ihren bloßen Vollzug, das deutlichere Zeichen zu sein für den Vorrang der göttlichen Gnade vor der menschlichen Tat, die sich, gewirkt durch den Heiligen Geist, im Glauben zu dieser Gnade verhält. Dieser Vorzug kann der Kindertaufe schon allein deshalb nicht zugebilligt werden, weil ihr Vollzug dem Sinn der Taufe nur dann entspricht, wenn sie als Zeichen des Anfangs eines Prozesses verstanden werden kann, für den der Glaube des Menschen zwar nicht die Voraussetzung ist, zu dem er jedoch hinzukommen muß, in Gestalt der lebensgeschichtlichen Aneignung der in der Taufe gegebenen Zusage der Gotteskindschaft.

Die Legitimität der Kindertaufe ist kirchlicherseits denn auch immer mit der Verpflichtung der für die Kinder Verantwortlichen verbunden worden, nicht für sie stellvertretend zu glauben (so etwas kann es nicht geben), wohl aber nach menschlichem Ermessen dafür zu sorgen, daß sie zur Übernahme dessen fähig werden, was mit dem Bekenntnis des Glaubens bei ihrer Taufe zur Sprache gekommen ist.

Die Kindertaufe ist mit der Erwartung einer kirchlich-christlichen Sozialisation verknüpft. Wird diese Erwartung allzu trügerisch, dann wird die Taufe Heranwachsender oder die Taufe Erwachsener verstärkt zur kirchlichen Selbstverständlichkeit, zu einer Bereicherung im gottesdienstlichen Leben der Gemeinden werden müssen. So wenig vom Grundsinn der Taufe her die kirchliche Scheu verständlich ist, die Taufe als eine im gottesdienstlichen Vollzug expressiv zur Darstellung kommende Familienfeier zu akzeptieren, so wenig ist dagegen einzuwenden, die Taufe Heranwachsender oder Erwachsener zum Gruppen- oder Gemeindefest auszugestalten (wie z. B. auf einer Konfirmandenfreizeit oder im Rahmen der Osternachtfeier).

An welcher Stelle im Lauf eines Lebens die Taufe auch vollzogen wird – das genau ist eher unmaßgeblich –, ihr Sinn kann es jedenfalls nicht sein, auch bei der Erwachsenentaufe nicht, den einmalig vollzogenen Taufakt, die in Gottes Namen erfolgende Eingliederung in die Kirche als den Leib Christi, mit dem vollen und ganzen Ja des Getauften zum Leben im Sinnhorizont des Glaubens selber schon zusammenfallen zu lassen. Immer gilt vielmehr die im Grundsinn der Taufe liegende humane Prozessualität, ihre Realisierung im Ganzen der Lebensgeschichte eines Menschen. Zu welchem Zeitpunkt die Taufe auch stattfindet, immer gilt, daß der Getaufte – eingebunden in das kommunikative Beziehungsgeflecht seiner Familie, seiner Gemeinde, der geschichtlichen Welt des Christentums – im Werden zu dem hin ist, was ihm hörbar, fühlbar und sichtbar, mit verbalen und nonverbalen Zeichen, im Vollzug seiner Taufe –

also in Gottes Namen – ein für allemal und somit unverlierbar zugeeignet worden ist.

3. Die Attraktivität der Taufe

Eltern klagen, obwohl sie beide aus der Kirche ausgetreten sind, bei der Kirchenleitung das Recht auf die Taufe ihres Kindes ein, welche die zuständigen Pastoren ihnen verweigern wollen.[53]

Eltern, die hochengagiert in ihren Gemeinden mitarbeiten, wollen ihre Kinder nicht taufen lassen, weil diese aus freier Entscheidung ihr eigenes »Ja« zum Bekenntnis des Glaubens finden können sollen.[54]

Beide Phänomene belegen – wenn auch auf höchst unterschiedliche Weise – den hohen Rang, den die Taufe im Bewußtsein der kirchlichen und gesellschaftlichen Öffentlichkeit nach wie vor hat. Für die einen gehört – ihrer eigenen Entkirchlichung unbeschadet – die Taufe zu einer von der Kirche verwalteten Grundfunktion der Sozialität des Menschen, steht sie exemplarisch für seine religiöse Einbindung, für die symbolisch-rituelle Bearbeitung von Kontingenzerfahrungen, zu denen auch und gerade die Geburt eines Kindes gehört. Für die anderen gilt die Taufe als entschiedener Beginn des christlichen Lebens, der nur die eigene, aktive Antwort auf Gottes Anrede in seinem befreienden Wort sein kann.

Beide Male besitzt die Taufe einen hohen Stellenwert, jedoch in höchst differenten Perspektiven und aus höchst unterschiedlichen Motivlagen. Für die kirchliche Verantwortung und Wahrnehmung der Taufpraxis liegt darin das Problem. Es liegt in der Attraktivität der Taufe für eine in sich plural verfaßte volkskirchliche Öffentlichkeit.

Von daher ist es dann aber auch in hohem Maße kontraproduktiv, die unterschiedlichen Perspektiven und Motivlagen, welche die Taufe jeweils attraktiv erscheinen lassen, zu desavouieren. Mit ihrer theoretischen oder praktischen Ausklammerung löst sich zwar das volkskirchliche Problem der Taufe, es schwindet aber auch ihre humane Attraktivität. Dies gilt gerade für jene Motive, die von der Kirche als der religiösen Institution der Gesellschaft die Deutung und symbolisch-rituelle Bearbeitung eines in seinen Kontingenzen letztlich unwägbaren Lebens erwarten lassen. Ihnen ein heidnisch-magisches Taufverständnis zu unterstellen, dürfte genauso

---

53. Vgl. den Bericht aus der nordelbischen Kirche auf Seite 3 der FAZ vom 03.01.1989.
54. Vgl. den Erfahrungsbericht von Rosemarie Korinth in: Ch. Lienemann-Perrin (Hg.), a.a.O., 434-444.

kurzsichtig sein wie der Vorwurf an die Kritiker der Kindertaufe, sie wollten mit der Empfehlung eines Taufaufschubs die Volkskirche zerstören, um eine letztlich gesellschaftlich marginale Sekte hochengagierter Christen an ihre Stelle treten zu lassen.

Worum es der Taufpraxis in der Volkskirche recht verstanden nur gehen kann, das ist die Bestätigung der Attraktivität der Taufe durch die gesteigerte Vergegenwärtigung ihres Grundsinnes. Es muß darum gehen, einen Ausbau der theologisch-informativen, katechetisch-bildungspraktischen und liturgisch-gemeindlichen Möglichkeiten zu befördern, die den inneren Zusammenhang zwischen der Einmaligkeit der Taufe und dem lebensgeschichtlich unabschließbaren Prozeß der Aneignung ihrer zeichenhaft bekräftigten Verheißung erfahrbar und erkennbar machen. Jeder Taufakt sollte zu einem einprägsamen, festlichen Ereignis gestaltet werden, in dem das erkennbare Untertauchen oder wenigstens Übergießen des Täuflings mit dem in seiner Lebensbedeutung vergegenwärtigten Wasser, in dem die trinitarische Taufzusage zu erschließungskräftigen Zeichen dafür werden, daß dem, der getauft ist, Gottes vorbehaltlose, unbedingte Anerkennung gilt, er seiner Identität in Gott gewiß werden kann, was es auch immer um seine Lebensleistungen und sein Lebensgeschick sein mag. Jede gottesdienstliche Tauffeier will so immer auch zum ermutigenden Taufgedächtnis für die Gemeinde werden. Auf die Einrichtung zusätzlicher, den Taufakt ergänzender Riten, wie z. B. die Kindersegnung, sollte man dagegen eher verzichten. Sie lösen das mit der volkskirchlichen Taufe verbundene Problem der Multiperspektivität ihrer (vielfach unausdrücklichen) Deutung nicht, sondern verschieben es nur und stiften außerdem Verwirrung.

In Taufelternseminaren sowie im kirchlichen Unterricht ist sodann deutlich zu machen – die zunehmende Zahl nicht getaufter Konfirmanden gibt dazu reichlich Gelegenheit –, daß nicht der Tauftermin entscheidend ist, sondern daß dieser einmalige Akt einer neuen, den natürlichen und sozio-kulturellen Gegebenheiten und Bedingungen nicht unterliegenden, sondern in Gottes Namen erfolgenden Identitätszuschreibung überhaupt geschieht. Lebensentscheidend ist diese ein für allemal gültige Identitätszuschreibung, die den einzelnen nicht als Produkt seiner natürlichen und gesellschaftlichen Verhältnisse sondern in der von Gott am Kreuz Jesu gewirkten Freiheit von allen endlichen Bedingungsfaktoren menschlichen Lebens und damit auch von allen Verderbens- und Todesmächten identifiziert. Und der Glaube, der die mit der Taufe mir zugeschriebene Identität im Leben zur Wirkung bringt, ist zugleich der Vorgang ihrer lebensgeschichtlich unabschließbaren *Aneignung*. Alle praktischen Maßnahmen, die wir zur Vergegenwärtigung des Sinnes der Taufe unternehmen können, werden deshalb eben darauf ausgerichtet sein, die Bedeutung dieses Aneignungsvorganges ins Licht zu heben, ihn anzuregen und zu fördern.

Es wird schließlich verstärkt dahin kommen müssen, daß die Taufe Heranwachsender und die Erwachsenentaufe zur vertrauteren und öffentlich geübten, in festliche Gottesdienste eingebundenen Praxis wird. Dazu gehört die ästhetisch ansprechende Gestalt der symbolischen Handlungen sowie die seelsorgliche Deutung (in Meditation und Predigt) ihrer im Vollzug erfahrbaren Elemente: immer in der Perspektive, daß die Menschen sich *selbst* im Verhältnis zu dem auch *erkennen*, was ihnen mit ihrer Taufe als neue Identität aus der Gotteskindschaft zugeschrieben wird.

11. Kapitel

Die Seelsorge als Lebenshilfe durch Lebensdeutung

Die Kasualpraxis der Kirche ist zugleich die vorzügliche Gestalt der Praxis ihrer Seelsorge. Auch die Seelsorge, die sie übt, hat jedenfalls zumeist lebensgeschichtliche Veranlassungen. In der Praxis ihrer kerygmatischen sowie rituell-symbolischen Wahrnehmung zeigt sich somit, wie tragfähig das Lebensdeutungsangebot des christlichen Glaubens heute ist, bzw. wie wirksam es in der Kirche kommuniziert wird. Deshalb braucht die kirchliche Kasualpraxis aber auch ein solches Verständnis von Seelsorge, das sie in ihrer therapeutischen, lebensdienlichen Kraft verständlich macht. Der mit prinzipientheologischen Ambitionen immer wieder ausgetragene, zuletzt neu belebte Streit um die therapeutische bzw. kerygmatische Seelsorge, ist im Blick auf die rechte Wahrnehmung seelsorgerlicher Arbeit schlicht kontraproduktiv. Bei Lichte besehen ruht er aber auch auf eigentümlichen Mißverständlichkeiten im protestantischen Traditionsbewußtsein auf. Ein angemessenes Verständnis therapeutischer Seelsorge, das gegen ein Konzept von Seelsorge als »Verkündigung« keineswegs schlicht auszuspielen ist, soll hier deshalb unter dem Leitbegriff der kirchlichen Praxis als einer Praxis lebensgeschichtlicher Sinndeutung diskutiert werden.

Wer die Veröffentlichungen zur Seelsorgelehre in jüngster Zeit verfolgt hat, dem dürften die Anzeichen für eine kritische Revision oder gar theoretische Erledigung der therapeutischen Seelsorge nicht verborgen geblieben sein. Rolf Schieder hat sich die lapidare Feststellung erlaubt: »Das psychotherapeutische Paradigma verliert an Plausibilität. Nicht mehr als Befreiung, sondern als Zwang wird es empfunden. Die praktische Theologie ist auf der Suche nach einem neuen Seelsorgeverständnis.«[55]

Nun kann man solche Theorieverschiebungen mit dem Generationskonflikt erklären, wie es wiederum Eberhard Hauschildt in seiner Erwiderung auf Schieder getan hat.[56] Die Söhne und Töchter befreiten sich heute wieder von einem Paradigma im Seelsorgeverständnis, das seinerzeit den Vätern der »Seelsorgebewegung« als Befreiung vom kerygmati-

---

55. R. Schieder, Seelsorge in der Postmoderne, in: WzM 46, 1994, 26-43, 27.
56. Vgl. E. Hauschildt, Ist die Seelsorgebewegung am Ende?, in: WzM 46, 1994, 260-273.

schen Seelsorgekonzept der Theologie des Wortes Gottes erschienen sei. Auf die empirische Wende der Seelsorgebewegung, die die Seelsorgelehre nicht mehr nur von theoretischen Postulaten her, sondern im Projektbezug, somit an Fallbeispielen und Gesprächsprotokollen entwickelt und ihre Praxisrelevanz über die Aufbietung von Gesprächstechniken unter Beweis zu stellen unternommen habe, folge nun heute wieder die Wendung ins Prinzipielle. Es werde die grundsätzliche Frage nach dem Rahmen und dem Ziel seelsorgerlichen Handelns im Kontext jener gesamtkulturellen Veränderungen, für die das Schlagwort »Postmoderne« stehe, gestellt.

Ich will mich an solchen Wendemanövern nicht direkt beteiligen. Denn sie scheinen mir weitgehend auf einem eher oberflächlichen Verständnis dessen zu beruhen, was programmatisch jeweils als erledigt bzw. als neuerfunden ausgerufen wird. Liest man, wie Scharfenberg sich anfangs der siebziger Jahre mit seiner »Seelsorge als Gespräch« von Thurneysen abgesetzt hat, so kann man im Grunde nur den Eindruck gewinnen, daß er Thurneysen, wenn er ihn denn überhaupt genauer studiert hat, jedenfalls nicht verstehen wollte. Vielleicht ist es heute ähnlich leichtfertig, das Ende der sogenannten Seelsorgebewegung auszurufen und das psychotherapeutische Paradigma verabschieden zu wollen.

Sieht man genauer zu, so dürfte als erstes schon einmal dies festzustellen sein, daß das psychotherapeutische Paradigma der Seelsorge hierzulande gar nicht von der sogenannten Seelsorgebewegung in den 70er Jahren entwickelt worden ist, sondern sich im Ansatz schon 150 Jahre früher bei Schleiermacher formuliert findet. Und zweitens dürfte festzustellen sein, daß man eben Thurneysen als den Seelsorgelehrer unter den dialektischen Theologen im Grunde mißversteht, wenn man ihn für das Paradigma einer verkündigenden, kerygmatischen Seelsorge einstehen läßt, die dann angeblich nur als das autoritäre, gesprächsverhindernde Gegenbild zur therapeutischen Seelsorge gesehen werden kann. Die Dinge scheinen mir ganz anders zu liegen.

Diese andere Sicht der Dinge stellt sich mir von dem in diesem Band durchgängig vertretenen Theologieverständnis her ein. Es hat sein kennzeichnendes Merkmal darin, daß es auf der ganzen Linie die Entsubstantialisierung herkömmlicher theologischer bzw. biblischer Begriffe wie Verkündigung, Gesetz, Sünde, Evangelium, Gnade usw. betreibt. Entsubstantialisierung meint, daß der Bedeutungsgehalt dieser theologischen Begriffe strikt auf die Funktion hin verstanden wird, den sie im Vollzug der religiösen Selbstdeutung humaner Subjekte für dieselben zu erfüllen vermögen. Diese Begriffe werden also als hermeneutische Konstrukte aufgefaßt, vermögen deren Deutungsrahmen und -gehalte für die religiöse Selbstdeutung humaner Subjekte vor allem in ihren Krisen- und Konflikterfahrungen aufgebaut werden. Sie stehen insofern nicht für eine andere, göttliche, geistliche oder kirchliche Wirklichkeit, die von der menschlichen Erfahrungswirklichkeit substanziell unterschieden wäre und in sie nur von außen, als »Wort Gottes« hineinzusagen wäre, sondern für eine andere Sicht, eine andere Deutung dieser Wirklichkeit, eine solche, die im Horizont religiösen Fragens aufgebaut sein möchte.

Im Gespräch mit der dieser menschlichen Erfahrungswirklichkeit in den Strukturen und Bedingungen ihres subjektiven Erlebens und Erleidens zugewandten Psychologie macht sich die Differenz zur Theologie somit nicht am Bezug auf eine andere Wirklichkeit, sondern in Differenzen der Deutung ein und derselben Wirklichkeit fest. Die Theologie ist, wie alle anderen Kulturwissenschaften auch, eine hermeneutische Disziplin, der es um das Verstehen der Welt der Menschen in der Perspektive ihres Erlebens und Handelns geht. Das der Theologie Spezifische liegt im Aufbau der vor allem die religiöse Frage betreffenden hermeneutischen Konstrukte, die sie der jüdisch-christlichen Überlieferung, vor allem also der Bibel Alten und Neuen Testamentes abgewinnt.

Schleiermacher war der erste protestantische Theologe, der in seiner Glaubenslehre die funktionale religiöse Interpretation der biblischen Begriffe durchgeführt hat. Deshalb setzt meine folgende Skizze mit ihm ein. Thurneysen wiederum steht für diejenige Wende in der evangelischen Theologie, mit der die Entsubstantialisierung der theologischen Gehalte noch einmal rückgängig gemacht werden sollte. An Thurneysen macht sich bis heute denn auch der weithin unfruchtbare Streit um die theologische bzw. psychologische Grundlegung und Ausrichtung einer Lehre von der Seelsorge fest. M. E. zu unrecht. Daß Thurneysen in seiner Lehre von der Seelsorge, dort also, wo es ihm um die Reflexion eines den Menschen in ihren Lebenskrisen und -konflikten hilfreichen, weil theologisch deutungskräftigen kirchlichen Handelns ging, de facto ebenso eine funktionale religiöse Interpretation biblischer Begriffe betrieben hat, das will die folgende Skizze in ihren weiteren Abschnitten zeigen.

Man kann in ihr auch einen Versuch sehen, Thurneysen von Schleiermacher und der von diesem geprägten Theologieformation her zu lesen. Ich unternehme hier diesen Versuch, um zu zeigen, einmal, daß allererst eine funktionale religiöse Interpretation biblischer bzw. theologischer Begriffe diese in ihren möglicherweise therapeutischen, den Menschen also in Lebenskrisen heilsamen Effekten überhaupt beschreibbar macht (weshalb auch Thurneysen sie vermutlich implizit vollzogen hat), sodann, daß eine funktionale religiöse Interpretation biblischer Begriffe allererst einen Diskurszusammenhang schafft, innerhalb dessen nicht abstrakt dogmatisch, sondern im Lebensbezug über die sich vielfach wechselseitig befördernde Erschließungskraft theologischer und psychologischer Deutungskategorien im Verstehen der inneren Welt des Menschen unter den Bedingungen der gesellschaftlichen Moderne befunden werden kann.[57]

57. Es kann nicht darum gehen, in die skizzenhafte Durchführung meines hier vorliegenden Interpretationsansatzes auch noch die Auseinandersetzung mit der in der Seelsorge-Literatur geführten Diskussion mit und um Thurneysen hineinzunehmen. Auf der Linie des hier verfolgten Ansatzes liegt vor allem der Aufsatz von W. Kurz, Der Bruch im seelsorgerlichen Gespräch, in: PTh 74, 1985, 436-451. Kurz hat gesehen, daß »die um die Kategorie des Bruches

1. Die »empirische Wende« durch Schleiermacher

Schleiermacher hat bereits grundlegend die empirische Wende in der Theologie vollzogen. D. h. theologische Aussagen leiten sich nach ihm nicht mehr von biblischen oder dogmatischen Vorgegebenheiten ab, sondern sind die symbolischen, der religiösen Kommunikation dienenden Zeichen der sinnorientierenden Selbstdeutung von Menschen. In der religiösen Selbstdeutung von Menschen wiederum geht es nicht um das Fürwahrhalten codifizierter Heilstatsachen, sondern um die Bestimmung des Grundes dafür, daß endliche, also sich nicht selbst verursachende Wesen, dennoch sich als frei wissen und in ihren endlichen Verhältnissen auf selbstbestimmte Weise verhalten können. Religion ist unsere, den Gewinn endlicher Freiheit ermöglichende Endlichkeitsverarbeitung. Schleiermacher, der die Religion erstmals dergestalt vom absoluten Gründungsbewußtsein der endlichen Erfahrungssubjektivität her verstanden hat, hat sie damit zugleich in interpersonalen Kommunikationsverhältnissen verortet. Religion und somit das Bewußtsein vom Grund endlicher Freiheit, davon, was es heißt, unter natürlichen und gesellschaftlichen Grenzbedingungen ein selbstbestimmungstaugliches Selbstverhältnis zu haben, ist eine sich zeichenhaft, symbolisch mitteilende, so jedoch, daß dabei die symbolisierende Selbsttätigkeit eines jeden ebenso vorausgesetzt wie gefordert ist.

An diesem Punkt, wo es um die vorausgesetzte, beziehungsweise geforderte Selbsttätigkeit geht, setzt Schleiermacher mit seiner Seelsorgelehre an. Es gibt faktisch – aus welchen Gründen auch immer – Menschen und Situationen, wo die freie Selbsttätigkeit, die sich religiös ihres transzendenten Grundes gewiß wird, gehemmt, beeinträchtigt, gestört ist. Es gibt Störungen im Selbstverstehen und Umweltverhalten von Menschen, die den Anlaß für besondere, seelsorgerliche Zuwendung bilden. Schleiermacher redet von solchen, seelsorgerliche Beratung verlangenden Situationen denn auch ausdrücklich als von krankhaften Zuständen.

(sc. bei Thurneysen, W. G.) kreisende Argumentation hermeneutischer Art« ist, es »ums Verstehen und ein problemorientiertes Umgehen verständnisadäquater Art« geht (440). Kurz hat auch bereits aufgeführt, was gegen den vor allem von J. Scharfenberg vorgetragenen Vorwurf zu sagen ist, in Thurneysens Seelsorgekonzept würde über die konkrete menschliche Not hinweggegangen, um statt dessen klerikale Interessen zu verfolgen (440). Vgl. J. Scharfenberg, Seelsorge als Gespräch, Göttingen 1972: »Seelsorge erfüllt sich (sc. bei Thurneysen, W. G.) also nur dann, wenn gleichsam über die konkrete menschliche Not hinweg, der jemand orientierungs-, verständnis- und kraftlos gegenübersteht, sich das liturgische Gespräch mit Gott vollzieht« (16).

Er hat also bereits auch das Grundmodell von Krankheit und Therapie in das Seelsorgeverständnis eingetragen. »Das Bestreben, den krankhaften Zustand einzelner, liege nun die Abweichung mehr im Theoretischen oder im Praktischen (also mehr auf der Verstehens- oder der Verhaltensebene, W. G.), wieder aufzuheben, ist die Seelsorge im engeren Sinn.«[58] Das Ziel der therapeutischen Seelsorge ist es, die »Abweichung«, also die Störung im Selbstverstehen und Umweltverhalten des Ratsuchenden zu überwinden. Überwunden werden soll sie mit dem Ziel, das Schleiermacher so beschreibt: »Die Persönlichkeit des anderen muß freigemacht und gesteigert werden.«[59] Also seine Ich-Kontrolle, seine Beziehungs- und Arbeitsfähigkeit, die er als beeinträchtigt erfährt, soll er wiedergewinnen können. Und was das dazu angemessene therapeutische Verfahren betrifft, so hat auch Schleiermacher schon gesehen, daß dieses nicht auf von außen gegebenen Ratschlägen beruhen darf, weil es ja um das gesteigerte Sich-selbst-Gewinnen des Ratsuchenden geht. Man sucht vielmehr, sagt Schleiermacher, »den anderen in Klarheit über die Sache zu bringen und ihn selbst zur Entscheidung zu führen«[60].

Das Ziel des seelsorgerlichen Handelns ist für Schleiermacher eben dieses, seine Veranlassung wieder in Wegfall zu bringen, die Hemmung bzw. Störung im Selbstverstehen und Umweltverhalten, die das therapeutisch-seelsorgerliche Gespräch haben suchen lassen, wieder zu überwinden. Schleiermacher sagt: »Der Geistliche hat überall, wo solche Anforderung an ihn geschieht, sie zu benutzen, die geistige Freiheit der Gemeindeglieder zu erhöhen und ihnen solche Klarheit zu geben, daß diese nicht mehr in ihnen entstehen.«[61] Was nicht mehr entstehen soll, sind die Gründe, die das Verlangen nach Seelsorge hervorgebracht haben. Seelsorge ist Hilfe zur Selbsthilfe, zum Gewinn jener geistigen Freiheit und Selbständigkeit, die daraus resultiert, daß der Ratsuchende zur Klarheit über sich gefunden hat und zu selbständiger moralisch-praktischer Entscheidungskompetenz gereift ist.

Ich mache einen Sprung. Zwischen Schleiermacher und Thurneysen liegt neben vielem anderen auch Freuds Thematisierung des Unbewußten. Damit war im Vergleich zu Schleiermacher eine ungleich verschärfte Einsicht in die komplexen Widerstände gewonnen, die es zu analysieren

58. Vgl. F. Schleiermacher, Kurze Darstellung des theologischen Studiums zum Behuf einleitender Vorlesungen, Kritische Ausgabe (hrg. von H. Scholz), 4. Aufl. 1961, 114f. (1. Aufl. § 26).
59. Vgl. F. Schleiermacher, Die Praktische Theologie nach den Grundsätzen der evangelischen Kirche, a. a. O., 453.
60. A. a. O., 452.
61. A. a. O., 445.

und an denen es sich im therapeutischen Prozeß abzuarbeiten gilt, wenn das Ziel gesteigerter Ich-Stärke, also jener geistigen Freiheit, jener Beziehungs- und Arbeitsfähigkeit, von der Schleiermacher geredet hat, soll gewonnen werden können. Außerdem war die Frage ungleich drängender geworden, wie das Ich angesichts höchst divergenter gesellschaftlicher Rollenanforderungen sich seiner endlichen Freiheit überhaupt soll vergewissern und in ihr behaupten können. Unter den Bedingungen hochgradiger Differenzerfahrungen, die persönliche Identität immer unwahrscheinlicher machen, wie hätte da eine gelungene Selbstdeutung eigentlich auszusehen?

Ich behaupte, daß Thurneysen sich diese Fragen gestellt hat, und ich möchte zu zeigen versuchen, daß er zum einen sie durch eine Integration tiefenpsychologischer Einsichten in seine Seelsorgelehre und zum anderen durch die theologische Reformulierung dieser tiefenpsychologischen Einsichten am Leitfaden der paulinisch-reformatorischen Rechtfertigungslehre, somit der Unterscheidung von Sünde und Vergebung zu beantworten unternommen hat.

2. Thurneysens theologische Rezeption der Tiefenpsychologie

Entgegen einem weit verbreiteten Irrglauben war Thurneysen eben überhaupt kein Gegner der therapeutischen, tiefenpsychologisch bzw. psychoanalytisch geschulten Seelsorge. Sowohl im Blick auf die diagnostische wie die therapeutische Kompetenz der Seelsorge war für Thurneysen die Tiefenpsychologie vielmehr zu deren unabdingbarem Integral geworden. Was die Diagnose, also die Hypothese über den Charakter der Störungen im Selbst- und Weltverhältnis des Patienten anbelangt, so lag für Thurneysen in der Freudschen Entdeckung des Unbewußten folgende auch für die Seelsorge entscheidende Einsicht beschlossen:

»Das Ich des Menschen sieht sich in seinem inneren Bereich Gefühlsmächten gegenüber, die zu ihm gehören, und über die es doch nicht verfügt, die aber wirksam sind, so als ob es neben dem bewußten ein zweites, unbewußtes Ich gäbe, das dem bewußten widerstrebt, und das es doch nicht geben kann.«[62]

---

62. Vgl. E. Thurneysen, Die Lehre von der Seelsorge (1946), Zürich ⁵1980, 206.

a) Diagnose

Was die Psychoanalyse als neurotische Krankheitserscheinung diagnostiziert, begreift sie als »Steuerungsdefekte«[63] im bewußten Ich, die eben daher rühren, daß dieses Ich nicht Herr im eigenen Hause ist, sondern von affektiv bedingten Vorstellungen und Handlungen auf eine ihm selbst nicht durchsichtige Weise getrieben wird. Diese psychoanalytische Einsicht in den neurotischen Charakter ist in Thurneysens Augen für die Seelsorge unabdingbar. Mit ihr ist das Grundproblem der »seelisch-geistigen Existenz des Menschen« überhaupt aufgeworfen. Es läßt sich auf die Formel bringen:

»Können die Kräfte des Menschen in ihrem ganzen Umfang unter die Verfügungsgewalt seines Ich gebracht werden oder nicht? Gelingt es oder gelingt es nicht, sie aus ihrer Abgespaltenheit zu lösen und dem bewußten Kern der Persönlichkeit so anzugliedern, daß das Ich die Steuerung seines Lebens wieder in die Hand bekommt. Davon hängt die ganze seelische Gesundung oder Erkrankung des Menschen ab.«[64]

Indem Thurneysen solche psychoanalytischen Einsichten aufnimmt, behauptet er das »Grundproblem der seelisch-geistigen Existenz des Menschen«[65], also die Frage nach der Bedingung der Möglichkeit seines Selbst-sein-Könnens, nach der Selbstverantwortungstauglichkeit seiner Lebensführung zu beschreiben und dies so, daß er bei der Störung dieses Vermögens ansetzt. Das ist es, wovon in der therapeutisch-seelsorgerlichen Situation gleichsam immer schon auszugehen ist, daß wir mit einer Störung des bewußten Lebens zu rechnen haben. Es ist dies eine Störung, die das Verstehen des eigenen Selbst betrifft, damit aber auch dessen Erleben, insofern das Erleben eines Menschen entscheidend davon abhängt, wie er sich selbst und seine Umwelt versteht. Thurneysen setzt – der Psychoanalyse entsprechend – aber nicht nur bei der Störung des Selbstverstehens an, er führt diese Störung auch auf lebensgeschichtlich eingespielte Fehlprogrammierungen zurück. Dies wiederum erklärt ihm dann auch, daß sie vom einzelnen, eben weil sie nun in seine Persönlichkeitsstruktur selber fallen und sich aufgrund der wechselseitigen Abhängigkeit von gestörtem Verstehen und gestörtem Erleben und Verhalten permanent neu erzeugen, auch nicht selber behoben werden können.

Genau diese psychoanalytische Einsicht kann Thurneysen dann aber auch theologisch reformulieren. Was psychoanalytisch als sich selbst steigernde Selbstentfremdung und Verhaltensfehlprogrammierung des

63. A. a. O., 207.
64. Ebd.
65. Ebd.

einzelnen aussagbar wird, erscheint ihm zugleich »als Veranschaulichung, Konkretisierung und Bestätigung«[66] derjenigen anthropologischen Grundeinsicht des christlichen Glaubens, die dieser mit seiner Rede von »Sünde« artikuliert.

»Es ist im letzten Grunde das Problem der *Freiheit*, das sich hier auf dem Boden der Psychologie und der Psychotherapie als das Grundproblem des ganzen menschlichen Daseins vor uns stellt. Gesundung würde heißen: In sich selber frei sein, über sich verfügen können oder einfach sich selber sein. Kranksein aber heißt: Unfreiheit, innere Hemmung, Getriebenheit, Gebundenheit.«[67]

Krankheit steht für dieses gestörte Selbst- und Weltverstehen, für das Sich-selbst-Entzogensein, das Sich-selbst-nicht-Zugänglichsein, woraus dann auch die Erlebnisdeformationen und Verhaltensprobleme erwachsen, die Hemmungen und zwanghaften Handlungen, die dem einzelnen gerade nicht im Lichte seines bewußten Selbst stehen, die ihn vielmehr immer weiter von sich entfernen. In diesem Sinne, als gestörtes Selbst- und Weltverstehen einschließlich der damit verbundenen Verhaltensprobleme steht Krankheit für »Sünde«. Thurneysen betont ausdrücklich, daß dies nicht in einem kausalen, ursächlichen Sinne, sondern zeichenhaft zu verstehen ist. Nicht die verquere religiöse Vorstellung, wonach Krankheit als Folge von Sünde im Sinne eines selbstverschuldeten Fehlverhaltens zu sehen sei, wollte er erneuert wissen. Es sollte vielmehr theologisch und damit in einem prinzipiellen Sinne genau die tiefenpsychologische Einsicht interpretiert und reformuliert sein, daß es ein gestörtes Verhalten gibt, das nicht nur üble Folgen für den Handelnden in seiner Welt zeigt, indem es seine Beziehungs- und Arbeitsfähigkeit lähmt, sondern zugleich durch sich selbst sich immer wieder neu bestätigt, jede Chance zur Verhaltensänderung immer weiter untergräbt. »Sünde« meint diesen Teufelskreis des Verhängnisses, der aus sich selbst permanent verstärkenden Rückkopplungen von gestörtem Verstehen und gestörtem Verhalten entsteht und – sich steigernd – so in Gang gehalten wird, daß ihm aus sich selbst keine Möglichkeit der Unterbrechung und Umkehr zugeschrieben werden kann.

Nun kann man natürlich fragen, was mit einer solchen theologischen Interpretation und Reformulierung psychoanalytischer Grundeinsichten gewonnen ist. Hat die Theologie in einem solchen Verfahren nicht lediglich eine rhetorische, ornamentale Funktion, indem sie ein psychoanalytisches Diagnoseverfahren mit Begriffen aus der biblisch-kirchlichen Überlieferung unterlegt? Vielleicht macht das eine solche Theorie im

66. Ebd.
67. Ebd.

kirchlichen Kontext kommunikabel. Aber fügt es ihr auch etwas hinzu in der Verständigung darüber, was tatsächlich der Fall ist, hier also, was es um den Menschen ist, der nach Lebenshilfe sucht?

Ich will die Antwort auf diese Frage noch für einen Moment zurückstellen und zunächst zeigen, daß Thurneysen nicht nur im Blick auf die Diagnose, sondern auch im Blick auf die Therapie, den Heilungsvorgang, entsprechend verfährt. Auch da nimmt er eine theologische Interpretation des von der Psychoanalyse her begriffenen und nach ihren Maßgaben strukturierten Therapieverfahrens vor.

b) Therapie

»Bedeutender noch als die Diagnostik der neurotischen Erkrankungen ist für uns in der Seelsorge die Auffassung vom *Heilungsvorgang*, die Therapie also, die sich aus der Erforschung des Unbewußten entwickelt hat. Da ist als Erstes festzuhalten, daß als Ziel der Heilung die Wiedergewinnung jener inneren Freiheit erscheint, deren Verlust das eigentliche Wesen der neurotischen und psychotischen Erkrankung ausmacht. Wo diese Freiheit und damit die Selbstverfügung des Ich über die inneren Kräfte so weitgehend als möglich hergestellt ist, da ist jene seelische Zuständlichkeit erreicht, die wir als Normalität, als seelische Gesundheit ansprechen. Daß der Patient sich selber übersehen lerne und, indem das geschieht, aus seinen inneren Bindungen heraustrete und so sich selber wieder in die Hand bekomme und sein Leben unter neuen Gesichtspunkten aufbaue, das ist, auf das allereinfachste ausgedrückt, die Zielsetzung der psychotherapeutischen Behandlung.«[68]

Zu einem neuen Selbstverstehen also soll es in der therapeutischen Behandlung kommen, dazu, daß der Patient sich selber übersehen lerne, zum Verstehen von Verhaltensweisen kommt, die sich ihm lebensgeschichtlich einprogrammiert haben, ihm im bewußten Selbstverhältnis aber nicht durchsichtig sind und deshalb auf unkontrollierbare Weise in ihm ablaufen. Solche gesteigerte Sich-Durchsichtigkeit, gesteigertes Selbstverstehen und damit auch eine dem bewußten Selbstverhältnis und seiner ethischen Einsicht gehorchende Verhaltenskontrolle ist das Ziel der therapeutischen Beratung. Zu erreichen ist dieses Ziel nur durch die Selbsttätigkeit des Patienten, da es ja um dieses sein Selbst geht, das sich besser soll übersehen können. Da dem gestörten Selbstverhältnis jedoch dieser Rückkopplungsmechanismus von gestörtem Verstehen und gestörtem Verhalten innewohnt und dieser sich – bleibt der Patient auf sich gestellt – permanent neu erzeugt und verstärkt, braucht es ein äußeres Gegenüber, den Therapeuten. Es braucht das personale Gegenüber des

68. A. a. O., 208 f.

Therapeuten, der sich mit seinem Versuch, den anderen auch dort noch zu verstehen, wo dieser sich selbst nicht versteht, stellvertretend zur Verfügung stellt, solange bis der andere selber zur Lichtung seines gestörten Selbstverhältnisses und damit dann auch zur Neueinstellung seines Verhaltensprogramms findet.

»Das Ich in seiner Personhaftigkeit kann letztlich durch kein anderes Mittel angerührt, erreicht und erweckt werden als durch das Wort. Und eben um dieses Anrühren und Erwecken geht es im psychotherapeutischen Gespräch, nicht anders als in dem – wenn auch in davon sehr unterschiedener Weise – vom Seelsorger geführten Gespräch.«[69]

Thurneysen hat also in der Aufnahme tiefenpsychologischer Grundeinsichten dies beides genau gesehen: Es geht im analytisch-diagnostischen Handeln um die Entzifferung der gestörten, seine Sich-Durchsichtigkeit und Erlebnisfähigkeit hindernden Selbsteinstellung des Patienten. Und es geht im therapeutisch-heilenden Handeln um dieses »Anrühren und Erwecken« einer durch den Patienten selber zu leistenden Neueinstellung seines Selbstverstehens und damit auch seiner Handlungskoordinierung. In beiderlei Hinsicht wird der Therapeut durch sein Verstehen, das auf das gesteigerte Sich-selbst-Verstehen des Patienten zielt, für diesen zum Katalysator in der Erweiterung und Umstellung seines bewußten Selbstverhältnisses. Im Verstehen des anderen befördert der Therapeut diesen in seinem Selbstverstehen. Genau das tut jedoch der Seelsorger auch und deshalb muß er sich das hermeneutische Verfahren der Psychotherapie zu eigen machen.

Wenn Thurneysen gleichwohl – wie im obigen Zitat angezeigt – der Meinung war, daß die Seelsorge dies auf eine von der Psychotherapie »sehr unterschiedene« Weise tut, eben indem sie das gestörte Verstehen unter der Kategorie der »Sünde« und die Heilung unter der Kategorie der »Vergebung« interpretiert, so ist von dieser Differenz bei Lichte besehen die Struktur der seelsorgerlich-therapeutischen Beziehung gar nicht berührt. Es geht Thurneysen recht verstanden vielmehr um die religiöse Symbolisierung eben der so auch schon von Schleiermacher gewonnenen hermeneutischen Grundeinsicht, daß sich das gestörte Verstehen, das Mißverstehen gleichsam von selbst ergibt und jedes Verstehen auf jedem Punkt muß gesucht werden.

69. A.a.O., 215.

3. Deutungsperspektiven
a) Die Kategorie der Sünde

Indem Thurneysen das gestörte Verstehen und von daher auch die neurotischen Symptome unter der Kategorie der Sünde begreift, erfaßt er diese Störung in ihrer in die conditio humana fallenden Unhintergehbarkeit. D. h. diese Störung ist dann im Grunde nicht mehr etwas, was den einen, denen, die in die Beratung kommen, widerfährt und anderen nicht. Die unter der Kategorie der Sünde interpretierte Störung ist, sofern sie gestörtes Selbst- und Weltverstehen – wie es sich gleichsam von selbst ergibt – betrifft, der erfahrbare Ausdruck des Sachverhalts, daß ein abgrundtiefer Riß durch die ganze Schöpfung hindurchgeht und die Menschen in ihr eben solange zugleich um sich wissende wie sich selbst verborgene Wesen sind, solange sie von Gott dem Schöpfer als dem Grunde ihres Seins zwar wissen, aber dennoch von ihm getrennt sind. Die Kategorie der Sünde symbolisiert das gestörte Verstehen, das den Anlaß therapeutischer Seelsorge bildet, auf religiöse Weise und damit in einer solchen Unbedingtheitsdimension, daß sie ein grundsätzliches Verhältnis der Solidarität zwischen Therapeut und Patient oder zwischen Berater und Ratsuchendem stiftet. Sie verhindert somit ein Verständnis der therapeutischen Beziehung, wonach es in ihr darum ginge, daß ein Gestörter durch einen Nicht-Gestörten therapiert werden muß. Sie verhindert, daß es zwischen Therapeut und Klient zu einem Machtgefälle kommt, weil der Ratsuchende als der gestörte ein Defizit hat, das vom Seelsorger, der es nicht hat, diagnostiziert und therapiert werden könne. So steht das Interpretament der Sünde nicht gegen das Konzept einer therapeutischen Seelsorge, sehr wohl aber dagegen, daß dieses Konzept – ob gewollt oder ungewollt – schlicht Strategien der Anpassung an die angebliche Alltagsnormalität befolgt. Unter der Kategorie der Sünde gesehen ist der Patient kein »Fall« von etwas, von dem sich der Therapeut oder sonstige andere ausgenommen wissen könnten. Sie deckt vielmehr diejenige Binnenstruktur im Selbstverstehen und in dessen Verweisungszusammenhang mit dem Weltverstehen auf, die beim Therapeuten und Klienten geradezu identisch ist: Dies, daß solchem Verstehen immer schon eine letzte Dunkelheit innewohnt, das Ich sich selbst, sein Selbst vollständig nie in die Hand bekommt und deshalb auch in seinem Selbsterleben und Umweltverhalten nicht allein von einer an Normen kontrollierten Einsicht gesteuert ist.

Das Interpretament der Sünde stiftet Solidarität in der therapeutischen Situation, indem es die mit jeder Störung des Verstehens, welche Anlaß zur Beratung bildet, gesetzte Abspaltung von mir selbst und meiner Umwelt prinzipialisiert. Die Kategorie der Sünde legt die Selbstentfremdung in der Unbedingtheitsdimension aus, somit jede Verstehens- und Verhaltensstörung auch als eine solche, die die Chance zur Verstehens- und Verhaltensänderung zugleich immer weiter untergräbt und unmöglich macht. Darin beschreibt die Sünde das, was den Charakter des Verhängnisses hat.

In dialektischer Verkehrung setzt dann aber das Interpretament der »Vergebung« die Differenz zwischen Therapeut und Klient in der Beratungssituation. Sie tut dies dadurch, daß sie das externe Gegenüber prinzipialisiert, für das der Therapeut als die Bedingung der Ermöglichung von Verstehen angesichts des in der Binnenstruktur des Klienten sich permanent neuerzeugenden Mißverstehens steht. Sie legt nun auch diese Bedingung des Verstehens in der Unbedingtheitsdimension aus.

b) Die Kategorie der Vergebung

Stiftet die Kategorie der Sünde grundlegend Solidarität zwischen Therapeut bzw. Seelsorger und Klient, indem sie das gestörte Verstehen als Ausgangspunkt der Beratung in einer den Therapeuten wie den Klienten gleichermaßen betreffenden Weise interpretiert, so stiftet die Kategorie der Vergebung grundlegend die Differenz zwischen Therapeut bzw. Seelsorger und Klient. Sie prinzipialisiert den Sachverhalt, daß der Therapeut aufgrund seiner gesteigerten Selbsteinsicht, seiner Selbstanalyse zu dem externen Gegenüber des Klienten wird, das diesem die erforderliche Selbsttätigkeit in der Änderung seines Selbstmißverständnisses zwar keineswegs abnehmen kann, aber durch die in ihm ausgebildete Kunst des Verstehens die im Klienten aufgebaute Mißverständlichkeitsstruktur zu durchschauen, zu interpretieren und so zu durchbrechen in der Lage ist. Er kann dem Klienten einen Ansatzpunkt zur selbsttätigen Neukonstruktion seines Selbstverständnisses anbieten. Die Kategorie der Vergebung steht für die von außen, vom anderen, vom personalen Gegenüber her sich eröffnende Bedingung der Möglichkeit des Verstehens mitten im Teufelskreis eines sich permanent neu erzeugenden und mit den entsprechenden Verhaltensstörungen rückgekoppelten Mißverstehens. Die Kategorie der Vergebung tut dies auf religiöse Weise, somit in der Unbedingtheitsdimension, was nichts anderes heißt, als daß der Seelsorger für die Bedingung der Möglichkeit gelingenden Verstehens, einer gelingenden, die Mißverständlichkeitsstruktur überwindenden Selbstdeutung des Klienten auch dort einzustehen in der Lage ist, wo dieser noch nicht oder nicht mehr einen möglichen Ansatzpunkt zu solchem Selbstverstehen von sich her erkennen läßt, dort also auch noch, wo einer scheinbar ganz am Ende ist.

Deshalb kann der Seelsorger sich als dieses personale Gegenüber in die therapeutische Situation einbringen, das absolute Gründe für eine gelingende Neukonstruktion des Selbstverständnisses des Klienten hat. Indem der Seelsorger auf absolute Gründe für eine solche Neukonstruktion setzt, bzw. diese mitbringt, liegen sie nicht auf der Ebene der Erfahrungstatsachen, die der Klient lebensgeschichtlich erinnert. Sie formulieren sich vielmehr in solchen Sätzen aus wie dem von Thurneysen, wenn dieser sagt:

»Seelsorge ist nicht Sorge um die Seele des Menschen, sondern Sorge um den Menschen als Seele. Und wir verstehen darunter: der Mensch wird auf Grund der Rechtfertigung gesehen als der, den Gott anspricht in Christus. Dieses Sehen des Menschen als eines, auf den Gott seine Hand gelegt hat, das ist der primäre Akt aller wirklichen Seelsorge. Solches Sehen hat freilich – das muß von Anfang an mit aller Deutlichkeit ausgesprochen werden – nichts zu tun mit irgendeiner psychologischen Feststellung. Es ist ein reiner Akt des Glaubens.«[70]

Dieser Hinweis auf den transempirischen, sozusagen prophetischen Geltungsanspruch der Vergebungszusage bzw. der absoluten Anerkennung des anderen in seiner faktischen Existenz darf nun nicht dahingehend mißverstanden werden, als sei sie für die Wahrnehmung des personalen Gegenübers in der therapeutischen Situation und damit für die Gestaltung dieser Situation durch die Interventionen des Seelsorgers ohne Relevanz. Gerade weil in dieser religiösen Auslegung der therapeutischen Beziehung absolute Gründe für die Anerkennung des Klienten – dessen persönlicher, lebensgeschichtlich-psychologisch bedingter Mißverständlichkeitsstruktur zum Trotz – in Anspruch genommen werden, liegt in dieser Anerkennung eine Maßgabe für den therapeutischen Prozeß beschlossen. Es ist die Maßgabe, den Klienten unter keinen Umständen aufzugeben, also unbedingt auf der Suche nach den Möglichkeiten einer Neukonstruktion seines Selbst- und Umweltverständnisses zu bleiben und damit eben auch auf der Suche nach relativen, lebensgeschichtlichen Veranlassungen, die sich erinnern lassen und den Klienten zu dieser Neukonstruktion vielleicht selber motivieren können.

Die Anwendung der Kategorie der Vergebung auf die heilsame Durchbrechung der Störung des Verstehens, die das Ziel jedes therapeutischen Prozesses wie eben auch der seelsorgerlichen Arbeit bildet, weist den Seelsorger in die Position eines personalen Gegenübers, vermöge deren er zum konstruktiven Neuentwurf des Selbst- und Umweltverständnisses des Klienten beizutragen versucht. Wiewohl dieser konstruktive Neuent-

---

70. Vgl. E. Thurneysen, Rechtfertigung und Seelsorge (1928), in: F. Wintzer (Hg.), Seelsorge. Texte zum gewandelten Verständnis und zur Praxis der Seelsorge in der Neuzeit, München 1978, 85.

wurf vom Klienten selbst zu leisten ist, muß der Seelsorger bzw. Therapeut doch Interpretations- und Deutungsangebote vorgeben, die dem Klienten das Material seiner lebensgeschichtlichen Erinnerungen nicht nur besser verständlich machen, sondern ihn eben auch zu einer anderen Sicht seiner Erfahrungen, zu deren neukonstruktiver Selbstinterpretation veranlassen. Die Kategorie der Vergebung enthält dabei selber eine Angabe, in welche Richtung diese Deutungsangebote zu machen sind. Sie dürfen nicht bloß in Richtung einer Steigerung des Versuchs gehen, sich und sein Weltverhältnis vollständig in die eigene Hand zu bekommen, sich zu finden, mit sich identisch, also ganz sein zu können, sich zu verwirklichen in all den Möglichkeiten, die faktisch gegeben sind oder gegeben scheinen. Die religiös begründeten Deutungsangebote zur Neukonstruktion des gestörten, dezentrierten Selbst- und Weltverhältnisses werden vielmehr auch in die Richtung eines Therapieverfahrens gehen, das darauf zielt, die begrenzten, endlichen Möglichkeiten akzeptieren zu lernen, das Unvollständige, Fragmentarische in der eigenen Lebensgeschichte anzuerkennen, nicht ein anderer sein zu wollen, sondern dieser, der ich faktisch geworden bin. In Richtung solcher Selbstverendlichung jedenfalls wäre das Angebot einer Selbstdeutung zu entwickeln, die möglich wird, wo sich einer als ein solcher angesehen weiß, auf den Gott seine Hand gelegt hat.

c) Die Rede vom »Bruch« im seelsorgerlichen Gespräch

Daß es im Seelsorgegespräch immer auch um die Überschreitung ebenso eingefahrener wie fehlgesteuerter Interpretationsperspektiven menschlichen Lebens geht, meint schließlich auch Thurneysens Rede vom »Bruch« im seelsorgerlichen Gespräch.[71] Über sie hat man sich zwar vielfach geärgert und in ihr gerade das Indiz eines autoritären, direktiven, gerade nicht auf Verstehen, sondern auf dessen Verhinderung angelegten Seelsorgeverständnisses gesehen. Thurneysen hat sich in der Tat hin und wieder auch derart mißverständlich ausgedrückt, daß der Anschein entstehen konnte, als habe es dem Seelsorger eben nicht bis zuletzt darum zu gehen, das Gespräch mit dem anderen zu suchen, ihm zuzuhören, ihn wirklich verstehen zu wollen in seiner gegenwärtigen Lage, in seinen Konflikten und der Geschichte seines Lebens. Mehr noch als er es selbst gesagt hätte, ist Thurneysens Rede vom Bruch jedoch als dieses Indiz eines autoritären Gesprächsverhaltens interpretiert worden. Mehr als daß es Thurneysen selber so gesagt hätte, hat man ihm unterstellt, es gelte seiner Meinung nach sich nur solange auf der Ebene des Psychologischen und

71. E. Thurneysen, Die Lehre von der Seelsorge, a. a. O., 114 ff.

Tatsächlichen in einem seelsorgerlichen Gespräch zu halten, bis der Moment günstig ist, um den anderen mit dem Wort Gottes zu konfrontieren, das die Sünde aufdeckt und Vergebung zuspricht.

Daß Thurneysen seine Rede vom Bruch nicht als Verhinderung eines therapeutisch-seelsorgerlichen Gesprächs verstanden wissen wollte, hat er jedoch ausdrücklich gesagt. Diese Passagen sind vielfach übersehen worden. Etwa wenn er feststellt:

»Es darf nicht geschehen, daß uns der Bruch, die Entscheidung, auf die hin wir unser Gespräch zu führen haben, zu einem doktrinären Vorhaben werden, welches wir, kaum ins Gespräch eingetreten, abrupt und unvermittelt zur Ausführung bringen. So entsteht gar kein wirkliches Gespräch, sondern nur ein Scheingespräch, bei dem wir den Nächsten gar nicht richtig anhören, sondern ihn sofort mit der vermeintlich liniengeraden und radikal ausgerichteten ›Botschaft‹ überfallen. Er ist uns dann gar nicht zum Nächsten geworden, um den wir uns annehmen, an dessen Ort wir hintreten, um mit ihm zusammen unter Gottes Wort zu kommen, sondern er ist für uns das Objekt einer ›Missionierung‹, die in keiner Weise wirksam werden kann, weil sie nicht aus einer aufrichtigen Begegnung herauswächst. Das darf nicht geschehen.«[72]

Thurneysen stellt hier schließlich unmißverständlich klar, daß auch für die Seelsorge gilt, was für jedes therapeutische Verfahren zutrifft, daß es um ein »richtig Anhören« geht, darum, an den Ort des anderen hinzutreten, weil gestörtes Verstehen die Veranlassung des Gesprächs bildet und die heilsame Unterbrechung bzw. Überwindung dieser Störung sein Ziel, also gesteigerte Sich-Durchsichtigkeit und damit dann auch realitätsadäquate Handlungsfähigkeit, was immer das im einzelnen heißen mag. Weil auch Seelsorge so verfährt, ist sie – in Thurneysens Augen – immer therapeutische Seelsorge. Thurneysen ist nicht immer dahingehend verstanden worden, sondern so, als sei Seelsorge im Stil der liturgisch geordneten Verkündigung des Wortes Gottes an den einzelnen Predigt und nicht Gespräch, sondern eben dessen Abbruch um des kerygmatischen, Verbindlichkeit beanspruchenden Zuspruchs willen. Das liegt freilich daran, daß der Anschein doch entstehen konnte, als ginge es Thurneysen in der Seelsorge im Unterschied zur Psychotherapie um eine dem therapeutischen Gespräch gegenüber andere, eben an der Predigt orientierte Diskursformation und nicht lediglich um andere Interpretations- und Deutungsleistungen *in* der Diskursformation des therapeutischen Gesprächs. Nur letzteres aber ist zutreffend: Auch die Seelsorge bleibt für Thurneysen seelsorgerliches Gespräch, bewegt sich im Rahmen der therapeutisch definierten Diskursformation. Er selbst sagt es so:

72. A.a.O., 120f.

»Das Gespräch wird dazu geführt, daß es im Gespräch selber zu der großen, seel-sorgerlichen Wendung, der Störung und Brechung des Gesprächs durch das Hören auf das Wort Gottes komme.«[73]

Im Gespräch selber soll die Wendung, Störung, Brechung des Gesprächs geschehen, nicht als dessen Abbruch bzw. Verhinderung, sondern durch das in ihm sich vollziehende Hören auf das Wort Gottes. D. h. nicht um den Wechsel in eine andere Diskursformation geht es, sondern um die Neueinstellung, um die Umprogrammierung der Perspektive, in der das, was im Gespräch von den lebensgeschichtlichen Erfahrungen des Klien-ten zur Sprache kommt, anders gesehen, verstanden, gesprächsweise gedeutet wird. Seelsorge bleibt therapeutische Seelsorge. Das sie als Seel-sorge Kennzeichnende liegt nicht auf der Ebene des Gesprächsverhal-tens, der Struktur der Diskursformation, sondern auf der Ebene der im Diskurs geübten Hermeneutik, auf der Ebene der Deutungsperspektiven, die es im therapeutischen Gespräch zu erarbeiten gilt.

4. Seelsorge im kategorialen Rahmen der Rechtfertigungslehre

Thurneysen hat diese Deutungsperspektiven am Leitfaden paulinisch-re-formatorischer Rechtfertigungslehre entfaltet. Was leisten sie? Was hat er da der therapeutischen Seelsorge, die sich im Gesprächsverhalten von Grundeinsichten der Psychoanalyse her organisiert – und das gilt auch für Thurneysen – zu sagen?

Zunächst eben nicht dies, daß es in der Seelsorge auf ein anderes Ge-sprächsverhalten ankomme. Sodann aber, daß die Seelsorge Vorausset-zung und Ziel ihres eigenen therapeutischen Verfahrens am Leitfaden an-thropo-theologischer Kategorien auf bestimmte Weise interpretiert und somit auch bestimmte Deutungsperspektiven ins Gespräch einzubringen und von ihnen her eine Neueinstellung der lebenspraktischen Selbstpro-grammierung des Ratsuchenden aufzubauen versucht.

Wie sie das macht, habe ich zu zeigen unternommen. Sie interpretiert zum einen die Veranlassung des Gesprächs unter der Kategorie der Sün-de und ermöglicht so ein Verständnis der Gesprächssituation, das durch vorbehaltlose Solidarität gekennzeichnet ist, also auch gerade das Zu-hören und Verstehen des anderen in seinen Störungen, in seiner Mißver-ständnisstruktur sowie das vorbehaltlose Sich-Versetzen an den Ort des anderen veranlaßt. D. h. die Anforderungen, die an die therapeutische Gesprächsführungspraxis gestellt sind, werden eingeholt. Zugleich wird

---

73. A. a. O., 121.

jedoch der in jedem Therapieverfahren lauernden Gefahr der Etablierung eines Machtgefälles zwischen Therapeut und Klient prinzipiell gewehrt. In der Seelsorge wird niemand zum Fall, bzw. in ihr ist das der Fall, was für alle gilt, daß wir die aufklärende Arbeit unserer Selbstdeutung brauchen.

Seelsorge interpretiert zum anderen aber auch das Ziel des therapeutischen Gesprächs unter der Kategorie der Vergebung bzw. der Gnade oder der Rechtfertigung. Auf die Terminologie kommt es hier ebensowenig an wie bei der Sünde. Denn es sind damit die Deutungskategorien für die therapeutische Situation gemeint, die die interpretative Kompetenz des Seelsorgers und der Seelsorgerin steigern und in eine bestimmte Richtung lenken sollen, aber nicht als solche von ihnen ins Gespräch eingebracht sein wollen. Nicht Vergebung sollen sie im liturgisch geordneten Sprachgestus dem sich in seiner Mißverständnisstruktur zunehmend selber durchsichtig werdenden Klienten zusagen, sondern verstehend sollen sie so an den Ort des anderen treten, daß sie diesem zugleich zu demjenigen Gegenüber werden, das ihm zur Korrektur, zur Neueinstellung seines inneren Programms und damit seines Selbst- und Umweltverhältnisses verhilft. Was es neu zu interpretieren gilt, ist nichts anderes als das, was der andere ohnehin mitbringt an lebensgeschichtlicher Erinnerung. Daß das, was er mitbringt, auch noch einmal anders gesehen und verstanden werden kann, als es ihm bislang erschienen ist und auf eine ihm selbst unverständliche Weise in seinem gegenwärtigen Erleben und Verhalten immer und immer wieder von ihm ausagiert wird, das gilt es zu entdecken. Dazu soll ihm die Seelsorge verhelfen, eben dadurch aber, daß der Seelsorger als sein Gegenüber nun auch andere, neue Interpretationshinsichten zu entwickeln und anzubieten vermag, Deutungshilfen, die dem Klienten die Neueinstellung seines inneren Programms deshalb ermöglichen, weil sie erhellende Gesichtspunkte zu einer nun endlich verständlicheren Rekonstruktion seiner lebensgeschichtlichen Erfahrungen enthalten.

Am Leitfaden von Rechtfertigung und Vergebung dürften dies solche Deutungsangebote sein, die auch noch in abgründigen Krisen die Akzeptanz seiner Lebensgeschichte ermöglichen, den anderen nicht festlegen auf das, was er zu seinem Glück geleistet und ihm zu seinem Unglück widerfahren ist, sondern ihn aus dem Blickpunkt Gottes in seiner ebenso unverdienten wie unverlierbaren Würde und Ganzheit sehen lassen.

Daß der Klient sich verstehen lernt und ein anderer vielleicht gerade dadurch werden kann, daß er nun nicht mehr meint, ein anderer unbedingt werden zu müssen, ist das Ziel einer im kategorialen Rahmen der Rechtfertigung sich bewegenden Seelsorge. So löst der Seelsorger die im Wort »Gott« liegende vorbehaltlose Anerkennung des anderen in seinem faktischen so und nicht anders Gewordensein ein, daß er ihm zur Entzifferung seiner Lebenslinie verhilft und ihm diejenige Zustimmung zu sich ermöglicht, die nicht mehr allein auf faktischer Zustimmungswürdigkeit bzw. innerer Verständlichkeit beruht, sondern vor allem darauf, daß er selbst als ein sich (wieder) Verstehender in Gott sich gegründet findet. In dieser Perspektive kann Seelsorge selbst dort noch heilsam die vor der Verzweiflung bewahrende Selbstakzeptanz ermöglichen, wo einer – aus welchen Gründen auch immer – sich ganz und gar am Ende weiß. Auch dort, wo menschlich gesehen nicht mehr zu helfen ist, von therapeutischen Erfolgen erst recht keine Rede mehr sein kann, hat so verstandene Seelsorge ihren Ort, bleibt sie bei denen, begleitet sie die, die sonst keinen hätten, der noch bei ihnen bleiben, geschweige denn sie noch verstehen wollte und könnte. Auch sie sind solche, auf die Gott seine Hand gelegt hat.

12. Kapitel

Die Predigt am Grabe und
die Individualität gelebten Lebens

Insbesondere das Bestattungswesen dokumentiert – trotz aller auch dort feststellbarer Umbruchserscheinungen – die gesellschaftlich dominante Erwartung an die Kirche, daß sie zur lebensgeschichtlichen Sinndeutung und damit insbesondere auch zur Verarbeitung der uns Menschen eigentümlichen Endlichkeitserfahrung verhilft. Sowohl was die Einschätzung des historischen Wandels, der psycho-sozialen Bedingungen dieser gesellschaftliche Erwartungslage als auch was die theologische Beurteilung des ihr entsprechenden kirchlichen Handelns anlangt, ist heute gleichwohl eine tiefe Verunsicherung wahrzunehmen.[74] Sie hat inzwischen, angesichts eines veränderten Umgangs mit Tod und Sterben in der modernen Gesellschaft, eine nochmalige Steigerung erfahren.[75] Wir haben Grund, die Frage, die seinerzeit Götz Harbsmeier gestellt hat, erneut aufzuwerfen, die Frage danach, »was wir an den Gräbern sagen«[76].

Ich will dies auf dem Hintergrund des provokativen Wortes Jesu an einen seiner Jünger tun: »Folge du mir nach und laß die Toten ihre Toten begraben« (Mt 8,22).

Als Text für eine Begräbnispredigt legt sich dieses Wort Jesu gewiß nicht spontan nahe. Dieses Wort Jesu unterbricht vielmehr gerade die Selbstverständlichkeit eines Tuns, dem die Menschen seit jeher folgen, indem sie ihre Toten bestatten. Es unterbricht die Selbstverständlichkeit dieses Tuns jedoch, um uns aufmerken zu lassen auf seinen Sinn. Was tun

74. Vgl. W. Neidhard, Die Rolle des Pfarrers beim Begräbnis, in: Wort und Gemeinde, Festschrift E. Thurneysen, Zürich 1968, 226 ff.; Y. Spiegel, a. a. O.; M. Josuttis, Der Vollzug der Beerdigung. Ritual oder Kerygma?, in: ders., Praxis des Evangeliums zwischen Politik und Religion. Grundprobleme der Praktischen Theologie, München 1974, 188-206; T. Stählin, Die Bestattung, in: P. C. Bloth u. a. (Hg.), Handbuch der Praktischen Theologie Bd. 3, a. a. O., 195-205.
75. Vgl. H. Albrecht, Der trivialisierte Tod. Bestattung im nachbürgerlichen Zeitalter, in: ThPr 24, 1989, 188-201.
76. G. Harbsmeier, Was wir an den Gräbern sagen, in: Glaube und Geschichte. Festschrift für Friedrich Gogarten, Gießen 1948, 83-109; wieder abgedruckt in: ders., Anstöße. Theologische Aufsätze aus drei Jahrzehnten, Göttingen 1977, 64-87.

wir da eigentlich? Und vor allem, können wir in dieser Situation, in der wir mit dem Tod konfrontiert sind, überhaupt noch etwas Sinnvolles tun? Haben wir wenigstens noch etwas zu sagen? Haben wir etwas über die Situation, die stumm macht, Hinausweisendes zu sagen? Und können wir das, was wir zu sagen haben, dann auch so sagen, daß es als hilfreiches, öffnendes, weiterführendes Wort verstanden werden kann? In der Parallelstelle bei Lukas ist der positive Auftrag Jesu an den, der ihm nachfolgen wollte, so hinzugefügt: »Laß die Toten ihre Toten begraben, gehe du aber hin und verkündige das Reich Gottes« (Lk 9,60). Predigen soll der Jünger Jesu, auch und gerade angesichts der Tatsache, daß sein Vater gestorben ist. Doch wie soll er das können, diese Botschaft vom hereinbrechenden Gottesreich und damit von der Überwindung der irdischen Todesmächte ausrichten? Wie soll er das können, ohne an den von der realen Macht des Todes Betroffenen, damit gerade auch an seiner eigenen Erfahrung vorbeizureden?

Es sind zugleich die Grundfragen der Seelsorgelehre wie der Kasualhomiletik, zu denen das Wort Jesu von der Selbstbestattung der Toten uns provoziert. Auch trifft es uns heute in einer kirchlich-gesellschaftlichen Lage, in der immer mehr Menschen nach der Predigt des Pfarrers oder der Pfarrerin am Grabe nicht mehr verlangen. Gewiß, die Begräbnispredigt ist immer noch diejenige Predigt, welche die meisten Menschen erreicht, sie auch dann noch erreicht, wenn sie ansonsten den Kontakt zur Kirche und ihrem sonntäglichen Gottesdienst verloren haben. Dennoch, einem sich auf unterschiedliche Quellen berufenden Überblick der Evangelischen Zentralstelle für Weltanschauungsfragen zufolge[77] werden im Norden der alten Bundesrepublik bei zehn Prozent der Bestattungen die Traueransprachen inzwischen von nichtkirchlichen Rednern gehalten. In den neuen Bundesländern liegt dieser Anteil verständlicherweise noch einmal deutlich höher. Außerdem nehmen vor allem in den Großstädten des Nordens die anonymen Bestattungen deutlich zu[78]; Beerdigungen, die gleichsam unter Ausschluß der Öffentlichkeit stattfinden, oft ohne jedes Ritual, ohne jede persönliche Ansprache, ohne geschmücktes Grab, ohne ein sichtbares Zeichen, das an den Namen, das Geburts- und Sterbedatum des Verstorbenen erinnert.[79] Auf geradezu unheimliche Weise scheint hier eine Entwicklung in Gang gekommen, die

77. Vgl. den Beitrag von R. Grimm, Beerdigung ohne Pfarrer, in: VELKD-Informationen 69/1992, 11 f.; ebenso H. Albrecht, a.a.O.
78. Vgl. A. Wermelskirchen, »Radikale Abkehr von der herkömmlichen Bestattungskultur«. Beispiel Berlin: Immer mehr anonyme Beisetzungen. Neue Zahlen, Erklärungsversuche, Wertungen, in: FAZ vom 01.11.1997, 9 f.
79. Auf die Zunahme anonymer Bestattungen geht in soziologischer Analyse und

das Wort Jesu von der Selbstbestattung der Toten in die gesellschaftliche Realität einholt.

1. Das Wort Jesu von der Selbstbestattung der Toten

»Es ist nicht sicher, daß der Mensch, wie man immer angenommen hat, das einzige Lebewesen ist, das von seiner Sterblichkeit weiß. Dagegen ist er das einzige, das seine Toten bestattet.«[80] Mit dieser Feststellung leitet Philippe Ariès sein lehrreiches Buch mit »Bildern zur Geschichte des Todes« ein. Das Bildmaterial, das Ariès dokumentiert und zum Reden bringt, gibt Zeugnis vom ebenso wandlungsreichen wie kontinuierlichen Verhältnis zwischen Kultur und Tod in der abendländischen Christenheit.[81] Vielfach gewandelt hat sich in der Geschichte des Christentums der Umgang mit den Toten, vielfach gewandelt haben sich die Bilder, welche die Menschen sich vom Tod gemacht haben. In allen Kulturen jedoch, die vom geschichtlichen Dasein der Menschen Zeugnis ablegen, zeigt sich kontinuierlich eben dies, daß die Menschen solche Lebewesen sind, die ihre Toten bestatten.

Daß die Menschen ihre Toten bestatten, hängt offensichtlich auf das engste damit zusammen, daß sie überhaupt um sich selbst wissende Lebewesen sind. Als um sich selbst wissende Lebewesen wissen die Menschen zugleich immer auch um die eigene Endlichkeit, daß sie sterben müssen. So lassen sie ihr Sterben nicht einfach nur an sich selber und ihren Mitmenschen geschehen. Sie verhalten sich auf gestaltende Weise dazu. Sie tun dies, indem sie den Toten ihr Grab und damit eine Ruhestätte geben, indem sie sie in ihrer Erinnerung aufbewahren, indem sie sich Vorstellungen davon machen, was mit ihnen nach dem Ende dieses irdischen Daseins sein wird.

So verhalten sie sich freilich auch zum Tod immer als zu einer Form des Lebens. Und immer dokumentiert ihre Bestattungskultur auch diese Auffassung, wonach die Toten vielleicht doch nicht eigentlich tot sind, jedenfalls nicht nichts sind. Immer hält sich gerade auch diese Vorstellung durch, daß es deshalb so wichtig ist, die Toten zu begraben, damit sie ihre

---

theologischer Reflexion ausführlich ein P. M. Zulehner, Pastoraltheologie Bd. 3. Übergänge. Pastoral zu den Lebenswenden, Düsseldorf 1990, 29-58.

80. Ph. Ariès, Bilder zur Geschichte des Todes, München 1984, 7.

81. Vgl. außerdem Ph. Ariès, Studien zur Geschichte des Todes im Abendland, München 1976; ders., Geschichte des Todes, München 1980; vgl. die Kritik an Ariès in der Rezension von F. W. Graf in: ZEE 28, 1984, 339-342.

Ruhe finden, ja und auch, damit die hier auf dieser Erde noch Lebenden, von ihnen, den Toten, in Ruhe gelassen werden.[82]

Die Bestattungskultur hat sich in der Geschichte der Menschheit vielfach geändert. Aber diese Änderungen waren und sind immer Ausdruck eines veränderten Verhältnisses nicht eigentlich zum Tod, sondern zum Leben. Dies zu sehen und somit die Frage zu stellen nach unserem Verhältnis zum Leben, auch und gerade im Angesicht des Todes, dazu provoziert uns mit unüberbietbarer Deutlichkeit das anstößige Wort Jesu an einen seiner Jünger: »Folge du mir nach und laß die Toten ihre Toten begraben« (Mt 8,22).

Jesus hat das zu einem von denen gesagt, die zu seinen Jüngern zählten, einem solchen also, der sich seiner Bewegung bereits angeschlossen hatte, der mit ihm, dem charismatischen Wanderprediger und Wunderheiler mitgehen und seine Verkündigung des kommenden Gottesreiches mittragen wollte. Doch nun war diesem Jünger der Vater gestorben. Und er bittet Jesus: »Herr, erlaube mir, zuerst wegzugehen und meinen Vater zu begraben« (Mt 8,21). Seine Bitte ist verständlich. Er möchte die Pietätspflicht erfüllen, die im Judentum wie im Hellenismus ganz wichtig genommen wurde. Im zeitgenössischen Judentum waren sogar die alttestamentlichen Gebote, wonach das Begräbnis zur unbedingten menschlichen und religiösen Pflicht gehörte, dahingehend verschärft worden, daß die Begräbnispflicht vor allen anderen Geboten der Thora rangieren sollte, das Studium der Thora um der Teilnahme an der Beerdigung willen jedenfalls unterbrochen werden durfte.[83] Gemessen daran konnte das Wort Jesu schlechterdings nur schockierend wirken. »Laß die Toten sich untereinander selbst begraben«, dich geht das jetzt nichts an, du hast Wichtigeres zu tun.

Die Geschichte der Auslegung dieses Jesuswortes zeigt denn auch, wie man es umzuinterpretieren und dadurch auf verschiedene Weise zu entschärfen versucht hat.[84] So betonte man häufig, es gäbe ja viele Leute, um Tote zu begraben, aber nur wenige Reichgottesverkündiger. Es wolle dieses Wort also nicht eine Pietätspflicht verletzten, sondern den Jünger Jesu für seine besondere Aufgabe in Anspruch nehmen. In neuerer Zeit ver-

---

82. Vgl. Artikel »Bestattung«, in: Reallexikon für Antike und Christentum Bd. II, Stuttgart 1954, Sp. 194-219.

83. Vgl. H. L. Strack/P. Billerbeck, Das Evangelium nach Matthäus erläutert aus Talmud und Midrasch Bd. 1, München ²1926, 487 ff.

84. Vgl. zur Auslegungsgeschichte H. G. Klemm, Das Wort von der Selbstbestattung der Toten. Beobachtungen zur Auslegungsgeschichte von Mt 8,22 par., in: NTS 16, 1969/70, 60-75; U. Luz, Das Evangelium nach Matthäus, 2. Teilband Mt 8-17 (EKK), 1990, 20-27.

suchte man die Härten mit Hilfe des Aramäischen zu mildern, mit dem Vorschlag, daß es vom Aramäischen her auch geheißen haben könnte: »Überlaß die Toten den Totengräbern«. Danach hätte Jesus bereits für den organisierten Tod plädiert. Oder aber, was am häufigsten vorkam, man wollte das erste »nekros« in dem Wort Jesu auf die geistlich Toten hin gedeutet wissen. Die »Toten«, die »ihre Toten begraben«, das sollten dann die Ungläubigen, die Sünder und die Heiden sein, mit denen man nichts zu tun haben will.

Vom Text her sind alle diese Deutungen sicher nicht richtig. Das provokative Wort Jesu ist kein metaphorisches Rätselwort. Es lädt nicht ein, einen verborgenen Sinn von »tot« zu entdecken, sondern es will schokkieren und verfremden. In diesem Sinne war es konkret an die Nachfolger Jesu gerichtet, an berufene Propheten also, die einen besonderen Auftrag hatten, nämlich das nahende Gottesreich zu verkündigen. Zu diesem Auftrag gehörten auch schroffe Zeichenhandlungen, die den abgrundtiefen Graben zwischen Gottesreich und Welt darstellen sollten.[85]

Gleichwohl, auch wenn man in exegetischer Hinsicht darauf hinweisen muß, daß das schroffe Jesuswort keine allgemeine Verhaltensanweisung hinsichtlich des nun allen Menschen gebotenen Umgangs mit den Toten geben wollte, sondern es um den besonderen Auftrag seiner berufenen Jünger ging: das Wort Jesu zieht seine provokative Kraft gerade daraus, daß es den massivsten Angriff bedeutet gegen die der Menschheit seit ihren historischen Anfängen eigentümliche Bestattungskultur. »Laß die Toten ihre Toten begraben!« Gewiß, das sagt der charismatische Wanderprediger, der keinen Sinn zu haben brauchte für die Pflege familiärer Herkunftsbeziehungen, für lokales Brauchtum, für Akte der Pietät. Das sagt aber auch der, von dem eben seine Jünger, nachdem er am Kreuz gestorben war, behauptet haben, daß er selber nicht im Tod geblieben sei, daß Gott ihn zu einem neuen Leben auferweckt habe, daß Gott also mit ihm die in der Welt herrschende Macht des Todes besiegt habe, daß mit ihm ein vom Tod endgültig befreites, ein nicht-tödliches Leben wirklich und für alle, die an ihn glauben, zum Grund ihrer Hoffnung geworden sei.

Wenn Jesus einen seiner Jünger dazu aufforderte, dem Begräbnis seines Vaters fernzubleiben, dann sollte dies also zwar nicht eine allgemein zu befolgende Verhaltensregel, sondern eine konkret von ihm, dem Jünger, zu erbringende Zeichenhandlung sein. Wachrütteln sollte diese Zeichenhandlung aber alle anderen. Wachrütteln eben dahin, zu verstehen, daß der Tod und die Macht, die er in dieser Welt ausübt, keine fromme Rück-

85. Vgl. U. Luz, a. a. O., 26; M. Hengel, Nachfolge und Charisma. Eine exegetisch-religionsgeschichtliche Studie zu Mt 8,21 f. und Jesu Ruf in die Nachfolge (BZNW 34), Berlin 1968, 80-82.

sichtnahme, keine demütige Reverenz mehr verdient hat. Das ist der Sinn dieses provokativen Wortes im Kontext der besonderen Geschichte Jesu: dieser Protest gegen den Tod als Sinn der Predigt vom Reich Gottes.

Es ist uns nicht überliefert, wie dieser Jünger Jesu auf die Provokation seines Meisters reagiert hat. Es kann schon sein, daß er ebenfalls traurig weggegangen ist wie jener reiche Jüngling, von dem Jesus eine andere, vielleicht nicht weniger schockierende Zeichenhandlung verlangt hat, nämlich alles, was er besitzt, zu verkaufen, um ihm nachzufolgen. Kopfschüttelnd über die scheinbar unmenschliche Forderung könnte auch unser Jünger weggegangen sein, das lebendige Bild des toten Vaters vor Augen, den er, wie es die Religion und die Sitte geboten, in die Erde seiner Väter legen wollte, damit er wieder zu Erde werde, von der er genommen ist.

Statt am Begräbnis, das die Verwechslung mit einem Totendienst immer unheimlich nahelegt, sich zu beteiligen, sollte er eine Predigt lernen, wie sie auch und gerade seinem toten Vater gilt, nämlich daß wir leben sollen. Das Reich Gottes sollte er verkündigen, also den Anbruch der unbedingten, die feindliche Macht des Todes besiegenden Herrschaft Gottes. Weitersagen sollte er eben dies, daß jeder Mensch, auch der, der sterben muß, nun gewiß sein kann, nicht vergeblich gelebt zu haben, weil ihm die Verheißung der ewigen Rettung seines endlichen, tödlichen Lebens gilt, die Erfüllung seines Lebens also in und bei Gott. Sollte das nicht ein Versprechen sein, auf das einzulassen sich lohnt? Aber, gerade wenn wir an den Gräbern stehen, spricht unsere Erfahrung gegen seine Wahrheit.

2. Zum Umgang mit Tod und Sterben in der modernen Gesellschaft

Darum geht es, wie in jeder Predigt, so auch und gerade in der Begräbnispredigt, um diese befreiende Deutungszuschreibung an unser Verständnis vom Leben, darum, daß wir gewiß sein können, nicht vergeblich zu leben, selbst dann nicht, wenn wir abgrundtief unser letztes Scheitern erfahren. Gerade dann, an den Abgründen, legt sich die Deutung des Glaubens als ein Hoffnung weckendes Versprechen über die Welt. Insofern ist die Predigt im Angesicht des Todes der exemplarische Fall christlicher Predigt überhaupt. Immer haben wir dazu die biblischen Texte einerseits und unsere gegenwärtigen Lebenstexte und -kontexte andererseits, damit, indem diese Texte miteinander konfrontiert werden, diese befreiende Deutungszuschreibung der Verheißung des Glaubens auch und gerade im Widerspruch zu unseren Erfahrungen aufleuchtet und als solche verständlich wird.

Ein biblischer Text, dieses Wort Jesu von der Selbstbestattung der Toten, ist in seinem ursprünglichen Verstehenszusammenhang ein Stück weit zur Auslegung gekommen. Wie aber sieht der gegenwärtige Lebenskontext aus, in den der biblische Text heute hineingesetzt sein will, damit er seine aktuelle Bedeutung freizusetzen vermag? Wie gehen die Menschen heute mit der Situation von Tod und Sterben um?

Der Umgang mit Tod und Sterben hat sich in der Geschichte vielfach gewandelt, und immer waren diese Wandlungen Ausdruck eines veränderten Verhältnisses der Menschen zum Leben. Der Umgang mit Tod und Sterben dürfte auch durch die Lebenseinstellung der Menschen in der modernen Gesellschaft auf eine spezifische Weise geprägt werden. Charakteristisch für die moderne Gesellschaft ist freilich immer auch die Gleichzeitigkeit des Ungleichzeitigen. Es haben sich Umgangsformen mit Tod und Sterben je nach regionaler Verschiedenheit durchgehalten, die von weit her stammen. Auf den Dörfern ist es oft immer noch wie vor Jahrhunderten. Zugleich zeigt sich in den großen Städten ein dem Dynamismus der Moderne eigener, sozusagen neuer Umgang mit dem Tod, dem dann verständlicherweise auch unsere besondere Aufmerksamkeit gilt.[86]

So zeigt sich heute, daß in den großen Städten immer mehr Menschen auf die öffentliche Inszenierung des Todes ihrer Angehörigen keinen Wert mehr legen. Wenn es hoch kommt, wünschen sie eine anonyme Beerdigung. Sie wollen den Ausschluß der Öffentlichkeit am Grab, weil sie wissen, daß der Tod des Verstorbenen kein öffentliches Ereignis mehr ist. Er ist so anonym gestorben, wie er im großen Wohnblock gelebt hat. Kein öffentliches Ereignis mehr ist sein Tod, wie wir dies freilich von den Dörfern her heute ebenso noch kennen. In den Städten ist er zu einer Angelegenheit von Spezialisten, von durchorganisierten Dienstleistungsunternehmen geworden.[87] Das sind die Bestattungsunternehmen. Dazu gehören aber auch die Kirchen in Gestalt ihrer Beerdigungspfarrer. So werden sie je nach Kirchenzugehörigkeit mit in Anspruch genommen oder eben auch durch einen weltlichen Redner ersetzt.

86. Vgl. W. Fuchs, Todesbilder in der modernen Gesellschaft, Frankfurt am Main 1969; A. Hahn, Einstellungen zum Tod und ihre soziale Bedingtheit. Eine soziologische Untersuchung, Stuttgart 1968; H. Ebeling (Hg.), Der Tod in der Moderne, Königstein 1979; N. Elias, Über die Einsamkeit der Sterbenden in unseren Tagen, Frankfurt am Main 1982; G. Schmied, Sterben und Trauern in der modernen Gesellschaft, Opladen 1985.
87. Vgl. D. Sudnow, Organisiertes Sterben. Eine soziologische Untersuchung, Frankfurt am Main 1973 (zunächst: Passing on. The social organization of dying, Englewood Cliffs, N.Y., 1967).

Daraus, daß Sterben und Tod weitgehend aus der gesellschaftlichen Öffentlichkeit verschwunden bzw. evakuiert worden sind, in die Krankenhäuser, die Sterbekliniken, in die Anonymität großstädtischer Friedhöfe, hat man vielfach den Schluß gezogen, daß der Tod in der modernen Gesellschaft überhaupt verdrängt werde.[88] Man wird dieser Verdrängungsthese gegenüber freilich auch einiges Mißtrauen haben müssen.[89]

Sie beruht bekanntlich auf der Grundlage eines Verfahrens, das den psychoanalytischen Diagnosebegriff in eine Analyse der Gesellschaft unter dem Gesichtspunkt ihrer pathologischen Einstellung zum Tod einzuzeichnen versucht. Der geläufigen Rede von der Todesverdrängung entsprechend soll die Gesellschaft heute – im Unterschied zu einer hinsichtlich ihres Todesbewußtseins dann zumeist verklärten Vergangenheit – eben darin krank sein, daß sie die Vorstellung von Sterben und Tod, weil sie mit unliebsamen Motiven verbunden ist, aus ihrem Bewußtsein abgespalten hat. Darauf jedoch, daß die Vorstellung von Sterben und Tod heute, ebenso wie zu früheren Zeiten, mit unliebsamen Motiven tatsächlich verbunden ist, ja, daß der Tod einen Skandal, den Einbruch des Absurden mitten hinein in unser alltäglich gelebtes Leben tatsächlich bedeutet, kommt es dem Reden von dem »verdrängten Tod« nur selten an.

Die Rede vom verdrängten Tod will uns vielmehr glauben machen, daß wir dem Tod nicht, wie es sich doch eigentlich gehörte, mit wachem Bewußtsein begegnen, wir ihn nicht, wie es die Menschen in früheren Zeiten angeblich getan haben, als zum Leben gehörig akzeptieren, sondern eben ihn verdrängen, seines Sinnes entleeren, ihn organisieren und kommerzialisieren. Immer steht hinter diesem Reden somit auch die weniger historisch belegte als vielmehr spekulativ unterstellte Gegenbehauptung, daß es einen durchaus angemessenen Ort für den Tod in unserem Leben geben könne, daß er sich in irgendeiner Weise durchaus »bewältigen« lasse, daß es also eine im Grunde mit dem Tod versöhnte, seine »Natürlichkeit« anerkennende Trauer- und Bestattungskultur geben müsse.[90]

Es mag vielleicht etwas gewalttätig erscheinen, aber ich probiere es trotzdem, in den Kontext dieser Beobachtungen und Überlegungen nun

88. W. Fuchs, Die These von der Verdrängung des Todes, in: Frankfurter Hefte 26, 1971, 177-184; S. Baum, Der verborgene Tod. Auskünfte über ein Tabu, Frankfurt am Main 1976; A. Nassehi/G. Weber, Tod, Modernität und Gesellschaft. Entwurf einer Theorie der Todesverdrängung, Opladen 1989.
89. Vgl. die Kritik von F. W. Graf an Ph. Ariès, a.a.O.; außerdem V. Drehsen, Tod, Trauer, Trost. Christlich-religiöse Kultur des memento mori zwischen Verdrängung und Vergewisserung, in: ders., Wie religionsfähig ist die Volkskirche?, a.a.O., 199-219.
90. Vgl. E. Fuchs, Todesbilder, a.a.O., 219.

wieder das provokative Wort Jesu an einen seiner Jünger einzustellen: »Laß die Toten ihre Toten begraben, du aber gehe hin und verkündige das Reich Gottes«. Das ist, wenn wir dieses Wort bedenken, doch das eigentlich Überraschende: Die Phänomene, die heute vielfach unter den Stichworten vom verdrängten, verborgenen, sinnentleerten und organisierten Tod interpretiert werden, erscheinen im Lichte dieses Jesuswortes sehr viel naheliegender, verständlicher als die kulturkritische Klage, die dabei immer mitschwingt. Dem Tod schlechterdings keinen Sinn geben zu können, in der Begegnung mit ihm sprachlos zu werden, verstummen zu müssen, mit ihm nichts zu tun haben zu wollen, ihn also am liebsten nicht zur Sache der Lebenden, sondern der Toten selber zu erklären, das kann im Lichte des provokativen Wortes Jesu gerade als die angemessene Reaktion erscheinen. Es ist doch das, was der Tod verdient hat, so wie jeder andere Skandal auch: eigentlich unsere abgrundtiefe Verachtung, unseren möglichst hart und vernehmlich artikulierten Protest.

Allerdings, um diesen Protest artikulieren zu können, um auch noch unser verständliches Verstummen zum Reden zu bringen, müssen wir uns in der Tat im Sinne einer bestimmten Deutung des Lebens, wie sie hinter dem provokativen Wort Jesu steht, zum Tode auch verhalten. Und die Karriere, welche die Rede vom verdrängten Tod und das Sinnangebot vom natürlich zum Leben gehörenden, humanen Sterben gemacht haben, sind sicher auch Ergebnis des Sachverhalts, daß der christliche Glaube weithin als Träger einer überzeugenden Lebensdeutung nicht mehr im Blick ist, sich die kritische Einstellung zum Tod als dieser negativen, gottfeindlichen Macht, als der Sünde Sold, als Resultat unserer zerstörerischen Verhältnislosigkeit Gott als dem Grund alles Seins gegenüber[91], aus dem Bewußtsein verabschiedet hat und somit auch die christliche Auferstehungshoffnung und Vergebungsgewißheit als tragfähige Hilfe im Umgang mit dem Tod kaum noch verstanden werden.[92]

91. Vgl. E. Jüngel, Tod, Stuttgart 1971; W. Dantine, Der Tod – eine Herausforderung zum Leben. Erwägungen eines Christen, Gütersloh 1980.

92. Daß es so ist, wird durch Untersuchungen zum religiösen Bewußtsein in der »jungen Generation« bestätigt; vgl. H. Barz, Postmoderne Religion am Beispiel der jungen Generation in den alten Bundesländern (mit einem Vorwort von Thomas Luckmann), Opladen 1992, 125-127. Der Auferstehungsglaube des Christentums scheint in der Tat ohne näheren Einfluß auf das Verhältnis der jüngeren Generation zum Tod zu sein. Ebenso auffällig ist freilich die starke Verbreitung eines Glaubens an die Wiedergeburt als persönliche Unsterblichkeit (vgl. ebd.). Daß mit dem Tod nicht einfach alles zu Ende sein kann, daß es irgendwie weitergehen muß, scheint für viele ein sie stark beschäftigendes Thema zu sein. Offensichtlich will diese Unsterblichkeitshoffnung – auf der Basis des für die Mentalität heutiger Jugendlicher dominant belegten

Dennoch, auch wenn der Rede vom verdrängten Tod mit gebührender Skepsis zu begegnen sein dürfte, Tatsache scheint, daß sich der soziale Stellenwert, die gesellschaftliche Ortsbestimmung des Todes unter den Bedingungen der Moderne geändert haben. Einerseits ist der Tod durch die Massenmedien heute allgegenwärtig. Aber das ist der Tod der Fernen und Fremden. Andererseits hat sich der Tod aus den alltäglichen Lebenszusammenhängen weitgehend verloren, ist das Bewußtsein des eigenen Todes und die Konfrontation mit dem Tod der Nahen und Bekannten immer seltener geworden. Das muß man nicht als einen Akt der Verdrängung interpretieren. Man kann darin auch das Resultat einer Ortsverlagerung des Todes aus Gründen der Systemrationalität der modernen Gesellschaft sehen.[93] Tod und Sterben werden in Institutionen abgeschoben, ausgelagert, funktional ausdifferenziert.

Die Lebenserwartung konnte gesteigert, in den vergangenen hundert Jahren nahezu verdoppelt werden. Und da sich familiäres Zusammenleben zugleich auf weitgehend generationshomogene Beziehungen erstreckt, werden die alltäglichen Erfahrungen des Sterbens und seiner Vorboten, des Alterns und der Krankheit, zunehmend unwahrscheinlicher. Außerdem führen die verlockenden Lebensbilder, welche die Wirtschaft der Gesellschaft mit den Ikonen der Werbung entwirft, die Verheißung ewiger Jugend, Schönheit und Leistungsfähigkeit mit sich. Die funktionsspezifisch ausgelegte Systemrationalität der Gesellschaft sieht den Tod gleichsam nicht vor. Wenn er trotzdem passiert, bei Tempo 180 z. B. auf der Autobahn, dann verursacht dies kurzfristig eine störende Beeinträchtigung im Funktionsmechanismus z. B. des Verkehrssystems (die Vorbeikommenden fahren für eine Weile etwas langsamer), aber eine unsere Lebenspraxis und unser Lebensverständnis insgesamt betreffende Kommunikation wird dadurch kaum ausgelöst. Die Gesellschaft entzieht sich sozusagen jeder Zumutung, sich auch noch zu denjenigen Ereignissen explizit zu verhalten, die nicht das Resultat ihrer funktionsspezifisch ausge-

individuellen Glücksstrebens (Barz, 84-86) – mit der Vorstellung der unendlichen Fortdauer des eigenen, geliebten Ich zusammengehen. Bei aller Differenz, die damit zur christlichen Hoffnung auf die Auferstehung der Toten gesetzt ist, dürfte eine neue Verständigung mit dem zeitgenössischen Todesbewußtsein dennoch auf der Basis eben des Sachverhaltes möglich sein, daß auch die christliche Auferstehungshoffnung eben jenen Aspekt individueller Eschatologie enthält, wonach dieses Leben hier nicht schon alles gewesen sein kann, es seine vollendete Ganzheit, seine Erfüllung bei Gott erst noch erwartet. Vgl. auch R. Sachau, Westliche Reinkarnationsvorstellungen, Gütersloh 1996.

93. Vgl. A. Hahn a. a. O.; V. Drehsen a. a. O.; Ch. v. Ferber, Soziologische Aspekte des Todes, in: ZEE 7, 1963, 338 ff.

legten Handlungsrationalität sind. Mit dem Tod kann die funktional ausdifferenzierte, auf Zweckrationalität angelegte Gesellschaft schlechterdings nichts anfangen, was allerdings ganz und gar nicht heißen muß, daß sie ihm z. B. mit ihrem Verkehrssystem oder auch ihrem Wirtschaftssystem nicht dennoch zuarbeitet.

Der Tod des einzelnen stellt in der modernen, funktional differenzierten Gesellschaft jedenfalls nur selten noch ein öffentliches Ereignis dar. Umso intensiver ist zumeist jedoch die private, individuelle Erfahrung, die man mit ihm macht. Und diese private, individuelle, ja intime Erfahrung mit Tod und Sterben vor allem ist es, mit der sich die Pfarrer und Pfarrerinnen in ihrer Seelsorge und den Gesprächen, die der Vorbereitung der Beerdigungspredigt dienen, vor allem konfrontiert sehen.

Diese Intimisierung hat aus vielschichtigen Gründen im 19. Jahrhundert mit der »Romantisierung« der Liebe als Grundlage einer auf Dauer angelegten Partnerschaft begonnen. Sie führte zu einer Steigerung familiärer Vertrautheit, die sich schließlich auch dahingehend ausgewirkt hat, daß die emotionale Betroffenheit durch Sterben und Tod engster Angehöriger ungleich schmerzvoller und intensiver geworden ist. Der im Tod Betrauerte stellt nun sehr oft eine Bezugsperson von solch unvergleichlich erscheinender Bedeutung dar, daß sich die Trauer für eine Veröffentlichung gar nicht mehr eignet.[94]

Der Trauerfall ist ein eigener, individueller, persönlicher, diskretionsbedürftiger Fall. Daß Todesanzeigen inzwischen zumeist mit der im Grunde ja unhöflichen Bitte versehen werden, man möge am Grabe von Beileidsbezeugungen doch gefälligst Abstand nehmen, läßt sich ebenso als Ausdruck des Bedürfnisses nach Wahrung der Intimität und Individualität des Todesfalles verstehen. Das individuell Betroffenmachende ist das nur privat Angehende und somit nicht veröffentlichungsfähig. Und so ist auch die Erfahrung tröstender Nähe, wenn sie überhaupt zugelassen wird, an den engeren Kreis der Familie gebunden, mit einer Ausnahme weithin eben immer noch: dem Pfarrer/der Pfarrerin als Seelsorger/in.

Freilich, auch das seelsorgerliche Gespräch des Pfarrers, wird er zu einem Trauerfall hinzugebeten, ist durch die Privatisierung von Tod und Trauer hart betroffen, oft sehr erschwert. Der Pfarrer, der in Stadtgemeinden die Trauerfamilie oft ebensowenig persönlich kennt wie den Verstorbenen, kann zugleich auch nicht mehr auf übereinstimmende, traditionsgeleitete Verhaltensweisen im Trauerfall rechnen. Er begegnet einer Pluralität von Lebensauffassungen, Todesbildern, Jenseitsvorstellungen und Wiedergeburtsphantasien, von Trauerformen und Bestat-

94. Vgl. V. Drehsen, a. a. O.

tungswünschen, höchst unterschiedlichen Erwartungen auch an seine eigene Funktion beim bevorstehenden Begräbnis. So bieten sowohl die Angebotspalette des Bestattungsinstitutes wie der Ritus der Kirche und die Ansprache des Pfarrers lediglich noch Ausgestaltungsmöglichkeiten für die individuell zu leistende Trauerarbeit und den individuell zugeschnittenen Vollzug der Beerdigung.[95] Alles dies hat den Status eines Angebotes. Man kann davon Gebrauch machen. Man kann dies auf unterschiedliche Weise tun, aber man muß es nicht. Viele freilich wissen gar nicht mehr, wie sie sich verhalten sollen. Für sie bedeutet diese Situation einen hohen Grad der Verunsicherung, eine enorme Überforderung. Plötzlich, unvorbereitet mit dem absurden Ereignis des Todes konfrontiert, muß der einzelne sehen, wie er irgendwie damit fertig wird. Selbstverständlich ist nichts mehr. Aber dennoch kann es auch nicht bei bloß ohnmächtigen, sprachlosen Betroffenheitsgesten bleiben.

3. Die kirchliche Begräbnispredigt heute

In seinem berühmten Vortrag zur »Aufgabe der Predigt« von 1921 hat Eduard Thurneysen die Predigt im Angesicht des Todes zum exemplarischen Fall christlicher Predigt überhaupt erklärt.[96] Pointiert konnte er sagen: »Der Tod des Menschen und alles Menschlichen zu verkündigen, ist die Aufgabe der Predigt.«[97] Gemeint war damit eben dies, daß die Predigt generell nicht darauf abzielen sollte, die Menschen in ihrer Lebensfähigkeit bloß zu bestärken. Keine lebenspraktische Stabilisierungsfunktion sollte sie bewußt übernehmen wollen, auch nicht in der Situation gesteigerter Krisenerfahrung. Und dies eben deshalb nicht, weil sie die Menschen nicht wieder nur auf ihre eigenen Möglichkeiten, mit denen sie ja gerade gescheitert sind, zurückbringen sollte. In die Distanz zu dieser Welt und den eigenen Möglichkeiten in ihr sollte die Predigt sie vielmehr führen. Ein bewußtes Hineinstellen in die kritische Weltdistanz sollte sie sein und gerade so ein Hören auf das ganz andere, auf Gottes Wort, das neue Lebensgewißheit verspricht, aus dem Tod heraus, das Hoffnung gibt, auch dort noch, wo wir mit unseren eigenen Möglichkeiten ganz und gar am Ende sind.

Auf der Linie dieser Predigtauffassung hat schließlich Rudolf Bohren den energischen Vorbehalt artikuliert gegenüber einer auf Kontingenzbe-

95. Vgl. Ch. v. Ferber, a. a. O., 356.
96. E. Thurneysen, Die Aufgabe der Predigt (1921), in: G. Hummel (Hg.), Aufgabe der Predigt, Darmstadt 1971, 105-118.
97. Ebd. 108.

wältigung, auf religiöse, handlungssinntranszendente Sinnstiftung zielenden Kasualpraxis.[98] Solche Kritik ist freilich höchst mißverständlich. Die Ritualkritik der Dialektischen Theologie mußte in den Verdacht geraten, einen kulturanthropologischen und sozial-psychologischen Grundsachverhalt zu verkennen, wonach die Menschen gerade in biographischen Krisenerfahrungen verhaltensstablisierender Rituale und sinnvergewissernder religiöser Deutungsangebote besonders bedürftig sind.[99] Ebenso richtig dürfte allerdings auch die Feststellung sein, daß die Lebens- und Welterfahrung für die Menschen heute durchweg zur Erfahrung unüberbrückbarer Widersprüche und unauflöslicher Risiken geworden ist.[100] Auch dieser Sachverhalt muß deshalb in die Art religiöser Sinnreflexion heute auf spezifische Weise Eingang finden. Sofern es immer noch zutreffen sollte, daß die Religion auch und gerade mit ihren in der kirchlichen Kasualpraxis institutionalisierten Sinndeutungsangeboten unverzichtbar zu den kulturellen Beständen der gesellschaftlichen Moderne gehört, eben als die »Kultur des Verhaltens zum Unverfügbaren«[101], muß sie sich durch die existentielle Widerspruchserfahrung in ihrer endlichen Unauflöslichkeit hindurcharbeiten. D. h., existentielles Gewicht gewinnt der christliche Glaube heute gerade durch die ihm eigene Kraft zur illusionslosen Wahrnehmung der widersprüchlichen Realität einerseits, durch die befreiende Distanz, die er zu ihr setzt, anderseits. Er arbeitet sich an der menschlichen Todeserfahrung ab, in der Erinnerung an den gekreuzigten Jesus und läßt im Zeichen seiner Auferstehung auf eine andere, versöhnte Welt hoffen. Er macht die Zerrissenheit dieser Welt in letzter Radikalität bewußt und ermöglicht es, daß wir uns im Vorschein ihrer jenseitigen Überwindung doch nicht in ihr zerreiben.

So nun auch an den Gräbern: Der Glaube läßt uns um den Tod und seine zerstörerische Macht mitten im Leben wissen und zugleich ihm widersprechen. Mitten in den Widerspruch, den der Tod in diese Welt setzt und den wir zumeist doch nicht wahrhaben wollen, setzt der Glaube den Einspruch gegen diesen Widerspruch, in Gestalt der Verheißung eines Lebens, in dem der Tod nicht mehr ist und keine Tränen der Trauer mehr sein werden. Dieser Einspruch des Glaubens ist Kritik und Hoffnung zu-

---

98. R. Bohren, a. a. O.
99. K. Winkler, Pastoralpsychologische Aspekte der kirchlichen Beerdigung, in: WPKG 61, 1972, 90 ff.; P. M. Zulehner, Heirat – Geburt – Tod. Eine Pastoral zu den Lebenswenden, Freiburg 1976.
100. Vgl. U. Beck, Risikogesellschaft. Auf dem Weg in eine andere Moderne, Frankfurt am Main 1986.
101. So im Anschluß an F. Kambartel die Formulierung vom H. Lübbe, Religion nach der Aufklärung, Graz u. a. 1986, 149.

gleich. Aber er hebt, solange er Glaube bleibt und seine Erfüllung nicht schaut, unsere Zerrissenheit nicht auf. Der Glaube, der diese Zerrissenheit steigert, bewahrt zugleich in ihr. Wo er hingegen über sie hinauszukommen versucht, wird er zur religiös leichtfertigen Vertröstung, die den Widerspruch zur Welt und der Macht des Todes in ihr leugnet, die überspielt, was zum Trostverlangen nötigt, die auf gezwungene Weise Sinn stiften will, angesichts der Erfahrung skandalöser Sinnlosigkeit und Ungerechtigkeit.

Die moderne Gesellschaft hält den Tod aus eigener Kraft von ihren tragenden Funktionsmechanismen fern. Er ist für sie kein Thema. Die moderne Gesellschaft hat den Tod jedoch nicht aus der Welt geschafft. Sie arbeitet ihm durch ungerechte Strukturen zugleich zu und vor allem, sie verhindert nicht, daß er den einzelnen gleichsam unvorbereitet dennoch trifft. Weithin ohne an öffentliche Kommunikation dabei noch angeschlossen zu sein, muß der einzelne, der vom Tod betroffen wird, gleichwohl in irgendeiner Weise mit ihm fertig werden.

»Laß die Toten ihre Toten begraben, du aber gehe hin und verkündige das Reich Gottes.« In dem Sinne, in dem Jesus dieses provokative Wort gemeint hat, sollte es nicht allein wie in seiner späteren kirchlichen Auslegung die Verlagerung des Umgangs mit den Toten auf eine bestimmte, dafür zuständige Sorte von Menschen bezeichnen. Jesus plädierte auch nicht für die Auslagerung des Todes aus dem Leben, wie sie in der modernen Gesellschaft weitgehend Wirklichkeit geworden ist, sondern zum öffentlichen Protest rief er auf, zum Protest gegen die Macht, die der Tod und seine weltlichen Zuarbeiter über das Leben der Menschen besitzen. Diese weltliche Macht ist ein Skandal. Und dieser Skandal darf nicht verschwiegen, er muß öffentlich gemacht werden und sei es durch eine solch provokative Zeichenhandlung, wie Jesus sie einem seiner Jünger geboten hat: Nein, geh nicht hin, deinen Vater zu begraben. Es könnte so aussehen, als würdest auch du immer noch dem Tod die Reverenz erweisen, ihm einen Dienst tun, den er nicht verdient hat. Nicht dem Tod sollst du dienen, sondern dem Gott, der das Leben, das Leben jedes einzelnen, unbedingt will. Auch wenn das Leben des einzelnen als von Gott geschaffenes und somit begrenztes Leben auf dieser Welt mit dem Tod endet, selbst wenn es mit dem Tod gleichsam sein natürliches Ende findet, so ist dieses tödliche Ende doch nicht seine, dieses Menschen Bestimmung. Es ist nicht seine Bestimmung, bloß dieses endliche, sterbliche Wesen, bloß diese Krankheit zum Tode zu sein. Nein, geh hin und verkündige das Kommen des Reiches Gottes. Es bedeutet für die, die daran glauben, das Versprechen eines Lebens aus dem Tod, die Vollendung ihres Lebens bei Gott, nicht-tödliches Leben, ewiges Leben. Es bedeutet das Versprechen zwar nicht einer unendlichen Fortdauer dieses geschaffenen, endlichen

Lebens, wohl aber seine göttliche Rechtfertigung, die unbedingte Anerkennung seines irdischen Lebensrechtes und so dann auch seine bleibende Rettung durch Gott, daß Gott sich ewig seiner erinnert, er es unverlierbar in seinen Händen hält.

Wie anfangs schon gesagt, sollte die Zeichenhandlung, die Jesus einem seiner Jünger gebot, keine Handlungsanweisung für alle sein. Es sollte damit nicht abgeschafft werden, was die Kultur des menschlichen Verhaltens zum Tod seit jeher bestimmt hat, nämlich daß wir Menschen unsere Toten bestatten. Wohl aber sollte die Zeichenhandlung des Jüngers Jesu unsere Aufmerksamkeit darauf lenken, wie die Bestattungshandlung, wenn sie denn schon sein muß, vorzunehmen ist. Was also sollen wir heute an den Gräbern sagen?

4. Anerkennung von Individualität als mitgeteilte Rechtfertigung

Noch immer haben wir unsere Begräbnisrituale, kirchlich geprägt zumeist, auch dann noch, wenn teilweise andere, außerkirchliche Funktionsträger in sie eingewandert sind. Diese Rituale haben im Trauerfall immer noch eine wichtige Entlastungsfunktion. Der Todesfall, der individuell betroffen macht, muß doch nicht individuell bewältigt werden. Es gibt allgemein geltende, überlieferte Formen, in die der einzelne sich hineinbegeben kann. Das stabilisiert in einer Situation des Einbruchs des Absurden, stärkt die Überlebenden ein Stück weit in der Gewißheit, daß das Leben für sie noch einmal weitergehen wird.[102]

Das Ritual hat eine Trostfunktion.[103] Es erscheint vielen Menschen heute allerdings auch als entbehrliche Vertröstung. Sie schrecken vor dem Ritual und seinen allgemeingültigen Formen eher zurück. Privat, wie sie gelebt haben, wollen sie nun auch in ihrer Trauer privat bleiben. Und da sich das Private nicht veröffentlichen läßt, wählen sie die anonyme Bestattung.

Sie schrecken vor dem Ritual aber vielleicht auch deshalb zurück, weil es für die meisten mehr das memento mori verkörpert, die asketische Mahnung, daß wir alle sterben müssen, als die frohe Botschaft, daß wir leben sollen. Vor allem aber, die im Ritual laut werdenden Worte haben diesen allgemein-überindividuellen Grundzug. Diese Gleich-Gültigkeit, die jede individuelle Betroffenheit ignoriert, sei es des Toten, sei es der Trauernden. Diese Aufhebung ins Immer-Gleiche, ins Immer-Währende des Rituals mag den einen Trost, Geborgenheit geben, den anderen ist es

102. Vgl. D. Rössler, Die Vernunft der Religion, a. a. O., 39-44.
103. Vgl. M. Josuttis, a. a. O., 189-193.

gerade leere Vertröstung, nochmalige Zerstörung des einzelnen, die Bestätigung, daß es auf die unwiederholbare Einmaligkeit seines Lebens gerade nicht ankommt.[104]

Versetzen wir das zutiefst ritualkritische und zugleich in die Nachfolge rufende Wort Jesu in den gegenwärtigen gesellschaftlichen Lebenskontext, dann werden die spezifischen Anforderungen an eine zeitgenössische Begräbnishomiletik deutlich: Die Begräbnispredigt wird vor allem eine von der Struktur des Rechtfertigungsglaubens geleitete, also mit der heilsamen Differenz von Gott und Geschichte arbeitende Deutung der individuellen Lebensgeschichte des Verstorbenen versuchen. Im Augenschein des offenen Grabes wird sie versuchen, deutlich zu machen: es war das Leben dieses einzelnen nicht zum Tode, sondern zum Leben bestimmt. Was es im Laufe seiner Geschichte faktisch gewesen ist, das mag in unseren Augen viel, das mag in unseren Augen wenig gewesen sein, es ist in Gottes Augen auf keinen Fall umsonst, aber auch nie schon alles gewesen. Es steht noch etwas aus, daß es offenbar werde in allem, was es gewesen ist und durch Gottes Liebe gerettet werde.

So versucht die Begräbnispredigt heute – wo »Auferstehung« in direkter Weise kaum noch verstanden wird – zu sagen, was sich auf verschlüsselte Weise in der christlichen Auferstehungshoffnung ausdrückt. Sie liest die nun abgebrochene, zu Ende gekommene Lebensgeschichte in der Perspektive eines Lebens ohne Ende, im Lichte des Glaubens an ein Leben, das nicht mehr vom Tod bestimmt ist, sondern sich durch den Tod hindurch in Gott vollendet. Sie hält den Schmerz aus über sein vorzeitiges Ende, über die Qual seines Leidens und den Verlust, den es dennoch bedeutet. Sie tut dies in der ihm geltenden Artikulation des Versprechens Jesu, daß das wahre Leben, das seine Erfüllung hier noch nicht gefunden hat, schließlich eintrete und wir darum Wissende sein werden, wir schauen werden, woran wir hier nur glauben können. Dadurch, daß die Begräbnispredigt dem einzelnen angesichts seines so nun zu Ende gegangenen, früher oder später abgebrochenen, in den Augen der Zurückbleibenden immer nur fragmentarisch gelebten Lebens im Namen Gottes das Ganze unbedingten Sinns zuschreibt, artikuliert sie den Protest gegen den Tod, plädiert sie für das ihm dennoch verheißene Glück, die ihm schließlich unverdient zuteil werdende Fülle des Lebens. Sie wird dies recht verstanden tun, ohne zu vergessen, daß solches Glück nur entsteht aus aufgehobenem Leid. Die Hoffnung auf Auferstehung und ewiges Leben verkehrt sich in ihr Gegenteil, wird zur billigen, unglaubwürdigen Vertröstung, wo sie Trauer und Klage überspringt, die Trauer über den einzelnen, der nun

104. Vgl. H. Luther, Tod und Praxis. Die Toten als Herausforderung kirchlichen Handelns. Eine Rede, in: ZThK 88, 1991, 407-426.

gestorben ist, die Erinnerung seines Lebens, Leidens und Sterbens, den Schmerz auch und die Klage derer, die nun hier ohne ihn weiterleben müssen.

Frei von dem sie unglaubwürdig machenden Verdacht, bloße Vertröstungsrede zu sein, wird die Begräbnispredigt deshalb nur dort, wo sie nicht der Gefahr des frommen Geredes erliegt. Zum frommen Gerede, das dem Schrecken und der Verwüstung durch den Tod nicht standzuhalten vermag, gerät sie hingegen gerade sehr leicht, indem sie die großen Worte spricht, von der Auferstehung und vom ewigen Leben, vom Sieg des Lebens über den Tod, von Gott, der in Jesus Christus dem Tod die Macht genommen. Das ist zwar die Verheißung, welche die Predigt an den Gräbern zur tröstlichen Zusage werden lassen will. Aber eben, das ist die Wahrheit eines Versprechens, das nur überzeugt in Gestalt der Kritik an dieser in ihren tödlichen Widersprüchen zerrissenen Welt, zu der sie zugleich befähigt. Nur in Gestalt solcher Kritik, nur im Sich-Abarbeiten an den tödlichen Widersprüchen und den schmerzvollen Erfahrungen, die der einzelne in der Geschichte seines Lebens bis hin zur Absurdität ihres plötzlichen Endes mit ihnen macht, ist dieses Versprechen aussagbar, als – sich zugleich verbergende – Aussicht auf eine andere, jenseitige Welt, in der »der Tod nicht mehr sein wird noch Leid noch Geschrei noch Schmerz«, in der »alle Tränen« abgewischt werden (Offb 21,4). Die Predigt wird illusionär und verliert den Kontakt zur aktuellen Erfahrungswirklichkeit ihrer Hörer, wo sie als bereits wirklich behauptet, was sich, indem es das Versprechen einer anderen Welt enthält, gerade in Gestalt des Widerspruch, der Klage, der abgründigen Frage, des Protests gegen diese Welt und die tödlichen Erfahrungen, die Menschen in ihr machen müssen, wendet. Wo dieser Widerspruch nicht artikuliert und ausgehalten wird, wird die Verheißung des Glaubens zu einem Reden, das der Bitterkeit des Todes nicht standzuhalten vermag, das nicht hineingeht in die Erfahrung derer, die von ihr aktual betroffen sind.

Will die Begräbnispredigt dieser Gefahr eines formelhaften, beziehungslosen Redens nicht erliegen, so muß sie sich zum einen durch die Situation der Trauer und der Todeserfahrung hindurcharbeiten, um sie kontrafaktisch, also auf gebrochene Weise, im verhaltenen Ton, in das Licht der Verheißung des Glaubens zu stellen. Sie muß zugeben, daß wir diese Verheißung jetzt eigentlich nicht glauben können, jetzt, in der Situation der Trauernden, die es vor allem behutsam aufzunehmen gilt, deren Gefühle und Gedanken die Predigt in Worte der Verzweiflung, der Anklage, des Protestes zu fassen versucht. Daß es die Verheißung des Glaubens auf die Vollendung des Lebens durch den Tod hindurch ist, deren Licht in das Dunkel der aktuellen Todeserfahrung fällt, das hat die heutige Begräbnispredigt vor allem jedoch immer so umzusetzen, daß sie versucht, dem einzelnen, der nun gestorben ist, der mit dem Fragment seiner ganzen Lebensgeschichte nun vor uns liegt, ein Gedächtnis zu stiften, an das Leben und Sterben des Toten zu erinnern, zu sagen, wer er, wer sie gewesen ist.[105]

Dies, inwieweit die Lebensgeschichte des Verstorbenen in der Begräbnispredigt zur Sprache zu bringen ist, war ein in der Begräbnishomiletik – vor allem auf der Traditionslinie der Dialektischen Theologie – freilich immer auch umstrittener Punkt.[106] Recht verstanden artikuliert die Begräbnispredigt den im Versprechen des Glaubens liegenden Einspruch gegen den Tod heute jedoch gerade dadurch, daß sie des Toten gedenkt, an sein Leben und Sterben erinnert. Die Predigt muß eine Deutung seines Lebens versuchen. Auch wenn dem die Anonymität der städtischen Lebensverhältnisse vielfach entgegensteht, muß sie eine das private Verhältnis der Hinterbliebenen zum Verstorbenen aufnehmende und zugleich vertiefende Deutung seiner Lebensgeschichte versuchen, gerade im Lichte des biblischen Textes, den sie gewählt hat. Nicht unbedingt in der Weise, daß die Verheißung des Glaubens in der Vorbildlichkeit dieses Lebens sich erfüllt hätte. Nicht unbedingt, um an der Lebensgeschichte des Verstorbenen die vorbildliche Bewährung im Glauben zu zeigen, obwohl auch das auf überzeugende Weise möglich ist, daß der Prediger sagen kann: in diesem Glauben, in dieser Hoffnung hat der Verstorbene gelebt. Sehr viel mehr aber und in den meisten Fällen, um deutlich zu machen, welche Sinnzuschreibung diesem Leben im Lichte der Verheißung des Glaubens gilt, auch und gerade im Widerspruch zu dem, was es faktisch gewesen ist. Wieder ist es die vom Rechtfertigungsglauben ermöglichte, kontrafaktische Differenz zwischen Deutung und Erfahrung, die wichtig ist. Sie bewahrt die Predigt davor, das gelebte Leben beschönigen und die Trauer über seinen Verlust verharmlosen zu müssen. Indem die Differenz zwischen Deutung und Erfahrung bewußt wird, legt sich die Deutung zugleich als dieses Versprechen über das Leben des Verstorbenen, wonach die endgültige Offenbarung seines Sinnes immer noch aussteht, es jeden-

---

105. Dies betont auch A. Grözinger, »Religion und Biographie« in der Beerdigungspredigt. Kultur des Todes und Bestattungsritual, in: ders., Es bröckelt an den Rändern. Kirche und Theologie in einer multikulturellen Gesellschaft, München 1992, 108-125; ebenso K. Raschzok, Lebensgeschichte und Predigt. Zur biographischen Dimension der Homiletik, in: PTh 81, 1992, 98-116; vor allem aber P. Cornehl, Stärker als der Tod. Über die Verschränkung von Eschatologie und Alltag, in: PTh 81, 1992, 80-97.
106. Vgl. H. Vogel, Gottes Hoffnung am Sarge, Dresden/Leipzig ²1936, 17; H. Diem, Warum Textpredigt?, München 1939, 157; G. Harbsmeier, a. a. O.; G. Dehn, a. a. O.

falls nicht in dem aufgeht, was es hier gewesen ist, darin aber auch nie und nimmer gering zu schätzen ist. Es wird seine ewige Rettung und Erfüllung bei Gott haben. Weil so das Ganze eines Menschenlebens im Lichte der Vergebung steht, deshalb muß die Predigt auch das Versagen und die Schuld, das Widersprüchliche in ihm nicht verschweigen. Sie kann auch davon reden, ohne lieblos und verletzend sein zu müssen.

Dadurch, daß die Predigt an das Leben und Sterben des Toten erinnert, widerlegt sie zugleich auf das energischste den gesellschaftlich heute so naheliegenden, durch die Privatisierung und Individualisierung der Lebensverhältnisse zugleich wirksam kompensierten Verdacht, daß es auf den einzelnen gar nicht ankomme. Die christliche Begräbnispredigt nimmt selbst dann, wenn gar keine Trauergemeinde sich mehr einfindet, ja gerade dann, wenn niemand mehr da zu sein scheint, um dem Verstorbenen ein »ehrendes Angedenken« zu bewahren, das Leben des einzelnen unendlich wichtig. Gerade in der Anonymität heutigen Sterbens tut sie dies im Lichte der Verheißung des Glaubens, die schon bei der Taufe über dem einzelnen ausgesprochen worden ist, daß jeder Mensch dessen gewiß sein kann, nicht umsonst zu leben. Daß diese Verheißung sich erfüllen wird, darauf setzt der Glaube, auch noch in der Situation einsamer Trauer und einer Todeserfahrung, in welcher der Zweifel an ihrer Wahrheit mächtig ist. Gerade dann hält die Begräbnispredigt fest, daß die Verheißung dem Leben dessen gegolten hat und gilt, der nun gestorben ist. Der Glaube setzt darauf, daß der Verstorbene schauen wird, was die Taufzusage ihm zum Glauben angeboten hat, daß er in Gott seine bleibende Anerkennung findet.

Gewiß, gerade davon wird die Predigt nur verhalten sprechen, eben weil es die Verheißung des Glaubens ist, die der Welt ein Geheimnis bleibt und auch für den Glauben immer noch im Zeichen des Kreuzes steht, dieser aktuellen Erinnerung an den brutalen Tod eines einzelnen, in dem die Verheißung gründet. Ohne diese Erinnerung an das Kreuz Jesu wird die Begräbnispredigt illusionär. Mit ihr jedoch teilt sie, in ihrem Widerspruch gegen den Tod, zugleich die Hoffnung auf dessen Überwindung mit, die Hoffnung auf ein nicht-tödliches Leben in Gottes ewiger Gegenwart. Eine Hoffnung, die voller Unruhe bleibt, mehr Frage als Antwort. Dennoch eine Hoffnung, die darauf besteht, daß dieses Leben hier nicht schon alles gewesen sein kann. Es steht noch etwas aus. Schon jetzt und hier, wo so viele um ihr Glück betrogen werden. Erst recht aber dann, wenn wir schauen werden, woran wir hier nur glauben können, die Vollendung des ganzen Menschen, seine Vollendung durch den Tod hindurch, in die Einheit mit Gott als der lebendigen Fülle alles dessen, was in Wahrheit ist.

»Laß die Toten ihre Toten begraben, du aber gehe hin und verkündige das Reich Gottes.« Solche Verkündigung wird, wenn wir unsere Toten dennoch begraben müssen, immer eine Zusage der Verheißung des Glaubens sein, also gerade ohne Bilder der Erfüllung, in gebrochenen Worten, in bloß andeutender Rede. Ebenso wird sie die stumm machende Todeserfahrung in verständige Worte hineinzuarbeiten versuchen. Sie wird an den Toten erinnern und den Schmerz, den Schrei und die verzweifelte Frage derer teilen, die um ihn trauern. Auch die Verheißung des Glaubens ist der Predigt so immer beides, Antwort und Frage zugleich. Treffend hat Augustin das gerade an den Gräbern schwer Sagbare des Glaubens an die ewige Seligkeit in ebenso behauptende wie fragende Worte über den achten Tag, den Sabbat unseres Lebens und dieser Welt, gefaßt:

»Dann werden wir stille sein und schauen, schauen und lieben, lieben und loben. Das ist's, was dereinst sein wird, an jenem Ende ohne Ende. Denn welch anderes Ende gäbe es für uns, als heimzugelangen zu dem Reich, das kein Ende hat?«[107]

107. Augustinus, Vom Gottesstaat Bd. II (eingeleitet und übertragen von W. Thimme), Zürich 1955 (22, 30) 839.

Abschnitt C:
Bildung und Unterricht

13. Kapitel

Religionsunterricht als eigener Zugang zur Lebensdeutung des Christentums

Die kirchlich tradierte Glaubensüberlieferung des Christentums dient, insbesondere in ihrer durch Bibel und Katechismus vorgegebenen Gestalt, heute kaum noch als Orientierungshorizont in den subjektiv wichtigen Fragen der Lebensdeutung.[1] Sofern heutige Jugendliche sich als religiös einschätzen oder sich zu ihren ethischen Wertmaßstäben äußern, tun sie dies vorrangig unter Berufung auf die eigene Lebensgeschichte. Es sind lebensgeschichtliche Umbruchs- und Grenzerfahrungen, in denen die religiösen Fragen nach tragfähigen Sinn- und Wertorientierungen aufbrechen.[2] Die individuelle Subjektivität und deren lebensgeschichtlich bedingte Sinnfragen bilden somit diejenige Instanz, die auch über die lebenspraktische Relevanz der überlieferten Glaubensinhalte und Verhaltensnormen des Christentums entscheidet. Wenn es einen Zugang auch noch zur überlieferten Welt des Christentums gibt, dann unter heutigen Jugendlichen selten nur noch nach Maßgabe dessen, was die Kirche dafür als verbindlich erachtet. Der Zugang zum Christentum wird, wenn überhaupt, der eigene sein.

Der Zugang zum Christentum steht für heutige Jugendliche jedenfalls im Zeichen ihrer individuellen Zustimmungsbereitschaft. Sofern die Kirche in ihrer gesellschaftlich institutionalisierten Gestalt auf dem überkommenen Anspruch besteht, *die* Institution für das ethisch-religiöse Orientierungswissen in der Gesellschaft zu sein, muß sie deshalb inzwischen auch mit besonders heftiger Ablehnung rechnen.[3] Gerade dann, wenn die Kirche an gesamtgesellschaftlich verbindlichen Interpretations-

1. Das ist das Ergebnis auch der empirischen Studie von Klaus-Peter Jörns, Die neuen Gesichter Gottes. Was die Menschen heute wirklich glauben, München 1997.
2. Vgl. dazu die profunde Studie von F. Schweitzer, Die Suche nach eigenem Glauben. Einführung in die Religionspädagogik des Jugendalters, Gütersloh 1996, 19-139.
3. Vgl. dazu die Zitate aus den narrativen Interviews zu den Zusammenhängen von Religion, Glaube und Lebenswelt in der EKD-Studie: Kirchenamt der EKD (Hg.), Der Dienst der Evangelischen Kirche an der Hochschule, Gütersloh 1991, 106-119.

und Normierungsansprüchen festhält, erfährt sie im Rekurs auf das Recht individueller Selbstbestimmung, auch und gerade in religiös-ethischen Fragen, unverhohlene Kritik.

Was der Religionsunterricht an öffentlichen Schulen leisten kann, warum es ihn dringlicher als je zuvor geben muß, wie er den in ihn gesetzten Erwartungen gerecht werden kann, ist auf dem Hintergrund der so bestimmten religiösen Gegenwartslage zu bedenken. Entscheidend für die Begründung und Gestaltung des Religionsunterrichts ist freilich immer noch das Interesse, das die Gesellschaft bzw. die vom Staat im gesellschaftlichen Interesse eingerichteten Schulen daran nehmen, daß die bestimmte Religion des Christentums in ihnen vorkommt und sich als vernünftiger Beitrag zur Erfüllung ihrer Bildungsaufgabe erweist.

Dies ist jedoch – und darauf gilt es nun besonders das Augenmerk zu lenken – lediglich der traditionsgeleitete, institutionelle Aspekt der Begründung des Religionsunterrichts, der zwar keineswegs gänzlich zu vernachlässigen ist, der jedoch gerade aus der Perspektive derer, die an diesem Unterricht teilnehmen sollen, der Schüler/innen also, heute nicht sehr weit trägt. Aus ihrer Perspektive ist die Religion, vor allem das als Kirche institutionalisierte Christentum, eine individuell unfrei machende und somit abzulehnende Einrichtung. Gegen die Kirche und das mit ihr weitgehend doch immer gleichgesetzte Christentum wird dagegen das eigene Ich als Plausibilitätshorizont auch in ethischen und religiösen Fragen mobilisiert.

Eine Begründung des Religionsunterrichts, die zugleich das Interesse, das die Schüler am Angebot dieses Unterrichts nehmen, reflektiert, muß deshalb darauf setzen, daß das Allgemeine des Christentums, die in ihm beschlossene ethisch-religiöse Lebensdeutung, gerade der tiefergreifenden Rekonstruktion derjenigen individuellen Autonomieanmutung dient, die jeder heute in religiösen Fragen immer schon für sich in Anspruch nehmen möchte. Mit dem Grundrecht der Glaubens- und Gewissensfreiheit ist der Religionsunterricht ja außerdem nur dann vereinbar, wenn die Teilnahme an ihm nicht erzwungen wird, sie freiwillig geschieht und dieser Unterricht den Kindern und Jugendlichen die Freiheit läßt, seine Inhalte zu verwerten, wie sie es wollen, er sie also nicht auf die Übernahme eines bestimmten Glaubens auf doktrinäre Weise verpflichtet.

Wichtig bleibt deshalb schließlich auch, wie sich die bestimmte Religionsgemeinschaft, in unserem Fall also die evangelische Kirche, in Übereinstimmung mit ihrem Selbstverständnis in den Unterricht, der erteilt werden soll, einbringt. Es ist für die Begründung und dann auch Gestaltung des Religionsunterrichts – wenn dieser ein solcher werden können soll, in dem sich den Schüler/innen ein eigener Zugang zum Christentum möglicherweise eröffnet – schlechterdings entscheidend, ob die Kirche sich dabei als dialogfähig und zu gemeinsamer Suche nach lebensverbindlicher Wahrheit bereit zeigt[4] oder ob sich dieses schlechte Kirchenimage bestätigt, das die eigene ethisch-religiöse Sinnreflexion dann vermeintlich nur unabhängig von der Kirche wahrzunehmen erlaubt.

In dieser dreifachen Hinsicht von Schule, Schüler und Kirche muß die Frage nach der Begründung und angemessenen Gestaltung des Religionsunterrichts jedenfalls ihre Antwort finden. Ich will es im folgenden versuchen, um dann das ganze mit einem eher praktischen Beispiel abzuschließen.

1. Der religiöse Bildungsauftrag der Schule

Religionsunterricht ist an öffentlichen, staatlichen Schulen nur dann gerechtfertigt, wenn er auch im Rahmen bildungstheoretischer und didaktischer Überlegungen zu begründen ist. Welches sind die Bildungsziele der Schule, und was hat die Religion damit zu tun? Es ist klar, schon diese Frage so zu stellen, heißt, sich im Traditionszusammenhang der pädagogischen Klassik zu bewegen, wie sie sich in den Folgen der europäischen Aufklärung, um die Wende vom 18. zum 19. Jahrhundert, herausgebildet hat.[5] Wolfgang Klafki hat dieses Bildungsverständnis auf exemplarische Weise für unsere Zeit reformuliert. Danach muß Bildung »zentral als Selbstbestimmungs- und Mitbestimmungsfähigkeit des einzelnen und als seine Solidaritätsfähigkeit verstanden werden«[6]. Es geht unter dem Stichwort der Mitbestimmungsfähigkeit um die Wahrnehmung von Verantwortung für unsere gemeinsamen gesellschaftlichen und politischen Verhältnisse. Es geht unter dem Stichwort der Solidaritätsfähigkeit um die Wahrnehmung der Schwachen und Benachteiligten und um die Bereitschaft zum Einsatz für sie, um die Gerechtigkeit also in der Gestaltung der gesellschaftlichen Verhältnisse. Und es geht schließlich unter dem Stichwort der Selbstbestimmungsfähigkeit darum, über die »je eigenen,

---

4. So auch K. E. Nipkow, Bildung als Lebensbegleitung und Erneuerung. Kirchliche Bildungsverantwortung in Gemeinde, Schule und Gesellschaft, Gütersloh 1990, 433 f.
5. Vgl. E. Lichtenstein, Artikel »Bildung«, in: Historisches Wörterbuch der Philosophie Bd. 1, Darmstadt 1971, Sp. 921-937; ders., Zur Entwicklung des Bildungsbegriffs von Meister Eckhart bis Hegel (Pädagogische Forschungen. Veröffentlichungen des Comenius Instituts, Reihe: Erziehungswissenschaftliche Studien 34), Heidelberg 1966.
6. W. Klafki, Neue Studien zur Bildungstheorie und Didaktik. Beiträge zur kritisch-konstruktiven Didaktik, Weinheim/Basel 1985, 12-30, 17.

persönlichen Lebensbeziehungen und Sinndeutungen zwischenmenschlicher, beruflicher, ethischer, religiöser Art«[7] entscheiden zu können. »Bildung« also zielt insgesamt auf die Konstitution individueller Handlungsfähigkeit in der Gestaltung der gesellschaftlichen Verhältnisse.

An diesem Bildungsverständnis springt nicht nur ins Auge, wie sehr es sich bereits in ethischer Hinsicht, vor allem mit dem Ziel der Solidaritätsforderung, der Hinwendung zu den Schwachen, im Orientierungszusammenhang des Christentums bewegt. Es läßt ebenso erkennen, daß zur Konstitution von Selbstbestimmungsfähigkeit die Ausbildung eines je eigenen, urteilskräftigen Verhältnisses zur Religion vorausgesetzt ist, offensichtlich weil es in der Religion gerade um dieses mein Selbst geht, das sich zu etwas bestimmen können soll, um den Grund meiner Freiheit also, um die handlungsorientierende Einsicht in das Vonwoher und Woraufhin meines Daseins.[8] Daß im Rahmen dieses Verständnisses von schulischer Allgemeinbildung generalisierend von Sinndeutungen religiöser Art die Rede ist, daß hier von einem allgemeinen Religionsbegriff Gebrauch gemacht und nicht spezifisch vom christlichen Glauben geredet wird, braucht dabei nicht sonderlich zu irritieren. Es ist schließlich genau die spezifische Religionsgeschichte des Christentums in der Neuzeit, die zur Ausbildung und zum Gebrauch dieses allgemeinen Religionsbegriffs geführt hat.[9] Dieser allgemeine, in den Folgen der europäischen Aufklärung ausgebildete Religionsbegriff steht nicht für die Ablösung vom christlichen Glauben, sondern er bedeutet den Versuch, das Spezifische des christlichen Glaubens, seinen Beitrag zum Verständnis menschlicher Freiheit am Ort des Selbstverhältnisses, das wir sind, auszusagen.[10] Es geht darum, deutlich zu machen, daß der christliche Glaube für eine bestimmte Deutekultur menschlichen Daseins steht, für die Einsicht in den transzendenten Grund unserer Freiheit, für die im Evangelium erschlossene Beziehung zu dem Gott, durch den sich jeder Mensch bedingungslos an-

7. Ebd.
8. W. Klafki hat die konstitutionstheoretischen Überlegungen, die auf diesen inneren Verweisungszusammenhang von Religion und Bildung aufmerksam machen können, freilich nicht weiterverfolgt. J. Ebert (Kategoriale Bildung. Zur Interpretation der Bildungstheorie Wolfgang Klafkis, Frankfurt am Main, 1986, 76) kommt denn auch zu dem Ergebnis, daß in Klafkis Konzept die Frage, »worin denn [...] Subjektivität gründen soll«, nicht beantwortbar sei.
9. Vgl. F.-X. Kaufmann, Religion und Modernität. Sozialwissenschaftliche Perspektiven, Tübingen 1989, 32-69.
10. Vgl. T. Rendtorff, Theologie in der Moderne. Über Religion im Prozeß der Aufklärung (Troeltsch-Studien Bd. 5), Gütersloh 1991, 273-290.

erkannt wissen kann, für den allgemeinen Grund individueller Selbstbestimmung.

Dieser Sachverhalt hat sich auch im Bildungsverständnis der klassisch-humanistischen Pädagogik Ausdruck verschafft. Er kehrt auf kritisch-konstruktive Weise in den gegenwärtigen Versuchen, den Bildungsauftrag der öffentlichen Schulen zu formulieren, wieder. Es korrespondiert der Bildungsbegriff also mit der Grundeinsicht paulinisch-reformatorischer Rechtfertigungslehre.[11] In Korrespondenz zur Rechtfertigungslehre denkt auch dieser Bildungsbegriff den Konstitutionszusammenhang handlungsfähiger menschlicher Subjektivität aus dem Grunde dessen, was ihr von jenseits ihrer selbst her immer schon zufällt. Die konstitutive Vorgabe vorbehaltloser Anerkennung (rechtfertigungstheologisch gesprochen: um Christi willen) ist für das Werden des Menschen zu sich entscheidend, wie dann auch der Sachverhalt, daß er das ihm Zuvorkommende in freier Einsicht als konstitutiven Grund des eigenen Handelns sowohl deutend zu rekonstruieren wie in seinen sozialethischen Konsequenzen selber zu realisieren vermag.

Als unverzichtbarer Beitrag der christlichen Religion zur schulischen Allgemeinbildung wird im Rahmen dieses Bildungsverständnisses demnach gerade der Sachverhalt erkannt, daß sie es ist, welche die zur Selbstbestimmung und verantwortungsbereiten Lebensbewältigung findenden einzelnen vor neurotischer Selbstabschließung und totalitärer Anmaßung bewahrt. Die christliche Religion vermittelt das Bewußtsein der Grenze.[12] Im Blick auf die Welt: sie läßt die Welt als verbesserliche wahrnehmen. Und im Blick auf mein Selbst: sie läßt die eigene Freiheit an der des anderen ihre Grenzen finden, weil sie sie als Gottes Geschenk für alle Menschen zu verstehen lehrt.

2. Das Interesse der Schüler/innen am Religionsunterricht

Ein im Bildungsauftrag der Schule begründeter Religionsunterricht braucht die Schüler/innen, die in ihm etwas lernen wollen, auf freiwilliger Basis, weil sie selbst ein Interesse an ihm nehmen. Jeder Zwang, alles doktrinäre Vorgehen widerspricht seinem Sinn. Der Unterricht muß als Un-

11. Vgl. G. Lämmermann, Grundriß der Religionsdidaktik (Praktische Theologie heute Bd. 1), Stuttgart u. a. 1991, 166-171; D. Korsch, Bildung und Glaube – Ist das Christentum eine Bildungsreligion?, in: NZSTh 35, 1994, 190-214.
12. Vgl. H. Luther, »Grenze« als Thema und Problem der Praktischen Theologie. Überlegungen zum Religionsverständnis, in: ders., Religion und Alltag. Bausteine zu einer praktischen Theologie des Subjekts, Stuttgart 1992, 45-60.

terricht, also durch sein pädagogisch-didaktisches Konzept so angelegt sein, daß er den problemoffenen Zugang zu seinen Inhalten ermöglicht. Ein Religionsunterricht, der dem Bildungsverständnis einer humanen Schule entspricht, muß auf seine Schüler/innen hören. Weil er genau dies oft viel zu wenig tut, deshalb sind es weithin vor allem auch die Schüler/innen, die ihm die Legitimation entziehen. Sie melden sich ab oder steigen auf das Alternativfach »Ethik« bzw. »Werte und Normen« um. Nicht, weil sie die Religion nicht interessiert, sondern weil sie in dem Alternativfach eine offenere, interessantere Erörterung ihrer Themen erwarten.

Was begründet das Recht des Religionsunterrichts aus der Perspektive seiner Schüler/innen? Es ist die Erwartung, daß er zur Klärung der Fragen beiträgt, die sie selbst an die Religion haben. Ein Ort der offenen Kommunikation über religiöse und ethische Fragen soll er sein, ein Ort vor allem, an dem die eigene Subjektivität mit ihren lebensgeschichtlich aufbrechenden Sinn- und Wertorientierungsfragen zu ihrem Recht kommt, unverstellt, unbelastet insbesondere durch die vermeintlich immer schon fertigen Antworten, welche die christliche Tradition, die Kirchen vor allem, bereitstellen.

Man kann sich diese Begründungsperspektive für den Religionsunterricht über die eigenen Erfahrungen und die jüngsten Repräsentativbefragungen[13] hinaus sehr schön klar machen, wenn man die Äußerungen studiert, die Schüler/innen an beruflichen Schulen in Württemberg zum Thema »Gott« geschrieben haben und die Robert Schuster 1984 in einer Sammlung zugänglich gemacht hat.[14]

Was in diesen Schüleräußerungen zunächst und vor allem auffällt, das ist das Drängen auf das Recht der Subjektivität in religiösen Dingen überhaupt. »Gott muß meiner Meinung nach jeder für sich selbst definieren [...] Deshalb finde ich, daß jeder seinen Gott selber suchen soll, wie er ihn nennt«[15], schreibt einer. Oder, weil radikaler von der Frage bestimmt, ob es ihn überhaupt gibt, ein anderer: »Man sollte sich einen eigenen Gott nicht suchen, aber erdenken [...] Ich finde jeder sollte das glauben, was er denkt.«[16]

Was zweitens auffällt, ist die kritische Abgrenzung vor allem von der Kirche. »Reden von Gott in der Kirche oder sonstwo halte ich für unsinnig, denn im Prinzip wird dort verkündet, was der Pfarrer oder der Kirchenrat will.«[17] Die Kirche steht für die von einer fremden Autorität verwaltete, von Theologen und Kirchen-

13. Vgl. K.-P. Jörns, a. a. O.
14. R. Schuster (Hg.), Was sie glauben. Texte von Jugendlichen, Stuttgart 1984; zur Auswertung dieser Schüleräußerungen vgl. auch K. E. Nipkow, Erwachsenwerden ohne Gott? Gotteserfahrung im Lebenslauf, München 1987.
15. R. Schuster, a. a. O., 233.
16. A. a. O., 239.
17. A. a. O., 233.

leuten gemachte und durch ihre Geschichte vielfach korrumpierte Religion. Die Kirche, ihre Gottesdienste und sonstigen Veranstaltungen sind jedenfalls kaum im Blick für das, was man in religiösen Dingen selber will. Mehr als von aller durch den Pfarrer in der Kirche gemachten Verkündigung hat man jedenfalls davon – und hier dürfte sich eine positive Erfahrung eben aus dem Religions- bzw. Konfirmandenunterricht niedergeschlagen haben – »wenn man die Bibelsprüche für sich selbst in die heutige Zeit überträgt«[18].

Was in diesen Äußerungen drittens auffällt, ist das Drängen auf die Lebensdienlichkeit. Ob ich – allen negativen Erfahrungen mit der Kirche und allen durch die wissenschaftliche Aufklärung bedingten Zweifelsfragen zum Trotz – möglicherweise doch an Gott glauben kann, entscheidet sich an der Lebensdienlichkeit solchen Glaubens. Der Glaube an Gott ist so viel wert, wie er der Selbstvergewisserung dient. »Es ist oft gut, wenn man etwas hat, woran man glauben kann, denn dann glaubt man wieder an sich selbst.«[19] Allerdings, merkwürdig genug, es sitzt dabei der Zweifel tief, daß solcher Gottesglaube zwar hin und wieder möglich wird, ich dann aber vielleicht doch nur dem eigenen Selbst begegne: »Manchmal glaube ich Gott, aber vielleicht ist das nur mein persönlicher Gott.«[20] Eine Unsicherheit, aus der deutlich der Mangel an Gelegenheit zu religiöser Kommunikation spricht.

Diese Äußerungen von Schülern über ihr Verhältnis zur Religion lassen wie im Brennpunkt die wesentlichen Strukturmerkmale gegenwärtiger Religionskultur erkennen. Sie zeigen, daß die Schüler/innen zwar ein bestimmtes Bild von Kirche und Christentum mit sich herumtragen. All dem, was sie mit Kirche und Christentum verbinden, wird aber keine starke Prägekraft für das Denken, Fühlen und Handeln der Menschen mehr zuerkannt. Und über die Frage, was man eventuell selbst damit anfangen kann, darüber entscheidet die Erfahrung, die bewirkt, daß sich ein eigener Zugang dazu eröffnet oder eben auch nicht.

In der Schülerperspektive begründet sich der Religionsunterricht nur dann, wenn er folgende drei Bedingungen erfüllt: zum einen daß das Recht der Subjektivität seine Anerkennung findet, also der Autonomieanmutung im Umgang mit den religiösen Gehalten Rechnung getragen wird, zum anderen nicht die traditionale, wie auch immer kirchlich sanktionierte Fassung der religiösen Gehalte über ihr gegenwärtiges Verständnis vorweg schon entscheidet, die Schüler/innen sich vielmehr in einen offenen Verstehensprozeß und Kommunikationszusammenhang hineingenommen finden, schließlich, daß die Selbstgewißheit stiftende Relevanz der Religion für die eigene Lebensführung deutlich wird.

Unter Berücksichtigung dieser drei Gesichtspunkte wird man dann

18. A. a. O., 239.
19. Ebd.
20. Ebd.

aber auch sagen können: Der Religionsunterricht entspricht nicht nur dem humanen Bildungsauftrag der Schule, sondern wird zu einer Institution für die Schüler/innen, zu einer Einrichtung, in der ihre Lebensinteressen zur Verhandlung stehen, wenn er als ein Ort erfahren wird, an dem ein offenes Suchen möglich ist. Zu einer Institution der Freiheit für die Schüler/innen wird er, wenn es in ihm gerade nicht um Belehrung, um Bekehrung, um autoritative Verpflichtung auf eine vorweg schon feststehende Wahrheit geht, sondern wenn er als ein Ort erfahren wird für die problemoffene Sinnreflexion menschlichen Lebens, ein Ort, an dem diese Sinnreflexion noch einmal tiefer gegründet werden kann. Wo das tatsächlich der Fall ist, da dürfte auch den Schüler/innen deutlich werden, daß ein Fach »Ethik« oder »Werte und Normen« keine realistische Alternative, sondern eher eine programmatische Irreführung darstellt.

3. Die Aufgabe der Kirche im Religionsunterricht

Auch wenn die vorhin zitierten Schüleräußerungen, ebensowenig wie repräsentativere empirische Befunde, der Kirche ein wenig freundliches Zeugnis ausstellen, der Religionsunterricht an öffentlichen Schulen läßt sich nicht gegen die Kirche ausspielen. Die Probleme, an denen sich der Religionsunterricht im Kontext der durch Individualisierung und Pluralisierung gekennzeichneten modernen Religionskultur heute abzuarbeiten hat, betreffen die Kirche, sofern sie ein allgemein relevanter Ort religiöser Kommunikation in der Gesellschaft zu bleiben beansprucht, gleichermaßen. Und nach wie vor dürfte gelten: nur weil es die Kirche als institutionalisierten Ort religiöser Kommunikation in der Gesellschaft gibt, gibt es auch den Religionsunterricht an gesellschaftsöffentlichen Schulen.

Die entscheidende Frage ist allerdings, wie sich dieser institutionelle Bedingungszusammenhang in der Begründung und Gestaltung des Religionsunterrichts realisiert. Er muß keineswegs zur Folge haben, daß die Kirche den Religionsunterricht lediglich als vorgeschobenen Posten ihrer konfessionellen Rekrutierungs- und Selbsterhaltungsinteressen begreift. Genau die Verfassung der modernen Religionskultur erklärt vielmehr, weshalb dies ohnehin nicht funktioniert. Auch die zitierten Schüleräußerungen lassen sich vielmehr dahingehend lesen, daß die Kirche den Religionsunterricht als Chance für ihre Öffentlichkeit, als Prüfstein für ihre eigene Dialogfähigkeit begreifen kann und muß.[21] So dürfte es heute gerade im Interesse der Kirche liegen, den Religionsunterricht dem inter-

21. Vgl. K. E. Nipkow, Bildung als Lebensbegleitung und Erneuerung, a.a.O., 444-448.

konfessionellen und interreligiösen Dialog zu öffnen, vor allem jedoch durch die Aufhebung seiner konfessionellen Differenzierung die Ausgliederung des Ethikunterrichts wieder zu unterlaufen. Warum sollten es die Kirchen im ökumenischen Zeitalter nicht mit ihren eigenen »Grundsätzen« (Art. 7,3 GG) vereinbaren können, daß der Religionsunterricht als konfessionsübergreifender Religionsunterricht erteilt wird und er zunehmend auch das (möglichst kenntnisreiche) Gespräch mit anderen Religionen sucht? Es muß der Religionsunterricht in der Perspektive der Kirche, will diese weiterhin Volkskirche sein, heute doch der Bestimmung dienen, in einer offenen, pluralen, zunehmend multireligiösen und multikulturellen Gesellschaft Kirche für das Ganze der Gesellschaft und alle ihre Glieder zu bleiben.

Die wichtigste Frage in der Sicht der Kirche dürfte es dann freilich sein, inwieweit es dem Religionsunterricht unter den Bedingungen der gegenwärtigen Religionskultur gelingen kann, ein solches Verständnis spezifisch von den Inhalten des Christentums zu vermitteln, wonach diese in ihrem konstitutiven Beitrag zur allgemeinen Bildung des Menschen erkennbar werden und den Schülern sich die Chance auf einen eigenen, existentiell relevanten Zugang zu ihnen eröffnet. Nach der Begründung des Religionsunterrichts aus der Perspektive der Kirche zu fragen, heißt somit immer auch, die religionsdidaktische Frage als eine zugleich theologische Frage, als die Frage nach der Mitteilung des Glaubens als des Grundes derjenigen freien Selbstbestimmung, auf deren vernünftige Realisierung alle Bildung zielt, in den Blick zu nehmen.

Didaktik ist bekanntlich die Theorie von Lernprozessen und Lerninhalten. Nicht erst die Wie- bzw. die Methodenfrage ist entscheidend. Sie ist eher zweitrangig. Für die didaktische Reflexion entscheidend ist vielmehr die Freilegung des inneren Zusammenhangs zwischen den Lerninhalten und denen, für die sie solche sind bzw. werden sollen.

Darin liegt, speziell auf den Religionsunterricht bezogen, zugleich ihre hochgradig theologische Brisanz. Es geht um die Frage, wie der verstehende Zugang zum symbolischen Gehalt des christlichen Glaubens, zu seinem Lebensdeutungsangebot, sich Schülern erschließen kann angesichts ihrer Lebenssituation und unter ihren biographischen und sozialen Verhältnissen. Die Religionsdidaktik dürfte heute, wenn auch in unterschiedlichen Graden reflexiver Ausdrücklichkeit, denn auch immer dort im Spiel sein, wo der Zugang zum Christentum ein eigener, also nicht allein traditional eingespielter bzw. verbauter zu werden vermag. Der didaktisch vermittelte, reflektierte Zugang tritt an die Stelle des immer brüchiger gewordenen Gewohnheitschristentums. Doch wie kann die Religionsdidaktik dieser Aufgabe konzeptionell und damit dann praktisch entsprechen?

Meine These ist, daß die Religionsdidaktik sich in der Beantwortung dieser Frage an der Einsicht neuprotestantischer Theologie[22] in die spezifische Form einer den Bedingungen des neuzeitlichen Autonomiebewußtseins gerecht werdenden Mitteilung des Glaubens zu orientieren hat. Dieser Einsicht, die paradigmatisch von Schleiermacher ausformuliert worden ist, entspricht es nämlich, daß die Mitteilung des Glaubens die Gestalt einer solchen Rekonstruktion der überlieferten Symbole anzunehmen hat, die sie als überzeugende Ausdrucksphänomene eben des je eigenen Glaubensbewußtseins verständlich werden läßt. Daß Autonomie, auch und gerade in der Wahl religiöser Lebensdeutungsangebote, immer schon in Anspruch genommen wird, ist in der Sicht dieses neuprotestantischen Verständnisses von der Mitteilung des christlichen Glaubens dann keineswegs die Verhinderung derselben. Daraus folgt nun vielmehr gerade, daß diese Mitteilung auf dem Wege der Einsicht in den allgemeinen, göttlichen Grund der von jedem einzelnen immer schon in Anspruch genommenen Freiheit geschehen will. Daraufhin sind nun die symbolischen Gehalte der Glaubensüberlieferung zu *entschlüsseln*, daß in ihnen ein bestimmtes Verständnis von dem in der Unbedingtheit göttlicher Anerkennung liegenden Grund individueller Freiheit beschlossen liegt. Wohlgemerkt, daraufhin sind die symbolischen Gehalte der christlichen Glaubensüberlieferung zu *entschlüsseln*. Sie werden zum je eigenen Glaubensinhalt nur in dieser deutenden Rekonstruktionsarbeit, die sie als Ausdrucksphänomene des Bewußtseins vom transzendenten Grund der eigenen, immer schon in Anspruch genommenen Freiheit verständlich macht. Zu glauben sind sie nicht wie vorgegeben, sondern wie im eigenen, verständlichen Zugang zu ihnen als wahr eingesehen.

In dieser Sicht ist daher auch der Religionsunterricht, in dem es in der Begründungsperspektive der Kirche um die Tradierung des Glaubens geht, kein Ort zur direkten Produktion desselben. Das ist schon oft betont worden. Er ist aber auch nicht, was seltener betont wird, ein Ort, an dem es bloß um die rein sachliche, unpersönliche Information über die tradierten Symbolgehalte des christlichen Glaubens geht, um die historische Analyse und Kritik seiner biblischen Ursprungstexte, um die selektive Kenntnisnahme seiner kirchlichen Überlieferungsbestände. Es geht vielmehr gerade auch um das eigene, persönlichkeitsbestimmende Selbstverhältnis dazu, um die wirklichkeitserschließende Kraft der symbolischen Gehalte also, um ihren konstruktiven Beitrag zur Selbstverständigung eigener Lebenserfahrung und Lebensführung.

22. Zu deren programmatischem Selbstverständnis vgl. F. Wagner, Protestantische Reflexionskultur, in: F. W. Graf/K. Tanner, Protestantische Identität heute, Gütersloh 1992, 31-49.

Dieser Sachverhalt hat sich neuerdings unter dem Stichwort der »Symboldidaktik« denn auch zu Recht wieder verstärkt Aufmerksamkeit verschafft.[23] Die sogenannte »Symboldidaktik« zielt schließlich auf die Erneuerung des Sinnverstehens der christlichen Überlieferung durch die Freilegung des erfahrungsbezogenen, analogiegesättigten, individuell vielfältigen Zugangs zu ihr. Auch die Texte der Bibel, der christlichen Religionsgeschichte und der Theologie sind dann am Leitfaden dieser Einsicht in die an die Erfahrungssubjektivität gebundene Mitteilung des Glaubens in den Unterricht einzubringen. Sie sind einzubringen, nicht als etwas, woran Schüler so, wie vorgegeben, glauben sollen. Sondern sie sind einzubringen als Medien, an denen Schüler in individuell höchst vielseitigen und variablen Gestaltungs- und Aneignungsprozessen für sich erproben können, ob und wenn ja in welcher Form sie den durch diese Medien vergegenwärtigten, religiösen Deutungsgehalt menschlichen Lebens sich selber auf erhellende, weil der Selbstverständigung des eigenen Daseins dienenden Weise zuschreiben können. In der religionsdidaktischen Perspektive bedeutet die neuprotestantische Einsicht in die spezifischen Bedingungen einer dem individuellen Autonomiebewußtsein Rechnung tragenden Mitteilung des Glaubens somit genau die Freigabe des Rechts der Subjektivität. Sie findet sich freigesetzt zur Auslegung und Aneignung der symbolischen Glaubensgehalte, zur Einsicht in die Möglichkeit ihrer Ablösung von tradierten Aussageformen, zur Realisierung der Intention auf ihren Plausibilitätserweis im Kontext der eigenen Lebensführung.

Es kann demnach behauptet werden, daß es keineswegs nur durch die Lage des Christentums in der gesellschaftlichen Moderne gefordert scheint, daß es ebenfalls nicht nur den Intentionen der modernen (Reform-) Pädagogik, sondern durchaus dem unter Neuzeitbedingungen reformulierten Wesen des christlichen Glaubens selber entspricht, wenn seine unterrichtliche Vermittlung darauf eingestellt wird, den jeweils eigenen Zugang zu ihm zu ermöglichen. Wir sind – gerade im Ausgang vom Selbstverständnis der evangelischen Kirche – beim Konzept einer Theologie und Pädagogik in sich vermittelnden Religionspädagogik angelangt. Sie konzentriert sich auf die Überlegung, wie ein Religionsunterricht zu entwerfen ist, in dem sich Schülern und Schülerinnen auf die ihnen eigene Weise erschließen kann, was am Christentum heute wesentlich ist bzw. inwiefern sein Inhalt eine tragfähige Lebensdeutung erkennen läßt. Es wird ein Unterricht sein, der auf die Gestaltungsproduktivität

23. Vgl. P. Biehl, Symbole geben zu lernen. Einführung in die Symboldidaktik anhand der Symbole Hand, Haus und Weg, Neukirchen-Vluyn 1989; H. Halbfas, Das dritte Auge. Religionsdidaktische Anstöße, Düsseldorf 1982.

der Schüler/innen setzt. Sie sollen nichts glauben müssen. Von einem solch ideologisch-doktrinären Zug ist er gänzlich frei. Glaube will für sie wachsen an dem, was ihnen als überzeugende Wahrheit im eigenen Leben – so Gott will – selber einleuchtet.

4. Ein praktisches Beispiel zur Gestaltung des Religionsunterrichts

Um auf die Frage nach der Gestaltung des so begründeten Religionsunterrichts noch etwas näher einzugehen, wähle ich ein praktisches Beispiel. Ich stelle in aller Kürze vorbereitende Überlegungen zu einer Unterrichtsstunde über das Gleichnis von den Arbeitern im Weinberg (Mt 20,1-16) in der Sekundarstufe I an.[24]

In meiner didaktischen Reflexion als Lehrer habe ich dieses Gleichnis ausgewählt, nicht nur weil ich weiß, daß es im Religionsunterricht vielfach vorkommt, sondern tatsächlich in der Erwartung, daß es zu einem unterrichtlichen Medium werden kann, an dem meine Schüler/innen selbsttätig ein Stück ihres Lebens und in ihm zugleich den ihnen eigenen Zugang zum Christentum entdecken können. In dieser Absicht will ich gerade dieses Gleichnis in den Unterricht einbringen, weil es eine aufregende, zum Widerspruch reizende Geschichte erzählt, die zugleich den Sinngehalt des Evangeliums in sich enthält. In meiner Sachanalyse, die ich in der Vorbereitung auf meinen Unterricht anstrenge, gibt dieses Gleichnis zu verstehen, daß es in der christlichen Religion um eine Gotteserfahrung geht, die die Erfahrung unbedingter Anerkennung der eigenen Person bedeutet, unabhängig von jeder Leistung, unabhängig von dem, was sie selber aus sich und ihrem Leben macht. Das ist das eine. Zum anderen zeigt es aber auch durch den Streit, der von einigen der Arbeiter losgebrochen wird, daß diese Gotteserfahrung bestimmte Folgen für das Verhalten der Menschen untereinander einschließt. Die religiöse Grunderfahrung unbedingten Angenommenseins schließt die ethische Folge ein, daß andere Menschen nicht allein nach ihrer Leistung, sondern auch nach ihrer elementaren Bedürftigkeit zu behandeln sind. Das Gleichnis macht also deutlich, daß die persönlichkeitsbildende Kraft des Evangeliums ge-

---

24. Hilfreich dabei waren R. Tammeus/Ch. Bizer, Das Gleichnis von den Arbeitern im Weinberg als Stoff des Religionsunterrichts. Materialien einer Göttinger Tagung, in: Arbeitshilfe für den Religionsunterricht 44, 1986, 74-114; G. Lämmermann, Ist das gerecht? Das Gleichnis von den Arbeitern im Weinberg (Mt 20,1-16) im Religionsunterricht einer 6. Klasse, in: EvEr 38, 1986, 482-499; K. Wegenast, Gleichnisse im Unterricht. Didaktische Erwägungen in praktischer Absicht, in: EvEr 41, 1989, 357-412.

rade darin liegt, daß es sowohl zu selbstbestimmungs- wie solidaritätsfähiger Subjektivität verhilft. So legitimiert sich mir als Lehrer der Zugriff auf diesen biblischen Text aus der Perspektive des Bildungsauftrags der Schule und dann auch aus der Perspektive des spezifisch religiösen Bildungsgehaltes, für den das Christentum steht. Der Text kann die Konvergenz der Theologie der Rechtfertigung mit dem humanen Bildungsverständnis im unterrichtlichen Vollzug erschließbar machen.

Meine didaktische Analyse, die mich den Text aus der Perspektive der Schüler/innen sehen läßt, rechnet dennoch mit spontanem Widerspruch, ja, vehementer Ablehnung. Nicht nur, weil der Text in der Bibel steht. Deshalb freilich auch. Den Schüler/innen gilt die Bibel gerade nicht als ein unverstellt eigener Zugang zum Christentum, sondern ihnen steht sie für christlich-kirchliche Repräsentanz, für verstaubte Traditionen. Ihnen steht die Bibel vor allem für die Tatsache, daß die Kirche sich in ihrem Kern nur schwer plausibel machen kann. So wird es mir auch mit diesem Text gehen. Ich kann zwar darauf rechnen, daß er mehrere Themen anspricht, die im Erfahrungsbereich der Schüler/innen liegen: Liebe, Arbeit, Leistung, Lohn, Gerechtigkeit. Aber das Verhalten des Weinbergbesitzers dürften sie als willkürlich, ja geradezu ungerecht empfinden. Es wird jedenfalls kaum den eigenen Gerechtigkeitsvorstellungen entsprechen. Diese zielen, auf der kognitiv-moralischen Entwicklungsstufe, auf der sie sich vermutlich befinden, gerade auf Gleichbehandlung nach vorgegebenen Normen, auf die Angemessenheit von Leistung und Gegenleistung.[25] Ungerecht erscheint es ihnen gerade – und solche Erfahrungen dürften sie oft schon gemacht haben –, wenn Anstrengungen nicht den erwarteten Lohn einbringen, wenn gleiche Leistungen doch unterschiedlich vergütet werden usw. Hat der Text also überhaupt eine Chance, den Schülern verständlich zu werden? Nicht als eine weltfremde Religionslehre und auch nicht nur als eine unerfüllbare, ja widersinnige moralische Forderung, sondern als Lebensdeutungsangebot, aus dem ich mich in letzter Instanz selber verstehen und mein Verhalten den Mitmenschen gegenüber Orientierung empfangen kann?

Das läßt mich in der Perspektive der Schüler/innen weiterfragen. Es läßt mich darauf aufmerksam werden, wie sie ja selbst durchaus auch ein Interesse daran haben, daß jeder das bekommt, was er elementar zum Leben braucht, die irdischen Güter jedenfalls so zu verteilen sind, daß es gerade den sozial schwächer Gestellten zuletzt wenigstens etwas besser geht.

25. Vgl. F. Schweitzer, Lebensgeschichte und religiöse Entwicklung als Horizont der Unterrichtsplanung, in: EvEr 40, 1988, 532-551.

Ich möchte mit meinem Unterricht deshalb dort ansetzen, wo sich den Schülern die Möglichkeit ergibt, in der biblischen Geschichte selbst mitzuagieren, auch und gerade in der Artikulation des Widerspruchs gegen sie. Auch dieser Widerspruch findet in ihr selbst ja seine Sprache. So komme ich bereits zu methodischen Überlegungen. Ich könnte die Schüler einen Lohnkonflikt szenisch ausagieren oder nach Feierabend ein Stammtischgespräch miteinander führen oder sich in die Rangstreitigkeiten der frühen christlichen Gemeinde hineindenken lassen. Immer eröffnet unser Gleichnis doch die Möglichkeit, daß die Schüler/innen sich selbst auf spezifische Weise in ihm entdecken. Sie können sich im Stammtischgespräch nach Feierabend an der Stelle derer entdecken, die über die Ungleichbehandlung durch den Weinbergbesitzer empört sind, als diejenigen, die sich selbst immer ungeheuer anstrengen, in der Schule und im Beruf, und dann die maßlose Enttäuschung machen müssen, daß es sich zuletzt doch nicht auszahlt. Oder sie können sich in der Erarbeitung einer Rundfunkreportage über einen mit drohender Arbeitslosigkeit verbundenen Lohnkonflikt an den Ort derer versetzen, die im wirklichen Leben nicht immer richtig mitzuhalten vermögen. Und dann kommt einer, der noch einmal über den Markt geht, der alle mitnimmt und ihnen das Leben garantiert. So ist die Welt zu verstehen, wie Gott sie haben will.

Freilich, ich bin jetzt immer noch bei meinen religionsdidaktischen und methodischen Vorüberlegungen. Ich werde es als Lehrer tunlichst vermeiden, solche Erfahrungen mit dem Gott des Evangeliums, wie sie mir in der Arbeit an diesem Gleichnis zuletzt möglich erscheinen, zum Lernziel zu erheben, die Schüler/innen meinerseits darauf zusteuern zu wollen. Aber ich traue es meinem Medium zu, daß solche Einsicht, indem Schüler selbsttätig mit ihm arbeiten, sich in Zustimmung und Widerspruch einstellt. Ich denke, das könnte weit gehen. Nicht nur bis zur Erkenntnis des leistungslosen Selbstwertes, nicht nur bis zur Erkenntnis der Vorzüglichkeit von Lebensverhältnissen, in denen jedem die vorbehaltlose Anerkennung seines Lebensrechtes widerfährt. Es könnte in der gemeinsamen Arbeit mit den Schülern auch die Entdeckung möglich sein, daß es sich lohnt, für eine solche Welt, in der den Schwachen Barmherzigkeit widerfährt, mit allen Kräften einzutreten. Nicht weil eine Religionslehre es so befiehlt, sondern weil die Person, die hinter der Geschichte steht und die sie zuerst erzählt hat, mit ihrem menschlichen Gesicht dazu einlädt und ermutigt.

14. Kapitel

Konfirmandenunterricht als Weg in die Religionspraxis der Gemeinde

Neben dem Religionsunterricht in der Schule ist der Konfirmandenunterricht zu den tragenden Säulen christlicher Sozialisation geworden. Groß sind die Erwartungen, die sich mit ihm verbinden. Er soll die Heranwachsenden nicht nur in die Gemeinde als vollwertige Glieder aufnehmen, die Gemeinde ist vielmehr durch ihn allererst zu bauen. Je weniger die familiäre Erziehung eine christliche Prägung der lebensorientierenden Einstellungen vermittelt, desto mehr steigert sich jedenfalls der Erwartungsdruck gegenüber der Kirche als Institution, gegenüber den Pfarrern und Pfarrerinnen, die Zuständigkeit für die Weitergabe des Christentums in der Generationenfolge zu übernehmen.

Was Familie und gesellschaftliche Lebenswelt nicht mehr leisten, das soll nun in der »Gemeinde« geschehen, in die der Konfirmandenunterricht den Zugang ebnet. Was der christliche Glaube fürs Leben anzubieten hat und wie er konkret gelebt werden kann, das sollen die Konfirmanden und Konfirmandinnen lernen. Der Konfirmandenunterricht ist für die Heranwachsenden ihr Weg zur Religionspraxis des Christentums als Praxis der Gemeinde. Dieser Weg ist freilich ein steiniger Weg.

1. Erfahrungen mit dem Konfirmandenunterricht

Daß dem Konfirmandenunterricht diese Schlüsselstellung in der Weitergabe des Christentums zugefallen ist, haben die Pfarrer/innen in ihrer überwiegenden Zahl theoretisch eingesehen.[26] Sie erfahren auf das höchste aber auch die Überforderung, die ihnen damit zugemutet wird. Je weniger christliche Glaubensinhalte, kirchliche Verhaltensweisen, die Teilnahme am gottesdienstlichen Leben der Gemeinde in der familiären

---

26. Vgl. Th. Böhme-Lischewski, Konfirmandenunterricht zwischen Motivation und Ernüchterung. Ergebnisse aus der Befragung von westfälischen Pfarrerinnen und Pfarrern, in: Th. Böhme-Lischewski/H.-M. Lübking (Hg.), Engagement und Ratlosigkeit. Konfirmandenunterricht heute – Ergebnisse einer empirischen Untersuchung, Bielefeld 1995, 39-136. Alle empirischen Angaben in diesem Kapitel beziehen sich auf diese westfälische Untersuchung.

Erziehung und in der gesellschaftlichen Lebenswelt gleichsam selbstverständlich vorkommen, desto mehr schwindet schließlich auch die Plausibilität dessen, was im Konfirmandenunterricht veranstaltet wird. Seine traditionellen Inhalte – Taufe und Abendmahl, das Glaubensbekenntnis und die Zehn Gebote, die Psalmen und das Gesangbuch, die Jesusgeschichten der Bibel – hängen gleichsam in der dünnen Luft von religiösen Wissensbeständen, die ihren Kontakt zu den alltäglichen und sonntäglichen Lebensvollzügen der Heranwachsenden verloren haben. Im sonntäglichen Gottesdienst der Gemeinde, da haben sie immer noch ihren Sitz im Leben. Aber wer ist die »Gemeinde«, die an diesem Gottesdienst normalerweise teilnimmt? Die Heranwachsenden gehörten ihr vor ihrer Konfirmandenzeit zumeist ebensowenig wie ihre Eltern an. Und sie finden während der Konfirmandenzeit zumeist auch nur gezwungenermaßen in sie hinein. Bei aller theoretischen Einsicht in den hohen Stellenwert des Konfirmandenunterrichts für die Weitergabe des Christentums, sieht sich die Mehrheit der Pfarrer/innen an dieser Aufgabe doch gleichermaßen auch scheitern. Nicht nach dem programmatisch-idealen, sondern faktisch-realen Stellenwert des Konfirmandenunterrichts in der Gemeindearbeit gefragt, sind es denn auch nur 24 %, die angeben, daß dem Konfirmandenunterricht tatsächlich ein hoher Stellenwert in ihrer Berufspraxis zukommt.[27] Faktisch läuft der Konfirmandenunterricht für die meisten eben doch »nebenher«. Wenig Zeit verwendet man zur Vorbereitung. Tief ist die Verunsicherung, ob das Ganze überhaupt Sinn macht.

Zu eklatant sind die vielfach enttäuschenden Erfahrungen: Wenn die Konfirmanden nicht für den Unterricht zu motivieren sind, wenn sie durch ihr undiszipliniertes Verhalten das offenkundige Desinteresse an der Kirche, am Leben der Gemeinde zu erkennen geben. Wenn die Eltern ihre Kinder während der Konfirmandenzeit nur selten zum Gottesdienst begleiten, sie insgesamt wenig Interesse an dem zeigen, was im Konfirmandenunterricht geschieht. Wenn die Konfirmanden nach der Konfirmation einfach wieder wegbleiben, ein engeres Verhältnis zur Gemeinde offensichtlich nicht entstanden ist, ein tieferes Verständnis des Glaubens sich anscheinend nicht ausgebildet hat, ein bewußteres christliches Leben nicht erkennbar wird. Dann legt sich manchmal schon die Frage nahe, was das Ganze eigentlich soll.

Keiner wird bestreiten wollen, daß die enttäuschenden Erfahrungen vielfach zu machen sind. Daß die Motivation der Pfarrer/innen dennoch nicht gegen Null tendiert, sie immerhin bei über 50 % der Befragten ziemlich hoch geblieben ist[28], läßt aber ebenso darauf schließen, daß es auch

27. A. a. O., 55.
28. A. a. O., 44-50.

anders geht. Es gibt im Unterricht ebenso auch die gelungenen Momente, wo die Konfirmanden ganz bei der Sache sind, weil sie merken, daß es etwas zu tun gibt, sie sich auf kreative Weise in den Unterricht einbringen können. Es kann passieren, auf Freizeiten und immer dann, wenn es auf der Beziehungsebene klappt, daß die Konfirmanden gerade im Unterricht merken: Kirche ist gar nicht so verstaubt und langweilig, wie wir uns das gedacht haben. Da kann man nette Leute treffen und manchmal auch die Beobachtung machen, daß es um wichtige Dinge fürs eigene Leben geht. Angesichts solcher Erfahrungen, die es eben auch gibt, wird die Frage nach dem Ort und Stellenwert des Konfirmandenunterrichts in der Gemeinde zweitrangig. Da wird der Konfirmandenunterricht selber zur Erfahrung von Gemeinde.

Gewiß, die lebensgeschichtlichen Folgen, die der Konfirmandenunterricht letztlich hat, sind schwer einzuschätzen. Sie sollen sich ja aufs Ganze eines Menschenlebens erstrecken. Auch wenn die Konfirmanden nach der Konfirmation erst einmal wieder wegbleiben – wer wagte zu behaupten, daß die Konfirmandenzeit deshalb nichts gebracht hat? Angesichts der (volks-) kirchlichen Verhältnisse, die wir haben, wäre es schließlich gänzlich abwegig, zu erwarten, daß aus der Konfirmation regelmäßige Kirchgänger hervorgehen, der Konfirmandenunterricht also zum Aufbau von Kerngemeinde führt. Eines aber hat die Konfirmandenzeit doch zumindest erbracht: Kirche, das eigene Verhältnis zur Gemeinde vor Ort, ist für die Konfirmanden zu einer biographischen Erfahrung geworden. Sie sind nun selber einmal dabei gewesen, bei vielem, was Gemeinde ausmacht. Sie haben den/die Pfarrer/in einmal persönlich kennengelernt, an Gottesdiensten nicht nur teilgenommen, sondern sie ein Stück weit selber mitgestaltet, eine Gruppe von Gleichaltrigen als Gemeinde erlebt, in der man sich – wenn der Konfirmandenunterricht atmosphärisch gelungen ist – wohlfühlen kann. Das ist doch alles gar nicht so schlecht gewesen. Jeder jedenfalls konnte es merken: Kirche, das ist nicht nur ein meist leerstehendes Gemäuer, nicht nur der Pfarrer, nicht nur eine bürokratische Institution. Kirche, das ist Gemeinde, die Gemeinde der Konfirmanden, ein Ort, an dem ich mit meinen Fragen wie mit meiner Unlust, mit meinem Interesse wie mit meiner chaotischen Unruhe mich selber spüren kann. Die Kirche kann zu einem solchen Ort jedenfalls für mich werden.

Daß die Konfirmandenzeit dazu Gelegenheit gibt, dafür versuchen – so wird man die diesbezüglichen Angaben in der westfälischen Umfrage interpretieren dürfen – zumindest diejenigen der Pfarrer/innen zu sorgen, die den Akzent des Unterrichts nicht so sehr auf die Vermittlung der Traditionsbestände religiösen Wissens setzen, sondern auf das Gruppengeschehen, die Beziehungsdynamik, auf die Fragen, welche die Konfirmanden selber in den Unterricht mitbringen, auf die Auseinandersetzung mit den Zukunftsfragen der gesellschaftlichen Gegenwart. Das ist zwar nach den Angaben der Umfrage nur eine Minderheit. Aber vielleicht waren die Optionen, nach denen sie außerdem gefragt hat, auch etwas zu schlicht angesetzt. Man wird schließlich nicht davon ausgehen müssen, daß bei der Mehrheit, denen laut eigener Angaben vor allem die Vermittlung des tradierten Glaubenswissens wichtig ist[29], der Unterricht nicht ebenfalls auf der Beziehungsebene gelingen, d.h. für die Konfirmanden zu einer motivkräftigen Begegnung mit gelebtem Christentum werden kann. Nur darauf aber kommt es an.

Was die Teilnahme am Konfirmandenunterricht anlangt, ist es freilich immer noch so, daß »Tradition« eine erhebliche Rolle spielt, auf den Dörfern ganz besonders. Es gehört weitgehend einfach immer noch dazu, daß man sich konfirmieren läßt. Insofern ist die Teilnahme am Konfirmandenunterricht immer noch ein starkes Indiz für den Bestand der Volkskirche. Die Konfirmation repräsentiert nach wie vor die gesellschaftliche Allgemeinheit des Christentums. Die Konfirmation ist eine Institution, in die Heranwachsende sich hineingenommen finden, an der teilzunehmen sie sich veranlaßt fühlen, weitgehend unabhängig von subjektiven Beweggründen, Interessen, Entscheidungen. Im Gegenteil, weil es die Konfirmation gibt und weil es sich auch unter den Gleichaltrigen so gehört, da mitzumachen, regelt sie das Verhältnis der Kinder und Jugendlichen zur Kirche, nicht umgekehrt. Nicht also, weil diese in sich das innere Bedürfnis verspürten, an dieser kirchlichen Handlung teilnehmen zu wollen, weil da bereits eine persönliche Entscheidung vorangegangen wäre usw.

Bei vielen anderen Angeboten der Kirche, mehr jedenfalls als bei der Konfirmation, ist es inzwischen so, daß sie eben abhängig sind von der Entscheidungssubjektivität derer, die sie wahrnehmen. Das ist es auch, was die kirchliche Arbeit schwierig und anstrengend macht, dann jedenfalls, wenn wir uns nicht damit begnügen wollen, nur für einen kleinen Kreis und immer dieselben zuständig zu sein. Bei der Konfirmation ist das noch anders. Bei ihr überwiegt noch das traditionale, institutionelle Gewicht.

Dennoch zeigt auch das Teilnahmeverhalten der Konfirmanden deutliche Merkmale dessen, was in der Soziologie unter dem Stichwort fortschreitender Individualisierung verhandelt wird[30] und was insgesamt zu

29. A.a.O., 92-97.
30. Vgl. U. Beck, Risikogesellschaft. Auf dem Weg in eine andere Moderne, Frankfurt am Main 1986; G. Schulze, Die Erlebnisgesellschaft. Kultursoziologie der Gegenwart, Frankfurt am Main/New York ²1992.

einer Erfahrung geworden ist, die unsere kirchliche Landschaft in den letzten zwanzig bis dreißig Jahren am stärksten verändert hat.

Auch Konfirmanden nehmen nicht mehr allein deshalb am Konfirmandenunterricht teil, weil es sich so gehört und weil die anderen es auch machen. Das spielt – wie gesagt – bei der Konfirmation zwar immer noch eine große Rolle. Darüber hinaus macht sich jedoch auch bei der Teilnahme am Konfirmandenunterricht bemerkbar, was wir bei den anderen Kasualien bereits sehr viel stärker beobachten, ja generell als kennzeichnendes Merkmal im Verhältnis der Menschen zur Kirche wahrnehmen, daß sie nämlich zunächst und vor allem fragen: Was bringt es mir, was hilft es, was nützt es, was habe ich davon?

So denken auch Konfirmanden, wenn sie überschlagen, welchen finanziellen Gewinn ihnen die Konfirmation wohl einbringen wird, wie hoch also der »Stundenlohn pro Konfistunde«, die abgesessen werden muß, zu veranschlagen ist. Die hohe Bedeutung, welche die Konfirmationsgeschenke auch für die Motivation zur Teilnahme am Konfirmandenunterricht haben, ist durchaus ein Indiz dafür, daß das eigene Ich und sein Glücksstreben auch für den Konfirmandenunterricht zu einer wichtigen Sinninstanz geworden sind. Der materielle Gewinn, den die Konfirmation einbringt, ist wichtig. Aber nicht dieser allein. Auch die Tatsache, daß es ein Fest zu Ehren der eigenen Person ist, ist wichtig. Daß ich als Konfirmand im Mittelpunkt stehe, die Familie, nächst weiterer Verwandtschaft, meinetwegen zusammenkommt.

Allerdings müssen wir vorsichtig sein, daß wir die Bedeutung, die dieser Tag in den Augen der Konfirmanden hat, nicht überschätzen. Die Konfirmation bezeichnet keinen gesellschaftlich vorgezeichneten Einschnitt in der Biographie mehr, seit sich das Ende der Schulzeit, der Eintritt in die berufliche Ausbildung auf spätere Zeiten verlagert haben, sich die Jugendzeit insgesamt verlängert hat. Für die kirchliche Trauung gilt ähnliches, wird sie doch zumeist erst dann gewünscht, wenn die Familiengründung bereits erfolgt, die Ehe in der gemeinsamen Wohnung längst faktisch gelebt wird. Diese gesellschaftlichen Veränderungen haben zwangsläufig zur Folge, daß die kirchlichen Rituale von eher ästhetischer als religiöser Bedeutung sind. Sie dienen der Verschönerung familiärer Feiern, weniger der biographisch prägenden Sinnstiftung in krisenhaft erfahrenen Lebenssituationen.

Auch was die Konfirmandenzeit anlangt, ist es für uns jedenfalls unübersehbar, daß sie wesentlich als eine solche kirchliche Dienstleistung zur Steigerung des individuellen Glückserlebens aufgefaßt wird. Die negativen, eher schwer erträglichen Seiten am Konfirmandenunterricht werden in Kauf genommen, weil die Aussicht darauf, daß es sich zuletzt in mehrfacher Hinsicht auszahlt, doch überwiegt. Ohne den kirchlichen

Segen wäre die Familienfeier nur halb so schön. Was wir kirchlicherseits mit dem Konfirmandenunterricht und der Konfirmation veranstalten, wird in der Perspektive der Konfirmanden und auch ihrer Eltern jedenfalls selten so gesehen, daß es in dieser Zeit um die Vermittlung grundlegender Kenntnisse im Christentum und um die Eingliederung in die christliche Gemeinde gehen sollte. Zu Beginn der Konfirmandenzeit betonen Eltern auf Elternabenden dies zwar gerne, vor allem, daß es ihnen schon wichtig sei, daß die Konfirmanden auch etwas über den christlichen Glauben lernen. Aber dann werden sie von ihren Eltern dabei doch kaum begleitet, gehen diese nur selten mit zum Gottesdienst, findet nur selten ein Gespräch über das im Konfirmandenunterricht Gelernte zu Hause statt.

Das gehört zu unseren enttäuschenden Erfahrungen. Der Konfirmandenunterricht schafft es kaum, auch wenn die Unterrichtenden dies, wie die westfälische Umfrage zeigt, vorrangig intendieren[31], daß dort Kenntnis von den zentralen Inhalten des christlichen Glaubens vermittelt wird. Je mehr der Konfirmandenunterricht seine Einbindung in die Familienerziehung und das konfessionelle Milieu verliert, desto weniger gelingt es ihm, diesen Verlust zu kompensieren, d. h. die religiöse Vorstellungswelt der Jugendlichen und damit der heranwachsenden Generation aus eigenen Kräften zu prägen. Dazu hängen eben die religiösen Vermittlungsanstrengungen des Konfirmandenunterrichts nun viel zu sehr in der Luft, finden sie sich zu wenig unterstützt von flankierenden Maßnahmen, wie sie aus der Familie, aus den Schulen, aus den Medien, aus der öffentlichen Meinung kommen müßten. Die Wertorientierung, wie sie gesellschaftlich allgemein geworden ist bzw. gerade von heutigen Jugendlichen geteilt wird, ist vielmehr weithin eine andere, als sie in den traditionell verstandenen Inhalten des Christentums beschlossen liegt. Dagegen kommt der Konfirmandenunterricht, selbst wenn er sich nach wie vor an den Hauptstücken des Kleinen Katechismus – wenn auch nicht wortwörtlich, so doch der Sache nach – orientiert, nur schwer an. Nachher gilt es doch festzustellen: Es ist kaum etwas hängengeblieben, nicht viel verstanden worden. Auch bleiben sie anschließend wieder weg, wie die meisten anderen auch. Wie soll da der christliche Glaube zu einem prägenden Motiv- und Deutungspotential im Leben werden?

Daß sozusagen die moderne Glaubensorientierung, also die Lebensansicht, auf die gesellschaftliche Breite hin gesehen eine wesentlich andere geworden ist, als sie kirchlicherseits in der Orientierung an Bibel, Glaubensbekenntnis und Kleinem Katechismus, Psalmen und Gesangbuchversen vermittelt werden möchte, teilt sich allenthalben mit. Von den Kern-

---

31. Th. Böhme-Lischewski/H.-M. Lübking, a. a. O., 86.

aussagen des Apostolikums – also von Gott, dem Allmächtigen, dem Schöpfer der Welt, von Jesus, Gottes Sohn, dem Erlöser der Menschen, vom Heiligen Geist als bewegender Kraft der Kirche – ist trotz Religionsunterricht und Konfirmandenunterricht unter heutigen Jugendlichen, und nicht nur unter ihnen, aufs Große gesehen kaum etwas präsent, jedenfalls nicht so, daß sie es der eigenen Lebens- und Weltdeutung zurechnen. An die Stelle der die Allmacht und Gnade Gottes auf der einen Seite, die Gebundenheit, Sündhaftigkeit und Erlösungsbedürftigkeit des Menschen auf der anderen Seite betonenden Glaubensaussagen scheint vielmehr der Glaube an das eigene Ich getreten zu sein, das Projekt von Selbstfindung und Selbstverwirklichung, der Glaube an die Wissenschaft und an eine religiöse Phantasie, die sich auf eigene Faust mit dem Unerklärlichen und Geheimnisvollen beschäftigt.[32]

Diese Einsicht in den gesellschaftlichen Plausibilitätsverlust des Christentums kann diejenigen, die im Konfirmandenunterricht die zentralen Inhalte des christlichen Glaubens vermitteln wollen, durchaus entmutigen. Es kann zur Verbitterung führen. Und dann schimpft man über die zeitgenössische Selbstverwirklichungsideologie, über den verbreiteten Konsumismus und Eudämonismus. Dann wünscht man sich vielleicht auch so etwas wie eine kirchliche Gegenoffensive, eine missionarische Gemeindepraxis vielleicht, welche die Menschen wieder zu Jesus als dem Retter ihres Lebens und dem Heil der Welt bekehren möchte, einen Konfirmandenunterricht nur für solche, die mit Ernst Christ sein wollen, wünscht sich vielleicht die kleine Schar, die, in bewußter Abgrenzung nach außen, die überlieferten christlichen Glaubensauffassungen und Wertvorstellungen übernimmt und gegen den Rest der Welt verteidigt.

Viele versuchen aber auch einen anderen Weg, der schwieriger, riskanter ist, den ich aber für ehrlicher und aussichtsreicher halte. Es ist der Weg, auf dem wir gegen die heute dominante Wertorientierung, gegen die gesellschaftliche Religion sozusagen, nicht direkt auf Konfrontation gehen. Schon allein deshalb nicht, weil wir auch an uns selber beobachten, wie sehr wir den gesellschaftlich etablierten Wertekosmos in vielem teilen. Es gilt also nicht, die Orientierung am subjektiv Plausiblen, an Selbstfindung und Sinnsuche, am individuellen Glücksstreben auszutreiben – und sei es mit der Gewalt des auswendig gelernten Katechismus und der harten Disziplin des Unterrichts.

Dieser andere Weg liegt dort vor, wo der Konfirmandenunterricht als Beziehungsgeschehen gesehen wird, wo er stärker von den Jugendlichen, ihren lebensgeschichtlichen Erfahrungen und ihren Lebensinteressen her

---

32. Vgl. H. Barz, a. a. O.

angegangen wird.[33] Wenn der Konfirmandenunterricht auf der Beziehungsebene stimmt, dann haben die Konfirmanden später wenigstens eine angenehme Erinnerung an ihre Konfirmandenzeit und damit an die Kirche, der sie da begegnet sind. Freilich, sie verbinden inhaltlich oft nicht viel mit ihrer Erinnerung an den Konfirmandenunterricht, meistens nicht sehr viel mehr, als daß der Pfarrer/die Pfarrerin ein sympathischer Mann/ eine sympathische Frau war. Aber das gilt heute eben generell für das Verhältnis zum Christentum, daß es weniger durch die Teilhabe am überlieferten Glaubenswissen als durch die motivkräftige Begegnung mit Christenmenschen bestimmt wird.

Ich denke, es gilt diesen anderen Weg des Sich-Einlassens auf das Lebensverhältnis heutiger Jugendlicher im Konfirmandenalter noch konsequenter zu gehen, also die Orientierung am eigenen Ich, seinen Sinnerwartungen und Lebensvorstellungen, seinem Glücksstreben mitzuvollziehen, nicht um sie zu durchbrechen, sondern um sie tiefer zu verorten, ernsthafter zu machen, so dann auch christlich-religiös gehaltvoller. M. E. kann dann auch das Wesentliche des christlichen Glaubens neu in den Blick geraten. Und damit komme ich nach diesen Bemerkungen zur Situationsanalyse zu einer Perspektive heutiger Konfirmandenarbeit, wie sie sich nahelegt, wenn man sich an ihrem tatsächlichen Sitz im Leben der Gemeinde orientiert.

2. Der Sinn der Konfirmandenzeit: Die Aneignung der Taufe

Es darf von der Konfirmandenzeit nicht zuviel erwartet werden, was das Verhältnis der einzelnen zur Kirche, ihre Eingliederung in die Gemeinde anbelangt. Aber wenn nicht alles schief läuft, leistet sie soviel zumindest, daß überhaupt ein Verhältnis entstanden ist, daß die Konfirmanden Kirche als erfahrbar erleben, im selber Dabeisein. Sie erfahren die Gemeinde als einen Ort, an dem sie selber vorkommen, dessen Gestalt deshalb auch davon abhängt, was sie selber aus ihm machen. Die Konfirmanden können merken: die Kirche, das ist nichts Feststehendes, ein für alle mal Fertiges. Was die Kirche ist, das hängt immer auch ganz entscheidend davon ab, was für Mitarbeiter sie hat, was ich selber daraus mache. Die Konfirmanden können merken: Die Zeit des Konfirmandenunterrichts ist die Zeit, in der ich die Chance habe, mich selber als Subjekt der Kirche, der Gemeinde zu betätigen, die Zeit für mein Selbständigwerden im Christsein. Da ist sie wieder, die Orientierung am eigenen Ich, aber nun in den

33. Vgl. F. Schweitzer, Die Suche nach eigenem Glauben. Einführung in die Religionspädagogik des Jugendalters, Gütersloh 1996, 179-195.

Raum der Kirche hineingenommen, damit sie dort noch einmal tiefere Bedeutung erlange.

Wenn Heranwachsende im Konfirmandenunterricht ihr Selbständig-werden im Christsein erfahren, so kann das zur Folge haben, daß sie von dieser Selbständigkeit schließlich auf kasualkirchliche Weise Gebrauch machen, sie erst anläßlich der kirchlichen Trauung oder der Taufe des ersten Kindes wieder den Weg zur Kirche unter die Füße nehmen. Inzwischen ist anderes für die Steigerung des Lebensglückes wichtiger geworden, die Schule, der Beruf, die Liebe. Aber wäre die Konfirmation als ein persönlich betreffendes, lebensgeschichtliches Ereignis nicht gewesen, wäre vermutlich ein näherer Kontakt zur Kirche nie entstanden.

Was also ist der Sinn der Konfirmandenzeit? Daß es in deren Verlauf zur Subjektwerdung im Christsein kommt, zu einem Ich, das sich des religiösen Grundes seiner Freiheit anfänglich bewußt wird, – so wäre in einer ersten Annäherung zu sagen. Diese Sinnzuschreibung läßt sich aber auch theologisch einholen.

Die Konfirmandenzeit gipfelt ja in einem lebensgeschichtlichen Ereignis, das zugleich ein Großereignis auch der Gemeinde ist – in der Feier der Konfirmation. Sie ist nie bloß Unterricht, sondern Vorbereitung eines Festgottesdienstes, an dem die Konfirmanden ganz im Mittelpunkt stehen, gerade ihnen die Hand aufgelegt, Gottes Segen zugesprochen wird, sie von den Presbytern in der Gemeinde willkommen geheißen werden. Reich beschenkt werden sie, von der Familie und der weiteren Verwandtschaft lebhaft gefeiert. Bei aller durch den Konsumismus unserer Warengesellschaft bedingten Verflachung auch der Konfirmationsfeier: Der Konfirmandenunterricht ist in seinem Sinn ohne die Konfirmation nicht zu verstehen.[34] Dafür haben die Konfirmanden und deren Eltern zumeist, oft mehr als die Pfarrer/innen, auch ein Gespür. Am Konfirmandenunterricht nimmt man teil, weil man konfirmiert werden möchte. Und dazu gehören dann eben auch die Geschenke.

Der Konfirmandenunterricht ist in seinem Sinn ohne die Konfirmation nicht zu verstehen. Und die Konfirmation wiederum ist in ihrem Sinn nicht ohne die Taufe zu verstehen. Das scheint nun freilich plötzlich ziemlich dogmatisch geredet. Das ist kirchliche Rede. So lautet die offizielle Sinnzuschreibung an die Konfirmation. Solche Rede scheint aber auf den ersten Blick keinen Anhalt zu haben am volkskirchlichen Bewußtsein.

---

34. Vgl. dazu meinen Aufsatz, Liturgie des Lebens. Überlegungen zur Darstellung von Religion im Konfirmandenunterricht, in: PTh 77, 1988, 319-334, sowie G. Lämmermann, Die Konfirmation – ein familien- und psychodynamisches Ritual, in: EvEr 49, 1997, 308-322; W. Kramer, Konfirmation als Kasualgottesdienst: Welcher Kasus wird begangen?, in: EvEr 49, 1997, 295-307.

Welche Konfirmanden verbinden schon etwas für sie Bedeutsames mit der Tatsache ihres Getauftseins? Andererseits, immer häufiger wird die Taufe während der Konfirmandenzeit nachgeholt. Das ist zwar auch keine unproblematische Praxis, weil man in diesem Fall die Konfirmation durch die Jugend- bzw. Erwachsenentaufe ersetzen könnte. Aber die Taufe von Konfirmanden gibt doch auch wieder Gelegenheit, eben den inneren Zusammenhang von Taufe und Konfirmation zu verdeutlichen.

So stark auf den Zusammenhang von Taufe und Konfirmation abzuheben, scheint freilich übersehen zu wollen, daß sich die Konfirmation als »Jugendweihehandlung« von der Taufe auch ablösen läßt und im volkskirchlichen Bewußtsein stark abgelöst hat, sie zu einer christlich unbestimmten, rituellen Überführung der Jugendlichen in den Stand des Erwachsenwerdens geraten ist. Wir haben es uns – deshalb vermutlich – gerade dann, wenn wir den Akzent auf das Beziehungsgeschehen im Konfirmandenunterricht legen, angewöhnt, von der Konfirmandenzeit eher psychologisch und soziologisch als theologisch zu reden: Pädagogische Begleitung soll der Konfirmandenunterricht sein, in einer schwierigen Phase des Erwachsenwerdens. Zur Selbstfindung soll er verhelfen in der persönlich krisenhaften Zeit der Pubertät, in der Phase der Ablösung von den Eltern, in einer Zeit also, in der es darum geht, eine eigene Vorstellung vom Leben aufzubauen.[35] So zu reden ist ja auch nicht falsch, vor allem wenn sich damit die Absicht bekundet, die Konfirmanden im Konfirmandenunterricht ernstzunehmen, eben in ihrer dominanten Orientierung am eigenen Ich und dessen Glücksverlangen, sie ernstzunehmen auch mit den Schwierigkeiten, die sie mit sich selber haben. Vor allem aber auch, wenn es darum geht, sie ernstzunehmen in den Schwierigkeiten, die sie mit der Kirche haben.

Von der Kirche, von der Gemeinde, müssen sie ja zunächst den Eindruck gewinnen, daß sie in ihr gar nicht vorkommen, nicht vorkommen in ihrer Art, das eigene Leben zu spüren, nicht vorkommen auch in der Art, mit der sie ihre religiösen Erfahrungen machen. Sie machen religiöse Erfahrungen, Erfahrungen der Transzendenz gegenüber ihrer alltäglichen Wirklichkeit. Sie machen solche religiösen Erfahrungen in der ästhetischen, modischen Stilisierung ihrer Individualität, beim Kauf einer Jeanshose, im Musikerlebnis, bei Sportveranstaltungen, in der Geborgen-

35. Vgl. D. Stoodt, Kirchliche Begleitung Jugendlicher in der puberalen Ablösephase durch den Konfirmandenunterricht, in: Ch. Bäumler/H. Luther (Hg.), Konfirmandenunterricht und Konfirmation. Texte zu einer Praxistheorie im 20. Jahrhundert (ThB 71), München 1982, 297-309; H. Luther, Kirche und Adoleszenz. Theoretische Erwägungen zur Problematik des Konfirmandenunterrichts, in: Ch. Bäumler/H. Luther, a. a. O., 310-322.

heitserfahrung der Peer Group.[36] Das alles zu sehen und in die Dynamik des Erlebens der Konfirmandengruppe aufzunehmen, ist wichtig, weil die Konfirmanden als die Individuen, die diese Gruppe allererst konstituieren, gerade in ihrem So-Sein von unschätzbarer Bedeutung sind. Konfirmandenarbeit muß immer ein Stück Jugendarbeit sein. Sonst hat sie heute nie und nimmer die Chance, für die Konfirmanden zur Erfahrung von Gemeinde zu werden.

Aber der spezifisch kirchliche Sinn der Konfirmation und des Konfirmandenunterrichts erschließt sich doch erst dann, wenn wir sehen, daß es bei dem ganzen Unternehmen um ein Stück Einlösung des Sinns der Taufe geht. Wie gesagt, das scheint ziemlich traditionell und dogmatisch geredet. Das ist es jedoch nur auf den ersten Blick, eben nur so lange, als nicht deutlich genug beleuchtet ist, daß es bei der Taufe um dies beides geht: Zum einen um das Lebensdeutungsangebot des christlichen Glaubens und zum anderen um dessen lebensgeschichtlich sich vollziehende Aneignung. Bei der Taufe geht es gerade um dieses mein Ich, indem es die Chance erhält, den unbedingten Grund seiner Selbständigkeit in Gott zu erkennen und damit zu einer Lebensgewißheit zu finden, die durch nichts in dieser Welt genommen werden kann.

Der Sinn der Taufe ist es, das objektive Zeichen des Versprechens absoluter Anerkennung über einem ganzen Menschenleben aufzurichten, eines Versprechens, das seine Wahrheit und Bedeutung dennoch erst dann enthüllt, wenn ich dessen subjektiv gewiß werde, wenn ich merke, was ich damit für mein Leben selber anfangen kann. Und das eben ist dann der Sinn der Konfirmation und des ihr vorgeschalteten Unterrichts, dies, daß ich merken kann, es kommt bei dem allem, was die Kirche zu bieten hat, immer auch und gerade auf mich selber an. Gemeinde ist nichts Vorgegebenes, sondern Gemeinde ist da, wo wir sie selber werden, als Konfirmandengruppe, als Jugendgruppe. Ich selber bin das Subjekt meines Glaubens wie das Subjekt meines Lebens, das eine liegt im anderen. So verweisen Taufe und Konfirmation aufeinander, erschließt die Taufe erst den Sinn der Konfirmation, macht die Konfirmation bewußt, daß es den Sinn der Taufe lebensgeschichtlich anzuzeigen gilt.

Nach Luthers großem Katechismus hat der Christ »sein Leben lang genug zu lernen und zu üben an der Taufe«. Denn was die Taufe im Glauben besagt und bewirkt, »die Tötung des alten Adams« und »die Auferstehung des neuen Menschen«, das soll »unser Leben lang in uns« vor sich gehen. Also, es soll »ein christliches Leben nichts anderes« sein

---

36. Vgl. D. Baake, Die stillen Ekstasen der Jugend. Zu Wandlungen des religiösen Bezugs, in: JRP 6, 1989 (1990), 3-26.

»denn eine tägliche Taufe, einmal angefangen und immer darin gegangen«[37].

Im Rückblick, in der Erinnerung erschließt sich der Sinn der Taufe als Dokumentation dessen, daß ein Mensch gewiß sein kann, auf keinen Fall vergeblich zu leben. Die Taufe sagt: Das Ganze eines Menschenlebens – auch und gerade das Vergessene und Verdrängte, das Verfehlte und Versäumte in ihm – steht unter der befreienden Vergebung Gottes. Das Ganze eines Lebens steht unter dem unverbrüchlichen Vorzeichen, daß Gott nicht aufhören wird, es gut mit ihm zu meinen. Und weil es darum geht, was – im Rückblick erkennbar – am Anfang eines Menschenlebens steht, deshalb kann man die Taufe, dieses Gnadenzeichen über dem Leben, nicht früh genug empfangen. Es ist für sie freilich auch nie zu spät. Aber sofern sie zeitig, am Anfang meines Lebens stattfindet, kann ich mich, sobald ich mir meines Getauftseins bewußt werde und dann immer wieder, dessen erinnern, daß Gott immer schon mit dabei ist in meiner Lebensgeschichte, auch dort, wo ich nicht an ihn dachte, auch in meinen Verletzungen und meinem Verschulden.

Die Taufe gibt mir im Rückblick, in der Erinnerung, zu verstehen, welches Vorzeichen von Anfang an über meinem ganzen Leben steht, das der vorbehaltlosen Anerkennung dieses Ichs, das ich bin, die Anerkennung meiner Selbständigkeit in allen Dingen meines Lebens. Daran erinnert mich die Taufe und gibt mir damit zu verstehen, woraus mein Leben ist und wohin es in letzter Instanz gehört. Sie gibt mir Antwort auf die Frage, woher ich stamme, wenn ich mich nicht bloß als Produkt der Gattung, der Natur verstehen will. Daß das Leben eines einzelnen nie aufgeht in dem, was er von seinen Eltern her ist. Immer ist er auch etwas Eigenes. Woher komme ich als der, der ich so und nicht anders bin? Von meiner Taufe her kann ich sagen: Ich selbst, so wie ich in diesem meinem Leib bin, bin unbedingt gewollt – von Gott, dem Sinn des Ganzen, gewollt. Ich bin nicht bloß ein Zufall.

Das steht, das bleibt mit meiner Taufe über meinem Leben ausgesagt. Das sage ich mir nicht etwa nur selbst vor, weil es heute nun einmal zum guten Ton gehört, glücklich sein zu wollen, sich selbst zu finden und zu verwirklichen, ja an sich selbst zu glauben. Daß ich frei und glücklich bin, das klingt ja auch äußerst unwahrscheinlich und ist im Grunde schwer glaubhaft, jedenfalls wenn ich ehrlich auf mich selbst und die Welt um mich herum sehe. Es ist vom einzelnen – gerade im Anblick seines oft so verqueren Lebens – nur dann zu glauben, wenn es ihm von anderen Menschen, die daran glauben, gesagt ist – als von Gott, dem Grund alles Seins, zugesagt.

37. BSLK, 699, 27-29; 704, 29-35.

Aber, nun kommt das andere, was ebenso gilt und weshalb nun die Konfirmation und der mit ihr zusammengehörende Unterricht gleichermaßen wichtig sind. Nun gilt doch ebenso: Was einem in der Taufe zugesprochen wird, das hat für den Betreffenden doch keinen Sinn, wenn sich ihm daraus kein Sinn erschließt, wenn er die Zusage nicht als ihm selber geltend versteht, er sich im Verständnis des eigenen Selbst, damit auch im eigenen Wollen nicht daran hält. Die höchste Würdigung, die ein Mensch erhalten kann – ein Versprechen fürs ganze Leben – »nützt« ihm nichts, wenn er dieses Versprechen nicht für sein Leben selbst gelten läßt und sich dauerhaft daran zu halten versucht. Deshalb ist ja auch die heute unter Konfirmanden verbreitete Frage berechtigt: Was habe ich denn davon, vom Christsein, von der Zugehörigkeit zur Gemeinde? Was nützt mir das?

Weil das so ist, weil die zeichenhaft über einem Menschenleben aufgerichtete Zusage nur für den Sinn und Bedeutung hat, der diesen Sinn und diese Bedeutung auch versteht und für sein Leben etwas damit anzufangen weiß, deshalb verknüpft sich der Sinn der Taufe auf das engste mit dem Sinn der Konfirmation. Sinn hat die Taufe nur für den, der diesen Sinn ein Leben lang sich aneignet, der also – sich erinnernd – immer wieder auf seine Taufe zurückkommt. In gar keiner Weise ist die Taufe als ein den Menschen irgendwie »objektiv« umwandelndes oder umschaffendes Geschehen zu verstehen, obwohl die äußere Handlung und Zusage, als welche sie geschieht, höchst bedeutsam sind. Aber bedeutsam sind sie für das Innerste, für den Glauben, eben wenn sie verstanden, ergriffen, angeeignet sind. Also, was mir in der Taufe zugesprochen ist, das muß ich erst noch ergreifen, selbständig mit meinem natürlichen und sozialen Leben zusammenbringen und zum Teil gegen die Gegebenheiten meines Lebens und dieser Welt erkämpfen. Nur lebenslang, in diesem Prozeß, sind Sinn und Bedeutung der Taufe für mich wirklich.

Damit sind wir wieder bei der Konfirmation und ihrem Sitz im Leben der Gemeinde. Nur lebenslang sind der Sinn und die Bedeutung der Taufe für mich wirklich. Und damit dies mir auch zu wachem Bewußtsein kommt, deshalb gibt es noch einmal exemplarisch zeichenhaft die kirchliche Handlung der Konfirmation und den ihr vorangehenden Unterricht. Der Sinn des Konfirmandenunterrichts und der Konfirmation besteht schlicht darin, anfänglich ins eigene Bewußtsein treten zu lassen, daß die Taufe und damit die zeichenhaft aufgerichtete Zusage, unter der ein Christenleben steht, nichts ist, was man als ausgemacht einfach hinzunehmen hätte oder auf sich beruhen lassen könnte. Sie will in ihrem Sinn von jedem, dem sie etwas bedeuten soll, angeeignet und zusammen mit anderen gelebt werden.

Beides wird bei der Konfirmation, im Konfirmationsgottesdienst deutlich:

a) Daß das tröstliche Zeichen der Taufzusage über meinem Leben steht. Die Einsegnung der Konfirmanden ist die Bekräftigung der Taufzusage, noch einmal in einer symbolischen Handlung ausgedrückt.

b) Daß dieses Zeichen der Taufe für mich nur etwas bedeutet, wenn ich mich selber zu ihm verhalte. Die Konfirmanden sprechen ihr »Ja«, als Antwort auf die Frage, ob sie sich an Jesus Christus halten wollen.

In beidem, in der Bekräftigung der Taufzusage wie im Bekenntnis, artikuliert sich der Sinn der Konfirmation, ihr Sitz im Leben der Gemeinde: Daß da Menschen sind, denen der Segen Gottes gilt und die sich mit ihrem Bekenntnis auch selber dazu verhalten. Mehr noch als ohne die Einsegnung, die ja nichts anderes als symbolische Tauferinnerung ist, droht die Konfirmation m. E. deshalb ohne das antwortende »Ja« der Konfirmanden ihren religiösen Gehalt zu verlieren. Ohne dieses »Ja«, jedenfalls ohne daß die Konfirmanden im Konfirmationsgottesdienst selber zu Wort kommen und ihrem Verhältnis zum Bekenntnis des Glaubens und zur Gemeinde, die sie kennengelernt haben, in irgendeiner Form Ausdruck verleihen, fehlt der Konfirmation Entscheidendes.

Die Diskussion darum, ob das »Ja« der Konfirmanden nicht auch wegfallen könne, ist mir deshalb ziemlich unverständlich. Diese Preisgabe muß den Sinn der Taufe verdunkeln und den der Konfirmation zerstören, es würde dem Konfirmationsgottesdienst jedenfalls dieses Merkmal genommen, wonach in ihm deutlich werden will, daß es nun gerade auf die Konfirmanden als Subjekte, als die Subjekte des Glaubens und damit ihres Lebens als eines Lebens aus Gott entscheidend ankommt. Das Wegfallen des Bekenntnisses im Konfirmationsgottesdienst würde dieses Merkmal nehmen, daß es hier auf das eigene »Ich« ankommt. Weder bei der Taufe noch sonst in der Kirche geschieht etwas bloß »Objektives«, gar Magisches, das seine Bedeutung allein an sich selber und damit auch ohne mich hätte. Die hat es nicht. Ich muß die Bedeutung dessen, was da geschieht, vielmehr selbst ergreifen und für mich gelten lassen, sonst nützt mir das Ganze nichts.

Freilich, um nicht mißverstanden zu werden: Wozu sagt ein Konfirmand bei seiner Konfirmation »Ja«? Ehrlicherweise doch nur zu dem, was er bis jetzt – vor allem auf dem Hintergrund der Erfahrungen, die er im Konfirmandenunterricht gemacht hat – vom Glauben verstanden hat, womit er bis jetzt meint, etwas anfangen zu können. Und das genügt auch. Die Gefahr, daß er sich übernimmt, daß er etwas verspricht, was er gar nicht halten kann, ist deshalb so groß nicht, wie oft betont wird. Auch die Konfirmation ist nur eine Etappe im lebenslangen Prozeß der Aneignung dessen, was mir mit meiner Taufe zugesagt ist. Das »Ja« der Konfirmanden muß sich deshalb auch nicht in der Zustimmung zu überlieferten Glaubenssätzen artikulieren. Es kann sich auch darin aussprechen, daß sie sagen, ich mag die Leute, die ich in der Konfirmandenzeit kennengelernt habe. Das hat mir etwas gebracht. »Gemeinde«, damit kann ich jetzt etwas anfangen.

Der Sinn der Konfirmation im Leben der Gemeinde erschließt sich jedenfalls nur davon her, daß die Konfirmanden nun das, was ihnen in der Kirche angeboten wird, als ihnen selber geltend ein Stück weit erfahren und verstehen lernen, so, daß sie dann zu eben dem, was sie verstanden haben, auch »Ja« sagen können. Das, wozu sie dann guten Gewissens »Ja« sagen können, mag wenig sein, es mag viel sein. Wer will das letzten Endes messen. Auch wenn es in unseren Augen wenig sein mag, das gesprochene »Ja« hat auf alle Fälle seine Berechtigung. Denn dieses »Ja« bedeutet nicht die heuchlerische Selbstverpflichtung auf eine objektive Glaubensnorm, sondern die glaubwürdige Versicherung, es für das eigene Leben eben mit dem zu probieren, was mir am christlichen Glauben – weil ich im Konfirmandenunterricht die Erfahrung mit Menschen, denen er etwas bedeutet, gemacht habe – als hilfreich für das eigene Leben selber einzuleuchten angefangen hat.

3. Der Konfirmandenunterricht: Erzählgemeinschaft und Gottesdienstwerkstatt

Damit sind wir dann aber auch beim Sinn des der Konfirmation vorangehenden Unterrichts. Der Sinn dieses Unterrichts erschließt sich von seinem Ende, von seinem Sitz im Leben der Gemeinde, von der Konfirmation her. Der Sinn des Unterrichts ist schlicht der, mit Kopf, Herz und Hand etwas von dem zu erfahren, daran beteiligt zu werden, wozu ich »Ja« sagen können soll. Die Konfirmanden sollen über einen etwas längeren Zeitraum in regelmäßigen Abständen Gelegenheit haben, Menschen zu begegnen, die für sich selber den Versuch gemacht haben und immer wieder machen, herauszufinden, was die mit der Taufe über ihrem Leben aufgerichtete Zusage für ihr Leben bedeutet, was sie davon haben und wozu es sie verpflichtet. Es geht in diesem Unterricht darum, daß dort Menschen anzutreffen sind, die Gemeinde sind, indem sie sich darum bemühen, den christlichen Glauben, dessen Bedeutung in der eigenen Lebensgeschichte und für den eigenen Lebensentwurf sich selber und anderen verständlich werden zu lassen, nun gerade diesen Konfirmanden mit Bezug auf das ihnen eigene Lebensgefühl. Es geht darum, daß die Jugendlichen hier Menschen begegnen, die Geschichten von Gott als dem höchsten Gut zu erzählen wissen, die Erfahrungen mitbringen, in denen dieser Gott sich gezeigt hat. Konfirmandenunterricht also erstens als Erzählgemeinschaft. Sodann geht es in diesem Unterricht darum, daß die Konfirmanden selber Gelegenheit bekommen, auf kreative, eigene Weise zur Gemeinde zu werden. Für sich zu erproben, wie das, was sie vom christlichen Glauben anfänglich verstanden haben, eine darstellbare, anderen wiederum mitteilbare Gestalt finden kann. Oft merkt man, was man selber verstanden oder auch nicht verstanden hat eben erst, wenn man es anderen zu sagen versucht oder, wo das Sagen schwerfällt, anderen in Bild und Ton darzustellen unternimmt. Unsere Gottesdienste sind doch die Orte solch darstellender Mitteilung. An der Gottesdienstgestaltung somit sind die Konfirmanden mit zu beteiligen. Konfirmandenunterricht zweitens also als Gottesdienstwerkstatt.

Konfirmandenunterricht als Erzählgemeinschaft, Konfirmandenunterricht als Gottesdienstwerkstatt.[38] Auf diese Weise gibt er Teil an Gemeinde, wird er selber zur Gemeinde. Darin ist er die Vorbereitung der Konfirmation. Das wird besonders im Vorstellungsgottesdienst deutlich. Aber ein Konfirmandenunterricht, der sich als Erzählgemeinschaft und Gottesdienstwerkstatt begreift, wird sich nicht damit begnügen wollen, nur den Vorstellungsgottesdienst bzw. die »Konfirmandenprüfung« gemeinsam vorzubereiten. Daß sich im Konfirmandenunterricht selber Gemeinde bildet, das wird über die ganze Konfirmandenzeit in Gestalt der Mitbeteiligung der Konfirmanden an den Gottesdiensten der Gemeinde herauskommen.

Im Konfirmationsgottesdienst wird es dann in symbolisch-rituell besonders verdichteter Gestalt deutlich. Deutlich wird, worum es die ganze Konfirmandenzeit hindurch gegangen ist. Im Konfirmationsgottesdienst will feierlich zur Darstellung gebracht sein, was zuvor im Konfirmandenunterricht in der Arbeit an biblischen Texten und im Umgang der Konfirmanden untereinander anfänglich erfahren und verstanden sein wollte: Du bist geliebt.

Wo Konfirmanden das spüren und auch die Unterrichtenden merken, daß die Konfirmanden dieses »Du bist geliebt« wahrgenommen haben, dort erwächst deshalb immer auch der Antrieb zur Kirchen- und Gemeindereform. Denn dann, so denke ich, erfahren Konfirmanden am nachdrücklichsten, daß es auf sie selber ganz entscheidend ankommt, wenn die Gemeinde sich durch sie sogar verändern läßt, die Kirche sich womöglich dahingehend verändern läßt, daß die Jugendlichen sich besser in ihr zu Hause fühlen. Aber das wäre ein neues Kapitel, die Frage nach dem Konfirmandenunterricht in der Gemeinde zu verhandeln als Heraus-

---

38. Vgl. Ch. Bizer, Konfirmandenunterricht, in: W. Böcker u. a. (Hg.), Handbuch religiöser Erziehung Bd. 2, Düsseldorf 1987, 391-402.

forderung zur Reform der Kirche, zur Reform eben dieser für Konfirmanden – und nicht nur für diese – weithin immer noch viel zu unbeweglichen Kirche.

15. Kapitel

Die Herkunft der Pädagogik aus der Religion

Die Orientierung am Subjekt und daß es zur Wahrnehmung seiner Freiheit sich befähigt finde, hat – so haben wir gesehen –, aus theologisch nicht nur berechtigten, sondern konstitutiv im Christentum liegenden Gründen Eingang in die Zielbestimmungen des Religions- und Konfirmandenunterrichts gefunden. Wir begegnen diesen Zielbestimmungen aber auch in der allgemeinen Pädagogik wieder. Die sich mit ihren Leitkategorien an Selbstbestimmungs-, Handlungs- und Solidaritätsfähigkeit orientierende neuzeitliche Pädagogik läßt denn auch – wie in diesem Abschnitt ebenfalls bereits zu betonen war – ihre Genesis aus der die christliche Religion thematisierenden Theologie bis heute erkennen. Die Schaltstellen, an denen dies deutlich wird, liegen im Menschenbild, über das jeder Entwurf einer Pädagogik, der über die Gründe, die Zwecke und Ziele pädagogischen Handelns Auskunft zu geben beansprucht, sich verständigen muß. Dennoch ist das Gespräch zwischen Theologie und Pädagogik nicht erst seit heute eher unterentwickelt. Das liegt sowohl an theoretischen Grundstellungen in der Theologie wie in der Pädagogik. Diese Gesprächsunfähigkeit gereicht aber auch beiden zum Schaden, der Theologie wie der Pädagogik, insbesondere jedoch der Theologie und Pädagogik integrierenden Religionspädagogik. Zum Schluß dieses der Bildungsdimension einer Praktischen Theologie gelebter Religion gewidmeten Abschnitts soll dieses Gespräch deshalb aufgenommen und wenn möglich befördert werden.

Die Wort-Gottes-Theologie, die während der letzten 50 Jahre die theologische Landschaft prägte, hatte ihr Theoriedesign nicht darauf eingestellt, daß die christliche Religion im Prozeß ihrer neuzeitlichen Geschichte gravierende Umformungen erfahren hat. Diese betreffen jedoch gerade auch das Verhältnis der christlichen Religion zu der sich von ihr emanzipierenden Pädagogik.

Die gelebte christliche Religion hat im Prozeß gesellschaftlicher Modernisierung die Umformung erfahren, die sie wegführte von einer kirchlich dogmatisierten und sanktionierten Lehr- und Lebensgestalt hin zu einem konstitutiven Moment humaner Selbstdeutung am Ort des aus traditionalen, ständischen Ordnungen seinerseits freigesetzten Individuums. Sie lebt nun in der Verständigung von Menschen über die ersten Gründe und letzten Zwecke ihres individuellen und zugleich doch immer sozial vermittelten Daseins.

Diejenigen theologischen Entwürfe, prominent vor allem derjenige Friedrich Schleiermachers, die dieser Transformation der gelebten christlichen Religion durch Umstellung ihrer eigenen Fundamentierung Rechnung getragen haben, begründen sich nicht mehr in einer auf der Heiligen Schrift aufbauenden Gotteslehre und auch nicht in einer spekulativ gewonnenen Theorie des Absoluten, sondern in einer Anthropologie, die der religiös bestimmten Selbstdeutung des Menschen Rechnung trägt.

Die Reformulierung einer sich anthropologisch begründenden Theologie könnte die Gesprächslage im Verhältnis zu einer Pädagogik, die ihre Angewiesenheit auf anthropologische Grundannahmen zumeist eingesehen, deren Bezüge zur Theologie dabei aber nur selten aktualisiert hat, wesentlich verbessern. Dem Problem der Verknüpfung von Religion und Anthropologie in der Pädagogik nachzugehen, scheint mir jedenfalls ein ausgezeichneter Weg zu sein, das zwischen Theologie und Pädagogik abgebrochene Gespräch wieder in Gang zu bringen.

Es dürfte ein solch interdisziplinärer Verständigungsversuch vor allem dann gelingen, wenn er nicht nur von seiten der Theologie die Weichen für ein Gespräch mit der Pädagogik neu zu stellen anstrebt, sondern zunächst in der Rekonstruktion der »Klassiker« der neuzeitlichen Pädagogik gezeigt wird, wie bestimmend die Religionsthematik für sie geblieben ist, sie aber zugleich auch deren moderner Umformung in eben der Weise entsprochen haben, daß sie die religiöse Dimension nun von anthropologischen Fragestellungen her zur Entfaltung brachten.

Im Zusammenhang der Bestimmung dessen, was es um die Subjekthaftigkeit, das Personsein, die Individualität des Menschen im Projekt seiner Erziehung und Bildung ist, rückte die religiöse Frage in die Klärung der Möglichkeitsbedingungen einer mit diesen Leitkategorien zu beschreibenden Erziehungs- und Bildungsaufgabe ein. Es ließe sich für die Hauptströmungen neuzeitlicher Pädagogik bis hinein in die 20er Jahre unseres Jahrhunderts zeigen, daß sie ohne die Thematisierung religiöser Implikationen in der Formulierung der Gründe und Zielvorstellungen pädagogischen Handelns nicht auskamen. Für die Diskussionslage in der Pädagogik nach 1945 läßt sich dies jedoch nicht mehr behaupten. Es legt sich vielmehr die Vermutung nahe, daß sich in der Pädagogik der Gegenwart die Eskamotierung des Religionsbegriffs in der die letzten 50 Jahre herrschenden Wort-Gottes-Theologie auf verhängnisvolle Weise spiegelt.

Die religiösen Implikationen der die neuzeitlichen Pädagogiken noch fundierenden, die »Weltstellung« (Erich Weniger) des Menschen bestimmenden anthropologischen Gehalte bleiben heute entweder unthematisch oder werden nicht auf diejenige Umformung hin bedacht, welche die christliche Religion im Prozeß und Projekt der gesellschaftlichen Moderne erfahren hat. Was der Pädagogik, insbesondere der Religionspädagogik auf diese Weise verlorengeht, ist dann jedoch die ausweisbare Klarheit hinsichtlich der für pädagogisches Handeln konstitutiven Faktoren. Und das wirkt sich aus bis hinein in aktuelle Debatten um das Recht bzw. die Notwendigkeit von Religionsunterricht an öffentlichen Schulen, bis hinein in die Fragen, ob es einen Ethik-Unterricht ohne Religion und einen Religionsunterricht ohne Ethik geben kann. Vieles ist da im Prinzipiellen allzu ungeklärt, als daß man auf eine förderliche Diskussion der verfassungsrechtlichen, schulpädagogischen und didaktischen Probleme hoffen könnte.

In diesem abschließenden Kapitel sollten Anstöße zu einer sich im Zusammenhang einer Theologie der Moderne formulierenden Religionstheorie angedeutet werden, die zum Aufweis der religionstheoretischen Implikationen in der wissenschaftlichen Pädagogik gelangt und von daher diejenigen praktischen Fragen eines religionspädagogischen Handelns aufnimmt, die auf der Basis einer neu formierten Gesprächslage zwischen Theologie und Pädagogik ebenfalls neuen Antworten zugeführt werden können.

1. Vernünftig-moralische Erziehung contra kirchlich-religiöse Erziehung

Seit der europäischen Aufklärung in der 2. Hälfte des 18. Jahrhunderts ist eine Pädagogik entwickelt worden, die ein Erziehungsprogramm auf natürlicher, vernünftiger Grundlage aufzustellen beansprucht. Seither steht deshalb auch die Frage an, ob eine säkulare, autonome Pädagogik an die Stelle der christlichen Religion und ihrer orientierungspraktischen Potentiale für die Erziehung des Menschengeschlechts getreten sei. Seither ist auch die Unterscheidung etabliert zwischen einer allgemeinen Pädagogik, welche die moralischen Prinzipien einer allgemeingültigen humanen Erziehungspraxis zu formulieren beansprucht und einer Religionspädagogik, die es mit den besonderen Aufgaben einer Einübung ins Christentum zu tun hat. Seither steht die Beantwortung der Frage nach dem Verhältnis von Religion und Pädagogik jedenfalls vor neuen Herausforderungen. An ihnen haben wir uns bis heute abzuarbeiten. Freilich, in der Epoche der europäischen Aufklärung war nicht die Vorstellung einer Ablösung der Religion durch die autonom werdende Pädagogik leitend, sondern die der Umformung der Religion im Sinne des Autonomiegedankens und seiner nun gerade religiös gedachten Begründung.

»Soweit man der menschlichen Autorität und den Vorurteilen des Landes, in dem man geboren wurde, keine Zugeständnisse macht, können bei der natürlichen Erziehung die Erkenntnisse unserer Vernunft allein uns nicht weiterbringen als bis zur natürlichen Religion, und darauf will ich mich mit meinem Emile beschränken. Soll er eine andere haben, habe ich kein Recht mehr, dabei sein Führer zu sein, es ist an ihm allein, sie zu wählen.«[39]

Diese Sätze aus dem Glaubensbekenntnis des savoyischen Vikars in Jean Jacques Rousseaus »Emile« dokumentieren die Herkunft der autonomen, sich auf die natürliche Vernunft berufenden Pädagogik aus der sich nach Maßgabe dieser Vernunft selber transformierenden Religion. Es ist nicht so, daß die Pädagogik in der Folge der wissenschaftlichen, industriell-technischen oder ökonomischen Revolutionen der Neuzeit an die Stelle der Religion tritt.

Allerdings, was in der vormodernen Welt die Religion, also die Symbolwelt des Christentums mit ihrer Weltdeutung und ihren Lebensregulativen geleistet hat, nämlich den einzelnen in die soziale und kulturelle Ordnung einzufügen, ihn somit lebens- und handlungsfähig zu machen, das wird nun zunehmend die Pädagogik als weltliches Geschäft der Erziehung des Menschengeschlechts übernehmen. Auf dem Weg in die Moderne mit ihren wissenschaftlichen, technischen und ökonomischen Umwälzungen zerfällt das symbolische Weltbild der Religion, büßt die Religion jedenfalls ihre kulturelle Dominanz in der Prägung der Lebensvorstellungen und Lebenseinstellungen der Menschen ein. Statt der Religion sind es nun die natürliche Vernunft und deren moralische Prinzipien, die mit dem Aufbau des Erziehungswesens auch die Pädagogik zu einem eigenständigen kulturellen System sich haben entwickeln lassen. In das Erziehungssystem, in die Schule der Gesellschaft fällt nun die Bildung des Individuums zu einem vor allem auch in Wissenschaft, Industrie und Ökonomie handlungsfähigen Subjekt.

Man kann diese Karriere der Pädagogik am Leitfaden der Säkularisierungsthese interpretieren. Dann hätte die Umbesetzung einer durch den Plausibilitätsschwund des religiösen Systems vakant gewordenen Position stattgefunden. Die Pädagogik gehörte insofern in die Wirkungsgeschichte der Religion, als es ihr unter neuzeitlichen Bedingungen zugefallen ist, diejenige gesellschaftliche Funktion zu erfüllen, die zuvor der christlichen Religion zugekommen ist: die Erziehung des Menschen, die Formung seiner Vorstellungen vom Leben und seiner Einstellungen zum Leben.

Der zitierte Passus aus dem Glaubensbekenntnis des savoyischen Vikars könnte durchaus als Beleg auch dafür angeboten werden, daß die

---

39. J. J. Rousseau, Emile oder über die Erziehung (hrg. von M. Rang), Stuttgart 1968, 640.

Dinge so zu sehen sind. Natürliche, auf vernünftiger Einsicht gründende Erziehung wird deshalb zum Programm erhoben – so könnte diese Stelle verstanden werden –, weil »natürliche Erziehung« die Bildung zum vernünftigen Menschsein, zur Moral und zur instrumentellen Handlungsfähigkeit in der Gesellschaft bewirkt. Natürliche, vernünftige Erziehung leistet das, was zuvor durch Einfügung und Einübung in das Symbolsystem der christlichen Religion bewirkt wurde: die Menschwerdung des Menschen.

Auch unter den vormodernen Bedingungen der gesellschaftsprägenden Religionskultur des Christentums und seiner Kirchen war dieser Vorgang freilich als ein über Erziehung und Lehre vermittelter verstanden. Aber nun, in der Epoche der europäischen Aufklärung, wird diese Aufgabe der Erziehung als eigenständige begriffen. Sie wird nun als eine solche verstanden, die es auf allgemeingültige moralische Prinzipien hin auszulegen und nach deren Maßgabe durchzuführen gilt. Das überkommene christlich-religiöse Symbolsystem sollte weder die soziale und kulturelle Ordnung insgesamt mehr repräsentieren, noch sollte es den weltanschaulichen Orientierungsrahmen derjenigen Grundsätze vorgeben, nach denen die heranwachsende Generation zu erziehen ist.

Die Pädagogik hat ihre Herkunft in der Religion, könnte man also sagen, insofern sie deren Säkularisierung ist. Die Pädagogik überführt die gesellschaftliche Funktion der Religion, nämlich die Menschen in eine für sie verbindliche soziale und kulturelle Ordnung zu integrieren, in ein weltliches und als solches rational planmäßig durchzuführendes, prinzipiengeleitetes Handlungsprogramm.

Für dieses pädagogische Handlungsprogramm ist nicht mehr die Religion, mit ihrer Glaubenslehre und ihren Lebensanweisungen, sondern sind moralische Vernunft und sittliche Erfahrung der Handelnden konstitutiv. Sie allein sind das allgemein Vorauszusetzende, immer schon in Anspruch zu Nehmende. Die Religion im Sinne kirchlich-konfessioneller Zugehörigkeitsverhältnisse kommt, wenn sie denn kommt, später. Ihre Symbole und Rituale formieren nicht mehr die Menschwerdung des Menschen im Prozeß seiner Sozialisation, die als solche immer religiöse Sozialisation wäre. Wo Erziehung auf der Basis von Vernunft und Erfahrung prinzipiengeleitet, also planvoll verfährt, wird vielmehr auch die Fähigkeit im einzelnen sich bilden, seine Religion selber suchen zu können. »Soll er eine andere (sc. als die natürliche Religion) haben«, sagt der savoyische Vikar, »es ist an ihm allein, sie zu wählen.« Religion ist, so verstanden, nicht Voraussetzung, nicht die formierende Macht in der Erziehung. Sie ist im Sinne der Zugehörigkeit zur kirchlichen Religion vielleicht das Resultat ihrer vernunftgeleiteten Praxis, gründend auf der Autonomie des Entscheidens eines vernünftig Erzogenen.

2. Vernünftig-moralische Erziehung
auf der Basis vernünftiger Religion

Dies ist jedoch nur die eine Sicht der Dinge. Wer ihr allein folgt, am Leitfaden der Säkularisierungsthese, der übersieht, daß dieselbe sich auf ihre Autonomie besinnende bzw. zu ihr herausgeforderte Pädagogik der Aufklärung sich ihrerseits zugleich religiös begründet hat. Die natürliche Erziehung ist das Werk der natürlichen Vernunft. Die natürliche Vernunft jedoch weiß sich in der natürlichen Religion begründet, und die hat auch ihre Glaubensartikel. Es sind nicht direkt die Glaubensartikel der christlichen Konfession, der historischen und lokalen Kirchentümer, aber sie sind ohne deren geschichtliche Überlieferung und die Verschmelzung mit Metaphysik und philosophischer Theologie so auch nicht zu verstehen.

Drei Glaubensartikel der natürlichen Religion formuliert der savoyische Vikar: 1. daß alles, was ist, auf eine erste Ursache zurückzuführen ist, die selber nicht wieder durch anderes verursacht sein kann, auf einen unbedingten Willen also, der das Weltall bewegt und die Natur belebt; 2. daß diese Welt von einem mächtigen und weisen Willen nicht nur hervorgerufen, sondern auch regiert wird. Er ist Gott zu nennen. Es ist somit dieser Name, in dem sich die Ideen von Verstand, Macht und Willen, die Idee der Güte auch als deren notwendiger Folge verbinden; 3. daß jeder Mensch in diesen Eigenschaften Gottes seine eigene Existenz begreifen kann. Begreifen kann er sich im Horizont des so gedachten Gottes als ein selber freies Wesen, frei also auch in seinen Handlungen zur Gestaltung der von Gott ins Dasein gerufenen und im Dasein erhaltenen Welt.[40]

Das ist die andere Linie, auf der es die Herkunft der Pädagogik aus der Religion zu verfolgen gilt. Auf dieser Linie ist nicht von der Ablösung der Religion durch die Pädagogik zu reden. Auf dieser Linie setzt sich nicht das auf Vernunft und Erfahrung gründende Programm einer vernünftigen Erziehung zu Moral und Sittlichkeit an die Stelle einer religiösen Erziehung, wie sie durch Einfügung und Einübung in die vorgegebene, durch die Kirche sanktionierte soziale und kulturelle Ordnung bestimmt war. Auf dieser Linie expliziert vielmehr die autonome Pädagogik ihre eigene religiöse Voraussetzung. Diese wird als religiöse insofern qualifiziert, als es dabei um den letztgültigen Orientierungsrahmen, um die inspirierenden Quellen somit auch des vernünftigen pädagogischen Handelns geht.

Am Leitfaden der Säkularisierungsthese sieht man nur die Absage, welche die autonome Pädagogik gegen die etablierten Kirchentümer und die kulturelle Ordnung, die sie mit repräsentieren, formuliert. Diese

40. A.a.O., 560-586.

Absage formuliert die sich emanzipierende Pädagogik in der Tat, sowohl aus pädagogischen wie aus soziologischen Gründen. Der pädagogische Grund ist, daß die in ihrer Dogmatik erstarrte kirchliche Religionslehre sich Kindern und Jugendlichen nicht im orientierungspraktischen Sinn vermitteln läßt. Der soziologische Grund ist, daß die zerrissenen und durch die Konfessionskriege korrumpierten Kirchentümer diejenigen normativen Orientierungen und gesellschaftlichen Integrationsleistungen nicht mehr erbringen können, die ganz wesentlich die pädagogische Funktion der Religion doch sein sollten.

Der dogmatisch erstarrten und inkommunikablen kirchlichen Religionslehre sollten die Grundsätze einer allgemein-plausiblen, vernünftig nachvollziehbaren und existentiell tragfähigen »natürlichen Religion« vorgezogen werden. Und mit dieser natürlichen Religion verband sich das Zutrauen zu einer Pädagogik, die ihrerseits zum Aufbau einer die konfessionellen Trennungen der etablierten Kirchentümer hinter sich lassenden »civil religion« führen wird. Die natürliche Religion sollte zur Integration der bürgerlichen Gesellschaft auf der Basis der Verehrung Gottes und eines anständigen Lebens beitragen.

Auch auf dieser zweiten Linie, die das angeführte Zitat aus dem Glaubensbekenntnis des savoyischen Vikars erkennen läßt, ist von der Herkunft der Pädagogik aus der Religion zu reden. Aber hier nun nicht schlicht im Sinne der Ablösung der Religion durch eine säkulare Erziehung, sondern im Sinne der Umformung der Religion für eine sich in ihr neu begründende autonome Pädagogik.

Die Säkularisierungsthese trifft zu für die neuzeitliche Pädagogik in ihrem Verhältnis zur kirchlichen Religion. Im Blick auf die kirchliche Religion kann die neuzeitliche Pädagogik sich nicht mehr verstehen in der Funktion der Eingliederung und Einübung in deren Vorgaben. Gemessen an der kirchlichen Religion, repräsentiert sie das neue Paradigma einer rationalen Erziehungspraxis, die lediglich insofern zur Wirkungsgeschichte der Religion gehört als sie nun deren funktionales Äquivalent darstellt. Was die Religion geleistet hat, Menschenbildung, die Menschwerdung des Menschen, das soll nun durch dessen Sozialisation in Gestalt rationaler, an den allgemeingültigen Werten des Gemeinwesens orientierter Erziehung geschehen.

Die Säkularisierungsthese trifft jedoch nicht zu für die neuzeitliche Pädagogik in ihrem Verhältnis zur »natürlichen Religion« der Aufklärung, welche dann des weiteren als gesellschaftliche und vor allem als individuelle, private Religion zu stehen kommt. Von dieser natürlichen Religion und ihren Grundsätzen einer vernünftigen Gottesverehrung und eines auf der wechselseitigen Achtung der einzelnen als freier Wesen beruhenden anständigen Lebens hat die Aufklärungspädagogik sich keineswegs abgelöst. In den ethico-theologischen Deutungsmustern dieser natürlich-vernünftigen Religion hat sie vielmehr ihre eigene Begründung gesehen.

Es »können«, sagt der savoyische Vikar, »die Erkenntnisse unserer Vernunft allein uns nicht weiterbringen als bis zur natürlichen Religion«. In diesem Satz ist der Vorbehalt ausgedrückt gegenüber der kirchlichen Religion und ihrem Symbolsystem. In das hinein führt die natürliche Erziehung nicht. Es ist dieser Satz ebenso aber auch religionsbegründend zu verstehen, eben im Blick auf die »natürliche Religion«. Nicht weiter führt die »natürliche Erziehung«, als es die »natürliche Religion« tut, weil die rationale Erziehung in den »Glaubensartikeln« der natürlichen Vernunft die Gottes weise und gütige Weltregierung und des Menschen verantwortliche Freiheit erklären, ihren eigenen spirituellen, an höchsten Gütern orientierten Hintergrund hat. Die natürliche Religion ist die sich im so bestimmten Unbedingtheitshorizont auslegende pädagogische Vernunft, diejenige pädagogische Vernunft, die über ihre ersten Gründe und letzten Zwecke – ihrer Selbstbestimmungsmächtigkeit unbeschadet – Auskunft zu geben in der Lage ist.

3. Familie und Kirche als soziale Trägerinnen religiöser Erziehung

Versteht man den Hervorgang der Pädagogik aus der Religion nicht nur als Säkularisierungsvorgang, sondern auch als eine in die Religionsgeschichte des Christentums selber fallende Umformung der christlichen Religion, dann kommt auch die rationale Pädagogik als religiös begründete zu stehen. Auch die vernünftige Erziehung legt sich im Rahmen religiöser Deutungsmuster dessen aus, was es um das höchste Gut bzw. die ersten Gründe und letzten Zwecke einer vernünftigen Erziehungspraxis ist. Der entscheidende Unterschied, den dieser Umformungsprozeß für das Religionsverständnis bedeutet, ist nur der, daß auch die Religion nun von der conditio humana her verstanden sein will. Was für die moderne Pädagogik gilt, daß sie sich von Grundbedingungen des Menschlichen her begreift, das gilt nun auch für die in diesem Modernisierungsprozeß ebenso neu zu definierende Religion. Auch sie begreift sich anthropologisch.

Die moderne Pädagogik hat die mit der Sozialisation immer schon gegebene Einwirkung der älteren Generation auf die jüngere so zu erbringen, daß sie dabei rationalen, humanen Kriterien entspricht und den gesellschaftlichen Erfordernissen Rechnung trägt. Die dieser Moderne nun ihrerseits entsprechende Religion hat dabei jedoch die Zuständigkeit für die Vermittlung des Motivationspotentials zur Erfüllung dieser Kriterien behalten bzw. neu übernommen. Diese Aufgabe einer letztinstanzlichen Beantwortung der Frage, warum wir eigentlich moralisch handeln sollen, welche Triebkräfte uns zur Befolgung moralischer Normen anspornen, welche Lebensziele wir erreichen wollen, hat die Religion übernommen. Dazu kann sie sich dann allerdings nicht mehr von einem statuarischen Kirchenglauben und einem übernatürlichen Offenbarungswissen her begreifen. Sie muß sich verstehen als die explizite Artikulation derjenigen Quellen, aus denen die humane Vernunft selber ihre sie zum moralischen Handeln inspirierende Kraft schöpfen kann. Die Religion muß sich begreifen als Selbstthematisierung der humanen Vernunft in dem ihr eigenen Unbedingtheitshorizont, in den ersten Gründen und letzten Zwecken ihres Daseins und ihrer Praxis, auch in der Erziehung.

Es waren insbesondere Vertreter des liberalen Kulturprotestantismus von Friedrich Schleiermacher über Richard Rothe bis hin zu Ernst Troeltsch und Otto Baumgarten, die als Theologen sowohl für diese Umformung der christlichen Religion eingetreten sind als sie diese auch mit dem Selbstverständnis der Kirche verträglich machen wollten. Insbesondere Schleiermacher hat exemplarisch gezeigt, wie ein Versuch aussehen könnte, 1. die Autonomie einer vernünftigen Pädagogik zu behaupten, 2. die Religion von den Konstitutionsbedingungen der humanen Vernunft her zu begreifen und 3., über die Aufklärungspädagogik hinausgehend, diese vernünftige Religion nicht in geschichtsloser Abstraktheit zu behaupten, sondern wiederum in der Kirche als dem institutionellen Träger christlich-religiöser Kommunikation geschichtlich vermittelt und praktisch gelebt zu wissen.

Bekanntlich hat Schleiermacher seine Pädagogik als Theorie der Praxis der Erziehung zunächst im weiteren Zusammenhang einer auch die Erziehungsziele begründenden Ethik bzw. Kulturtheorie fundiert sehen wollen.[41] Die Religion jedoch hat er ebenfalls im Zusammenhang dieser Kulturtheorie begriffen. Ihr fällt es zu, für die Selbstthematisierung vernünftiger Praxis am Ort des Individuums zuständig zu sein. In der Religion geht es um die Ausdrücklichkeit der verhaltensorientierenden Letztgewißheit für den einzelnen, um die Formierung seiner lebensorientierenden Einstellungen, die Prägung seiner Gesinnung, die Genese seiner Individualität und persönlichen Identität. Die Frage, wie es zur Bildung der Religion als Gesinnung kommt, ist dann eine der Fragen, die es auch in der Pädagogik als der kulturtheoretisch begründeten Theorie der Erziehungspraxis zu beantworten gilt.

41. Vgl. F. Schleiermacher, Pädagogische Schriften Bd. 1. Die Vorlesungen aus dem Jahre 1826 (hrg. von E. Weniger unter Mitwirkung von Th. Schulze), Düsseldorf/München ²1966, 7-31.

Für Schleiermacher war dieser soziale Ort der Bildung zur Religion als Gesinnungsbildung die Familie und im weiteren Zusammenhang die Kirche. Auch die Kirche wollte Schleiermacher allerdings eben so verstanden wissen, daß sie nicht aus ihrem kulturtheoretischen Begriff herausfällt. Die Kirche ist dasjenige kulturelle System, dessen Funktion die Bildung und Kommunikation des religiösen Bewußtseins ist.[42]

Vom Glaubensbekenntnis des savoyischen Vikars herkommend, legt es sich zunächst vielleicht nahe, in dieser Position einen Rückfall in das vormoderne Paradigma religiöser Erziehung als Einfügung und Einübung in die religiös geheiligte soziale und kulturelle Ordnung zu erkennen. Das trifft jedoch eben deshalb nicht zu, weil Schleiermacher die Kirche und ihr Symbolsystem gerade nicht als absolute Vorgegebenheit, nicht als supranaturale Offenbarungsgröße verstanden wissen wollte. Auch die Kirche ist vielmehr in der Perspektive des von der conditio humana her explizierten Religionsverständnisses zu sehen. Kirche ist die sozio-kulturelle Form der Vergesellschaftung des religiösen Bewußtseins und damit diejenige gesellschaftliche Institution, der es zufällt, für Gesinnungsbildung, für die Konstitution handlungsorientierender und -motivierender Letztgewißheit am Ort des Individuums Sorge zu tragen.

Recht verstanden könnte man auch sagen, Schleiermacher hat mit seiner Kirchentheorie, die er im Zusammenhang derjenigen Kulturtheorie begründet hat, in der auch die Pädagogik verwurzelt ist, eine Antwort auf die von der Aufklärungspädagogik offengelassenen Frage gegeben. Er beantwortet mit dem Verweis auf die Kirche als dem für die Gesinnungsbildung zuständigen kulturellen System die Frage nach dem sozialen Träger und der institutionellen Gestalt einer Erziehung der Individuen zur vernünftigen, die Menschwerdung des Menschen ermöglichenden Religion.

4. Religiöse Bildung in kulturellen Differenzerfahrungen

Die Antwort, die Schleiermacher auf die von der Aufklärungspädagogik offengelassene Frage geben hat, ist in ihrer Relevanz immer noch zu diskutieren. Diese Relevanz kann sich etwa in Anbetracht des Sachverhalts zeigen, daß Werte im Sinne von handlungsorientierenden Letztgewißheiten sich kaum über rationale Konstruktionen und intentionale pädagogische Maßnahmen, sondern vor allem über soziale Verhältnisse, über

---

42. Vgl. F. Schleiermacher, Entwürfe zu einem System der Sittenlehre (Werke Bd. 2, Auswahl in vier Bänden, hrg. von Otto Braun), Neudruck der 2. Aufl. Leipzig 1913, Aalen 1967, 596-605.

sozio-kulturell manifeste Lebensformen, über die in Institutionen sedimentierte Sittlichkeit vermitteln. Die Religion, sofern sie für das Wertbewußtsein der Individuen, für ihre Letztgewißheit beanspruchenden Vorstellungen vom Leben und Einstellungen zum Leben zuständig ist, ist deshalb auch auf solche Lebensformen angewiesen, in ihrer Gestalt als Familie, in ihrer institutionell stärker ausdifferenzierten Gestalt als Kirche. Dahinter sollte – Schleiermacher folgend – nicht zurückgegangen werden. Es gibt die natürliche Religion der Aufklärung nicht als soziales Faktum, bzw. es gibt sie in der sozialen Gestalt einer individuellen und gesellschaftlichen Religion nur insofern, als es eine sich zugleich zivilisierende und individualisierende kirchliche Religion gibt.

Angesichts einer Gesellschaftsentwicklung, die Schleiermacher in ihren Anfängen bereits vor Augen hatte, in der insgesamt die Umstellung auf funktionale Differenzierung passierte, braucht auch die Religion die Ausbildung zu einem ihre Symbolbildung tragenden und sozial vermittelnden kulturellen System. Sowenig freilich der Staat für die wertbezogene Integration der Gesamtgesellschaft einzustehen vermag, sowenig kann dies unter den Bedingungen funktionaler Differenzierung allein von der Kirche geleistet werden. Sie ist Ort der Gesinnungs- und Persönlichkeitsbildung, und sofern sie sich auf diese Funktion zurücknimmt, sind es dann auch die Individuen, welche die Religion in ihrer individuellen und gesellschaftlichen Präsenz zur Geltung bringen. Weder der Staat noch die Kirche sind unmittelbar dazu in der Lage, sondern es sind die im Lebenszusammenhang der kirchlichen Gemeinschaft ihre Gesinnungs- und Persönlichkeitsbildung erfahrenden einzelnen.

Von diesen Überlegungen Schleiermachers ausgehend, wäre für heute dies zu folgern: Kann sich die Kirche als Ort der Gesinnungs- und Persönlichkeitsbildung zum Verständnis bringen, dann behauptet sie damit unter neuzeitlichen Bedingungen auch ihren Anspruch, ein konstitutives Element der öffentlichen Schule in der Gesellschaft zu sein. Es fällt in ihre Zuständigkeit auch die Verantwortung für den Religionsunterricht an öffentlichen Schulen, eben insofern, als es im Zusammenhang funktionaler Gesellschaftsdifferenzierung nicht Aufgabe des die Schule unterhaltenden politischen Gemeinwesens sein kann, zugleich Bestimmungsmacht hinsichtlich der Gesinnungs- und Persönlichkeitsbildung zu sein. Da diese eher durch soziale Tatsachen als durch rationale Urteilsbildung passiert, dürfte sich – so gesehen – die Zuständigkeit der Kirchen aber auch nicht auf den Religionsunterricht allein begrenzen. Sie hätte sich vielmehr auf die Umgangsformen der Schule im ganzen zu beziehen, jedenfalls was deren gesinnungsbildende Prägekraft angeht.

Schleiermachers Perspektiven für eine im modernen Sinne sich begreifende Pädagogik gehören allerdings in die Frühphase des Prozesses gesellschaftlicher Differenzierung. Modern war Schleiermacher darin, daß er die Pädagogik als eigenständige, vernünftig zu begründende Aufgabe begriffen hat. Sie ist mit dem Generationenverhältnis sittlich aufgegeben. Diese moderne Pädagogik sollte sich gleichwohl insofern im Horizont der Religion verstehen, als die humane Vernunft dort, wo sie gesinnungs- und persönlichkeitsbildend wirkt, sich nach wie vor in religiöse Symbolisierungszusammenhänge einbezogen findet. Schleiermachers Rekurs auf die Kirche ist kein Rückfall zum Konzept einer religiösen Erziehung, die sich als Einfügung und Einübung in absolute Vorgegebenheiten einer geheiligten sozialen und kulturellen Ordnung versteht. Der Rekurs auf die Kirche entspringt vielmehr der selber kulturtheoretisch gewonnenen Einsicht in die auch in der modernen Gesellschaft unhintergehbare, moralische Prägekraft von Lebensformen, von gelebter Sittlichkeit, von Institutionen der Freiheit.

Diese Einsicht Schleiermachers bleibt auch heute richtig. Hinsichtlich der gesamtkulturellen Potenz der Kirche ist heute jedoch festzustellen, daß sich die kulturelle Differenzierung ungleich gesteigert hat, gerade was die Gesinnungs- und Persönlichkeitsbildung anlangt, die Wertorientierungen also in der Lebenspraxis, die Lebensdeutungen und Lebensstile. Da haben wir es heute mit einer Vervielfältigung der kulturellen Milieus, der Lebensformen und Gemeinschaftskreise zu tun. Und die Kirche erscheint als ein sozio-kulturelles Milieu unter anderen. In ihr wird ein bestimmter Lebensstil gepflegt, sind bestimmte kulturelle Schemata leitend, die wiederum größere oder geringere Nähe zu den kulturellen Schemata anderer Sozialmilieus zeigen. Auch ist Kirche nicht gleich Kirche. Sie ist in sich selber religiös-moralisch pluralisiert und ist außerdem nicht die einzige hochreligiöse Organisationsgestalt in der Gesellschaft.

Läßt sich angesichts einer solchen Situation die These von der zugleich religiös begründeten, human-vernünftigen Pädagogik noch aufrechterhalten? Vom Verständnis natürlich-vernünftiger Religion her gesehen, wie es das Glaubensbekenntnis des savoyischen Vikars anbietet, legt es sich durchaus nahe, diese Frage immer noch zu bejahen. Wir kommen von daher ja leicht zu einem funktionalen Religionsverständnis, wonach alle Formen kultureller Selbstdeutung und Selbststilisierung, sofern sich darin nur der Menschen erste Gründe und letzte Zwecke versammeln, als Religion angesehen werden dürfen. Die Ikonen der Werbung kommen dabei ebenso als religiöse Szenarien in Betracht wie die Rave-Partys der Technoszene, die Meditationsübungen in esoterischen Zirkeln, der Besuch eines postmodernen Museums, die Liturgie des lutherischen Gottesdienstes oder das nach Mekka gewendete Gebetsritual der Muslime. Sofern alle diejenigen kulturellen Schemata, von denen gelten kann, daß sich in ihnen die letzten Zwecke von Menschen versammeln, sich ihnen ihre Welt- und Lebensansicht bildet, als Religion zu betrachten sind, haben wir es mit dieser ungeheuren Pluralisierung in der zeitgenössischen Religionskultur zu tun. Und im Blick auf die Pädagogik dürfte dabei auch zutreffen, daß alle diese kulturellen oder subkulturellen Systeme Lebensformen und Lebenskreise darstellen, denen eine gesinnungs- und persönlichkeitsprägende Macht nicht abzusprechen ist.

Blicken wir von dem Schleiermacher der Frühmoderne auf diese unsere Lage in der Spätmoderne, dann werden wir ihm insofern auch in seiner impliziten Auseinandersetzung mit dem Glaubensbekenntnis des savoyischen Vikars recht geben müssen. Es gibt in der Tat nicht die eine, natürlich-vernünftige Religion die zur Basis einer natürlich-vernünftigen Erziehung führen könnte. Folglich gibt es auch nicht deren Resultat, weder die gesellschaftliche Integration der Menschen auf einer ihnen gemeinsamen Wertbasis noch die Fähigkeit, sich wählend zu einer positiv-geschichtlichen Religion verhalten zu können. Die Religion, in der ein jeder sich immer schon vorfindet und die zur Erziehungsmacht in der Prägung seiner lebensorientierenden Einstellungen wird, begegnet vielmehr selber immer schon in der Pluralität kultureller Systeme mit den ihnen entsprechenden Symbolen und ritualisierten Verhaltensregulativen.

Nicht ohne weiteres zustimmen werden wir Schleiermacher deshalb an dem Punkt, an dem er die Kirche mit demjenigen religiös-kulturellen System gleichsetzt, das für Sinnvermittlung, für Gesinnungs- und Persönlichkeitsbildung auf gesamtgesellschaftlich repräsentative Weise einstehen kann. Die kirchliche Gemeinschaft und ihr Symbolsystem stehen nicht mehr für das Ganze des gesellschaftlich relevanten Wert- und Orientierungsgefüges.

Genau diese Vorstellung ist es freilich, die hinter Art. 149 der Weimarer Reichsverfassung und Art. 7 des GG stand und steht. Die Religion, die nach den Grundsätzen der Kirchen unterrichtet werden soll, war und ist in der Sicht des Staates doch zugleich immer diejenige, die als die christliche den gesellschaftlichen Grundwertekonsens gewährleisten soll.

Wir werden heute also sagen müssen: Herkunft der Pädagogik aus der Religion – ja. Ja, nach wie vor in dem Sinne, daß jede Erziehung im Horizont der Symbolisierung letzter Zwecke steht, sich als Einwirkung der älteren Generation auf die jüngere in einem Letztgewißheit beanspruchenden, zu moralischem Handeln motivierenden Orientierungsrahmen bewegt.

Die sich dann anschließende Frage ist heute jedoch: welche Religion in Gestalt welchen kulturellen Systems ist diejenige Letztgewißheit symbolisierende Orientierungsinstanz, vermöge deren Erziehung ihre gesinnungs- und persönlichkeitsprägende Funktion erfüllen kann und erfüllen soll?

Diese Frage kann unter den Bedingungen gesellschaftlicher Pluralität, unter denen keines der kulturellen Systeme, auch nicht das der Kirche, für sich in Anspruch nehmen kann, das integrative Ganze des gesellschaftlichen Wertgefüges zu repräsentieren, allein mit den Argumentationsmitteln des funktionalen Religionsbegriffs allerdings nicht beantwortet werden. Mit auffälliger Deutlichkeit hat dies die jüngste Diskussion um LER in Brandenburg vor Augen geführt.[43]

Die Gegner der Einrichtung von LER als ordentlichem Unterrichtsfach weisen zu Recht darauf hin, daß damit die Kirchen aus der Mitverantwortung für den schulischen Religionsunterricht herausgedrängt werden und der Staat Gefahr läuft, sich nun seinerseits das Monopol in religiös-weltanschaulichen Fragen zuzubilligen.[44] Weniger überzeugend ist die Argumentation der Gegner von LER – soweit ich sehe – bislang jedoch an dem Punkt, wo es darum ginge, eben die dominante Verantwortlichkeit der Kirchen – und dann auch noch in ihren konfessionellen Verschiedenheiten – für die Religion an öffentlichen Schulen zu begründen.[45]

Sinn- und Wertvermittlung ist Sache der Religion. In ihr geht es um die inspirierenden Letztgewißheiten in unseren lebensorientierenden Einstellungen. Aber wer sagt, daß die aus der Funktion der Sinn- und Wertvermittlung heraus begriffene christliche Religion der Kirche gehört? Mit welcher Berechtigung soll – gerade aus protestantischer Sicht – allein die Kirche für die Religion die alleinige oder zumindest primäre Zuständigkeit haben? Wenn zugegeben ist, daß unter den Bedingungen des gesellschaftlichen Pluralismus kein kulturelles System, also auch die Kirche nicht, für das das gesellschaftliche Ganze integrierende Wertgefüge einzustehen in der Lage ist und die moderne Gesellschaft eine solche Wertintegration vielleicht auch gar nicht braucht, dann ist auch den Kirchen

43. Vgl. F.-H. Beyer, Religion, Ethik und Lebensfragen in der Schule. Zur Situation des Religionsunterrichts angesichts des Faches LER in Brandenburg, in: IJPT 2, 1998, 113-131; A. Leschinsky, Vorleben oder Nachdenken? Bericht der wissenschaftlichen Begleitung über den Modellversuch zum Lernbereich »Lebensgestaltung – Ethik – Religion«, Frankfurt am Main 1996; M. Meyer-Blanck, Religion – Philosophie – Ethik (»RPE«). Ein Vorschlag zur gemeinsamen Bildungsverantwortung von Kirche und Staat nach dem Streit um LER, in: EvTh 56, 1996, 561-573.
44. Vgl. K. E. Nipkow, Die Herausforderung aus Brandenburg. ›Lebensgestaltung – Ethik – Religionskunde‹ als staatliches Pflichtfach, in: ZThK 93, 1996, 124-148.
45. Darauf weist zu Recht und in immer wieder neuen Anläufen G. Otto hin, zuletzt: Das Ende des konfessionellen Religionsunterrichts, in: Pädagogik 49, 1997, 48-53.

oder anderen verfaßten Religionsgemeinschaften ein institutionelles Vorrecht in der Verantwortung für die Religion in der öffentlichen Schule nicht einzuräumen. Dann ist vielmehr nur allzu offenkundig, daß diese Vorrechtsgewährung eben auf der überkommenen Vorstellung einer christlich dominierten und allein von den Kirchen institutionell sicher zu stellenden Einheitskultur beruht.

Die Frage dürfte sein, ob dieser den Kirchen gewährte institutionelle Geltungsschutz mit der religiös-weltanschaulichen Pluralität in der Gesellschaft noch zu vereinbaren ist. Je stärker sich das Bewußtsein von den religionsproduktiven Tendenzen in unserer Gegenwart durchsetzen wird, wofür gerade auch der funktionale Religionsbegriff die Augen öffnen kann, desto größeres Gewicht wird die Frage bekommen, ob denn die Religion und des näheren dann auch die christliche Religion in ihrem gesellschaftlichen Vorkommen und den Bedingungen ihrer sozialen Vermittlung an die Kirche als gesellschaftliche Institution gebunden ist oder nicht auch in anderen gesellschaftlichen Assoziationen – wie etwa dem humanistischen Verband, einer sich auf ihre humanen Wertgrundlagen verständigenden Schulgemeinde, einem auch außerhalb der Kirche lebendigen freien Protestantismus vor allem – ihre Verwirklichung hat. Dem Staat gehört die Religion auch nicht, wird man dann zugeben können. Aber warum sollen nur die in ihrem überkommenen Konfessionsdifferenzen verharrenden Kirchen die Verantwortung für sie tragen können? Es wird sich diese Frage um so drängender Gehör verschaffen, je weniger es der Kirche bzw. den Kirchen gelingt, sich als gesellschaftsöffentliche Institutionen der Sinnvermittlung und Wertorientierung im gesellschaftlichen Spiel zu halten bzw. in dieses sich noch einzubringen.

Wenn etwa auch nach dem Ende der DDR die vom humanistischen Verband organisierte Jugendweihe der Konfirmation mit Abstand den Rang abläuft und die Ostkirchen gar keine Anstrengungen unternehmen, diesem fortschreitenden Trend entgegenzuwirken, sondern sich lieber in ihrer nur binnenkirchlich plausiblen »Sondergruppensemantik« (N. Luhmann) einkapseln, braucht man sich nicht zu wundern, daß ihnen auch staatlicherseits – wie im Brandenburger Landtag geschehen – eine gesellschaftsöffentlich relevante Religionsfähigkeit gar nicht mehr zuerkannt wird.

Die Religion gehört der Kirche nicht. Sie gehört auch nicht dem Staat, jedenfalls dann nicht, sofern er sich ihrer nicht totalitär bemächtigt. Auf institutionelle Zuständigkeiten allein läßt sich unter den Bedingungen der spätmodernen Pluralität die christliche Religion nicht bringen. Gerade auch ihre Wirkungsgeschichte in der neuzeitlichen Pädagogik zeigt, wie sie sich in den Symbolwelten und Verhaltensregulativen eingelagert hat, die nun den inspirierenden und motivierenden Orientierungshorizont beschreiben, in dem sich heute Erziehung praktisch vollzieht, in dem sich unsere Vorstellungen vom Leben und unsere Einstellungen zum Leben bilden und an die nachwachsende Generation vermittelt werden. Die christliche Religion selber, bzw. das Verständnis ihrer Sinngehalte ist pluralisiert. Und sie ist individualisiert bzw. privatisiert. Aber auch als pluralisierte, individualisierte und privatisierte christliche Religion hat sie ihre Wirkungsgeschichte in der Pädagogik, also in der Praxis der Erziehung.

5. Die Artikulation der christlich-religiösen Quellen humaner Wertorientierung

Über die Vorzüglichkeit der religiösen Orientierungssysteme in ihrer Wirkung auf die Pädagogik ist im Zusammenhang einer funktionalen Religionstheorie allein nicht zu entscheiden. Um entscheiden zu können, braucht es normativ-inhaltliche Kriterien. Auch die Kirchen werden diese Kriterien verstärkt zur Geltung bringen müssen, wenn sie ihre Verantwortlichkeit für die Religion in der öffentlichen Schule nicht allein aus dem überkommenen institutionellen Geltungsschutz begründen möchten.

Fragt man, welche Kriterien dies sein könnten, nach deren Maßgabe über die Vorzüglichkeit einer inhaltlich bestimmten Religion in der öffentlichen Schule zu urteilen wäre, dann sieht man sich möglicherweise allerdings doch wieder auf das Glaubensbekenntnis des savoyischen Vikars verwiesen. Es werden jedenfalls Kriterien sein müssen, welche die Religion inhaltlich von dem Beitrag her bestimmen, den sie für eine allgemein kommunikable, humane Wertorientierung leistet. Was wäre denn eine solche humane Wertorientierung?

Ich denke, darüber ist Verständigung unter Zeitgenossen hierzulande durchaus möglich, weshalb ich im Blick auf die Wertorientierung letztlich doch auch wieder nur von einer sehr begrenzten Pluralität reden würde. Die humane Wertorientierung, auf die wir Heutigen hierzulande uns vermutlich am ehesten verständigen können dürften, bewegt sich schließlich im Rahmen der Entwicklung jener – eben durch das Christentum entscheidend mitgeprägten – »neuzeitlichen Identität«[46], für welche die Menschenrechte im Sinne der Verpflichtung auf Freiheit und Selbstbestimmung, auf die Anerkennung der unverletzlichen Würde der Person, ihrer individuellen Rechte ebenso kennzeichnend sind wie die morali-

---

46. Vgl. auch zum folgenden Ch. Taylor, Quellen des Selbst. Die Entstehung der neuzeitlichen Identität, Frankfurt am Main 1996.

schen Forderungen nach wechselseitiger Anerkennung dieser Freiheitsrechte, des allgemeinen Wohlwollens gegenüber jedermann, der universellen Gerechtigkeit und schließlich auch des Schutzes der natürlichen Lebensgrundlagen.

Zur Entwicklung unserer neuzeitlichen Identität gehört es freilich auch, daß wir bei großer Übereinstimmung in der Wertorientierung zugleich verschiedener Meinung sind hinsichtlich der Gründe, weshalb wir nach ihr handeln sollen. Trotz unserer folgenschweren moralischen Bindung an individuelle Freiheit, allgemeines Wohlwollen und universelle Gerechtigkeit unterscheiden wir uns doch enorm, wenn es um die Frage geht, welches die Quellen sind, die unsere Wertorientierung stützen und uns zu ihrer Verwirklichung anspornen. Da die Frage nach den Quellen zugleich das Problem der lebenspraktischen Realisierung, der faktischen Befolgung unserer Wertorientierung betrifft, ist deren persönliche Beantwortung jedoch keineswegs gleichgültig. Ein umfassender Konsensus in den Werten besagt wenig, wenn ihm keine Artikulation der Quellen entspricht, die uns zur Einhaltung eines Wertekanons in der Lebenspraxis tatsächlich veranlassen.

Wie werden die Werte selber denn empfunden, sofern wir sie überhaupt ernstnehmen? Sie können einfach als zwingende Forderungen angesehen werden, als Maßstäbe, im Hinblick auf die wir uns im Falle des Versagens unzulänglich, schlecht oder schuldig fühlen. Wir können sie also im Sinne des aufklärerischen Naturalismus als Pflichten empfinden, welche die humane Vernunft unbedingt gebietet. Es dürfte unzweifelhaft sein, daß viele Menschen das so sehen, und wahrscheinlich gilt das zumindest gelegentlich für die meisten von uns. Etwas anderes ist es jedoch, zur Befolgung dieser humanen Werte des allgemeinen Wohlwollens und der Gerechtigkeit durch das Gefühl angespornt zu werden, nicht nur einem allgemeinen Gesetz der Vernunft aus Achtung vor ihm gehorchen zu müssen, sondern weil die Menschen selber es in hohem Maße wert seien, daß man ihnen hilft und sie gerecht behandelt, also durch das Gefühl ihrer unverletzlichen Würde und ihres unendlichen Werts.

Das dürfte denn auch der Punkt sein, an dem wir allererst mit den Moralquellen in engere Berührung kommen, die den Werten, in denen wir aufgrund der durch das Christentum mitbestimmten Entwicklung unserer neuzeitlichen Identität weitgehend übereinstimmen, eine ihre Befolgung motivierende Grundlage verschaffen. Gewiß, auch diese Quellen existieren in der Mehrzahl. Die Frage dürfte jedoch sein, ob nicht die jüdisch-christliche Glaubensvorstellung von der göttlichen Bejahung der Kreatur für sie alle, die sie die neuzeitliche Identität mit geformt haben, besonders prägend geworden ist. In dem »siehe, es war sehr gut« des alttestamentlichen Schöpfungsberichts und schließlich im christlichen Inkarnationsglauben ist die zentrale Verheißung einer göttlichen Bejahung des Menschlichen artikuliert.

Hohe Wertmaßstäbe brauchen tiefe Quellen, die zu ihrer Befolgung inspirieren. Von daher läßt sich dann aber auch behaupten, daß insbesondere der jüdisch-christliche Gottesglauben, in dem diese göttliche Bejahung des unermeßlichen Wertes jedes Menschenlebens ausgesprochen ist, das kulturelle System einer Pädagogik zur wirkungsgeschichtlichen Folge hat, welches Kräfte zur Befolgung unserer humanen Wertorientierung zu vermitteln und freizusetzen in der Lage ist.

Es wäre dies ein Argument für die christlich-religiöse Begründung einer humanen Pädagogik. Dieses Argument arbeitet nicht nur mit dem Verweis auf die allgemeine Funktion der Religion für die Erziehung in Gestalt gesellschaftsintegrativer Sinn- und Wertvermittlung. Es wäre dies aber auch nicht ein Argument, das sich lediglich auf den institutionellen Geltungsschutz der Kirche oder biblisch-dogmatische Positionalitäten beruft. Es wäre vielmehr ein Argument, das auf das unsere humane Wertorientierung inspirierende Potential spezifisch des jüdisch-christlichen Glaubens an Gott den Vater und den »unendlichen Wert der Menschenseele« (Adolf von Harnack) abhebt und das von daher auf human plausible Weise den Anspruch begründet, weshalb es der Sinn- und Wertorientierungsgehalt spezifisch der christlichen Religion ist, der zugleich die Pädagogik einer humanen Schule aus sich entlassen kann. Diese inspirierende Quelle humaner Wertorientierung kann im biblischen Evangelium entdeckt werden und so ihre moralisch motivierende Kraft freisetzen. Sie kann sich auch im Traditionsstrom eines humanistischen Denkens vermitteln, vermutlich aber doch wohl deshalb, weil dieses in einem weiteren Sinne auch zur Christentumsgeschichte gehört.[47]

Sofern zutrifft, daß wir hinsichtlich unserer normativen Wertorientierung an Freiheit, allgemeinem Wohlwollen und universeller Gerechtigkeit im wesentlichen übereinstimmen, weil sich darin unsere neuzeitliche Identität konstituiert, dürfte die religionspädagogisch entscheidende Frage die sein, inwieweit es die Artikulation der religiösen Inspirationsquellen dieser Wertorientierung braucht – gerade für die Erfüllung der pädagogischen Aufgaben selber. Darüber dürfte so leicht kein Konsens zu erzielen sein. Wer diese Inspirationsquelle im Evangelium erkennt und

47. Insofern bewegt sich die hier vorgetragene Argumentation für die Begründung des Religionsunterrichts an öffentlichen Schulen auf der Linie, die seinerzeit schon M. Stallmann ausgezogen hat: Christentum und Schule, Stuttgart 1958; sowie dann auch auf der Linie des sich schließlich gegen den »konfessionellen« Religionsunterricht aussprechenden H. Stock, Religionsunterricht in der ›kritischen Schule‹, Gütersloh 1968.

dieses pädagogisch am Ort der öffentlichen Schule deshalb auch zu vermitteln strebt, wird freilich auf alle Zwangsmaßnahmen verzichten, andere ebenfalls auf diese inspirierende Quelle unseres Selbstverständnisses zu verpflichten. Er weiß sich damit schließlich von eben derjenigen Letztgewißheit zum pädagogischen Handeln motiviert, die zur Anerkennung des anderen auch in seinem Anderssein, auch in seinem religiös-weltanschaulichen Anderssein nötigt.

Abschnitt D:
Person und Beruf

16. Kapitel

Die kulturelle Bedeutung des religiösen Berufs

»Es ist doch eine auffallende Sache, meine Freunde, daß, während in allen anderen Ständen ein jeder weiß, wer er ist, und unter den Standesgenossen darüber nicht der mindeste Zwiespalt obwaltet, eben in unserem der eine sagt, wir sind das, der andere, nein, wir sind nicht das, sondern das sind wir.«

So der Kieler Propst Claus Harms (1778-1855) im 2. Band seiner 1831 erschienen Pastoraltheologie.[1] Die Unsicherheit im Selbstverständnis des evangelischen Pfarrers, die der von Schleiermachers »Reden über die Religion« in seinen frühen Jahren tief beeindruckte, später in der »Erweckungsbewegung« engagierte Claus Harms als eine in der Pfarrerschaft allgemein verbreitete bekundete, ist ein Phänomen des *neuzeitlichen* Protestantismus. Diese Unsicherheit hat die evangelischen Kirchen keineswegs von Anfang an begleitet.

Die Reformation des 16. Jahrhunderts hat zwar für die evangelische Kirche die besondere Amtswürde eines geweihten, mit göttlichen Kräften zur Vermittlung des Heils versehenen Priestertums nicht mehr anerkannt. Zu Priestern, im Sinne der Aufnahme in die Gotteskindschaft, der Teilhabe an der durch Christus gewirkten Erlösung, sind alle Christenmenschen ohne jeden Unterschied durch ihre Taufe berufen. Eine theologische Begründung der besonderen Würde des geistlichen Amtes konnte es von daher nicht mehr geben. Das mußte im frühneuzeitlichen Protestantismus jedoch keineswegs bedeuten, daß dem geistlichen Amt seine Autorität qua göttlicher Einsetzung abzusprechen sei. Von ihr konnte in den evangelischen Kirchen des 16. und 17. Jahrhunderts vielmehr immer noch ausgegangen werden. Die Anknüpfung an die spätmittelalterliche Dreiständelehre erlaubte es der altprotestantischen Theologie schließlich, eine Gesellschaftstheorie zu entwickeln, in der alle Stände, denen das Gemeinwesen seine Erhaltung verdankt, auf die göttliche Ordnung zurückgeführt werden konnten. Der status ecclesiasticus erhielt so gleichen Rang neben dem status oeconomicus und dem status

---

1. C. Harms, Pastoraltheologie. In Reden an Theologiestudierende. Zweites Buch: Der Priester, Kiel 1831, 25. Vgl. auch ders., Pastoraltheologie. In Reden an Theologiestudierende. Erstes Buch: Der Prediger, Kiel 1830; sowie ders., Pastoraltheologie. In Reden an Theologiestudierende. Drittes Buch: Der Pastor, Kiel 1834.

politicus. Auf der Basis dieser Ständelehre war es dem geistlichen Amt möglich, ein geistliches Standesbewußtsein, ein ihm spezifisches Amtsverständnis auszubilden. Es konnte seine Stellung im Gegenüber zur Gemeinde und ihren Hausständen, wie auch im Gegenüber zum Adel und der aus ihm gebildeten Obrigkeit behaupten.[2]

Es war dies freilich eine sozio-theologische Legitimation des geistlichen Standes, eine Formation im Selbstverständnis des geistlichen Amtes somit auch, deren Plausibilität an den historischen Kontext der ständisch gegliederten Sozialordnung gebunden war. Die fortgeschrittene Auflösung der Sinnwelt der Ständegesellschaft und des näheren dann die Orientierungskrise, die daraus für die Auffassung vom »geistlichen Stand« folgte, reflektiert der eingangs zitierte Passus aus Harms' Pastoraltheologie von 1831.

Nicht der Wegfall einer *besonderen* theologischen Legitimation des Klerikerstandes, wie ihn die Reformation bewirkt hat, brachte jedenfalls unmittelbar schon all jene Selbstverständnisdebatten mit sich, die die Pastoraltheologien seit der Mitte des 18. Jahrhunderts durchziehen. Die Diskussion um das Selbstverständnis des Pfarrerberufs ist von daher auch nicht nur im Zusammenhang der Aufhebung der durch sakramentale Weihevollmachten legitimierten Priesterkaste, welche die Reformation vollzogen hat, zu sehen. Sie steht vielmehr ebenso im Zusammenhang der sozialgeschichtlichen Veränderungen, die wir mit dem Aufkommen der bürgerlichen Gesellschaft, mit den Anfängen der gesellschaftlichen Moderne verbinden. Im vormodernen, frühneuzeitlichen Protestantismus wußte sich die Pfarrerschaft noch als integralen Teil der ständisch gegliederten Gesellschaft. Aus der Dreiständelehre hat sie ihr Amtsverständnis und gesellschaftliches Selbstbewußtsein abgeleitet. Es lag deshalb zur Zeit des Altprotestantismus ebenfalls im Interesse des geistlichen Standes, die ständische Gesellschaftsordnung zu erhalten, auch wenn Pfarrer sich dem Adel gegenüber immer wieder kritisch eingestellt zeigten.[3] Das alles hat sich mit dem Aufkommen des Bürgertums, seit der Mitte des 18. Jahrhunderts, erheblich geändert. Protestantische Pfarrer definierten sich nun nicht mehr allein über das geistliche Amt, sondern sahen ihren Beruf in der religiös-sittlichen Bildungsaufgabe. In deren Erfüllung wollten sie zum Aufbau der bürgerlichen Gesellschaft beitragen.

2. Vgl. L. Schorn-Schütte, Evangelische Geistlichkeit in der Frühneuzeit. Deren Anteil an der Entfaltung frühmoderner Staatlichkeit und Gesellschaft, Gütersloh 1996.
3. Vgl. ebd.

1. Das protestantische Pfarramt als bürgerlicher Beruf

»Unter Bürgertum kann man sehr Verschiedenes verstehen«, sagt Lothar Gall in seiner die Geschichte der Familie Bassermann exemplarisch rekonstruierenden Darstellung des »Bürgertums in Deutschland«.[4] Das Bürgertum, das Gall meint und das er mit seiner Erzählung der Geschichte der Familie Bassermann, aus der auch der liberale Heidelberger Praktische Theologe Heinrich Bassermann hervorgegangen ist, in Aufstieg und Verfall beschreibt, trägt eben diejenigen Merkmale, deren Übernahme allererst auch zur Formulierung einer Professionstheorie vom geistlichen Amt geführt haben. Es dürfte jedenfalls mit dem Aufkommen der bürgerlichen Gesellschaft überhaupt und der von Teilen der Pfarrerschaft selbst vollzogenen Eingliederung des Pfarrerberufes in sie aufs engste zusammenhängen, daß das geistliche Amt, in das Christen, um des geordneten Dienstes am Worte Gottes willen, durch die Kirche berufen werden, nicht schon durch die dem geistlichen Stand nach kirchlicher Ordnung obliegenden Amtspflichten – der Evangeliumsverkündung und Sakramentsverwaltung – hinreichend definiert ist. Mit dem Aufkommen der bürgerlichen Gesellschaft stellte sich auch die Frage nach dem Besonderen der Profession des Geistlichen neu, nach dem Selbstverständnis des religiösen Berufs somit, im Vergleich mit anderen bürgerlichen Berufen.

Worauf Gall in seiner Darstellung des »Bürgertums in Deutschland« die Aufmerksamkeit lenkt, darauf gilt es daher auch in der Frage nach dem neuzeitlichen Verständnis des Pfarrerberufs zu achten.

»Die Aufmerksamkeit gilt jener Schicht von Kaufleuten und vorindustriellen ›Unternehmern‹ unterschiedlicher Art, von Beamten, Angehörigen der freien Berufe und ›Gebildeten‹ in den verschiedensten Stellungen, deren Mitglieder ihre wirtschaftliche und vor allem auch gesellschaftliche Stellung zunächst im wesentlichen ihrer individuellen Leistung und Initiative verdanken. Teils aus dem alten Stadtbürgertum, teils aber auch aus ganz anderen sozialen Gruppen aufsteigend, suchten sie dieses die Stände übergreifende Prinzip individueller Leistung und Qualifikation schließlich – in mehr oder weniger ausgeprägter Opposition zu der überlieferten geburtsständisch-korporativen Ordnung – zum Hauptprinzip aller wirtschaftlichen, gesellschaftlichen, politischen und geistig-kulturellen Ordnung zu erheben.«[5]

Faßt man den Begriff des Bürgertums so, daß man darunter die im 18. Jahrhundert aufkommende Schicht einer neuen »Leistungselite« begreift, die den vorhandenen »Geburtseliten« von Bauerschaft und Adel konkurrierend gegenübertrat, sich im 19. Jahrhundert schließlich als die-

---

4. Vgl. L. Gall, Bürgertum in Deutschland (1989), München (btb) 1996, 21.
5. A. a. O., 21 f.

ser neue »Mittelstand« etablierte, der Prinzipien für sich geltend machte, die Geltung für das Ganze der Gesellschaft beanspruchten, so sind darin eben die Merkmale mit enthalten, über die sich auch der Pfarrerberuf neu zu definieren versuchte. Er unternahm es nun, sein – freilich immer labiles – Selbstverständnis aus der konstitutiven Zugehörigkeit zu der die bürgerliche Gesellschaft tragenden »Leistungselite« zu gewinnen. Nicht die priesterliche Würde, aber auch nicht allein die kirchliche Berufung ins geistliche Amt sollten den Pfarrerberuf legitimieren, sondern die Leistung, die er für die geistig-kulturelle Bildung der Gesamtgesellschaft erbringt. Und diese Leistung, so war man überzeugt, verlangt die höchsten individuellen Anforderungen sowohl an das religiöse Interesse wie an den wissenschaftlichen Geist derer, die diesen Beruf auszuüben.

Artikuliert hat sich dieses neue Verständnis des Pfarrerberufs, das weder auf die Klerikerwürde noch auf den geistlichen Stand, sondern auf die durch Qualifikationen zu erwerbende Profession und ihren gesellschaftlichen Nutzen abhebt, vor allem in den seit der 2. Hälfte des 18. Jahrhunderts zahlreich erschienenen Pastoraltheologien. Niedergeschlagen hat sich das neue Professionalisierungskonzept dann aber auch in der Einrichtung neuer Berechtigungsverfahren für die Übernahme der Theologiestudenten in den kirchlichen Dienst, in Prüfungsordnungen, in der Einführung des Vikariats und dem Aufbau von Predigerseminaren, in der Einführung einer sich ans Berufsbeamtentum anlehnenden Besoldungsordnung.[6]

6. Vgl. Ch. Homrichhausen, Evangelische Pfarrer in Deutschland, in: W. Conze/ J. Kocka (Hg.), Bildungsbürgertum im 19. Jahrhundert Teil I, Stuttgart 1985, 248-278; O. Janz, Bürger besonderer Art. Evangelische Pfarrer in Preußen 1850-1914, Berlin/New York 1984; ders., Zwischen Amt und Profession. Die evangelische Pfarrerschaft im 19. Jahrhundert, in: H. Siegrist (Hg.), Bürgerliche Berufe. Zur Sozialgeschichte der freien und akademischen Berufe im internationalen Vergleich, Göttingen 1988, 174-199; ders., Zwischen Bürgerlichkeit und kirchlichem Milieu. Zum Selbstverständnis und sozialen Verhalten der evangelischen Pfarrer in Preußen in der zweiten Hälfte des 19. Jahrhunderts, in: O. Blaschke/F.-M. Kuhlemann, Religion im Kaiserreich. Milieus – Mentalitäten – Krisen, Gütersloh 1996, 382-406; F.-M. Kuhlemann, Religion, Bildung und bürgerliche Kommunikation. Zur Vergesellschaftung evangelischer Pfarrer und des protestantischen Bürgertums in Baden 1860-1918, in: K. Tenfelde/H.-U. Wehler (Hg.), Wege zur Geschichte des Bürgertums, Göttingen 1994, 149-170; ders., Glaube, Beruf, Politik. Die evangelischen Pfarrer und ihre Mentalität in Baden 1860-1914, in: L. Schorn-Schütte/W. Sparn (Hg.), Evangelische Geistlichkeit. Zur sozialen und politischen Rolle einer bürgerlichen Gruppe in der deutschen Gesellschaft des 18. bis 20. Jahrhunderts, Stuttgart 1997, 98–127; L. Hölscher, Die Religion des Bürgers. Bürgerliche

Die Pastoraltheologie wurde zu dem Ort, an dem sich dieses neue professionelle Selbstverständnis vom Pfarrerberuf artikulieren konnte. Es war dies die Disziplin innerhalb der in dieser Zeit allererst sich etablierenden Praktischen Theologie, in der einzelne Vertreter des Pfarrerberufs, aus ihrer zumeist langjährigen Arbeit heraus, dessen Berufstheorie zu formulieren unternahmen. Sie stellten sich dabei den gesteigerten Anforderungen, die an die Legitimation des geistlichen Amtes in Kirche und Gesellschaft gerichtet wurden. Und sie entwickelten dabei so etwas wie ein Selbstkonzept der professionellen Wahrnehmung dieses Amtes. Damit wandten sie sich vor allem an diejenigen, die selber noch vor ihrem praktischen Eintritt in diesen Beruf standen. Ihre Adressaten waren vor allem die jungen Berufsanwärter.

Ich will im folgenden drei dieser Pastoraltheologien knapp vorstellen, in denen sich das Selbstkonzept des Pfarrerberufs in den Anfängen seiner Professionalisierung, dabei dann aber auch im Spannungsfeld von Kirche, Kultur und Gesellschaft artikuliert.

2. Die Professionalisierung des Pfarrerberufs im Spiegel von Pastoraltheologien

a) Johann J. Spalding (1714-1804)

Daß sich in der zweiten Hälfte des 18. Jahrhunderts ein gesteigerter Legitimationsbedarf wie auch ein praktisches Orientierungsinteresse anmeldete, sagt schon der Titel der 1773 erschienenen pastoraltheologischen Schrift des rationalistischen Theologen, Berliner Propstes und Oberkonsistorialrates Johann J. Spalding: »Über die Nutzbarkeit des Predigtamtes und deren Beförderung«[7]. Gemeint ist der Nutzen für die religiöse und moralische Bildung des Ganzen der Gesellschaft sowie ihrer einzelnen Glieder. Die religiöse Bildungsaufgabe möchte Spalding in dieser Schrift dem Beruf des Geistlichen zugewiesen sehen, zu ihrer förderlichen Wahrnehmung möchte er diesen vor allem anleiten.

»Während der geraumen Zeit meines Predigtamtes (Lassahn und Barth in Pommern, schließlich Berlin, W. G.) ist es mir vielfältig und in der Folge immer lebhafter, in den Sinn gekommen, daß dieses Geschäft, seiner Natur nach, von einer überaus großen Würde und Nutzbarkeit sey; daß es aber auch eben deswegen so viel mehr verdiene, mit dem äussersten und sorgfältigsten Fleiße ganz zu demjeni-

Frömmigkeit und protestantische Kirche im 19. Jahrhundert, in: Historische Zeitschrift 250, 1990, 595-630.

7. J. J. Spalding, Über die Nutzbarkeit des Predigtamtes und deren Beförderung, Berlin 1773.

gen Nutzen angewendet zu werden, welchen es dem menschlichen Geschlechte schaffen kann.«[8]

Um das geistliche Amt in einer für die Gesellschaft nutzbringenden Weise ausüben zu können, gilt es, von klerikalen, auf Priesterwürde und Amtsautorität pochenden Ambitionen entschlossener als dies bislang auch im Protestantismus geschehen war, Abschied zu nehmen:

»Wir sind keine Opferbringer für das Volk; keine abgesonderten Mittelpersonen zwischen Gott und den Menschen, keine geweihte Besorger heiliger Gebräuche, die nach eigener Willkür, vermittels einer magischen Kraft, Heil oder Elend über andere bringen könnten, keine thätigen Austheiler der Vergebung der Sünden, keine privilegierte Innehaber der Schlüssel zum Himmel oder zur Hölle. Die Idee von Priestern hat in der Christenheit den äußersten Schaden gethan. Man verbindet damit den Gedanken, daß sie die Unterhandlungen der Menschen bey Gott führeten, daß sie ihre Vertreter bey dem Allmächtigen wären, und ihnen hinwiederum seine Gnaden ausspendeten. Daher sind die Anmassungen von Obergewalt und Authorität entstanden, die der Religion und der bürgerlichen Gesellschaft gleich verderblich haben werden müssen.«[9]

Das Pfarramt in seinem Nutzen sowohl für die Religion wie für die bürgerliche Gesellschaft insgesamt zu begreifen, hieß für Spalding, entschieden all jene Bedeutungszuschreibungen von ihm abzustoßen, die auf seiner absoluten, göttlichen Autorität insistieren. Damit sind absolutistische Herrschaftsverhältnisse gesetzt. Die sind der Religion schädlich, da diese dann nicht als eigene Bildung von Geist und Gewissen verstanden, sondern an die Mittlertätigkeit des Priesters delegiert wird. Sie sind aber auch der Durchsetzung der bürgerlichen Gesellschaft abträglich, da diese gerade eine solche Religion braucht, die nicht überkommene Herrschaftsordnungen heiligt, sondern in der Bildung von Geist und Gewissen unter den Menschen Gestalt gewinnt.

Daß religiöse und moralische Bildung befördert wird, dazu sind die Prediger da. Das ist die primäre Funktion ihres Amtes. Zu wünschen bleibt deshalb, daß »ein Prediger auch in seinen anderen Verhältnissen nützlich und dadurch geachtet werden kann«[10]. Nützlich für die Gesellschaft soll er auch als »Gelehrter«[11] und durch das »Studium der Landwirthschaft«[12] sein. »Bey dem allem aber bleibt doch eines die Hauptsache des Predigers und sein eigentliches Werck; er soll Religion und

---

8. A.a.O., 5.
9. A.a.O., 5f.
10. A.a.O., 26.
11. Ebd.
12. A.a.O., 34.

Glückseeligkeit lehren.«[13] Als Bildungsaufgabe also soll er seinen Predigerberuf begreifen, sowohl im engeren kirchlich-religiösen wie im weiteren, die Kulturarbeit in der Gesellschaft überhaupt betreffenden Sinn.

Um diese Bildungsaufgabe erfüllen zu können, um zum Predigerberuf somit tauglich zu sein, braucht es keine priesterliche Weihe und keine Ordination ins kirchliche Amt. Was es dazu bracht, sind »Wissenschaft, Geschicklichkeit zu lehren und hinlängliche Musse«[14].

»Indem ein Christ, er sey, wer er wolle, mit der erforderlichen Einsicht und mit einem redlichen empfindungsvollen Herzen, seine Brüder entweder einzeln oder in ganzen Versammlungen nach dem Inhalt seines Glaubens unterrichtet, ermahnet, aufmuntert und tröstet, so weiß ich nicht, worin die Wirkung dieser Belehrungen von derjenigen, die ein geweiheter Prediger hervorzubringen im Stande wäre, unterschieden seyn sollte.«[15]

Die Wirkung religiöser und moralischer Bildung ist eine auf Verstand, Herz und Gewissen gehende. Um sie leisten zu können, ist eigene Verstandes-, Herzens- und Gewissensbildung nötig. Nach ihrer Maßgabe und nicht nach absoluten, göttlich autorisierten Vorgegebenheiten einer höheren Amtswürde bemißt sich die Tauglichkeit zum Predigerberuf. An der Erfüllung dieser Tauglichkeitskriterien hängt sein Nutzen für die Gesellschaft.

Es ist eine durch und durch funktionale, an Leistungskriterien sich orientierende Begründung des Pfarrerberufs, die Spalding gegeben hat. Die Gesellschaft braucht Religion, denn die »Lehre der Religion ist zugleich Lehre der Tugend. Die Religion ist Tugend um Gottes willen; rechtschaffende Gesinnung und rechtschaffendes Verhalten aus der Erkenntnis unserer Abhängigkeit von Gott, seiner Regierung, seiner Wohlthaten und seiner Vergeltung.«[16] Solche Lehre in der Religion braucht die Gesellschaft, weil solche Religion zugleich Sittenlehre ist, Lehre von der rechten Lebensführung und Vermittlung der Motivationen, sie im eigenen Leben praktisch zu befolgen. Und damit diese Lehre ordentlich, stetig und gekonnt wahrgenommen wird, dazu braucht es die Einrichtung des Predigeramtes.

»Die Leitung der Menschen zur Weisheit und Tugend ist zu wichtig, als daß man es damit auf Willkühr und Ungewißheit könnte ankommen lassen; und daher wird die Veranstaltung eines besonderen Amtes, einer eigenen Klasse von solchen Personen nothwendig, die dies zu ihrem eigenthümlichen Geschäfte haben. Das sind

---

13. A. a. O., 33.
14. A. a. O., 34.
15. Ebd.
16. A. a. O., 50.

nun die Prediger, und nebst ihnen alle diejenigen, die darum zu dem geistlichen Stande gerechnet werden, weil es ihnen durch einen ordentlichen Beruf aufgetragen ist, an der Ausbreitung der Erkenntniß und Ausübung der Religion bey andern zu arbeiten.«[17]

Das ist die Begründung des Pfarrerberufs als bürgerlichem Beruf par excellence. Sie läßt »die Prediger als bestellte Sittenlehrer ansehen, in so ferne sie auf die bürgerliche Gesellschaft eine eigene Beziehung haben«.[18]

Die entstehende bürgerliche Gesellschaft hat dem Pfarramt diesen Elan vermittelt, eine auf die Bildung von Moral und Sittlichkeit, aber auch von lebenspraktischer Tüchtigkeit zielende und diese durch Bildungsarbeit befördernde Einrichtung zu sein. Die Stellung, die der einzelne in der Gesellschaft einnimmt, sollte nun ja überhaupt von seiner Leistung zur Förderung des allgemeinen Wohls und nicht von absoluten, ständisch oder dann eben auch göttlich legitimierten Vorgegebenheiten und Herrschaftsansprüchen abhängig gemacht sein. Und dieses Selbstverständnis der bürgerlichen Gesellschaft hat sich – wie Spalding zeigt – geradezu exemplarisch am Pfarrerberuf ausformulieren können. Der protestantische Geistliche sollte nach Spalding nicht von seiner Amtswürde und deren göttlicher Legitimation her verstanden sein, sondern von seinem Beruf für die bürgerliche Gesellschaft her. Und ihn von seinem Beruf her zu verstehen, sollte nichts anderes heißen, als ihn an den Leistungen zu messen, die er in die Gestaltung der Gesellschaft einbringt, also nach Maßgabe der Beförderung derjenigen religiös-sittlichen Bildung, deren die Gesellschaft und alle ihre Glieder um der Steigerung des allgemeinen Wohles willen bedarf.

Bei diesem Elan ist es nicht lange geblieben, weder was den Idealismus der Vorstellungen anbelangt, die sich mit dem Projekt der bürgerlichen Gesellschaft als einer Gesellschaft der in ihren Bildungs- und Wettbewerbschancen Gleichen und Freien verband, noch was den Vorschlag des rationalistischen Theologen Spalding anging, den Pfarrerberuf differenzlos in das Bildungsprogramm einzuzeichnen, dem das Projekt der bürgerlichen Gesellschaft seinen schließlichen Erfolg zuzuschreiben gedachte.

b) Ludwig Hüffell (1784-1856)

Das zeigt exemplarisch die Artikulation des Pfarrerselbstverständnisses durch den hessischen Pfarrer, Leiter des theologischen Seminars in Herborn und schließlich badischen Prälaten Ludwig Hüffel. In der 4. Aufl.

17. A. a. O., 35.
18. A. a. O., 50.

von Ludwig Hüffels pastoraltheologischer Schrift »Wesen und Beruf des evangelisch-christlichen Geistlichen« von 1843[19] lesen wir:

»Wir haben die Menschen sittlich bessern wollen, sagt eine große Mehrheit der Geistlichen, und wir haben darin unsere eigentliche Aufgabe erkannt. Wir wollen dieses einmal zugeben; aber wir fragen weiter: wie habt ihr denn nun eure Sache angefangen, um zu dem erwünschten Ziele zu gelangen? Wir haben stets nur Moral gepredigt und haben dabei so stark als möglich auf die Vernunft und auf das sittliche Gefühl hinzuwirken gesucht; wir sind dabei auch selbst, so weit es möglich war, mit einem guten Beispiele vorangegangen. Wohl mögt ihr auf diesem Wege nicht viel erreicht haben, wäret ihr auch von allen Seiten unterstützt worden; denn ihr habt einen andern Grund gelegt, als gelegt ist; ihr habt eure eigentlichen Waffen nicht gebraucht, sondern ihr seid mit abgenutzten Mitteln in die Schranken getreten. Könnte man mit Moralpredigten und Vernunftlehren die Welt verbessern, so wäre Christus überflüssig gewesen; denn diese Lehren hatten die Heiden auch. Es muß also ein ganz anderer Standpunkt gewählt werden, will man die Wirksamkeit des evangelischen Geistlichen richtig beurteilen.

Und dieser Standpunkt ist der kirchliche. Es muß zunächst gefragt werden: ob der Geistliche im Sinne seiner Kirche und als deren Diener wirke oder nicht, und dann erst kann über seine Nützlichkeit ein Urteil gefällt werden. Im Sinne seiner Kirche wirkt aber der evangelische Geistliche, wenn er das Evangelium von Christo rein und lauter, wie es die heilige Schrift enthält, verkündigt, und wenn er nun auch, diesem unveränderten Grunde gemäß, in allen seinen übrigen Dienstleistungen und in seinem ganzen Verhalten christlich erscheint. [...]

Der Rationalismus hat unsere Kirche an den Rand des Verderbens gebracht; das Evangelium wird sie retten. Die Zeit der Halbheit und Unentschiedenheit ist gleichfalls vorüber. Es gilt jetzt: wer nicht mit mir ist, der ist wider mich: es gilt der Existenz der evangelischen Kirche gegenüber einer in ihre materiellen Interessen von Tag zu Tag tiefer versinkenden Welt und einer neu auftauchenden Macht der katholischen Kirche, welche in geschlossenen Reihen anrückt und in dem seichten Rationalismus keinen Widerstand zu befürchten hat.«[20]

Hat der Rationalist Spalding die Kirche als Bildungsanstalt begriffen und den Beruf des evangelischen Geistlichen dahingehend verstanden, daß er für die Förderung derjenigen lebensorientierenden Einstellungen, denen die Ideale der bürgerlichen Gesellschaft ihre fortschreitende Verwirklichung verdanken sollten, auf selber gebildete Weise arbeitet, so scheinen für Hüffel diese Ideale zerronnen, damit aber auch die Möglichkeit dahin, »Wesen und Beruf des evangelisch-christlichen Geistlichen« von der Gesellschaft und der Erfüllung ihrer Leistungen für die allgemeine Wohlfahrt her zu begreifen. An die Stelle der Gesellschaft und der kultu-

19. Hier zitiert nach L. Hüffel, Wesen und Beruf des evangelisch-christlichen Geistlichen. Mit einer Einleitung versehen von A. Klas, Gotha 1890.
20. A. a. O., 86 f.

rell-geistigen Bildungsfunktionen, die durch den Pfarrerberuf in ihr zu erfüllen wären, tritt nun die Kirche. Und diese Kirche wird nicht in der Perspektive der Bildung und Vergesellschaftung des die Gesellschaft insgesamt betreffenden religiös-sittlichen Interesses gesehen. Die Kirche wird vielmehr als »göttliche Anstalt«[21] verstanden, womit ihre konstitutive Differenz zu Welt und Gesellschaft gemeint ist. Als göttliche Stiftung beruht sie auf einer absoluten Vorgegebenheit. Und es ist die Aufgabe der evangelischen Geistlichen, die durch die Heilige Schrift absolut vorgegebenen Offenbarungswahrheiten zu lehren.

Seinem programmatischen Zuschnitt nach bedeutete dies eine Verkirchlichung des Pfarrerberufs, die Zurückschneidung seiner Funktionen auf die Erfüllung der Verkündigungsaufgabe und Sakramentsverwaltung. Auffällig ist jedoch gleichermaßen, daß sich dieses Verkirchlichungsinteresse von der römisch-katholischen Konkurrenz und dann vor allem von gesellschaftlichen Zuständen her erklärte, die an sich selbst von der Art seien, daß der evangelische Geistliche seine Berufsaufgabe nicht an sie anknüpfen und nicht in sie einspielen könne. Die Gesellschaft erliegt dem moralischen Verfall, ist von Antagonismen durchzogen, vom Materialismus geprägt.

Das Verkirchlichungsprogramm Hüffels läuft denn auch genau darauf hinaus, am Ort der Kirche, in einer ihr eigentümlichen Vergesellschaftung der Menschen, die Ideale einer besseren Welt zu verwirklichen. Ein bürgerlicher Beruf kann der Pfarrerberuf nicht sein, denn die real existierende bürgerliche Welt ist schlecht. Ein kirchlicher Beruf soll der Pfarrerberuf sein, der Kirche und ihrer Auferbauung soll der Pfarrer dienen, denn dort, in der Kirche, ist wahrhaft christliches Leben. Der Pfarrer hat es in seiner Person und mit seiner Familie im Pfarrhaus vorzuleben. Fragen wir, wie dieses christliche Leben aussehen sollte, dann erscheint freilich das Bild jener bürgerlichen Welt, die wir die »kleinbürgerliche« zu nennen uns angewöhnt haben. Es ist dann vor allem der Spieltisch, es sind die Vergnügungsbälle, es ist das Theater, es ist überhaupt die außerhalb der Kirche aufblühende Kulturszene, wovon der Pfarrer und seine Familie sich fernzuhalten haben.[22]

Auch für Hüffel allerdings blieb es dabei, daß der Beruf des evangelischen Pfarrers nicht klerikalistisch mißverstanden werden darf. Auch Hüffel wollte ihn von dem Dienst her verstanden wissen, den er zur Bildung christlichen Lebens auf eine durch die Kircheninstitution geordnete Weise leistet. Und auch für Hüffel konnte er diese Bildungsfunktion nur dann erfüllen, wenn sie an ihm selbst, in seiner persönlichen Lebensfüh-

21. A. a. O., 87.
22. Vgl. a. a. O., 145 f.

rung auf exemplarische Weise zum Tragen kommt. Die »Würde« des evangelischen Pfarrers sollte eine »durch wissenschaftliche, religiöse und sittliche Thätigkeit selbständig erworbene Würde« sein, »wie schwer dieses auch sein mag«[23]. Es waren also auch für Hüffel die Leistungskriterien der bürgerlichen Profession, die er an den protestantischen Geistlichen anlegte und die er durch ihn auf exemplarische Weise erfüllt sehen wollte.

Die erschwerten Bedingungen, unter die Hüffel dieses Berufskonzept in seiner Anwendung auf den Pfarrerberuf inzwischen gestellt sah, lagen in einer solchen Wahrnehmung der gesellschaftlichen Lage, wonach das Bürgertum ein in unterschiedliche Milieus zerfallendes ist. Auch wurde von ihm die evangelische Kirche nicht mehr in der Weise als gesellschaftsintegrative Größe gesehen, daß der Pfarrer als ihr symbolischer Repräsentant zugleich für die in der Gesellschaft allgemein geltenden Wertorientierungen hätte einstehen können. Seine exemplarisch gelebte Christlichkeit schrumpfte auf den Binnenhorizont eines kerngemeindlich-kirchlichen Milieus zusammen, das in seinen Lebensvorstellungen sich zwar durchaus im Rahmen von Bürgerlichkeit bewegt, wesentlich aber das Bildungs- und Wirtschaftsbürgertum, dessen Lebensstil und dessen geistig-kulturelle Interessen wie dann auch die Arbeiterschaft und deren politische und soziale Welt außer sich wissen mußte.

Die Verkirchlichung des Pfarrerberufs, so könnte man sagen, ist die Gegenseite der Entkirchlichung weiter Bevölkerungskreise, vor allem aus dem gehobenen Bildungs- und Wirtschaftsbürgertum, wie aber auch aus den breiteren Bevölkerungsschichten der Landarbeiter und des aufkommenden Industrieproletariats.

c) Christian Palmer (1811-1875)

Der württembergische Pfarrer und Tübinger Praktische Theologe Christian Palmer hat in seiner Pastoraltheologie[24] diesen inneren Zusammenhang zwischen der Einschrumpfung der repräsentativen Funktion des Pfarrerberufs auf ein eher enges, mittelständisch orientiertes kerngemeindliches Milieu und dem Kontaktverlust der Kirche zu anderen Bevölkerungskreisen treffend zu erkennen gegeben. Es ist ihm dies vor allem deshalb gelungen, weil er das Pfarramt überhaupt wesentlich von dieser seiner Funktion her, symbolische Repräsentanz christlichen Lebens zu sein, begriffen hat.

Gegen den Klerikalismus des Neuluthertums insistierte Palmer darauf,

---

23. A. a. O., 204.
24. Ch. Palmer, Evangelische Pastoraltheologie (1860), 2., verbesserte und vermehrte Aufl. Stuttgart 1863.

den Pfarrerberuf dezidiert nicht-theologisch zu begreifen. Es sollte der Pfarrerberuf vielmehr unter organisationssoziologischen und sozialpsychologischen Gesichtspunkten gesehen werden. Zum Vergleich wollte er deshalb die professionelle Wahrnehmung auch anderer für das Gemeinwesen notwendiger Lebensfunktionen in Betracht gezogen wissen. Für das Amt des Richters etwa sollte gelten, daß es dieses Amt für die ordnungsgemäße Durchsetzung des Rechtswesens in der Gesellschaft braucht und deshalb auch eine Funktionselite, die dieses Amt professionell wahrzunehmen versteht. Darüber hinaus sei vom Amtsträger aber auch verlangt, daß er der von ihm vertretenen Rechtsidee in seiner persönlichen Lebensführung entspreche, diese Idee in seiner Person so etwas wie ihre exemplarische Verwirklichung finde.[25] So sollte es nach Palmer auch mit dem Pfarramt sein. Das Amt verlange es, die Religion als Beruf wahrzunehmen. Der Amtsträger habe für deren ordentliche Ausübung im Kultus der Gemeinde und mit seinen katechetischen und seelsorgerlichen Amtstätigkeiten auf professionelle, gekonnte Weise zu sorgen. Der zweite Gesichtspunkt, auf den Palmer beim Pfarramt besonders insistierte, war jedoch eben der der symbolischen Repräsentation christlichen Lebens. Es kam Palmer entscheidend darauf an, daß der Pastor »eben diejenige Person ist, in deren ganzem Wesen und Erscheinen die Gemeinde eine Personifikation des Christenthums selber, ein lebendiges Symbol des christlich Wahren und Guten erblicken und verehren will«[26].

In der Durchführung dieser eher sozialpsychologischen Argumentation zeigt sich freilich auch bei Palmer, welche Grenzen er einer solchen »Personifikation des Christenthums« in der Lebensführungspraxis des evangelischen Pfarrers und seiner Familie, die mit dem Pfarrhaus selbstverständlich hinzugenommen wird, gesetzt sah. Was sich im evangelischen Pfarrhaus personifiziert bzw. nach Palmer personifizieren sollte, war der Lebensstil des »gebildeten Mittel- und Beamtenstande(s)«[27].

Dahinter »zurückzubleiben, so daß es im Pfarrhause aussieht, wie bei einem Schuster, das ist ebenso unwürdig, als alle Uepigkeit, aller Luxus, welcher sich in dem Ameublement u.s.w. breit macht; je vornehmer es im geistlichen Hause aussieht, je vornehmer man sich deshalb auch benehmen zu müssen meint, um so weniger wird es anziehend seyn für die Pfarrkinder. Wie man in einem gebildeten christlichen Hause lebt, wo auch das Aeußere, die Bequemlichkeit und der Schmuck der Wohnung zum ganzen Wesen der Bewohner stimmt, das darf auch der Niederste bei seinem Pfarrer sehen; es wird ihm heimisch seyn in solcher lieblichen Umgebung; ebenso soll auch der Gebildete, der den Pfarrer aufsucht, sich da behaglich

---

25. Vgl. a.a.O., 44f.
26. A.a.O., 144.
27. A.a.O., 155.

fühlen, und dazu gehört schlechterdings einiger Comfort – wenn man es so nennen will, einiger Luxus. Aber an dem richtigen Maße desselben wird sich's eben zeigen, ob der Sinn des Pfarrers und seiner Familie fein genug ist, um das, was den Eindruck des Weltförmigen macht zu vermeiden, dagegen das sich anzueignen und geschickt zu verwenden, was jeden Eintretenden wohltuend anspricht.«[28]

Zu den verschiedenen Milieus und sozialen Schichten hin soll der Pfarrer sich als integrationsfähig erweisen. Weder nach oben noch nach unten darf er sich abschließend oder ausgrenzend verhalten. Denn es ist ja das christliche Leben, das in seinem Hause die symbolische Darstellung findet. Zu diesem Leben sollen alle, die ihm in seinem Hause begegnen, den Zugang finden. Zu seinem Stil sollen alle nach dem Vorbild des Pfarrhauses gebildet werden. Unverkennbar ist das im Pfarrhaus seine exemplarische Darstellung findende christliche Leben gleichwohl das nach der Mittelstandsideologie vorgestellte bürgerliche Leben. Der das christliche Leben von Berufs wegen symbolisierende Pfarrer ist nun auch darin Träger eines bürgerlichen Berufs par excellence, daß er in Gestalt dieser Mittelstandsideologie den Anspruch repräsentiert, die neue Gesellschaft und die werdende Nation der Deutschen insgesamt darzustellen. Das im Pfarrhaus gelebte Mittelschichtsbürgertum sollte das christliche Leben sein und somit dasjenige, zu dem die unteren Schichten schrittweise hinaufgezogen und die oberen behutsam hinabgebeugt werden.

Dennoch, es war ein schichten- und klassenübergreifender Anspruch des »Bürgerlichen«, den Palmer in seiner Beschreibung des sich im Pfarrhaus symbolisch zur Darstellung bringenden christlichen Lebens formuliert hat, ein Anspruch, wie er sich im Begriff der »bürgerlichen Kultur« angemeldet und vor allem in die Bereiche von Kunst und Wissenschaft hinein – auch durch Pfarrer und Pfarrerskinder – stilbildend gewirkt hat. Wie aus Palmers Äußerungen zum Ideal eines christlich-bürgerlichen Lebens dann ebenfalls deutlich wird, war – allem Integrationsanspruch zum Trotz – freilich auch das Abgrenzungsinteresse groß. Der »gebildete Mittel- und Beamtenstand«[29] war eben bereits eine eigene Gruppe in der Gesellschaft geworden, die sich von anderen Gruppen auch zu unterscheiden trachtete. Die bürgerliche Mittelschicht fand sich in einem kirchlichen Milieu wieder, das für die religiöse Kultur zwar ebenfalls stilbildend wirken sollte, dessen Stil jedoch nicht jedermanns Sache war und auch nicht werden konnte.

Was dem spezifischen Stil bürgerlich-kirchlicher Vereinskultur sich nicht fügte, machte für Palmer demgegenüber bloß noch »den Eindruck

28. Ebd.
29. Ebd.

des Weltförmigen«[30]. Darin die Ästhetik einer anderen Religionskultur wahrzunehmen, die nicht von vornherein unter das Verdikt des bloß »Weltförmigen« und somit Unchristlichen zu stellen ist, sah Palmer die Pfarrer seiner Zeit jedenfalls kaum in der Lage. Daß in der Fähigkeit zur Wahrnehmung sozial differenter Frömmigkeits- und Lebensstile eine wichtige Aufgabe zukünftiger Bildung zum Pfarrerberuf liegen könnte, wenn dieser nicht in kerngemeindlicher bzw. kleinbürgerlicher Enge seine Kulturfähigkeit verlieren soll, hat Palmer selbst allerdings durchaus gesehen. Auf die Frage, »ob dem Geistlichen auch der Besuch des Theaters, des Concertsaals ungeziemend sei«, ebenso wie der Besuch der Dorfschenke oder des Ballsaals[31], fand Palmer nach einigem Hin und Her schließlich doch zu der Feststellung:

»Daß der Geist auch aus solchen Quellen schöpft, wie daß ein frommes Gemüth auch solchen Genuß als eine Gabe Gottes empfängt, und seine Güte, seine Freundlichkeit darin schmeckt: das begreifen ihrer Viele (sc. der Pfarrer, W. G.) nur darum nicht, weil sie viel zu stumpfsinnig, viel zu wenig cultivirt sind, um das Göttliche in einer andern als der unmittelbar religiösen Form zu erkennen.«[32]

Mit der »unmittelbar religiösen Form« ist die kirchliche gemeint. Auf sie also sollte der Pfarrer nach Palmers Auffassung seine religiöse Bildungsarbeit gerade nicht beschränkt wissen. Es gab inzwischen auch die Ästhetik einer außerkirchlichen Kulturpraxis, die für die Menschen die Funktion von Religion erfüllt. Auch der Besuch des Theaters und des Konzertsaals brachte nun in Distanz zur Alltagswelt. Auch dort wurden die Menschen in eine andere Ordnung der Dinge versetzt. Auch dort erfuhren sie eine Prägung ihrer Vorstellungen vom Leben, formierten sich ihre Einstellungen zum Leben. Wollte der Pfarrer die Lebensdeutungsarbeit der christlichen Religion nicht auf das binnenkirchliche Milieu beschränkt wissen, dann mußte er sich also mit seiner religiösen Deutungskompetenz auch in der außerkirchlichen Kulturpraxis zu bewegen und mit hermeneutischer Kunst in ihr zu bewähren lernen.

30. A. a. O., 156.
31. A. a. O., 151.
32. A. a. O., 153.

3. Anforderungen an die religionshermeneutische Kompetenz im Pfarrerberuf heute

Seit Palmers Zeiten hat sich die Differenzierung der gesellschaftlichen Verhältnisse, der Vervielfältigung von Lebensstilen und kulturellen Szenen, damit auch der Muster religiöser Lebensdeutungen ungleich gesteigert. Es müßte deshalb die Ausbildung einer kulturhermeneutischen Kompetenz, welche die gelebte christliche Religion in anderen Formen als den unmittelbar kirchlichen wahrzunehmen bzw. in dieselben hinein zu kommunizieren erlaubt, heute zu den Hauptanforderungen der Ausbildung pastoraler Kompetenz gehören. Dann jedenfalls, sofern die Pfarrer und Pfarrerinnen die pastoraltheologische Errungenschaft der hier vorgestellten, die religiös-kulturellen Umbrüche zur Moderne reflektierenden Epoche bewahren. Denn dann kann es ihnen nicht darum gehen wollen, klerikale Führungsansprüche zu erneuern oder sich in der Kuschelatmosphäre des binnengemeindlichen Milieus einzugraben. Sie haben dann vielmehr die Religion als ihren bürgerlichen Beruf auszuüben. In dessen kompetenter Wahrnehmung sollten sie fähig sein, die Deutungsangebote der christlichen Religion im Kontext unterschiedlicher Lebensformen, ästhetischer Ausdrucksweisen und Alltagskulturen auf überzeugungskräftige Weise zu kommunizieren.

17. Kapitel

Der Pfarrer / die Pfarrerin als
exponierte religiöse Subjektivität

»Bedürfen wir des Pfarrers noch?« Unter diesem Titel veröffentlichte der ehemalige Theologiestudent und spätere Publizist Theodor Kappstein 1906 die Ergebnisse einer an Vertreter des gebildeten Bürgertums gerichteten Rundfrage.[33] Wie das an Professoren, Künstler und Journalisten adressierte Anschreiben zu erkennen gibt, sah sich Kappstein zu dieser Initiative durch die Beobachtung eines zunehmenden Funktionsverlustes des traditionellen Pfarramtes vor allem in der Welt des gebildeten Bürgertums veranlaßt. Statt die Predigt des Pfarrers auf der Kanzel zu hören, möchte man sich lieber eigene Gedanken machen. Die Aufgabe des Konfirmandenunterrichts werde auch durch den Religionsunterricht an der Schule erfüllt. Der Pastor als Seelsorger werde durch den Arzt ersetzt. Den Priester am Altar mache das allgemeine Priestertum des auf die gebildete Individualität setzenden Protestantismus überflüssig. Und die christliche Liebestätigkeit werde von der kommunalen Wohlfahrtspflege wahrgenommen.[34]

1. Der Funktionswandel des Pfarrerberufs
und seine theologische Deutung

Auch wenn die Antworten, die Kappstein auf seine Rundfrage erhalten hat, dem Pfarrerberuf keineswegs die pure Bedeutungslosigkeit bescheinigten, antwortete der Praktische Theologe Martin Schian mit einer Vorlesungsreihe (1908/09 und 1913/14) und deren Publikation: »Der evangelische Pfarrer der Gegenwart«[35]. Den verunsicherten Theologiestudenten und Amtsträgern zur Ermutigung, versuchte er darin sein Idealbild vom Pfarrerdasein zu entwerfen. Solcher Ermutigung schien es dem liberal-protestantischen Praktischen Theologen dringend zu bedürfen.

---

33. Th. Kappstein, Bedürfen wir des Pfarrers noch? Ergebnisse einer Rundfrage, Berlin/Leipzig 1906.
34. Vgl. a. a. O., 3.
35. M. Schian, Der evangelische Pfarrer der Gegenwart, Leipzig 1914.

Da war für ihn zum einen die »schmerzliche Beobachtung« einer schwindenden Attraktivität des Theologiestudiums für Studierende aus den gesellschaftlich führenden Kreisen nicht mehr nur des Adels, sondern nun gerade auch des Bildungs- und Wirtschaftsbürgertums.[36] Von der nach wie vor starken Rekrutierung des Pfarrerstandes aus den eigenen Reihen einmal abgesehen, schien das Theologiestudium lediglich noch Studierenden aus kleinbürgerlichen Kreisen soziale Aufstiegs- und berufliche Karrierechancen zu eröffnen. Und damit stand eben die andere Erfahrung im Zusammenhang, »daß anscheinend die Wertschätzung des Pfarrerberufs im ganzen deutschen Volk in rapidem Sinken begriffen scheint«[37]. Auch Schian meinte dies so eingestehen zu müssen, freilich nicht ohne zugleich die Vergangenheit ins Idealbild zu verklären:

»Einst gehörte der Pfarrer zum allerunentbehrlichsten Bestand jeder Gemeinde. Unbestritten hatte er die führende Stellung in Dorf und Stadt. In ehrlicher Hochschätzung schaute man zu ihm hinauf. Jeder freute sich, über dessen Schwelle der Pfarrer trat. Gern vernahm man seinen Rat auch in den Angelegenheiten des persönlichen Lebens. Einst – wie lange ist's her?«[38]

Nun, das wollte Schian so genau nicht wissen. Es dürfte im einzelnen auch nur schwer zu belegen sein. Offenkundig schien jedoch – was auch die Kappsteinsche Rundfrage zu belegen vermochte – ein gesteigertes Krisenbewußtsein hinsichtlich der selbständigen Stellung des Pfarrers in der modernen Gesellschaft. Ist er nicht in all dem, was er für die Gesellschaft einmal bedeutet hat, funktional austauschbar geworden? Und widerspricht seine spezifisch kirchliche Stellung, das Amt der Wortverkündigung und Sakramentsverwaltung, die ihm allenfalls noch geblieben sind, nicht der protestantischen Grundauffassung vom Priestertum aller Gläubigen?

Schian hat dieser Problemsicht nicht widersprochen. Dennoch leitete er aus ihr nicht die Veranlassung ab, sein Bild vom Pfarrerberuf nun in einen kleineren Rahmen einzupassen. Möglicherweise durch die eher affirmativen Antworten, die Kappstein – wider eigenes Erwarten – auf seine Rundfrage nach der »selbständigen Bedeutung« des Pfarrers in der »modernen Kulturwelt«[39] ebenfalls erhalten hat, war es vielmehr das Ziel von Schians pastoraltheologischer Vorlesungsreihe, eine Selbstinterpretation des Pfarrerberufs zu entwerfen, die ihm dessen Aufgaben – allem

36. Vgl. a. a. O., 5 f.
37. A. a. O., 6.
38. Ebd.
39. So die Formulierung in dem der Rundfrage beigefügten Anschreiben, Th. Kappstein, a. a. O., 1.

verbreiteten Krisenbewußtsein gleichsam zum Trotz – dennoch im Horizont von Kultur und Gesellschaft präsent halten sollte. So ließ sich Schian bei seinen Überlegungen nicht primär von der Frage leiten, was der Pfarrer nun in der modernen Gesellschaft, die offensichtlich nicht immer sonderlich hoch von ihm denkt, tun soll zur Steigerung seines Ansehens oder auch nur zur Wahrung verbliebener Besitzstände. Ebensowenig wollte Schian sich auf die Markierungen des positiv-kirchlichen Amtsverständnisses zurückziehen. Worauf Schian mit seiner ganzen Vorlesungsreihe zielte, das war vielmehr die Stärkung des von den Amtsträgern je subjektiv zu erbringenden »Amtsbewußtseins«[40]. Er zielte auf den Aufbau einer der Situation des Pfarrers in der modernen Gesellschaft adäquaten Amtsauffassung. Sie sollte ihr Merkmal darin haben, daß es dem Pfarrer nun entscheidend darauf ankommen muß, etwas aus seinem Amte zu machen. Die Rollenunsicherheit verlangt das gesteigerte Amtsbewußtsein. Amtsbewußtsein, das aber bedeutet die Erarbeitung einer die bloße Übernahme tradierter Amtsfunktionen überschreitenden, an der bürgerlichen Profession sich orientierenden Konzeption des Pfarrerberufs. Schian formulierte dieses Konzept so, daß die Anklänge an Spalding, der im vorigen Kapitel zu Wort gekommen ist, hörbar werden: Der Pfarrerberuf ist es, der nun doch immer noch vor die für die menschliche Gesellschaft »höchsten Aufgaben«[41] stellt. Seine Aufgabe ist immer noch die, die Kirche so zu gestalten und für andere erfahrbar zu machen, daß sie der Vermittlung ethisch-religiöser Gewißheit in der Gesellschaft dient.

Schian schloß seine Vorlesungsreihe deshalb auch mit einem Abschnitt, der dem »Pfarrer als Kulturträger«[42] gewidmet ist. Soll er dem bereits öffentlich geäußerten Verdacht auf seinen gesellschaftlichen Bedeutungsschwund wirksam entgegensteuern können, dann muß er dieses Stichwort auf sich anwenden. »Kultur«, so Schian, »ist nun einmal das Stichwort, das, sobald es ausgesprochen wird, weithallenden Beifall auslöst«.[43]

»Der Gedanke liegt nahe, die Gunst dieser Stimmung nicht bloß der Mission, sondern auch dem Pfarrer zuzuwenden. Gelingt es, zu zeigen, daß er ein notwendiges Element unserer modernen Kultur ist, dann wird niemand gegen ihn und seinen Beruf etwas einzuwenden haben. Nur darf selbstverständlich die von ihm zu leistende Kulturaufgabe nicht bloß in religiöser Beeinflussung bestehen. Solche wird von der öffentlichen Meinung nur sehr zum Teil als zur Kulturarbeit gehörig anerkannt. Nein, das Wort Kultur muß dabei im weiten Sinn genommen werden [...]«[44]

40. Vgl. M. Schian, a. a. O., 3 ff.
41. A. a. O., 11.
42. A. a. O., 155-164.
43. A. a. O., 155.
44. Ebd.

Wir wissen es. Auch wenn es heute wieder anders klingt, die Gunst dieser dem Stichwort »Kultur« geneigten Stimmung ist sehr bald nach Schians emphatischem Appell verloschen. Für längere Zeit schwand damit aber auch das Interesse, das kirchliche Selbstverständnis des Pfarrerberufs zugleich im Zusammenhang gesellschaftlicher Funktionszuschreibungen zu entfalten. Die theologische Umorientierung in den 20er Jahren hat vielmehr nachhaltig dafür gesorgt, daß der kulturprotestantischen Modellvorstellung vom Pfarrberuf die theologische Konzentration auf die ihm vermeintlich allein wesentliche Verkündigungsaufgabe entgegengestellt wurde.

Es kann hier nicht darum gehen, diese Entwicklung im einzelnen zu rekonstruieren. Die entscheidende Frage ist vielmehr, wie sie einzuschätzen ist und welche Wirkungen auf das Pfarrerbild auch noch unserer Gegenwart von ihr ausgegangen sind.

Bereits vor 40 Jahren hat Trutz Rendtorff auf die gleichsam abbildhafte Entsprechung aufmerksam gemacht zwischen den modern-gesellschaftlichen Veränderungen in der sozialen Stellung des Pfarrers und eben derjenigen Auffassung von seinem spezifisch kirchlichen (Verkündigungs-) Auftrag, welche die Dialektische Theologie weithin verbindlich gesetzt hat.[45] Die Feststellung einer »Reduktion der Berufsrolle und der Funktion des Pfarramtes«[46] mag durchaus ihre Berechtigung haben. Verlangt dieser offenkundige Funktionswandel in der Sozialgeschichte des Pfarrerberufs aber die Konsequenz, welche die Dialektische Theologie gezogen hat? Muß der in seiner gesellschaftlichen Bedeutung reduzierte, weitgehend für das formelle kirchliche Handeln, die Kasualien und die kerngemeindlichen Belange vor allem, zuständige Pfarrer nun sein Selbstverständnis dergestalt vom kirchlichen Auftrag her formulieren, daß er sich damit zugleich immer weiter ins gesellschaftliche Abseits manövriert? Muß er sich unbedingt in Konfrontation zu Kultur und Gesellschaft begeben und als im Grunde illegitim abweisen, was sich als religiöse Erwartung aus alltagskulturellen Kontexten heraus an ihn richtet? Muß er unbedingt anders sein? Die Problematik dieser antagonistischen Sicht dürfte in der Tat schon daraus hervorgehen, daß dabei das theologische Interpretationsmuster der »sozialen Reduktion des Pfarramts« nicht nur parallel lief, die gesellschaftliche Entwicklung nicht nur aufgefangen, son-

45. T. Rendtorff, Das Pfarramt – gesellschaftliche Situation und kirchliche Interpretation, in: G. Wurzbacher u. a. (Hg.), Der Pfarrer in der modernen Gesellschaft. Soziologische Studien zur Berufssituation des evangelischen Pfarrers, Hamburg 1960, 79-102.
46. A. a. O., 86.

dern die für das Pfarramt »regressive Tendenz« programmatisch verstärkt und somit zu ihrer Ausprägung verschärft beigetragen wurde.[47] Vor der im Kontext der Wort-Gottes-Theologie sich ausbildenden Verliebtheit in die gesellschaftliche Randständigkeit des Pfarrers konnte dann auch der historische Rückblick auf die gesellschaftlich relevante Multifunktionalität, die ihm einmal zugekommen war, nicht mehr wirksam schützen. So hat etwa der Göttinger Kirchenhistoriker Bernd Moeller 1971 in einer Universitätsrede zum »Pfarrer als Bürger«[48] zunächst durchaus in leuchtenden Farben hervorgehoben, wie die evangelischen Pfarrer im Deutschland des 18. und 19. Jahrhunderts »zu den wichtigsten Tradenten der allgemeinen Kultur«[49] gehörten.

»Die Zugehörigkeit des evangelischen Pfarrerstandes zum Bildungsbürgertum hatte zur Folge, daß die Pfarrer jeweils gewissermaßen zum frühesten Zeitpunkt mit geistigen Neuerungen in Berührung kamen und daß ihnen das Eingehen auf solche Neuerungen, die Auseinandersetzung mit ihnen unmittelbar aufgenötigt wurde und unmittelbar am Herzen lag.«[50]

Indem Moeller dann jedoch den Blick auf unsere Gegenwart lenkt, ist von diesem symbiotischen Verhältnis zwischen Kirche und Kultur in der exemplarischen Gestalt des zugleich als Bürger in der gesellschaftlichen Öffentlichkeit präsenten Pfarrers überhaupt nichts mehr übriggeblieben. Es wird vielmehr der »allgemeine Funktionsverlust« wiederum schlicht konstatiert.[51] Dann aber lebhaft begrüßt, daß der »hier sichtbar werdende Einbruch« wirklich als »Anlaß« genommen werden müsse für eine »Neuorientierung des Berufsbildes des Pfarrers«[52]. Und Neuorientierung, das heißt die Konsequenz daraus ziehen, »daß jetzt wirklich die Zeit abgelaufen ist, in der die Funktion und der Sinn des geistlichen Amtes von den Bedürfnissen der Gesellschaft her bestimmt werden konnte«[53]. Alle den Pfarrern im Laufe der neuzeitlichen Geschichte zugewachsenen Funktionen seien nun dahingefallen. Durchweg abschätzig werden sie der Ordnung halber noch einmal genannt: »der Pfarrer als Sittenhüter, Schulaufseher und Seelenheilkundiger, als Verfechter bürgerlicher Politik, als Zeremonienmeister bei biologischen Zäsuren und was dergleichen mehr

47. A. a. O., 88.
48. B. Moeller, Pfarrer als Bürger. Vortrag vom 11. Oktober 1971 zur Eröffnung der Universitätswoche Göttingen (Göttinger Universitätsreden 56), Göttingen 1972.
49. A. a. O., 19.
50. Ebd.
51. A. a. O., 24.
52. Ebd.
53. Ebd.

ist«[54]. Was jetzt hingegen wieder anstünde und worüber er sich glücklich schätzen dürfe, das sei die »Wiederentdeckung der hohen und wesentlich eigenständigen Bedeutung des zentralen Auftrags der Wortverkündigung«[55]. Nun ist diese »Eigenbestimmung durch die aus dem Verkündigungsauftrag fließenden Normen die Konzeption, der die Zukunft gehört«[56].

Es ist uns heute ziemlich klar, daß sich all jene Funktionen, die Moeller – wie viele andere auch – bereits erloschen sah, dennoch als erstaunlich widerstandsfähig erwiesen haben, wenn auch in teilweise modifizierter Form. Ebenso nahe liegt dann aber auch die Vermutung, daß ein programmatisch allein von der theologischen Eigenbestimmung des Verkündigungsauftrages her verstandenes Pfarramt dessen Träger nur in eingeschränktem Maße in die Lage versetzen dürfte, die solcher Eigenbestimmung unter Umständen nicht von vornherein entsprechenden religiösen wie dann eben auch kulturellen Erwartungen und Bedürfnislagen der Menschen ebenfalls wahrzunehmen, anzuerkennen bzw. vom kirchlichen Auftrag her auslegungsfähig zu machen.

Daß solche Auslegungsfähigkeit durch die mit der Wort-Gottes-Theologie entwickelten Konzeption des Pfarrers als »Zeugen« programmatisch abgebaut und unterlaufen worden ist, hat M. Josuttis in spätdialektischer Manier unter dem variationsfähigen Motto »Der Pfarrer ist anders« für unsere Gegenwart belegt.[57] Seine »zeitgenössische Pastoraltheologie« will ihre Plausibilität für die heutige Pfarrergeneration schließlich aus der Feststellung ziehen, daß es immer noch oder nun erst recht die »Spannung zwischen Erwartung und Auftrag«[58] sei, die das Selbstverständnis der Pfarrer bestimme. Weil solche gesellschaftlichen Erwartungen ans kirchliche Handeln, die es eigentlich gar nicht mehr geben dürfte, doch da sind, sollen die Pfarrer nun den Konflikt mit diesen Erwartungen, in den sie ihr kirchlicher Verkündigungsauftrag angeblich hineinführe, permanent durcharbeiten. D. h. sie sollen ihren alltäglichen Beruf, von den Kasualien bis zur politischen Predigt, so gestalten, daß sie dabei – unter Berufung auf ihren göttlichen Auftrag – fortwährend etwas anderes wollen, als sie – dann doch auf die (immer falschen) Erwartungen der Menschen eingehend – faktisch tun.

54. A. a. O., 25.
55. Ebd.
56. Ebd.
57. M. Josuttis, Der Pfarrer ist anders. Aspekte einer zeitgenössischen Pastoraltheologie, München 1982.
58. Ebd., 46.

2. Herausforderungen an die persönliche Gestaltung des Pfarrerberufs

Zuständig ist der Pfarrer heute für die professionelle Wahrnehmung des kirchlich organisierten religiösen Handelns. Das ist sein kirchliches Amt, nicht für Politik, Wirtschaft oder Wissenschaft, sondern für Religion zuständig zu sein. Diese Funktionsreduktion bzw. -spezifikation liegt sozusagen in der Entwicklungslogik des gesellschaftlichen Modernisierungsprozesses. Mit dem Funktionswandel ist jedoch keineswegs schon über dessen Deutung und somit auch nicht darüber entschieden, wie mit der neuen Situation in der Amtsführungspraxis umzugehen ist. Das zeigen die durchaus unterschiedlichen Optionen, die im Kontext liberaler Theologie einerseits, in der Direktive der Wort-Gottes-Theologie andererseits ausgearbeitet worden sind. Der gesellschaftliche Funktionswandel des Pfarrerberufs ist das eine. Wie die Pfarrer in ihrer Gemeindearbeit die gleichwohl verbliebenen Spielräume auszufüllen versuchen, das andere. Dieser Sachverhalt hat nun freilich gerade im protestantischen Pfarrer (Selbst-)Bild auch eine exemplarische Verarbeitung gefunden. Sie liegt vor in der dezidierten Aufwertung der Person des Pfarrers vor seiner amtlichen und beruflichen Stellung in der organisierten Kirche.

In den Antworten, die Theodor Kappstein auf seine Rundfrage erhalten hat, findet sich von dem Berliner Journalisten Friedrich Dernburg auch diese:

»Sonst machte das Amt den Pfarrer, heute macht der Pfarrer das Amt. Innerhalb der großen Kulturgemeinde hat er die spezielle Aufgabe der Vermittlung der Schätze an Weisheit, Schönheit, Lebenskraft und Lebenskunst, die die christliche Tradition durch die Jahrhunderte aufgehäuft hat. In den entscheidenden Stunden des Menschenlebens ist er noch immer der Träger des Wortes. Es gibt keine Gabe des Geistes, des Gemütes, der Wissenschaft und der Kunst, womit er suchende und bedrängte Seelen nicht aufrichten, festhalten und erquicken kann, wenn Überzeugungskraft dahintersteht. Man verlangt eine Persönlichkeit.«[59]

Das ist es, worauf es dem Pfarrer nach kulturprotestantischer Auffassung ankommen muß. Er muß das Amt in eigene Regie nehmen. Er muß es so wahrnehmen, daß er den objektiven – durch Lehre und Bekenntnis definierten – kirchlichen Auftrag, der ihm in Gestalt seines Amtes vorgegeben ist, im Modus persönlicher Anverwandlung repräsentiert, fähig somit zur Reflexion persönlich auch anders gelebter Frömmigkeit, deutungskompetent im Übersetzen der christlichen Botschaft, in die vielfach anders symbolisierten Erfahrungen der nach religiös-weltanschaulicher

---

59. Th. Kappstein, a.a.O., 29.

Orientierungsgewißheit suchenden Zeitgenossen. Er muß versuchen, wie es Trutz Rendtorff 1960 formuliert hat, »das Amt als ›Chance‹ für sein persönliches Wirken zu ergreifen, um etwas daraus zu ›machen‹ und es durch seine individuelle Wirksamkeit auszubauen«[60].

Das in den reformatorischen Kirchen ohnehin durch seine Funktionen und nicht durch die sakramentale Weihevollmacht seiner Träger definierte Amt wird unter den religiösen Bedingungen der modernen Gesellschaft zur Herausforderung an dessen persönliche Wahrnehmung und Gestaltung. Dies dürfte die spezifisch protestantische Markierung sein, die sich mit dem Abbau der gesellschaftlichen Vorweggeltung der kirchlichen Amtsautorität durchaus auf konstruktive Weise zusammenfügen läßt: diese Umstellung von institutionalisierter Repräsentanz und organisierter Funktionsposition auf die von der eigenen Person, ihrer theologisch-kommunikativen Kompetenz, aber auch ihrer spirituellen Ausstrahlung getragenen Wirksamkeit.

Das hat das Beispiel Schians schon gezeigt. Man kann aus der Reduktion des Pfarrerberufs auf seine spezifisch kirchlichen Amtsfunktionen und damit aus dem Abbau gesamtgesellschaftlicher Präsenz auch den Schluß ziehen auf die gesteigerten Anforderungen, die nun an die persönliche Wahrnehmung seines Amtes zu stellen sind. Nicht daß die durch den kirchlichen Auftrag bestimmten Amtsfunktionen auftragsgemäß (wer entscheidet darüber?) erfüllt werden, ist nun entscheidend, sondern daß sie persönlich überzeugend, kommunikativ flexibel erfüllt werden, in der sensiblen Einstellung auf die vielgestaltigen, problemoffenen, nicht immer leicht zu identifizierenden Erwartungslagen der Menschen in der Gemeinde.

Die formelle Eigenständigkeitsbehauptung des Verkündigungsauftrages war in der pfarramtlichen Praxis denn auch eher dazu geeignet, sich dieser Herausforderung zu entziehen, statt sich ihr konstruktiv zu stellen. Die reformatorische Einsicht in den funktionalen Sinn des mit der Evangeliumsverkündigung und Sakramentsverwaltung beauftragten kirchlichen Amtes (CA V) dürfte heute jedenfalls eher dort behauptet werden, wo nicht klerikalistische Sondervollmachten und Führungsansprüche angemeldet werden[61], sondern der religiöse Beruf von der ihn ausübenden personalen Subjektivität zugleich als (religions)produktive Gestaltungs-

---

60. T. Rendtorff, a. a. O., 90.
61. Vgl. die neuerlichen Thesen von M. Josuttis zum Pfarrer als »Führer« ins Heilige. M. Josuttis, Die Einführung in das Leben. Pastoraltheologie zwischen Phänomenologie und Spiritualität, Gütersloh 1996.

aufgabe verstanden wird.[62] Darin liegt nach protestantischem Verständnis jedenfalls auch die Freiheit des Amtsträgers in der Wahrnehmung seines Amtes. Sie resultiert daraus, daß er sich in all seinem Tun nicht mit dem Offenbarungsgeschehen bzw. dessen den Glauben schaffender Vermittlung gleichsetzen muß. Er dient der situationsadäquaten Bezeugung und Darstellung christlichen Deutungswissens, das seine Evidenz immer erst in der je subjektiven Anverwandlung erweist. Bestimmt wissen muß er sich in seinem Tun somit auch immer nur durch dasjenige subjektive Verständnis seines objektiv kirchlichen Auftrags, das sich ihm selber als evident erschlossen hat bzw. das er auf dem Wege seiner theologischen Bildung zur begründeten Zielvorstellung seiner Amtsführung ausgearbeitet hat. Das dezidiert funktionale Verständnis des kirchlichen Amtes im reformatorischen Christentum erlaubt, ja verlangt es geradezu, daß das Amt dergestalt zur persönlichen Gestaltungsaufgabe seiner Träger wird. Und in dieser Amtsauffassung liegt eine Chance für den Pfarrerberuf, die es nun unter den modernen gesellschaftlichen Verhältnissen – recht eigentlich – umzusetzen gilt.

Ohne hier auf die kontroverstheologische Debatte einzugehen, sei nur bemerkt, daß Eugen Drewermann in seinem Psychogramm des römischen Klerikerideals[63] die religiös kontraproduktiven, auch mentalitätsgefährdenden Folgen, die aus einer mangelnden Umsetzung dieser protestantischen Einsicht entstehen können, genau vermerkt hat. Er scheint mir den religionspraktisch entscheidenden Punkt durchaus getroffen zu haben, wenn er der römischen Identifikation von Person und Amt – wonach die Person durch das Amt, das sie innehat, bis hinein in den normativen Gehalt ihrer Lebensführung qualifiziert wird und eben nicht umgekehrt – »das Wissen um die Subjektivität des Glaubens«[64] entgegensetzt, wie sie im Protestantismus am deutlichsten Gestalt gewonnen habe. Drewermanns These ist es dabei, daß die Ämter der Kirche, wenn sie das Dasein ihrer Amtsträger und schließlich auch das Dasein derer, für die sie in der Wahrnehmung ihres Amtes da sind, psychisch nicht verformen und vergewaltigen sollen, offen bleiben müssen für die persönliche (religiöse) Entwicklung des einzelnen.[65]

Mit dieser Offenheit – damit, daß der religiöse Beruf nicht durch theologische oder amtskirchliche Festschreibungen schon fixiert ist auf die Art, in der er persönlich auszufüllen ist, sondern auf seine persönliche

62. Vgl. die Verbindung des instrumentellen Amtsverständnisses mit dem Verständnis von seiner göttlichen Einsetzung in CA V.
63. E. Drewermann, Kleriker. Psychogramm eines Ideals, Olten 1989.
64. A. a. O., 744.
65. Ebd.

Wahrnehmung und Durchgestaltung wartet – wachsen dann jedoch die Anforderungen an die (religiöse) Persönlichkeitsbildung und auch an die konzeptionell ausgelegte Theoriefähigkeit heutiger Pfarrer und Pfarrerinnen. Bringen sie diese mit bzw. arbeiten sie daran (worauf es recht eigentlich ankommt), werden sie schließlich den Kreis formeller kirchlicher Amtstätigkeiten in Gottesdienst und Predigt, Unterricht und Seelsorge immer auch überschreiten bzw. sich an der höchst variablen, situativ angemessenen Form ihrer Wahrnehmung abarbeiten. Es wird ihnen dann darauf ankommen, daß sie, sowohl durch die Struktur wie durch die inhaltlichen Vorgaben ihrer Arbeit, den Raum der Kirche, für den sie formell zuständig sind, zugleich – eben durch die Art seiner Ausgestaltung – als einen Ort offener Sinnreflexion, spiritueller Erfahrung, bedürfnisorientierter Religionspflege, hilfreicher Lebensbegleitung und -orientierung erkennbar und darstellbar machen.

Als ein solcher Ort ist die Kirche oft nicht mehr im Blick. Dazu kann sie aber jeweils wieder werden, sofern ihre Funktionsträger den reduzierten gesellschaftlichen Einfluß nicht schon als Wiederentdeckung ihres eigentlichen (Verkündigungs-)Auftrages preisen, auch nicht in fundamentalistische oder klerikalistische Träume fliehen, sondern ihn als Herausforderung begreifen, ihre Arbeit nun dezidiert zur öffentlichkeitsrelevanten Gestaltungsaufgabe der eigenen (religiösen) Subjektivität bzw. zum kulturpraktischen Produkt angeeigneter und selbstentworfener konzeptioneller Vorgaben in der Vermittlung von Religion, Kultur und Gesellschaft werden zu lassen.

3. Der Pfarrer / die Pfarrerin und die Subjektivität des Glaubens

Die Umgewichtung im Verhältnis von Person und Amt ist in die allgemeine Erfahrung mit der kirchlichen Gestalt des Protestantismus deutlich eingegangen. Die Mitgliedschaftsstudien der EKD[66] haben schließlich gezeigt, wie stark das Verhältnis der Zeitgenossen zur Kirche durch deren Erfahrungen jeweils mit der Person des Pfarrers/der Pfarrerin geprägt wird. Freilich, das bedeutet keine abstrakte Trennung zwischen Amt und Person. Die Erfahrungen mit der Person des Pfarrers schlagen schließlich

---

66. H. Hild (Hg.), Wie stabil ist die Kirche? Bestand und Erneuerung. Ergebnisse einer Meinungsbefragung, Berlin 1974; J. Hanselmann u. a. (Hg.), Was wird aus der Kirche? Ergebnisse der zweiten EKD-Umfrage über Kirchenmitgliedschaft, Gütersloh 1984. Vgl. dazu auch J. Matthes (Hg.), Kirchenmitgliedschaft im Wandel. Untersuchungen zur Realität der Volkskirche. Beiträge zur zweiten EKD-Umfrage ›Was wird aus der Kirche?‹, Gütersloh 1990.

nicht nur auf ihn als dieses Individuum zurück. Sie werden vielmehr zum Muster, nach dem sich das Verhältnis der Menschen zur ganzen Organisation Kirche nicht unwesentlich bestimmt. In der Person des protestantischen Pfarrers, der protestantischen Pfarrerin begegnet die Institution Kirche personal, individuell vielfältig. Das stiftet manchmal Verwirrung, macht die Begegnung mit der Institution jedoch allererst motivkräftig, ermöglicht in der Regel erst das je eigene persönliche Verhältnis zu ihr.[67] So ist der protestantische Pfarrer das Muster desjenigen Selbstverhältnisses zur Kirche, das jeder nur auf die ihm eigene Weise und damit in der offenen Entwicklung seiner Lebensgeschichte haben kann. Er ist dieses Muster als die Person, die zugleich das Amt wahrnimmt, ist es aber doch nicht allein von Amts wegen. Durch seine, des Funktionsträgers persönliche Art, dieses Selbstverhältnis zur Kirche praktisch zu sein, regt er die persönliche Wahrnehmung dieses Selbstverhältnisses zur Kirche auch bei anderen an. Er dürfte dazu um so eher anregen, je mehr er sich authentisch zeigt, also nicht perfekt, sondern fragmentarisch, ohne Identitätszwang, als die Chance gelebter Rechtfertigung.

Gerade dann, wenn er sein Amt als musterbildende Gestaltungsaufgabe seiner eigenen Subjektivität wahrnimmt, muß er dies dann aber auch in transindividuellen Auslegungsformen tun, ist seine (religions-)hermeneutische und kommunikative Kompetenz für eine förderliche Amtsführung schlechterdings entscheidend. An seiner Fähigkeit, die eigene Individualität, ihre religiöse Prägung und Frömmigkeit, auch auf anders bestimmte (religiöse) Erwartungs- und Bedürfnislagen beziehbar machen zu können, bemißt sich seine Kraft zur kontextbezogenen, situationsadäquaten Auslegung des Evangeliums und damit zur gesellschaftsöffentlichen Tradierung dessen, wofür die Kirche inhaltlich steht.

Die mit hohen Einschaltquoten bedachten, nach dem Drehbuch von Felix Huby[68] inszenierten Fernsehserien über Pfarrer Wiegandt und Pfarrerin Lenau können die Treffsicherheit dieser durch die EKD-Mitgliedschaftsstudien nahegelegten Überlegungen gut veranschaulichen. Sie belegen nicht nur das nach wie vor hohe Interesse an der Person des Pfarrers und der Pfarrerin. Dieses Interesse ist der gesteigerten Aufmerksamkeit für das Lebensmodell anderer Funktionseliten, z.B. eines Professor Brinkmann in der Schwarzwaldklinik, einschließlich aller mitlaufenden Klischeebildung, nahezu vergleichbar. Die pastoralen Fernsehrollen belegen außerdem genau dies, daß der Pfarrer/die Pfarrerin ihre Amtsfüh-

---

67. Vgl. V. Drehsen, Die angesonnene Vorbildlichkeit des Pfarrers, in: PTh 78, 1989, 88-109.
68. F. Huby, Oh Gott, Herr Pfarrer, Stuttgart 1988; ders., Pfarrerin Lenau, Stuttgart 1990.

rung nicht an Bildern orientieren können, die aufgrund institutionell-kirchlicher Vorgaben oder eingeschliffener gesellschaftlicher Erwartungslagen umlaufen. Es gibt solche Vorgaben und solche Erwartungslagen nach wie vor. Aber Anerkennung und Resonanz, selbst bei den zunächst austrittsbereiten Zeitgenossen, verschaffen sich der Pfarrer und die Pfarrerin immer erst durch den konfliktfähigen Einsatz im Umgang mit widerstreitenden Erwartungen und durch die praktische Entschlossenheit, mit der sie das Lebensdeutungsangebot, für das die Kirche steht, Menschen in individuellen und gesellschaftlichen Krisen- und Konfliktsituationen mit ihrer eigenen Person darstellungsfähig zu machen verstehen. Der Pfarrer, die Pfarrerin, sie überzeugen um so mehr, je stärker sie ihr Amt individuell so wahrnehmen, daß ein christlich-religiöser *Lebensstil,* eine gelebte *Lebensdeutung,* erkennbar wird, denen dann auch seine eigene *Lebenspraxis* in exemplarischen Situationen entspricht.

Die Fernsehserien belegen nicht die Wiederbelebung eines kulturintegrativen Pfarrerbildes, wie es vom deutschen Bildungsbürgertum idealtypisch ausgeprägt worden ist. Sie belegen aber auch nicht, daß dem auf seine formellen Amtsfunktionen reduzierten, auf die eher engen, kerngemeindlichen Belange sich versteifenden, mit der Rhetorik von der Eigenständigkeit des Verkündigungsauftrags sich legitimierenden Pfarrerbild die Zukunft gehört. Sie zeigen vielmehr, welches Gewicht derjenige konzeptionelle Selbstentwurf des Pfarramts – auch und gerade in der Ausübung seiner klassischen Funktionen – hat, der es seinen Trägern erlaubt, sich in problemoffener Flexibilität auf die modern-gesellschaftliche Situation einzustellen. Entscheidend ist, in den klassischen wie in den immer wieder neu und anders entstehenden Praxissituationen, sowohl die Vorbildlichkeit gelebter Religion, wie dann vor allem die (intellektuelle) Fähigkeit zur situationsbezogenen Darstellung und Mitteilung derjenigen ethisch-religiösen Orientierungsgewißheit, für die das Christentum steht.

Der Ort, an dem es traditionellerweise zur Ausbildung eines solchen problemoffenen, konzeptionellen Selbstentwurfs pfarramtlicher Berufspraxis kommen soll, ist bekanntlich das theologische Studium. Dort ist dafür zu sorgen, daß die individuelle Subjektivität, als deren Gestaltungsprodukt die konzeptionell entworfene Amtsführung verstanden werden muß, sich sowohl religiös, in ihrer Frömmigkeit wie theologisch, in der Reflexion ihrer Sinngehalte, bildet. D. h. dort soll ihr die Fähigkeit zuwachsen, im kirchlichen Kontext, aber dann auch mit Bezug auf die kulturelle und gesellschaftliche Lage als eine mit Gründen sich auslegende wie auch anpassungsfähig erweisende (religiöse) Subjektivität werden zu können.

Eine auf eine wissenssoziologische Langzeitstudie der pastoralsoziologischen Arbeitsstelle in Hannover gestützte Untersuchung zu den persönlichkeitsbildenden Effekten des Theologiestudiums[69] bestärkt freilich in der Vermutung, daß dieses eine solche Kraft häufig nicht mehr besitzt. Stärker als die Bildungserfahrungen, die das Theologiestudium vermittelt, sind die religiösen Prägungen durch das Elternhaus, sind das soziokulturelle Milieu der Kerngemeinde oder auch alternative subkulturelle Deutungskonventionen und Interaktionsroutinen.[70] Diese Prägungen sind stärker, trotz der Veränderung der sozialen Umgebung, die das Studium bedeutet, trotz der ungewohnten Denkweisen, mit denen es konfrontiert, trotz der kritischen Thematisierung affektiv besetzter Symbole, die es verlangt.

Wenn dies so sein sollte, dann dürfte darin die größte Gefahr liegen, die dem spezifisch protestantischen Profil des Pfarrerberufs heute und in Zukunft droht. Denn, ist es vorwiegend die im subkulturellen Milieu erfahrene Prägung, die nach dem Theologiestudium als einem bloßen Durchlauferhitzer ausagiert wird, dann dürften es vor allem die dort erzeugten, meist eng begrenzten Interpretationsmuster und stark eingespielten Konventionen in der Wahrnehmung der christlich-religiösen Gehalte wie auch der kulturell-gesellschaftlichen Wirklichkeit sein, welche die Amtsführung bestimmen. Wenn das Theologiestudium mit seinen Distanzierungen, Horizonterweiterungen und Wahrnehmungsverschiebungen, die es ja nach wie vor einfordert, lediglich an der Oberfläche dessen bleibt, was angehende Pfarrer und Pfarrerinnen im lebensgeschichtlichen Bildungsprozeß prägt, dann bestünde in der Tat die Gefahr, daß der Funktionswandel des Pfarrerberufs, seine Spezifikation auf das formelle kirchliche Handeln, seine Einstellung auf die oft ziemlich engen kerngemeindlichen Belange mit dem die Amtsführung schließlich prägenden persönlichen Selbstverständnis der Amtsinhaber konform geht. Sozialer Wandel und kirchlich-theologische Interpretation wären tatsächlich in Parallelität gebracht – endgültig dann allerdings unter regressivem Vorzeichen. Sollte die Auswertung der Hannoverschen Langzeitstudie recht behalten, dürften die Gründe für die Enttäuschung der ans Theologiestudium gerichteten Erwartung jedenfalls vielfältig sein.

Dennoch: Das protestantische Pfarramt verlangt heute Menschen, die, auf der Basis ihrer eigenen (durch das Theologiestudium beförderten) religiösen Persönlichkeitsbildung, über kultur- und religionshermeneutische Kompetenzen (deren Erwerb es ebenfalls verstärkt in das Theologiestudium zu integrieren gilt) verfügen. Nur dann jedenfalls – dann aber gewiß – dürften der Pfarrer/die Pfarrerin als exemplarische ethisch-reli-

---

69. D. Engels, Religiosität im Theologiestudium, Stuttgart 1990.
70. A. a. O., 220.

giöse Subjektivität[71] ihre maßgebliche Funktion für die Vermittlung christlichen Selbstbewußtseins und damit auch für die Bildung ethischreligiöser Orientierungsgewißheit in der Gesellschaft behalten.

Das Amt ist damit freilich auch für die Subjektivität derer freizugeben, die es innehaben. Es ist zu öffnen für deren Suche nach dem eigenen Berufsbild, nach der eigenen Theologie, nach einem für sie authentischen religiösen Lebensstil. In diesem Amt selber Suchende sein und bleiben zu können und damit solche, die andere auf ihrem Weg des Suchens und Fragens zu begleiten, ehrlich zu begleiten in der Lage sind, das verlangt die persönliche Bildung des Pfarrers, der Pfarrerin.

Das Pfarramt als offene Gestaltungsaufgabe der es ausübenden individuellen religiösen Subjektivität zu begreifen, als Gestaltungsaufgabe der gebildeten, sich fortwährend religions- und kulturhermeneutisch bildenden Subjektivität, darauf käme es heute an. Gestaltungsaufgabe wird es sein müssen – für Menschen, welche die Schätze an Weisheit und Lebenskunst, die die christliche Tradition aufgehäuft hat, immer wieder neu – auch für sich selber – zu heben vermögen, die keine Gabe des Geistes, des Gemütes und der Wissenschaft verschmähen, um das Sinndeutungsangebot des Christentums aktuell darzustellen, es anderen in ihren unterschiedlichen Lebenssituationen mitteilbar zu machen.

Sie sollen dabei nicht meinen, sie müßten bei Null anfangen. Wir haben die Bibel mit ihren ursprünglichen Fragen und Antworten, mit ihren Geschichten von den Erfahrungen des Glaubens. Wir haben das Reflexionspotential der Theologie mit ihrer Rechenschaftsabgabe über das, was am Christentum in Vergangenheit und Gegenwart wesentlich und wahr ist. Wir haben die Liturgie der Kirche, ihre Symbole und Rituale, in denen der Glaube immer schon erfahrbare Gestalt gefunden hat, auch wenn diese Gestalt uns vielfach nicht mehr direkt zugänglich scheint. Sie will in ihrer Tragfähigkeit oft nur neu entdeckt sein. Und wir haben schließlich uns selbst mit unseren Lebenserfahrungen und unserem erworbenen Wissen.

Zuletzt, bei allem Gewicht, das auf die eigene Person und die religiöse Vorbildlichkeit ihres Lebensstils heute fällt, Pfarrer und Pfarrerinnen müssen dennoch der Meinung nicht sein, sie müßten sich als fertige, allseits perfekte Persönlichkeit darstellen. Das gäbe wieder nur das genormte Klischee eines Pfarrers. Nein, alle Anstrengungen zur Wahrnehmung dieser Gestaltungsaufgabe dürfen bruchstückhaft bleiben. Genau dies schließlich ist es, was dem Lebensdeutungsangebot des christlichen (Rechtfertigungs-)Glaubens entspricht, daß ich mich nicht aus eigener

---

71. Vgl. G. Lämmermann, Der Pfarrer – elementarer Repräsentant von Subjektivität?, in: ZEE 35, 1991, 21-33.

Vernunft noch Kraft zu einem eigenen, ganzen Menschen machen muß, weil mir Gott und mein Verhältnis zu ihm für die Ganzheitsdimension meines Daseins, damit auch für den Sinn, den es in letzter Instanz hat, einsteht. Wo das Amt in diesem Selbstverständnis wahrgenommen und gestaltet wird, da dürfte die Chance auch heute gegeben sein, daß die Kirche mit Freude und Zuversicht ihren Auftrag der Kommunikation des Evangeliums wahrnimmt und zugleich den Sinn-Erwartungen der Menschen entgegenkommt: daß sie Gestalt gewinnt in Menschen von glaubwürdiger Menschlichkeit, als ein Ort, der Geborgenheit gewährt und Vertrauen stiftet auch in den Niederlagen und Enttäuschungen des Leben, als ein gesellschaftsöffentliches Gelände wacher Sinnreflexion.

Namenregister

Nachweise

Einige Kapitel dieses Buches gehen auf bereits publizierte Aufsätze zurück. Sie sind jedoch stark überarbeitet und auf den hier durchgängig verfolgten Gedankengang ausgerichtet worden.

Zu Kapitel 2 vgl. Religion in der Alltagskultur, in: A. Grözinger/J. Lott (Hg.), Gelebte Religion (Gert Otto zum 70. Geburtstag), Rheinbach 1997, 30-43.

Zu Kapitel 4 vgl. Auf den Spuren der Religion. Notizen zur Lage und Zukunft der Kirche, in: ZEE 39, 1995, 43-56.

Zu Kapitel 5 vgl. Der inszenierte Text. Erwägungen zum Aufbau ästhetischer und religiöser Erfahrung in Gottesdienst und Predigt, in: IJPT 1, 1997, 209-226.

Zu Kapitel 6 vgl. Neuer Raum für Gottesdienste – Raum für neue Gottesdienste? Die zeitgenössische Konsum- und Erlebniskultur als Herausforderung an die Ästhetik gottesdienstlicher Räume, in: P. Stolt/W. Grünberg/U. Suhr (Hg.), Kulte Kulturen Gottesdienste. Öffentliche Inszenierung des Lebens (Peter Cornehl zum 60. Geburtstag), Göttingen 1996, 172-184.

Zu Kapitel 8 vgl. »Ich rede mit dem Hörer über sein Leben«. Ernst Langes Anstöße zu einer neuen Homiletik, in: PTh 86, 1997, 498-515.

Zu Kapitel 9 vgl. Rechtfertigung von Lebensgeschichten. Erwägungen zu einer theologischen Theorie der kirchlichen Kasualpraxis, in: PTh 76, 1987, 21-36; sowie Lebensgeschichtliche Sinnarbeit. Die Kasualpraxis als Indikator für die Öffentlichkeit der kirchlichen Religionskultur, in: V. Drehsen, D. Henke, R. Schmidt-Rost, W. Steck (Hg.), Der ›ganze Mensch‹. Perspektiven lebensgeschichtlicher Identität (Dietrich Rössler zum 70. Geburtstag), Berlin/New York 1997, 219-240.

Zu Kapitel 11 vgl. Deutungsarbeit. Überlegungen zu einer Theologie therapeutischer Seelsorge, in: PTh 86, 1997, 325-340.

Zu Kapitel 12 vgl. »... laß die Toten ihre Toten begraben«. Überlegungen zu einer zeitgenössischen Begräbnishomiletik, in: PTh 83, 1994, 180-198.

Zu Kapitel 13 vgl. Der eigene Zugang zum Christentum. Überlegungen zur Begründung und Gestaltung des Religionsunterrichts, in: ThPr 28, 1993, 204-221.

Zu Kapitel 14 vgl. Der Konfirmandenunterricht in der Gemeinde, in: Th. Böhme-Lischewski/H.-M. Lübking (Hg.), Engagement und Ratlosigkeit. Konfirmandenunterricht heute, Bielefeld 1995, 187-206.

Zu Kapitel 17 vgl. Der Pfarrer als Musterprotestant – zum Wandel einer kirchlichen Funktionselite, in: F. W. Graf/K. Tanner (Hg.), Protestantische Identität heute (Trutz Rendtorff zum 60. Geburtstag), Gütersloh 1992, 246-255.